Kohlhammer

Rehabilitation bei Körperbehinderung

Eine Einführung in schul-, berufs-
und sozialpädagogische Aufgaben

Verlag W. Kohlhammer
Stuttgart Berlin Köln

Die Deutsche Bibliothek – CIP-Einheitsaufnahme

Stadler, Hans:
Rehabilitation bei Körperbehinderung: eine Einführung in schul-,
berufs- und sozialpädagogische Aufgaben / Hans Stadler. - Stuttgart ;
Berlin ; Köln : Kohlhammer, 1998
  ISBN 3-17013939-8

Stuttgart Berlin Köln
Verlagsort: Stuttgart
Gesamtherstellung:
W. Kohlhammer Druckerei GmbH + Co. Stuttgart
Printed in Germany

Inhalt

0. Einleitung

0.1 Ziele und Inhalte des Buches

Das Buch richtet sich vor allem an Studierende, die sich auf Tätigkeiten in der Erziehung, im Unterricht und in der Berufsausbildung von Menschen mit Körperbehinderung vorbereiten. Auch für die Fort- und Weiterbildung in pädagogischen und sozialen Berufen bietet es Grundlagen- und Überblickswissen zu den behandelten Themen. Die Ziele der Rehabilitation sind vielfach nur zu erreichen, wenn Medizin und Therapie sowie Schul-, Sozial- und Berufspädagogik zusammenwirken. Dazu sind Kenntnisse über die jeweiligen Fachgebiete hilfreich, die in der gebotenen Beschränkung vermittelt werden sollen.

Die Rehabilitation bei Körperbehinderung ist ein so umfassendes Gebiet, daß nur ein Überblick angestrebt und vor allem auf pädagogisch relevante Bereiche näher eingegangen wird. Themen aus dem Rehabilitationsrecht sowie aus der Medizin und Therapie, denen bei Körperbehinderung ein hoher Stellenwert zukommt, können nur unzureichend behandelt werden. So können die Sprachbehandlung (Logopädie) und Kommunikationsförderung sowie die Bewegungserziehung und Bewegungstherapie (Motopädagogik und Mototherapie) nur in Verbindung mit sonderpädagogischen Aufgabenstellungen angesprochen werden.

Beachtet werden die unterschiedlichen Akzentsetzungen einer „Rehabilitation im Lebenslauf". Die einzelnen Altersstufen verlangen jeweils spezifische Maßnahmen und Organisationsformen von der Frühförderung bis zur beruflich-sozialen Eingliederung im Erwachsenenleben. Im Vordergrund stehen dabei die sonderpädagogischen Förderbedürfnisse von Kindern und Jugendlichen.

Ausgehend von der Theoriebildung in der Rehabilitation wird die Geschichte des Umgangs mit Behinderten thematisiert. Es folgt die Erörterung einiger anthropologischer und ethischer Grundfragen, ehe auf die Entwicklung der Rehabilitation Körperbehinderter näher eingegangen wird. Die Schulpädagogik für Körperbehinderte wird dann eingehend dargestellt. Behandelt werden die verschiedenen Ansätze zur Didaktik des Unterrichts mit Körperbehinderten und chronisch Kranken sowie der gemeinsame Unterricht in Regelschulen im Sinne einer Integrativen Pädagogik. Die Förderung der Mehrfach- und Schwerstbehinderten ist durch die vermehrte Aufnahme betroffener Kinder in die Schulen für Körperbehinderte zu einem Schwerpunktthema geworden, so daß auch hierzu die Konzepte aufgezeigt werden. Es folgt eine Darstellung zu den Hilfsmitteln bei gestörter Motorik und Kommunikation.

Ohne Kenntnis grundlegender Regelungen des Sozial- und Rehabilitationsrechts sind die berufspraktischen Aufgaben nicht leistbar. In gedrängter Darstellung wird deshalb darauf eingegangen, wobei lediglich Überblickswissen vermittelt werden soll. Die Aufgaben und Organisationsformen der Rehabilitation bei Körperbehinderung sind so umfangreich geworden, daß auch dazu eine Übersicht gegeben wird, die von den Reformansätzen seit den siebziger Jahren ausgeht.

Übersicht zu Behinderung und Rehabilitation im Lebenslauf

Schicksalhaftes Ereignis	Lebens-alter in Jahren	Krankheitsbild/ Behinderung	Rehabilitations-einrichtung	Rehabilitations-ziele (bezogen auf das Lebensalter)
z.B. vorgeburtliche Schädigung des Nervensystems	1	Infantile Cerebral-parese (ICP)	Frühförderstelle/ Hausfrüherziehung	Bewegungsfähig-keit/Verselbständi-gung/Lebensbe-fähigung
z.B. infektiöse Erkrankung des Gehirns	6	schwere Bewegungs-störungen und geistige Beeinträchtigung	Sozialpädiatrisches Zentrum/Schule für Körperbehinderte	Schulabschluß/beruf-liche und soziale Ein-gliederung
z.B. Verkehrsunfall	16	Schädel-Hirn-Trauma	Neurologisches Reha-bilitationszentrum/ Berufsbildungswerk	Ausbildungsfähig-keit/Berufsausbil-dung/beruflich-soziale Eingliederung
z.B. Arbeitsunfall	18	Querschnittslähmung	Fachklinik/ Berufsbildungswerk	Berufsausbildung/ beruflich-soziale Ein-gliederung
z.B. Berufskrankheit	32	Mehlallergie	Fachklinik/ Berufsförderungswerk	Umschulung auf einen anderen Beruf
z.B. progrediente Erkrankung	35	Multiple Sklerose	Fachklinik/Berufliches Trainingszentrum	Beschäftigung/selb-ständige Lebens-führung
z.B. psychische Erkrankung	45	periodische Depression	Fachklinik/Betreutes Wohnen/Werkstatt für Behinderte	Beschäftigung/ Sozialkontakte
z.B. koronare Herz-krankheit	50	Herzinfarkt	Fachklinik/berufliche Anpassung	berufliche und soziale Wiederein-gliederung
z.B. cerebrale Durchblutungs-störungen	60	Apoplexie (Schlaganfall)	Fachklinik/lebens-praktische Befähigung	selbstständige Lebensführung

Der Übergang von der Schule in das Erwachsenenleben bildet den Abschluß des Buches. Durch vorberufliche Bildung in der Schule kann der Einstieg in die Berufs- und Arbeitswelt erleichtert werden. Berufspädagogische Aufgaben spielen deshalb bereits in der Sekundarstufe (5. bis 10. Schuljahr) eine Rolle. Gelingt die Aufnahme einer Berufsausbildung in einem Betrieb oder in einem Berufsbildungswerk, so übernimmt die Berufspädagogik vorrangig die Rehabilitation junger Menschen mit Körperbehinderung. Die Lebens- und Berufsvorbereitung ist Gegenstand einer lebensweltbezogenen Arbeits- und Soziallehre, die auch auf die Bewältigung von Problemen der beruflich-sozialen Eingliederung eingehen muß. Durch die aktuelle Krise der Arbeitsgesellschaft wird die Integration junger Körperbehinderter in die Erwachsenenwelt erheblich erschwert. Beachtung finden deshalb auch die jungen Menschen, die trotz vielfältiger Fördermaßnahmen mit einem zeitweisen oder andauernden Leben ohne Erwerbsarbeit rechnen müssen. Die Vorbereitung auf selbstbestimmtes Leben und Wohnen muß möglichst früh beginnen und als übergreifende Aufgabe von Eltern und pädagogischen Fachkräften verstanden werden. Spezifisch sozialpädagogische Aufgaben ergeben sich in den Schulen für Körperbehinderte, die als Ganztages- und Internatsschulen geführt werden, in den Berufsbildungswerken, denen Internate angeschlossen sind, in den Werkstätten für Behinderte und in den Tagesförderstätten.

Raum gegeben wird jeweils den historischen Grundlagen der Institutionen und ihrer Aufgabenstellung. Viele aktuelle Gegebenheiten werden erst durch einen Rückblick in die Geschichte verständlich. Eine gründliche und sorgfältige Darstellung der Entwicklung und des Standes der Rehabilitation bei Körperbehinderung ist darum Ziel des Buches, wobei in der Regel von Sichtweisen der Pädagogik ausgegangen wird. Eine Zusammenschau der verschiedenen Tätigkeitsfelder kann dazu beitragen, dem hohen Anspruch der Interdisziplinarität in der Rehabilitation eine praktische Grundlage zu verschaffen. Denn trotz allem Bemühen um Teamarbeit ist das Wissen um die Aufgaben und Arbeitsformen nicht immer angemessen vorhanden, sobald es über die eigene Disziplin hinausgeht. Das Buch will insoweit auch dazu beitragen, die Zusammenarbeit durch grundlegende Informationen über einzelne Fachgebiete zu verbessern.

Anmerkung: Wegen der besseren Lesbarkeit wird im Text vorwiegend die männliche Form verwandt. Wenn also etwas über Schüler und Lehrer ausgesagt wird, sind die Schülerinnen und Lehrerinnen ebenfalls gemeint, sofern nicht geschlechtsbezogene Aussagen gemacht werden. Als Diskriminierung sollte dies keineswegs verstanden werden.

Bei der Quellenangabe werden im Text die Nachnamen der Autorinnen und Autoren, das Erscheinungsjahr bzw. das Jahr der zitierten Auflage und die Seitenzahlen angegeben. Bei gleichen Namen wird der Anfangsbuchstabe des Vornamens genannt. Werden mehrere Quellen einer Autorin oder eines Autors aus dem gleichen Jahr verwendet, werden sie mit 1997a, 1997b usw. kenntlich gemacht. Innerhalb des Literaturverzeichnisses wird ggf. auf die Herausgeber eines Sammelwerks verwiesen, wenn daraus eine Quelle herangezogen wird.

0.2 Menschen mit Körperbehinderung

Bei Menschen mit körperlichen Behinderungen handelt es sich um eine sehr heterogene Gruppe, als deren gemeinsames Merkmal die Bewegungseinschränkung gilt. Während die Leistungsfähigkeit der Körpermotorik in der Regel beeinträchtigt ist, entsprechen die individuellen Ausprägungen der Kognition und der Emotion der Vielfalt menschlicher Leistungs- und Verhaltensweisen. Innerhalb dieser Personengruppe gibt es deshalb die ganze Bandbreite der individuellen Möglichkeiten schulischer, beruflicher und sozialer Rehabiliation.

Körperbehinderung ist ein Sammelbegriff für die vielfältigen Erscheinungsformen und Schweregrade körperlicher Beeinträchtigungen, die sich aus Schädigungen des Stütz- und Bewegungsapparates und aus anderen inneren oder äußeren Schädigungen des Körpers und seiner Funktionen ergeben. Während die Medizin (BAR 1994) aufgrund der Ursachen und der funktionellen Auswirkungen eine Klassifikation vornimmt und im Sozial- und Rehabilitationsrecht (BAGH 1995) der Hilfebedarf sowie ein notwendiger Nachteilsausgleich maßgeblich sind, fragt die Pädagogik nach dem Einfluß der Körperbehinderung auf die kognitiven, emotionalen und sozialen Vollzüge des Menschen; dabei wird die überwindbare oder andauernde Beeinträchtigung der Bewegungsfähigkeit zum bestimmenden Merkmal. Ausgehend von Erschwerungen in der motorischen Umwelterfahrung kann die Bewältigung der Lebensanforderungen subjektiv beeinträchtigt werden. Durch pädagogisch-therapeutische Maßnahmen ist aber eine optimale Entwicklung der individuellen Persönlichkeit erreichbar. Insoweit ist Körperbehinderung ein relativer Begriff; was aus einem Menschen mit einer körperlichen Schädigung wird, ist abhängig von adäquaten Maßnahmen der schulischen, beruflichen und sozialen Rehabilitation.

Aus pädagogisch-psychologischer Sicht kann die Bewegungseinschränkung als zentrales Merkmal einer Körperbehinderung unter psychomotorischem, entwicklungs-, neuro- und sozialpsychologischem Aspekt betrachtet werden (Leyendecker 1994, 154-161).

Psychomotorik (Zusammenhang zwischen Körperbewegung, seelischem Erleben und Verhalten): Es kann zu primären oder zu sekundären Einschränkungen der Bewegungsfunktionen kommen. Der Bau oder die Funktion des Bewegungsapparats kann gestört sein. Der Körper kann vollständig oder nur teilweise betroffen sein. Die Auswirkungen körperlicher Schädigungen auf die Psychomotorik hängen davon ab, inwieweit Aussehen, Aktivitäten und Leistungen beeinträchtigt sind: von der Möglichkeit selbständiger Fortbewegung, von der Fähigkeit sensomotorischer Koordination, vom äußeren Erscheinungsbild, von der Möglichkeit zur Kommunikation durch die Laut- und Körpersprache und von Ausgleichsmöglichkeiten durch Gehhilfen, Fahrzeuge und sonstige Hilfen bei der Kommunikation. Hinzu kommen Beeinträchtigungen, die sich aus Störungen der Urogenitalfunktionen oder durch zusätzliche Schädigungen sensorischer Funktionen in den Bereichen Sehen, Hören und Empfinden ergeben.

Entwicklungspsychologie (Zusammenhang zwischen körperlicher und seelisch-geistiger Entwicklung sowie deren Beeinflussung durch Erziehung): Körperliche Schädigungen wirken sich im Kindes- und Jugendalter auf die Persönlichkeitsentwicklung und das Lernen aus. Der Zeitpunkt des Eintritts der Schädigung beeinflußt die soziale und emotionale Entwicklung in entscheidender Weise, weil die ersten Lebensjahre für ein Kind grundlegend für seine Persönlichkeitsentwicklung sind. Eltern reagieren in ihrem Pflege- und Erziehungsverhalten unterschiedlich, je nachdem, ob die Schädigung sofort sichtbar ist oder erst in der weiteren Entwicklung zutage tritt. Bei den einzelnen Schädigungen ist auch zu beachten, ob sie in ihrem Verlauf fortschreiten und sich der Zustand verschlimmert (etwa bei progressiver Muskeldystrophie), ob ein gesundes Kind befallen wird (etwa bei Tumorbildung) oder ob die Schädigung durch einen Unfall (etwa bei Hirnverletzung) eintritt.

Neuropsychologie (Beziehung zwischen Nervenprozessen und psychischen Strukturen): Durch eine Schädigung des Gehirns können „höhere" Hirnleistungen, wie Wahrnehmen, Denken und Lernen, gestört sein. Solche Störungen können auch in Verbindung mit einer Schädigung der Psychomotorik auftreten; so etwa bei frühkindlichen Hirnschädigungen in Form cerebraler Bewegungsstörungen. Bei traumatischen Hirnschädigungen treten neben motorischen und psychischen vor allem auch kognitive Störungen auf.

Sozialpsychologie (Beziehung zwischen dem körperlich Geschädigten und der sozialen Umwelt): Die Körperschädigung wird durch die Reaktionen der Bezugspersonen sozial auffällig. Durch überwiegend negative Bewertung wird die körperliche Abweichung von Normen und Erwartungen oft erst zum Problem. Die Identitätsfindung beziehungsweise Wiederfindung eines Selbstkonzepts nach schweren Erkrankungen oder Unfällen mit bleibenden Schäden ist erheblich von äußeren Einflüssen bestimmt. Die positiven oder negativen

Erwartungen von Eltern und Fachkräften der Rehabilitation können die Entwicklung eigener Vorstellungen fördern oder behindern.

Unabhängig von der **Art oder Schwere** der Körperbehinderung lassen sich allgemein drei Arten von Auswirkungen körperlicher und geistiger Schädigungen unterscheiden: Die primären **Funktionsausfälle und Funktionsstörungen**, zum Beispiel Gehunfähigkeit durch Querschnittslähmung. Die sekundären **Folgewirkungen**, zum Beispiel Retardierungen in der geistigen Entwicklung als Folge mangelnder Umwelterfahrung oder Beeinträchtigung des Spracherwerbs infolge cerebral bedingter Störungen im Sprechapparat. Die tertiären **Verhaltens- und Leistungsstörungen** als Folge (pädagogisch) unangemessener Reaktionen der sozialen Umwelt, zum Beispiel störendes Verhalten im Schulunterricht. Bestimmenden Einfluß auf die Persönlichkeitsentwicklung haben die biographischen Gegebenheiten und die psychosoziale Gesamtsituation, in der die Betroffenen aufwachsen und leben.

Die häufigsten Erscheinungsformen der Körperbehinderung stehen im Zusammenhang mit:

1. **Schädigungen des Zentralnervensystems** (ZNS – umfaßt Gehirn und Rückenmark): frühkindliche (Infantile Cerebralparese – ICP) und erworbene Hirnschädigungen durch Krankheiten (Infektionen, Tumorbildungen) oder Unfälle (Schädel-Hirn-Trauma – SHT); angeborene Fehlbildungen des Rückenmarks und der Wirbelsäule (Spina bifida und Hydrocephalus); erworbene Schädigung der Nerven des Rückenmarks durch Unfälle (Querschnittslähmung) oder durch Virusinfektion (Poliomyelitis, spinale Kinderlähmung). 2. **Schädigungen der Muskulatur und des Skelettsystems:** Formenkreis der Muskelerkrankungen; Wachstumsstörungen wie Kleinwüchsigkeit; abnorme Knochenbrüchigkeit und Extremitätenverbiegungen wie Osteogenesis imperfecta (Glasknochenkrankheit); Fehlstellungen der Wirbelsäule sowie Rückgratverkrümmungen (Skoliosen, Lordosen, Kyphosen); Gelenkfehlstellungen (Luxationen) und Fehlbildungen des Skeletts wie Dysmelien, Amelien, Spaltbildungen der Hand und des Fußes (Klumphand und Klumpfuß); entzündliche Erkrankungen der Knochen und Gelenke wie Arthritis und Poliarthritis. 3. **Chronische Krankheiten und Fehlfunktionen von Organen:** Rheumatische Erkrankungen, Asthma bronchiale, Diabetes mellitus, Herz-, Kreislauf- und Gefäßerkrankungen, Niereninsuffizienz, Hämophilie, Hauterkrankungen.

Eine **Übersicht** über die medizinische Einteilung, die Erscheinungsformen, die Ursachen, die möglichen Auswirkungen sowie über Maßnahmen und Einrichtungen der Rehabilitation bei Körperbehinderung und chronischer Erkrankung gibt **Abb. 1**.

Festzuhalten bleibt, daß die medizinischen Klassifizierungen zunächst nichts über Auswirkungen auf die intellektuelle Leistungsfähigkeit, die Persönlichkeitsentwicklung, die subjektiven Lebenserschwerungen und über Chancen und Risiken der schulischen, beruflichen und sozialen Rehabilitation aussagen. Die individuelle Persönlichkeit entwickelt sich als Ergebnis von Anlage- und Umweltfaktoren; der medizinischen Behandlung nachgehende und begleitende Therapie (Krankengymnastik, Ergotherapie, Logopädie) und Pädagogik (Erziehung, Schulunterricht, Berufsausbildung, Hochschulstudium) bestimmen letztlich das erreichbare Entwicklungsniveau. Nach Feststellung des sonderpädagogischen Förderbedarfs können je nach Umfang und Auswirkungen der Behinderung durch Frühförderung sowie durch sonder- und berufspädagogische Maß-

Abb. 1: Erscheinungsformen und Rehabilitationsmaßnahmen bei Körperbehinderungen

1.1 Schädigungen des Zentralnervensystems (Gehirn und Rückenmark)

Einteilung	Erscheinungsformen	Ursachen	Auswirkungen	Maßnahmen und Einrichtungen der Rehabilitation
1. Frühkindliche Hirnschädigung (Infantile Cerebralparese = ICP)	Abnorme Muskelspannungen, die zu Störungen der Bewegungsfunktion führen. Die Art der abweichenden Muskelspannung kennzeichnet die Form: • Spastik - erhöhter Muskeltonus - veränderte Bewegungsmuster • Athetose - Muskeltonus stark schwankend - asymmetrische Bewegungen - Haltungsanomalien - fehlende Kontrolle der Mimik • Ataxie und Hypotonie - verminderter Muskeltonus - fehlende Zielgerichtetheit - mangelnde Dosierung der Bewegungen - Gleichgewichtsstörungen Es werden unterschieden: • Tetraplegie: Arme und Beine sowie Rumpf, Hals und Kopf betroffen • Diplegie: alle vier Extremitäten, insbesondere die Beine und Beckengürtel betroffen • Paraplegie: nur die Beine betroffen • Hemiplegie: eine Körperhälfte betroffen Oftmals treten Sprach- und Wahrnehmungsstörungen sowie Anfallsleiden auf.	- prä-, peri- oder postnatale Schädigung des unreifen Gehirns: - während der Schwangerschaft durch Infektionen - bei schwieriger Geburt durch Sauerstoffmangel und Gehirnblutungen - im Säuglingsalter durch Entzündungen im Gehirn und seinen Häuten	- spastische Tetraplegie: starke, fast vollständige Bewegungseinschränkung (Rollstuhlabhängigkeit) - spastische Diplegie: Gleichgewichtsprobleme und balancierende Bewegungen (Abhängigkeit von Gehhilfen) - spastische Hemiplegie: betroffene Seite weniger entwickelt, Bevorzugung der nicht betroffenen Seite - Athetose: Asymmetrisch tonischer Nacken-Reflex (ATNR) erschwert gezieltes Greifen, Essen, Spielen; Nahrungsaufnahme erschwert; Mimik vermittelt unberechtigterweise den Eindruck einer geistigen Behinderung - Ataxie/Hypotonie: Betroffene wirken unsicher, schlaff, bewegungsarm	Frühförderung, durch - Krankengymnastik - Beschäftigungs- / Ergotherapie - Sprachtherapie / Logopädie Früherziehung durch - Spieltherapie - Bewegungstherapie Sonderpädagogische Förderung - im Kindergarten - in der Regel- oder Sonderschule Versorgung mit mechanischen und elektronischen Hilfsmitteln Maßnahmen der beruflichen Qualifizierung: - Berufsfindung und Arbeitserprobung - Berufsausbildung - im Betrieb oder bei einer Behörde - im Berufsbildungswerk Spezifische Ausstattung und Anpassung des Ausbildungs- und Arbeitsplatzes - abgestimmt auf die Auswirkungen der körperlichen Beeinträchtigungen und Funktionsstörungen
2. Cerebrale Bewegungsstörung infolge - Verletzung - Erkrankung	- klinische Bilder entsprechen weitgehend der Infantilen Cerebralparese - altersentsprechende Entwicklung bis zum Zeitpunkt des Unfalls oder der Erkrankung	- Hirnverletzungen durch Unfall, Schlag, Schuß oder Sturz (Schädel-Hirn-Trauma) - Sauerstoffmangel durch Vergiftungen oder nach Ertrinken (Schwimmunfall) - Entzündungen des ausgereiften Gehirns oder seiner Häute - Hirntumoren und Folgen von chirurgischen Eingriffen beim Entfernen	- Hirnleistungsschwäche: Verlangsamung, Ablenkbarkeit, Störung des Denkens und Handelns - Teilleistungsschwächen: Gedächtnis, Sprache, Lesen, Schreiben, Rechnen - Durchgangssyndrome und emotionale Veränderungen - psychosoziale Probleme	Frührehabilitation: Maßnahmen zur Erhaltung verbliebener Funktionen - neuropsychologische Diagnostik und Therapie - Physio- und Ergotherapie - Schule für Kranke und für Körperbehinderte - Ausbildung / Umschulung im Berufsbildungswerk / Berufsförderungswerk - Beschäftigung in der Werkstatt für Behinderte
3. Querschnittslähmung infolge - angeborene Schädigung (Spina bifida) - Verletzung - Erkrankung	- bei Spina bifida häufig Ausbildung eines Hydrozephalus (Wasserkopf) - Lähmung von Körperfunktionen je nach Höhe der Schädigung im Rückenmark (z.B. Beine) - Beeinträchtigung von Motorik und Sensibilität sowie mangelnde Kontrolle der Ausscheidungsorgane	- bei Spina bifida (gespaltene Wirbelsäule): angeborene Fehlbildung des Rückenmarks, mangelnder Verschluß des Wirbelkanals, gestörter Abfluß des Gehirnwassers - Folge von Verletzungen und Erkrankungen (Tumorbildung)	- erschwerte Umwelterfahrung durch eingeschränkte Mobilität - Hilfebedürftigkeit bei der Körperpflege und Hygiene - psychosoziale Probleme - bei Hydrozephalus Beeinträchtigungen des Lernens	- Krankengymnastik - Mobilitätshilfen (Rollstuhl) - pflegerische Versorgung - schulische Förderung in Regel- und Sonderschulen - Ausbildung / Umschulung im Betrieb oder im Berufsbildungswerk / Berufsförderungswerk

Einteilung	Erscheinungsformen	Ursachen	Auswirkungen	Maßnahmen und Einrichtungen der Rehabilitation
4. Spinale Kinderlähmung (Poliomyelitis)	schlaffe Lähmungen mit Skelett- und Gelenkveränderungen	Infektion: Poliovirus befällt motorische Anteile der Rückenmarksnerven	- motorische Beeinträchtigungen - Bewegungsstörungen - in schweren Fällen können die Lähmungen auf die Atemmuskulatur und das Kreislaufzentrum übergreifen	- Hilfsmittelversorgung (Rollstuhl) - schulische Förderung in Regel- und Sonderschulen - Ausbildung im Betrieb oder im Berufsbildungswerk
5. Anfallsleiden (Epilepsien)	Nicht nur isoliert, sondern auch in Verbindung mit cerebralen Bewegungsstörungen können auftreten: • Kleine Anfälle (Petit mal): Absencen, Blitzkrämpfe, Dämmerattacken • Große Anfälle (Grand mal): Sturz infolge der Muskulatur • Krämpfe bedingen u.a. Atemstillstand, Zungenbiß, Einnässen	- Hirnfunktionsstörungen infolge elektrischer Entladungen der Hirnzellen ausgehend von: - Störungen der Hirnentwicklung - Geburtskomplikationen - Gehirn- und Hirnhautentzündungen - Stoffwechselstörungen - Verletzungen durch Unfälle - Hirntumoren	Auftreten können, müssen aber auch nicht: - Störungen der Wahrnehmung, Konzentration, Motorik /Feinmotorik und Sprache - psychische Störungen und Verhaltensprobleme - Schwierigkeiten beim Erlernen der Kulturtechniken (Lesen, Schreiben, Rechnen) - Führerschein kann nur nach längerer Anfallsfreiheit erworben werden	- regelmäßige Einnahme von Medikamenten - ärztliche und psychosoziale Betreuung - Schutz- und Vorsichtsmaßnahmen wegen der Krampfanfälle im Straßenverkehr, beim Geräteturnen und Schwimmen - schulische Förderung in Regel- und Sonderschulen - Ausbildung / Umschulung im Betrieb oder im Berufsbildungswerk / Berufsförderungswerk

STADLER 1997

1.2 Schädigungen der Muskulatur und des Skelettsystems

Einteilung	Erscheinungsformen	Ursachen	Auswirkungen	Maßnahmen und Einrichtungen der Rehabilitation
6. Muskelkrankheiten - Progressive Muskeldystrophien - Typ Duchenne	Es gibt zahlreiche Formen der Muskelatrophien und -dystrophien. In der Schule für Körperbehinderte sind häufig Schüler mit Muskeldystrophie Typ Duchenne: - Abbau des Muskelgewebes bis zum Zerfall der Muskulatur - Lebenserwartung stark herabgesetzt	- beim Typ Duchenne vererbte Erkrankung der Skelettmuskulatur mit Abnahme des Muskelgewebes und Zunahme von Fett- und Bindegewebe - bei anderen Formen unklare Verursachung, aber auch stoffwechselbedingt	- Herz-Kreislauf-Probleme - eingeschränkte Lungenfunktion - erhöhte Infektionsgefahr - zunehmende Abhängigkeit - geändertes Gesamtverhalten, z.B. durch die Fragen nach dem Lebenssinn	- Krankengymnastik - im fortgeschrittenen Stadium zunehmender Pflegeaufwand und Rollstuhlabhängigkeit - schulische Förderung meist in Sonderschulen, Ausbildung im Berufsbildungswerk - pädagogisch-therapeutische Maßnahmen: Auseinandersetzung mit dem Lebenssinn und frühen Tod
7. Wachstumsstörungen - Kleinwuchs	- Störungen des Längenwachstums: bis unter 140 cm für weibliche und bis unter 150 cm für männliche Erwachsene - primäre (angeborene) und sekundäre (Erkrankungen, Stoffwechselstörungen) Formen	- multifaktorielle Verursachung: erblich und hormonell bedingt, Stoffwechselstörungen, toxisch (durch Gifte verursachte) Entwicklungsverzögerungen (z.B. auch Alkoholembryopathien)	- Entwicklungsverzögerungen - Gefahr der sozialen Diskriminierung - Beeinträchtigungen in der privaten Lebensführung und in der Berufsausübung	- medizinische Behandlung und Hilfen bei psychosozialen Problemen - geeignete technische Hilfsmittel und Arbeitsplatzanpassung - bei schwerer Beeinträchtigung Förderung in Sonderschulen und im Berufsbildungswerk
8. Glasknochenkrankheit (Osteogenesis imperfecta)	- erhebliche Knochenbrüchigkeit - Störungen der Zahnentwicklung - Auswirkungen auf Skelettsystem, Gelenke, Sinnesorgane, Haut und innere Organe	- Chromosomenveränderung - erblich bedingt	- eingeschränkte Bewegungsmöglichkeit infolge erhöhter Verletzungsgefahr	- Krankengymnastik und Ergotherapie - orthopädische Hilfsmittel - Regel- und Sonderkindergarten - Regelschule und Schule für Körperbehinderte - Ausbildung im Berufsbildungswerk
9. Fehlstellungen der Wirbelsäule	- Kyphose: Rundrücken - Lordose: Hohlrücken - Skoliose: seitliche Verbiegung der Wirbelsäule (z.B. Haltungsskoliose)	- angeboren - Folge eines abnormen Muskeltonus und sich ergebender Haltungsfehler	- körperliche Belastbarkeit reduziert - Folgeschäden z.B. Herz-Kreislauf-Störungen, Atmung	- Krankengymnastik - orthopädische Hilfsmittel - je nach Schwere der Auswirkungen rehabilitative Maßnahmen in der Schul- und Berufsausbildung

Einteilung	Erscheinungsformen	Ursachen	Auswirkungen	Maßnahmen und Einrichtungen der Rehabilitation
10. Gliedmaßenfehl-bildungen (Dysmelien)	- Störung der Extremitätenentwicklung: Veränderung und Fehlen von Gliedmaßen, - Klumphand und Klumpfuß	- genetische Störung - Strahleneinwirkung - medikamentös-toxische Einwirkung (z.B. Thalidomid-Embryopathie durch Schlafmittel Contergan)	- je nach Schädigung motorische Beeinträchtigungen - Fehlbildung von inneren Organen (z.B. Herzfehler, Nierenfehlbildungen)	- Hilfsmittelversorgung (Prothesen) - Beschäftigungs- und Sporttherapie - je nach Schwere rehabilitative Maßnahmen in der Schul- und Berufsausbildung
11. Gliedmaßenverlust (Amputation)	- Verluste von Körperteilen /Gliedmaßen - Ausfall von motorischen Funktionen	- Erkrankungen, Unfälle, Tumorbildung	- je nach Schädigung motorische Beeinträchtigungen bei der Fortbewegung, beim Schreiben und Ausführen von Arbeiten	- prothetische Versorgung - Beschäftigungs- und Sporttherapie - je nach Schwere rehabilitative Maßnahmen in der Schul- und Berufsausbildung

STADLER 1997

1.3 Chronische Krankheiten und Fehlfunktionen von Organen

Einteilung	Erscheinungsformen	Ursachen	Auswirkungen	Maßnahmen und Einrichtungen der Rehabilitation
12. Rheumatismus	- im Kindes- und Jugendalter insbesondere fortschreitende Entzündungen der Gelenke, Gelenkknorpel und der Knochen - im Erwachsenenalter insbesondere Polyarthritis (Entzündung vieler Gelenke)	- wenig geklärt - Infektionen - Stoffwechselstörungen - Störungen des Immunsystems	- Bewegungseinschränkungen - Fehlstellungen - Schädigung innerer Organe	- Medikamente, Operationen - Krankengymnastik - Überbeanspruchung vermeiden - rehabilitative Maßnahmen in der Schul- und Berufsausbildung
13. Asthma bronchiale	- Verkrampfung der Bronchialmuskeln mit hochgradiger Atemnot (anfallsartiges Auftreten) - Anstrengungsasthma etwa beim Schulsport	- inhalativer Reiz - allergische Reaktion	- verringerte Belastbarkeit, Ausdauer und Konzentration	- medizinisch-therapeutische Behandlung - Therapie und Förderung in Asthmazentren mit Schulen für Kranke - Ausbildung im Berufsbildungswerk
14. Zuckerkrankheit (Diabetes mellitus)	- Stoffwechselkrankheit, die zu Insulinmangel führt	- erblich bedingt - toxische und infektiöse Einflüsse	in schweren Fällen: - Schädigungen von Herz und Gefäßen - Sehstörungen - Bewußtseinstrübungen	- Überwachung der Nahrungsaufnahme - regelmäßige Medikation - Therapie und Förderung in Rehazentren - Ausbildung im Berufsbildungswerk
15. Erkrankungen von Herz, Kreislauf und Gefäßsystem	- verminderte Belastungsfähigkeit	- erblich bedingt - Folge von Krankheitsprozessen	- verringerte Belastbarkeit - eingeschränkte Mobilität - psychosoziale Probleme	- sonderpädagogische und weitere rehabilitative Maßnahmen je nach Schwere der Auswirkungen
16. Nierenerkrankungen - chronische Formen	- harnpflichtige Substanzen können nicht ausgeschieden werden	- angeboren - Folge von Krankheitsprozessen	- rasche Ermüdung und verringerte Belastungsfähigkeit - im fortgeschrittenen Zustand Blutwäsche (Dialyse)	- sonderpädagogische Hilfen zur Kompensation von Fehlzeiten in Schule und Ausbildung infolge der Dialyse
17. Bluterkrankheit (Hämophilie)	- Gerinnungsstörung des Blutplasmas	- genetisch bedingt und vererbar	- Blutungen nur schwer zu stillen - Einschränkungen durch entsprechende Vorsichtsmaßnahmen	- Maßnahmen zum Schutz gegen Verletzung - Besuch einer Sonderschule und Ausbildung im Berufsbildungswerk
18. Hauterkrankungen	- Ekzeme, Neurodermitis, Schuppenflechte	- allergische Reaktionen - psycho- und neurovegetative Störungen	- Juckreiz, Schuppung und Rötung der Haut - Gefahr der sozialen Diskriminierung	- in schweren Fällen Besuch einer Sonderschule und Ausbildung in einem Berufsbildungswerk - bei Erwachsenen Umschulung im Berufsförderungswerk

STADLER 1997

Anmerkung: Weitere Informationen zu einzelnen Formen der Körperbehinderung bezüglich der Ursachen, Auswirkungen und Maßnahmen der Rehabilitation enthalten die Schriften der BAGH: „Kommunikation zwischen Partnern" (siehe Verzeichnis der Informationsschriften).

nahmen die angemessenen Schul-, Ausbildungs- und Studienabschlüsse erreicht werden.

Bei multiplen Schädigungen, die zu einer Mehrfachbehinderung oder zu einer sogenannten Schwerstbehinderung führen, ist andererseits mit erheblichen Erschwerungen der motorischen, kognitiven, emotionalen und sozialen Entwicklung zu rechnen, die lebenslange Betreuung und Pflege notwendig machen und insbesondere eine Berufsausbildung und die Erwerbsarbeit massiv beeinträchtigen können (siehe Kapitel 5).

Bei den **Hirn- und Nervenschäden** kommt den **Infantilen Cerebralparesen** (ICP) eine besondere Bedeutung zu, weil sie sich als frühkindliche Hirnschäden auf die gesamte familiäre, schulische und berufliche Sozialisation auswirken. Bei im späteren Kindesalter sowie im Jugend- und Erwachsenenalter **erworbenen Hirnschäden** durch Unfälle oder Krankheiten gibt es zwar analoge Auswirkungen auf die Psychomotorik. Die Bedingungen der Rehabilitation hängen dann aber vom Lebensalter und dem erreichten Stand der Persönlichkeitentwicklung, der Schulabschlüsse sowie der beruflich-sozialen Eingliederung ab. Auf die spezifischen Probleme der **Rehabilitation nach erworbener Hirnschädigung** kann in dieser Einführung nicht näher eingegangen werden. Die pädagogischen Aufgaben, insbesondere die Didaktik und Methodik der Rehabilitation nach **Schädel-Hirn-Traumen** (SHT), wurden aber bereits eingehend behandelt (Stadler 1990, 1996c, 1997c, 1997d).

Zu beachten sind die **Begleitsymptome cerebraler Bewegungsstörungen.** Ohne hier auch nur annähernd den Erfahrungs- und Erkenntnisstand referieren zu können, sei doch auf folgendes verwiesen. **Sprachstörungen:** Mimik, Gestik und das Sprechen sind Ausdrucksformen der Sprache und setzen eine fein koordinierte Sprechmotorik voraus, die als Folge der Hirnschädigung umfänglich gestört sein kann. Neben einer auffallenden Mimik (ausdrucksloses Gesicht oder Grimassieren) kommt es zu Störungen des Redeflusses (abgehackte Sprache) und zu Störungen der Artikulation (Lautbildung, Aussprache, Tempo). Durch eine physiotherapeutische Behandlung und gezielte Sprachtherapie/Logopädie können Sprachstörungen wesentlich vermindert werden. **Hörstörungen:** Sie treten besonders im Zusammenhang mit der Athetose auf (partielle Schwerhörigkeit) und müssen durch ein frühzeitiges Hörtraining behandelt werden. Die Behandlung erfolgt meist im Zusammenhang mit der Sprachtherapie. **Sehstörungen:** Als Folge cerebraler Schädigungen kann es zu Beeinträchtigungen der Augenmuskulatur kommen. Beobachtet werden sowohl das Schielen (Strabismus) als auch das Augenflackern (Nystagmus). **Störungen der geistigen Entwicklung:** Die Annahme, eine Hirnschädigung führe generell zu Beeinträchtigungen der kognitiven Entwicklung, ist falsch und für die betroffenen Kinder und Jugendlichen nachteilig. Durch intensive Frühförderung, adäquate sonderpädagogische Förderung im Schulalter und Wahrnehmung der begleitenden Therapien (Krankengymnastik, Ergotherapie, Sprachtherapie) können heute Hirngeschädigte bis zu ihrem optimalen Leistungsniveau gefördert werden. Die Bandbreite der erreichten Schulabschlüsse umfaßt das Abitur ebenso wie den Abschluß der Schule für Geistigbehinderte. Bei schweren Schädigungen und mangelnder Förderung kann es aber auch zu massiven geistigen Retardierungen kommen. **Anfallsleiden:** Als Begleitsymptomatik zu Hirnschädigungen können Anfallsleiden (Epilepsien) auftreten, die Wahrnehmungs- und Konzentrationsstörungen sowie Störungen der Feinmotorik mit sich bringen. Sie lassen sich durch medizinische Behandlung zwar kontrollieren, die Medikamente haben aber wiederum Nebenwirkungen, so daß eine fachärztliche Betreuung unerläßlich ist.

1. Theoriebildung in der Rehabilitation

Als Theoriebildung wird das Bestreben bezeichnet, wissenschaftliche Erkenntnisse zusammenzufassen und zu handlungsleitenden Aussagen für die Praxis zu verdichten. Eine solche Theorie zur Erklärung des Gegenstandsfeldes, das mit dem Begriff Rehabilitation umschrieben wird, gibt es bisher nicht. Die entsprechende wissenschaftliche Lehre mit dem Ziel, eine systematische Ordnung aufzuzeigen und die rehabilitative Praxis zu verbessern, besteht noch weitgehend aus Teilstücken. Die Gründe dafür liegen im vielschichtigen und wenig übersichtlichen Gegenstandsfeld selbst. Neben der Medizin mit ihren zahlreichen Teildisziplinen sind es vor allem einzelne Disziplinen der Erziehungswissenschaft, die sich mit der Rehabilitation beschäftigen. Dabei dominiert die Behindertenpädagogik, die weitgehend synonym auch als Heil- und Sonderpädagogik bezeichnet wird und ihr wissenschaftliches Interesse lange Zeit primär auf die Schulerziehung behinderter Kinder und Jugendlicher richtete. Andere Disziplinen der Erziehungswissenschaft wie die Sozialpädagogik und die Sozialarbeit sowie die Berufspädagogik befassen sich heute ebenfalls mit der Rehabilitation Behinderter. Vor allem für die Medizin sowie für das Arbeits-, Sozial- und Rehabilitationsrecht (Jochheim und Scholz 1975, BAR 1994, BMA 1995c), aber auch für die Soziologie (Cloerkes 1997) und die Psychologie (Fengler und Jansen 1994, Koch et al. 1988) war und ist sie ein bedeutsames Gegenstandsfeld. Theoriebildung und Praxis der Rehabilitation werden von diesen wissenschaftlichen Disziplinen maßgeblich beeinflußt.

Wegen der Differenziertheit und Komplexität der Aufgaben, Maßnahmen und Einrichtungen der Rehabilitation können wichtige Funktionen einer wissenschaftlichen Theorie nur begrenzt geleistet werden. So wurden die Erklärung von Zusammenhängen (Explikation) und die Vorhersagbarkeit von Entwicklungen (Prädiktion) als Teil einer Theorie bisher nur bedingt geleistet. Die Beschreibung (Deskription) beschränkt sich auf zusammenfassende Darstellungen aus der Sicht einzelner Wissenschaften, die am Rehabilitationsgeschehen beteiligt sind. Eine Durchdringung des Gesamtbereichs im Sinne einer Systematisierung erfahrungswissenschaftlich gewonnener Tatsachen (Empirie) ist bis jetzt kaum vorhanden, obwohl ihre Notwendigkeit anerkannt wird. Ein Modell des Wirklichkeitsbereichs Rehabilitation mit dem Aufweis von Gesetzmäßigkeiten und Ursache-Wirkungszusammenhängen (Kausalitäten) steht also noch weitgehend aus. Dagegen liegen Aussagen vor, wie der Umgang mit Menschen sein soll, die als behindert gelten. Vorgaben sozialer Verhaltensmuster können Bestandteil einer Theorie sein, sofern sie kritisch reflektiert sind. Im Sinne einer „Heilpädagogik als wertgeleitete Wissenschaft" (Haeberlin 1996) gibt es solche Orientierungen, die nicht als einengende Vorschriften (Präskriptionen) zu verstehen sind. Zu einer umfassenden Theorie als Ergebnis überprüfter Annahmen (Hypothesen) müssen die an der Rehabilitation beteiligten Wissenschaften noch grundlegende Beiträge leisten. Allerdings dürfte es schwer sein, in der Theoriebildung weiterzukommen, so lange eine alle Bereiche übergreifende und verbindende **Rehabilitationswissenschaft** noch in den Anfängen steckt.

Dagegen liegen Beiträge zur Theoriebildung in der **Pädagogik der Behinderten** (Behinderten-, Heil- und Sonderpädagogik) insbesondere durch Arbeiten von Bleidick (1978, 1985a), Haeberlin (1985a), Jantzen (1987) und Speck (1987) bereits vor. Schon 1972 hat Bleidick seine „Pädagogik der Behinderten – Grundzüge einer Theorie der Erziehung behinderter Kinder und Jugendlicher" (3. Aufl. 1978) erstmals veröffentlicht. Behandelt wurden die Begriffsbestimmungen (Begriffslehre), der Gegenstandsbereich (Gegenstandslehre) und die Wissenschaftstheorie (Wissenschaftslehre) sowie ein Entwurf einer Anthropologie des Behinderten und seiner Erziehung. Unter Bleidicks (1985a) Herausgeberschaft wurden im Handbuch der Sonderpädagogik, Band 1: **Theorie der Behindertenpädagogik**, die Grundbegriffe, die Begriffssystematik (unter Berücksichtigung sozialrechtlicher, medizinischer und pädagogischer Definitionen), die Häufigkeit von Behinderungen, die Wissenschaftssystematik, die Historiographie, die Aufgabenfelder, die schulische Integration, die berufliche und soziale Eingliederung sowie die Legitimationsprobleme sonderpädagogischen Handelns von Fachautoren erörtert und einzelne Ansätze der Theoriebildung aufgezeigt. Diese streuen von älteren Theorien zur Heil- und Sonderpädagogik über personorientierte Modelle, sozialisations- und interaktionstheoretische Konzepte bis hin zu einer materialistischen Theorie und einer empirischen Behindertenpädagogik. Wenn dadurch auch keine übergreifende Theorie für den Gesamtbereich der Rehabilitation zustandekam, so wurde doch angestrebt, die vorhandenen Kenntnisse und Erklärungen in einen Zusammenhang zu bringen und die Praxis von Erziehung, Unterricht und Therapie bei Behinderten zu überdenken. Die notwendige Ausweitung bis in den Früh- und Elementarbereich und in den berufs- und erwachsenenbildenden Bereich im Sinne einer Abkehr von den traditionellen Beschränkungen auf eine Sonderschulpädagogik wurde anerkannt.

Bleidick (1985b, 49) nennt folgende Elemente für die wissenschaftliche **Erkenntnisbildung** in der Behindertenpädagogik und damit analog für den Gesamtbereich der Rehabilitation: Thesen, Hypothesen, Theorien und Systeme, wobei von einer zunehmenden Abstraktion der Aussagen auszugehen ist. Thesen sind danach Einzelbehauptungen von Erfahrungssätzen. Hypothesen sind zu Erklärungen zusammengestellte Sätze. Theorien sind Hypothesen, die in einen Gegenstandsrahmen integriert sind. Systeme sind zusammenhängende Theorien. Ein wissenschaftliches Aussagesystem zur Rehabilitation müßte sich nach dem Modell des deduktiv-hypothetischen Vollzugs der aufsteigenden Logik vollziehen: Erklärung eines Phänomens durch Unterstellung unter ein Erklärungsprinzip – Prognose künftiger Ereignisse durch Unterordnung von Einzeltatsachen unter das gewonnene Erklärungsprinzip – Kontrolle des allgemeinen Erklärungsprinzips durch erneute Thesen, Hypothesen und Theorien. Wissenschaftliche Pädagogik steht nach Bleidick (1985b, 50) unter dem Anspruch, der Erziehungswirklichkeit „zu besserem, erklärendem, prognostischem und kontrolliertem Wissen zu verhelfen". Insoweit haben die beteiligten Disziplinen bei der Theoriebildung in der Rehabilitation ihre je eigene Aufgabe zur theoretischen Systematisierung und empirischen Prüfung des rehabilitativen Handlungswissens, wobei ihre Beiträge an den Gütekriterien von Wissenschaft generell zu messen sind. Die Trennung von Erkennen und Werten, also von Empirie und Normativität, wäre ein solches Gütekriterium.

Eine Theorie der Erziehung besteht demnach aus der **Erziehungsphilosophie,** bei der es um normative und präskriptive Aussagen zum „Sollen" sowie um Basisentscheidungen und um Werte geht, und aus der **Erziehungswissenschaft,** die deskriptiv und empirisch das „Sein" durch Tatsachenbeschreibungen und Erkennen aufzuklären sucht. **Didaktik** als Technologie der Erziehung gewinnt aus beiden „Weisungen", die als Lehre umzusetzen sind: Erziehungslehre, Unterrichtslehre, Richtlinien, Lehrpläne. Die Erziehungswirklichkeit als Praxis ist dann in die Verantwortung des handelnden Erziehers gegeben (Bleidick 1985b, 65).

Jantzen (1974, 1985, 1987) verwendet ebenfalls den Begriff **Behindertenpädagogik** und analysiert das Gegenstandsfeld auf sozialwissenschaftlicher und psychologischer Grundlage. Seine Zugangsweisen und kritischen Analysen von Geschichte und Gegenwart der Rehabilitation orientieren sich am Materialismus und Marxismus. Auf dieser Grundlage hat er kritisch diskutierte Beiträge zur Theoriebildung geliefert. Die Geschichte materialistischer Modelle in der Behindertenpädagogik beginnt danach spätestens mit dem Entwurf von Edouard Séguin (1812-1880), der in Theorie und Praxis erstmals die Erziehbarkeit und Bildbarkeit der „Idioten" nachwies. Séguin sei aber Idealist geblieben und habe die gesellschaftlichen Verhältnisse (Produktionsverhältnisse) nicht historisch begriffen. Erst Marx, Engels und Lenin hätten eine Neufassung des Materialismus entwickelt, die seine Anwendung auf Psychologie und Pädagogik erlaube. „Kerngedanke des Marxismus als historischer und dialektischer Materialismus ist es, daß die Menschen als natur-historisch gewordene vermittels der Arbeit bestimmte Verhältnisse zur Natur, untereinander und zu sich selbst eingehen. Sie bringen durch ihre Produktion zugleich sich selbst wie historische Produktionsverhältnisse hervor" (Jantzen 1985, 323).

Speck (1987) bevorzugt dagegen den Begriff **Heilpädagogik** für das Gegenstandsfeld und versteht darunter eine „Pädagogik unter dem Aspekt speziellen Erziehungsbedarfs beim Vorliegen von Entwicklungs- und Beziehungshindernissen (Behinderungen und soziale Benachteiligungen)". Er entwickelt eine „ökologisch reflexive Grundlegung" zu einem „System Heilpädagogik". Eine so verstandene Heilpädagogik „bezieht sich auf alle Institutionen für Kinder, Jugendliche und Erwachsene mit speziellem Erziehungs- und Bildungsbedarf, also nicht nur auf Sonderschulen, sondern auf alle Schulen, darüber hinaus auf die Familie, auf die Frühförderung, auf die berufliche Tätigkeit, auf die Erwachsenenbildung, auf die Heimerziehung und sonstige sozialpädagogische Felder, auch auf die psychologische Erziehungsberatung, auf die Psychotherapie und auf klinische Institutionen, soweit dort Personen betreut und behandelt werden, für die aus pädagogischer Sicht ein spezieller Erziehungsbedarf geltend zu machen ist" (Speck 1987, 13). Es geht ihm also um das gesamte Gegenstandsfeld der Rehabilitation, für das er den Begriff Heilpädagogik verwendet. Lediglich medizinische und juristische Aufgabenstellungen der Rehabilitation werden nicht unmittelbar angesprochen.

1.1 Grundlegende Begriffe

Der Begriff **Rehabilitation** wird aus dem Spätlateinischen hergeleitet; rehabilitieren bedeutet „in den früheren Stand bzw. in die früheren Rechte bzw. Ehrenrechte wiedereinsetzen", im weiteren Sinne aber auch „wieder fähig machen". Er wird bis heute nicht einheitlich verwendet, was an der Begriffsgeschichte liegt, deren Beginn in der ersten Hälfte des 19. Jahrhunderts anzusetzen ist. Der badische Hofrat F.J. Ritter von Buß hat den Begriff auf das System der Armenpflege übertragen. Von ihm stammt die erste inhaltliche Bestimmung, wenn er fordert: „Vielmehr soll der heilbar Kranke vollkommen rehabilitiert werden, er soll sich zu der Stelle wieder erheben, von welcher er herabgestiegen war, er soll das Gefühl seiner persönlichen Würde wiedergewinnen und mit ihm ein neues Leben" (von Buß 1846, 331). Der Begiff wurde also ursprünglich im juristisch-ethischen Sinne benutzt und meinte Ehrenrettung und Wiedereingliederung; später kam dann die Bedeutung einer Wiederherstellung von Fähigkeiten hinzu. Zu den „heilbar Kranken", die von Buß erwähnte, waren auch die „Krüppel" zu rechnen, für die es bereits seit dem ausgehenden 18. Jahrhundert eine orthopädische Behandlung und Schulunterricht gab. Im Rahmen der Fürsorge-bewegung des 19. Jahrhunderts gewann die Rehabilitation dann allmählich an Bedeutung, denn sie war als „Armenpflege" eine Reaktion auf die Massenar-mut, die mit der beginnenden Industrialisierung auftrat. Krankheit, Krüppel-tum und Armut waren lange Zeit miteinander verkettet: Erkrankungen des Bewegungssystems führten ohne medizinische Behandlung zu dauerhaften Kör-perschäden, die eine Erwerbstätigkeit erschwerten oder unmöglich machten und dadurch in Not und Armut trieben. Erst durch das Zusammenwirken von Medizin, Schul- und Berufspädagogik konnten die Ziele der Rehabilitation erreicht werden. Zusammengefaßt wurden diese Formen der Rehabilitation Anfang des zwanzigsten Jahrhunderts unter dem Begriff **Krüppelfürsorge** (Bie-salski 1926, Thomann 1995).

Heute versteht man unter <u>Rehabilitation</u> das System und die Gesamtheit der Maßnahmen, die Menschen mit Behinderungen angeboten werden können, um sie beruflich und sozial in die Gesellschaft einzugliedern. Ziele sind dabei ein Höchstmaß an Lebenstüchtigkeit und Lebensqualität, Teilnahme am Berufs- und Arbeitsleben, Selbstbestimmung und Selbständigkeit im Leben, Wohnen und in der Freizeitgestaltung. Ein Mensch, der durch eine angeborene oder im Lebens-lauf erworbene Schädigung oder durch eine chronische Krankheit körperlich, geistig oder seelisch behindert ist, soll über die medizinische Behandlung hinaus durch Maßnahmen der Rehabilitation in die Lage versetzt werden, eine Lebens-form und gesellschaftliche Stellung zu erreichen, die seiner Persönlichkeit ent-spricht. Diese Zielsetzung erstreckt sich auf das Alltagsleben in Gemeinschaften ebenso wie auf Positionen in Gesellschaft, Staat, Wirtschaft, Kultur und Religi-on. Hinsichtlich der Ziele und Maßnahmen wird zwischen **medizinischer, schuli-scher, beruflicher und sozialer Rehabilitation** unterschieden.

Im Bereich der Pädagogik störte der begriffliche Inhalt des „Wiederherstel-lens". Erziehung, Förderung und Unterrichtung von Kindern und Jugendlichen ist eine erstmalige Befähigung durch vorschulisches und schulisches Lernen, also „Habilitation" und nicht Rehabilitation. Da die berufliche Erstausbildung junger Behinderter sich als Teil des Systems der beruflichen Rehabilitation eta-blierte, wurde der Begriff aber mehr und mehr für den Gesamtbereich von der Kindheit bis ins Erwachsenenalter angewandt. Im Sonderschulwesen wurde er schließlich durch eine Empfehlung der Kultusministerkonferenz eingeführt; danach sind Sonderschulen „Stätten der Habilitation und Rehabilitation" (KMK 1972, 7).

In der ehemaligen Deutschen Demokratischen Republik (DDR) wurde der Begriff **Rehabilitationspädagogik** verwendet. Begründet wurde dies wie folgt: „Das Ziel der Rehabilitation besteht in der Entwicklung, Erhaltung und Wiederherstellung von Fähigkeiten zur aktiven Teilnahme physisch-psychisch Geschädigter am Leben der sozialistischen Gesellschaft. Das Ziel der Pädagogik besteht in der Entwicklung allseitig gebildeter sozialistischer Persönlichkeiten" (Becker et al. 1984, 236-237). Diese pädagogische Zielsetzung galt auch für „Geschädigte"; insofern sollte beides im Begriff Rehabilitationspädagogik zusammengeführt werden. Dem wurde entgegengehalten, daß Rehabilitation eben nicht mit der Pädagogik der Behinderten gleichzusetzen ist. Neuerdings findet der Begriff Rehabilitationspädagogik aber vermehrt Anwendung.

Trotz gewisser inhaltlicher Widersprüche kann man von einem „gemeinsamen Haus" der **Rehabilitation** sprechen, da letztlich alle medizinischen, pädagogischen und sozialrechtlichen Maßnahmen die soziale Eingliederung oder Wiedereingliederung zum Ziel haben (Mühlum und Oppl 1992, 10-11). Angestrebt wird heute eine „Rehabilitation im Lebenslauf", was bedeutet, die individuelle Lebensgeschichte, die Gegenwart und die zukünftigen Lebensperspektiven in die rehabilitativen Maßnahmen einzubeziehen. Rehabilitation ist demnach als Prozeß zu verstehen, bei dem alle Beteiligten zusammenwirken, um individuelle Beeinträchtigungen abzubauen und die Lebensbedingungen auf der jeweiligen Altersstufe zu verbessern.

Der Begriff **Pädagogik** kommt aus dem Griechischen und bedeutet von daher „Kinderführung". Bezeichnet wird damit sowohl die Gesamtheit der Absichten und Handlungen, mit denen auf einen Menschen eingewirkt wird, als auch das umfassende Aufgabengebiet der pädagogischen Praxis. Das Nachdenken über die Erziehungsbedürftigkeit gehört ebenso dazu wie die Frage nach der Erziehbarkeit des Menschen. Die Begründungen werden auch als Erziehungsphilosophie gekennzeichnet, der dann die Erziehungswirklichkeit gegenübersteht, die von der Erziehungswissenschaft erforscht und durch die Erziehungslehre gestaltet wird. Nach Bleidick (1985b, 48) ist Pädagogik der „Zusammenhang zwischen Wirklichkeit und Wissenschaft, von geschehender Erziehung und dem Wissen über die Erziehung, von Praxis und Theorie". Als wissenschaftliche Disziplin zerfällt die Pädagogik in verschiedene Richtungen, die sich als Geisteswissenschaftliche, Phänomenologische, Empirische, Materialistische, Kritische usw. Erziehungswissenschaft verstehen und einen jeweils eigenen Zugang zur Beschreibung und Erklärung der Erziehungswirklichkeit suchen (Lenzen und Mollenhauer 1983). Die **Behindertenpädagogik** ihrerseits wird gegliedert in eine Allgemeine Pädagogik der Behinderten und spezielle Pädagogiken wie Pädagogik der Blinden, Sehbehinderten, Gehörlosen, Schwerhörigen, Sprachbehinderten, Geistigbehinderten, Körperbehinderten, Lernbehinderten, Verhaltensgestörten und Kranken. Ergänzt wird eine solche fachliche Binnengliederung durch weitere Teilgebiete wie etwa Geschichte der Heil- und Sonderpädagogik und Vergleichende Heil-, Sonder- und Behindertenpädagogik.

Erziehung ist der zentrale Grundbegriff der Pädagogik; darunter werden alle Maßnahmen verstanden, mit denen vor allem Kinder und Jugendliche beeinflußt werden, um sie dauerhaft zu einem für die Gemeinschaft positiven Verhalten zu bringen, das sich als soziale Selbständigkeit und Mündigkeit zeigt. Nach Brezinka (1976, 85-86) dient der Begriff Erziehung dazu, „aus der Gesamtmenge der menschlichen Handlungen und Handlungssysteme jene hervorzuheben, durch die Menschen versuchen, das Gefüge der psychischen Dispositionen anderer Menschen in irgendeiner Hinsicht dauerhaft zu verbessern oder seine als wertvoll beurteilten Komponenten zu erhalten". Der Erziehungsbegriff wird also nicht nur auf den Prozeß der Einwirkung von Älteren auf Jüngere als noch zu Erziehende angewandt, sondern steht auch in engem Zusammenhang mit dem Bildungsbegriff, der umfassender ist und auch die Erwachsenenbildung umfaßt. **Bildung** beinhaltet die optimale Entwicklung der Persönlichkeit eines Menschen. Der Mensch wird nicht nur durch Einflüsse anderer Menschen „erzogen", sondern setzt sich auch selbst Ziele und formt sich im Sinne einer Selbsterziehung. Nach Klafki (1996, 19) wird Bildung verstanden, „als Befähigung zu vernünftiger Selbstbestimmung, die die Emanzipation von Fremdbestimmung voraussetzt oder einschließt, als Befähigung zur Autonomie, zur Freiheit eigenen Denkens und eigener moralischer Entscheidungen".

Unterricht ist das planmäßige Lehren und Lernen, um Kenntnisse, Fähigkeiten und Fertigkeiten aufzubauen. Der Schulunterricht wird auch als „erziehender Unterricht" verstanden, der Grundlagen zur Entfaltung der Persönlichkeit und damit zur Bildung schafft. Der Unterricht für Behinderte stellt besondere Anforderungen an Didaktik und Methodik (siehe dazu Kapitel 4). **Ausbildung** ist der Prozeß der beruflichen Qualifizierung. Durch berufspädagogischen Unterricht und fachpraktische Unterweisung sollen an den Lernorten Berufsschule und Betrieb die Kenntnisse und Fähigkeiten für berufliche Tätigkeiten erworben werden. Die Berufsausbildung von Menschen mit Behinderungen wird analog zu diesem „Dualen System" in Rehabilitationseinrichtungen durchgeführt. Der Lernort Betrieb wird dort ganz oder teilweise durch Ausbildungswerkstätten und kaufmännische Übungsfirmen ersetzt.

In der Rehabilitation spielen die ärztliche **Behandlung** zur Heilung oder Besserung bei Erkrankungen sowie Therapie und Pflege eine bedeutende Rolle. **Therapie** meint vom griechischen Wortverständnis her eigentlich die Behandlung von Krankheiten; der Begriff wird aber auch auf erzieherische Aufgabenstellungen angewandt. So werden viele Maßnahmen für behinderte Kinder und Jugendliche als Therapie bezeichnet, die dann von nichtärztlich-therapeutischen Fachkräften wie Krankengymnasten, Ergotherapeuten, Logopäden, Bewegungserziehern und Motopäden durchgeführt werden. Gebräuchlich ist der Begriff auch für Formen der Psychotherapie und der Sozialtherapie, wie sie von Psychologen und Sozialarbeitern in der Rehabilitation angeboten werden. Bestandteil bestimmter Konzepte von Therapiemaßnahmen sind Übungen zur gezielten Beeinflussung in umschriebenen Verhaltensbereichen. **Pflege** meint zunächst Sorge, Obhut und Betreuung; im Verständnis der medizinischen Rehabilitation ist sie als Krankenpflege Teil der Heilbehandlung. Bei längerfristigem oder dauerhaftem Bedarf an Pflege kommen aber auch erzieherische Intentionen ins Spiel. So wird im Bereich der Erziehung und des Unterrichts bei Kindern mit Schwerstbehinderung auch von Förderpflege gesprochen: Pflege ist dann nicht nur Versorgung mit Nahrung und Sicherung der Körperhygiene, sondern auch Unterstützung bei der Entfaltung der Persönlichkeit.

Der Begriff **Förderung** schließlich umgreift alle Maßnahmen der Einwirkung auf Menschen, wie sie als Erziehung, Behandlung, Therapie, Übung, Training und Unterricht, im weiteren Sinne aber auch als Ausbildung, Betreuung, Anleitung und Pflege angeboten werden. Im Bereich der Rehabilitation Behinderter wird der Begriff Förderung heute vor allem für den Personenkreis der Schwerstbehinderten im Kindes- und Jugendalter verwendet, der einen erheblichen Bedarf an Erziehung, Unterricht, Pflege und Betreuung hat (siehe Kapitel 5). Die Verwendung des Begriffs ist im übrigen noch uneinheitlich; die inhaltliche Füllung meint einerseits die Entwicklung und Anregung zur optimalen Entfaltung der Persönlichkeit und andererseits das Entwickeln basaler Funktionen und Fähigkeiten. In einer allgemeinen Umschreibung meint Förderung ein pädagogisches Angebot für behinderte Menschen, damit sie ihre Handlungskompetenz verbessern und ihr Leben sinnvoll gestalten können. Die neuerdings aufkommenden Kennzeichnungen wie Förderbedarf, Förderpflege, Förderpädagogik und Förderschule geben Hinweise auf die hohen Erwartungen an diesen Begriff und seine positive Bewertung innerhalb der Behinderten-, Heil- und Sonderpädagogik.

1.2 Lernen als Grundfähigkeit des Menschen

Eine Grundfähigkeit jedes Menschen besteht darin, daß er sich Verhaltensweisen, Kenntnisse, Fähigkeiten und Fertigkeiten aneignen kann. Die dabei ablaufenden Vorgänge werden als Lernen bezeichnet. **Lernen** wurde deshalb zu einem wichtigen Begriff in der Pädagogik und in Teilbereichen der Rehabilitation. Er gilt zunächst als Sammelbezeichnung für die Prozesse, die zu einer Verhaltensänderung durch Erfahrung führen. Damit ist Lernen ein Vorgang, der nicht unmittelbar beobachtbar, sondern erst aus Veränderungen des Verhaltens zu erschließen ist. Man geht davon aus, daß durch geplante und konstruierte Erfahrungsanlässe Lernen ermöglicht wird. Im Bereich der Rehabilitation kann in vielen Situationen gelernt werden: Nicht nur der pädagogische Vorgang des Gewinns neuer Kenntnisse und Fähigkeiten, sondern auch der psychologische Vorgang der Änderung des Sozialverhaltens fällt unter das Lernen. Fließend ist auch die Zuordnung zur Therapie: Auch bei der krankengymnastischen und logopädischen Behandlung werden Lernprozesse initiiert. Die Lernforschung (Gagné 1973) hat die Bedingungen menschlichen Lernens eingehend analysiert und die gewonnenen Erkenntnisse zu Hierarchien der Lernformen zusammengefaßt. Das Lernen gehört dann zum Menschen wie seine Sinnesorgane und Körperteile. Man kann davon ausgehen, daß das menschliche Gehirn selbst auch lernt, wie es wahrnehmen und seine Fähigkeiten erweitern kann.

Der ganzheitliche Prozeß des Lernens basiert einerseits auf dem biologischen Grundbedürfnis, durch geeignete Verhaltensweisen das Leben möglichst günstig zu gestalten und sich in der Umwelt so einzurichten, daß ein dauerhaftes Überleben gesichert ist. Andererseits sind der menschliche Säugling und das Kleinkind auf Zuwendung, Fürsorge und Anregung angewiesen. Hinsichtlich der biologischen Bedürfnisse ist das einsichtig und nachvollziehbar: Eine Mangel- oder Fehlernährung führt zur Stagnation der körperlichen Entwicklung und in schweren Fällen zu gesundheitlichen Dauerschäden. Aber auch die geistige Entwicklung braucht Anregung und Zuwendung, wenn sich keine Retardierungen und Behinderungen einstellen sollen.

Grundlage der menschlichen Entwicklung sind außerdem Reifungsvorgänge; unter **Reifung** wird die Ausfaltung von keimhaft angelegten Verhaltens- und Erlebnisweisen verstanden. Sie ist Voraussetzung für die am Kind zu beobachtenden Veränderungen in Leistung und Verhalten und erfaßt sowohl das

Wachstum des Körpers als auch die seelische Entwicklung. Für die seelisch-geistige Entwicklung ist die Reifung des Muskel- und Nervensystems von Bedeutung. Die wesentlichen Reifungsprozesse für die Entwicklung liegen in der frühen Kindheit; Reifung schafft zu jeweils bestimmten Zeitpunkten die optimalen Lernbedingungen für Angebote aus der Umwelt. Sie muß auffordern und anregen, damit das Kind Chancen zum Lernen bekommt.

Lernen steht im Zusammenhang mit Denken und Gedächtnis. **Denken** ist die interpretierende und ordnungsstiftende Verarbeitung von Informationen; man bezeichnet damit auch das kognitive Verhalten und die intellektuellen Funktionen wie Wiedererkennen, Entdecken, Erfinden von Beziehungen und Problemlösen. **Gedächtnis** ist die Fähigkeit, Wissen zu speichern und wieder abzurufen. Die neuralen Grundlagen des Gedächtnisses lassen sich durch zwei Feststellungen umreißen: Es ist stufenförmig organisiert und seine Inhalte sind häufig an verschiedenen Stellen des Nervensystems lokalisiert. Der Prozeß der Speicherung von Informationen besteht aus wenigstens zwei Stufen: Zunächst gelangen Informationen in das Kurzzeitgedächtnis, wo sie von wenigen Minuten bis zu Stunden aufbewahrt werden. Sie gehen dann in das Langzeitgedächtnis über, wo sie von einigen Tagen bis zu Jahren oder lebenslang verbleiben. Es gibt kaum menschliche Verhaltensweisen, die nicht durch Lernvorgänge bedingt oder wenigstens mitbedingt und im Gedächtnis abgespeichert sind. Gedächtnisfunktionen lassen sich bestimmten Hirnregionen zuordnen; das Gedächtnis ist nichts Einheitliches, sondern muß je nach Art der Informationsspeicherung und des Abrufs von Informationen in einen expliziten und in einen impliziten Bereich aufgeteilt werden. Das implizite Gedächtnis benötigt keine bewußte Erinnerung und schließt verschiedene Wahrnehmungs- und Reflexbahnen ein (Kandel et al. 1995, 667-684).

Auch die Lernfähigkeit kann in zwei Bereiche aufgeteilt werden: Das **explizite Lernen**: Es erfordert eine bewußte Anteilnahme und erbringt Wissen über Personen, Orte und Dinge. Abgespeichert wird das Wissen im expliziten Gedächtnis, das vor allem biographisch, zeitlich und örtlich definierte Ereignisse erfaßt. Das **implizite Lernen**: Es erfordert keine bewußte Anteilnahme, sondern ist mit Wahrnehmungsstrategien, motorischen Fähigkeiten und Gewohnheiten verbunden. Abgespeichert werden allgemeines Faktenwissen, grammatikalische und arithmetische Kenntnisse in einem impliziten Gedächtnis.

Der Mensch wird zwar mit einem genetisch bestimmten Hirnpotential geboren, die weitere Ausbildung der Funktionsfähigkeit des Nervensystems ist aber umweltabhängig. Der Organismus entwickelt erst durch das Zusammenwirken mit der Umwelt die Körper- und Sinnesfunktionen voll aus. Auch bei Schädigungen kann durch rehabilitative Maßnahmen sowohl einer Behinderung vorgebeugt (Prävention) als auch deren Auswirkung begegnet werden. Rehabilitation heißt insoweit auch Schaffung einer Umwelt, in der sich ein Mensch mit Behinderung optimal entwickeln kann. Die Lernfähigkeit ist prinzipiell bei jedem Menschen vorhanden, so daß auch bei schweren und schwersten Formen einer Behinderung Lernprozesse zur Entfaltung der Persönlichkeit angeregt werden können (Stadler 1997d).

1.3 Struktur von Behinderung

Eine allgemeingültige Defintion des Behinderungsbegriffs gibt es nicht; dies liegt vor allem daran, daß Behinderung unter medizinischen, soziologischen, psychologischen, pädagogischen und sozialrechtlichen Aspekten betrachtet wird. Lange Zeit dominierte eine defektbezogene Sicht: Schäden am Körper führen zu medizinisch behandelbaren Folgen, die, soweit sie bestehen bleiben, als Behinderungen bezeichnet werden. Bald wurde aber erkannt, daß Schädigung und Behinderung zwar in einem Grund-Folge-Verhältnis, aber nicht in einem Kausalzusammenhang stehen (Wellmitz, B. 1993a, 21).

Ausgehend von der Begriffsbestimmung der Weltgesundheitsorganisation (World Health Organisation – WHO) werden folgende Ebenen einer Behinderung unterschieden: die **Schädigung, die Behinderung und die Beeinträchtigung.** Die erstmals 1980 von der WHO herausgegebene Klassifikation liefert den konzeptionellen Rahmen für Informationen, indem sie das Phänomen „Behinderung" als Folge von angeborenen Schädigungen, Unfällen oder Erkrankungen klassifizierbar und damit beschreibbar macht. Komplexe Probleme können strukturiert und dadurch verständlicher gemacht werden. Sie ist überdies weltweit als Instrument zur Dokumentation, Evaluation und Planung von Maßnahmen der Rehabilitation anerkannt. In der deutschen Gesetzgebung meint Behinderung meist den Oberbegriff zu den Folgeerscheinungen von Schädigungen und Erkrankungen.

Die 1993 von der WHO neu herausgegebene **Internationale Klassifikation der Behinderungen** (International Classification of Impairments, Disabilities and Handicaps – **ICIDH**) hat für den Gesamtbereich der Rehabilitation große Bedeutung (ICIDH 1995 in deutscher Übersetzung). Nach Schuntermann (1996) kann das Krankheitsfolgemodell der ICIDH als Vorform einer Theorie der Behinderung angesehen werden, um Behinderungsprozesse zu erklären, zu prognostizieren sowie kausal begründete Interventionsmethoden in der Rehabilitation zu entwickeln. Während die ICD (International Classification of Diseases) von Gesundheitsstörungen als Einheiten gleicher Ätiologie, Pathogenese und Manifestation ausging, will die fortgeschriebene ICIDH der WHO diesen engen, kausal orientierten Rahmen sprengen. Sie behält die drei Ebenen zwar bei, beschreibt die Manifestationen einer Krankheit jetzt aber in einem final orientierten Konzept.

Die Manifestationen einer Gesundheitsstörung ergeben sich (Jochheim und Matthesius 1995, 5): (1.) Auf der Ebene der **Störung der biologischen und/oder psychischen Struktur und Funktion,** bezeichnet als Impairment, Schädigung, Schadensmuster, (2.) auf der Ebene der **Störung der Fähigkeiten** der betroffenen Person zur Ausführung zweckgerichteter Handlungen, bezeichnet als Disability, Fähigkeitsstörung und (3.) auf der Ebene der **Störung der sozialen Stellung oder Rolle** der betreffenden Person und ihrer Fähigkeiten zur Teilnahme am gesellschaftlichen Leben, bezeichnet als Handicap, soziale Beeinträchtigung, Integrationsstörung. Die dritte Ebene wird durch zwei Aspekte bestimmt, die sich beeinflussen: (1.) Die Reflexion der Störung im Erleben, Bewerten und Verhalten der betroffenen Person, also durch die jeweilige **Krankheitsbewältigung** (Coping) und (2.) durch die Reflexion der Störung im Erleben, Bewerten und Verhalten der sozialen Umwelt der betroffenen Person, also durch die **Reaktion der Gesellschaft** auf Krankheit und Behinderung. In einer Abbildung wird die Struktur von Behinderung verdeutlicht.

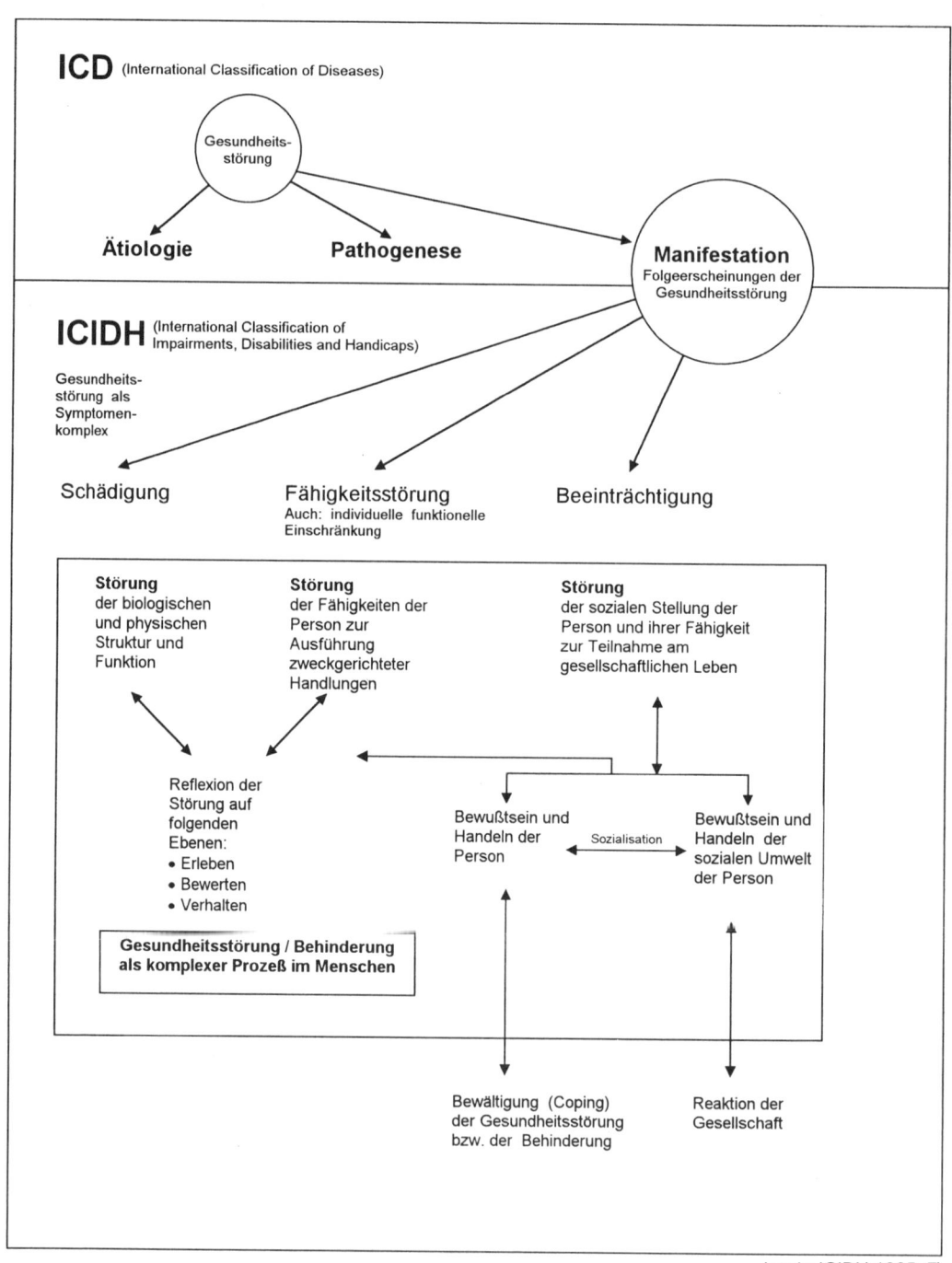

(nach: ICIDH 1995, 7)

Abb. 2: Dimensionen und Manifestationen einer Behinderung

28

Inzwischen gibt es zur **Anwendung der Klassifikation** ein Handbuch (ICIDH 1995) mit praktischen Hinweisen. Es enthält drei getrennte und unabhängige Klassifikationen, von denen jede eine unterschiedliche Ebene der Folgeerscheinungen von Krankheiten beschreibt: (1.) Schädigungen (**S-Kode**) sind aus irgendeiner Ursache entstandene Abweichungen der Körperstruktur oder -erscheinung bzw. der Funktion von Organen oder Systemen; im Prinzip stellen Schädigungen Störungen auf der Organebene dar. (2.) Fähigkeitsstörungen (**F-Kode**) spiegeln die Folgen der Schädigung für die funktionellen Fähigkeiten und Aktivitäten der Person wider; Fähigkeitsstörungen stellen also Störungen auf der Ebene der Person dar. (3.) Beeinträchtigungen (**B-Kode**) betreffen Benachteiligungen, die seitens der Person im Gefolge von Schädigungen und Fähigkeitsstörungen erfahren werden; Beeinträchtigungen spiegeln daher die Wechselwirkung mit der Umgebung des Individuums und die Adaption (Anpassung) wider.

Ergänzend wird im Handbuch zur ICIDH (1995, 230) angemerkt, daß die Items zur Klassifikation der Beeinträchtigungen nicht den Personen oder ihren Merkmalen, sondern eher den Umständen entsprechend bestimmt werden, in denen sich behinderte Menschen gemeinhin befinden. Das sind Umstände, von denen zu erwarten ist, daß sie unter Berücksichtigung gesellschaftlicher Normen diese Menschen im Verhältnis zu ihresgleichen benachteiligen. Dabei beschränkt man sich auf soziale **Schlüsselfunktionen**, die als wichtige Dimensionen des Erlebens von Benachteiligung anzusehen sind und die dann als sogenannte **Überlebensrollen** gekennzeichnet werden (ICIDH 1995, Abschnitt 4: S. 389-413): Orientierung, physische Unabhängigkeit, Mobilität, Beschäftigung, soziale Integration und ökonomische Eigenständigkeit.

Schuntermann (1996) hat sich mit Ergebnissen und Problemen der ICIDH auseinandergesetzt. Er verweist darauf, daß die ICIDH in Deutschland lange nicht zur Kenntnis genommen wurde, obwohl sie bis zu einem gewissen Grad komplexe Probleme leicht verständlich macht und überdies weltweit als Instrument zur Wahrnehmung des Problemes der Behinderung, zur Beschreibung dieses Problems und zur Entwicklung von Lösungen anerkannt sei. Sie liefere einen konzeptionellen Rahmen nicht nur für Langzeitfolgen von Krankheiten, Verletzungen und angeborenen Leiden, sondern sei auch für die Gesundheitsversorgung einschließlich Früherkennung und Prävention sowie auf die Überwindung von sozialen und Umweltbarrieren anwendbar. Notwendig ist nach Schuntermann eine Verbindung zwischen dem „Was ist?" und „Was ist zu tun?" durch eine Theorie der Behinderung, wozu er Überlegungen anstellt. Die Theorie muß nach Schuntermann aus zwei Teilen bestehen, die einmal die Entstehungsprozesse, aber dann auch die rehabilitative Intervention erfassen. Das **neue Paradigma** drücke aus, daß das klassische medizinische Krankheitsmodell zu eng sei, weil es darin versage, krankheitsbezogene Dimensionen wie Schädigung, Funktionsstörung und Beeinträchtigung zu reflektieren. Mit dieser Sicht werden auch Vorbehalte gegen das „medizinische Modell" von Behinderung beachtet, wie sie in der Behindertenpädagogik bestehen.

1.4 Erklärung von Behinderung

Die Konzeption der Weltgesundheitsorganisation (WHO) zur Struktur von Behinderung wurde auch zur Erklärung dessen herangezogen, was mit dem Phänomen „Behindertsein" verbunden ist. Dabei reichen die Erklärungsversuche von rein personbezogenen Ansätzen bis zur Aussage, daß in irgendeiner Form und zu irgendeinem Zeitpunkt im Lebenslauf alle Menschen behindert seien. Während im Gesundheits- und Sozialwesen vorwiegend an der Schädigung orientierte Definitionen zu finden sind und es im Schulwesen vor allem um die Zuordnung zu einem geeigneten Förderort ging, haben sich einzelne Wissenschaftsdisziplinen um Erklärungen der Folgen und Auswirkungen bemüht.

Sozialpsychologie und Soziologie haben besonders die **Relativität von Behinderung** herausgearbeitet. So weist Cloerkes (1997, 8) darauf hin, daß Behinderung in folgenden Zusammenhängen relativ ist: (1.) Nach der **zeitlichen Dimension**. Ein sogenannter Lernbehinderter ist es beispielsweise zunächst nur für die Dauer der Schulpflicht. Danach kann ihm eine beruflich-soziale Eingliederung gelingen, so daß er unauffällig bleibt. (2.) Nach der **subjektiven Auseinandersetzung** mit Behinderung. Eine leichte Gesichtsentstellung kann als sehr belastend erlebt werden, während eine schwere motorische Behinderung in Form einer Rollstuhlabhängigkeit gut gemeistert wird. (3.) Nach **verschiedenen Lebensbereichen und Lebenssituationen**. Behinderung kann in Familie, Schule, Beruf und Freizeit unterschiedlich bedeutsam werden. Ein anerkannt Schwerbehinderter kann im Privatbereich seine Behinderung subjektiv wenig erleben, während er im Beruf auf Rücksichtnahme angewiesen ist. (4.) Nach **Abhängigkeit von kulturspezifischen und sozialen Reaktionen**. Behinderung erfährt ihre Bewertung durch den kulturellen Hintergrund; in einem Land mit Analphabetismus werden bereits schwache Leistungen im Lesen und Schreiben hoch geschätzt.

Die Diskussion um angemessene **Paradigmata** im Sinne wissenschaftlicher Theorien und Erklärungsversuche führte zu folgenden vier konkurrierenden Sichtweisen von Behinderung (Bleidick 1985a, Hensle 1988, Cloerkes 1997): (1.) Behinderung ist ein medizinisch faßbarer Sachverhalt, eine **medizinische Kategorie**, die an der jeweiligen Person festzumachen ist. (2.) Behinderung ist eine **Zuschreibung sozialer Erwartungshaltungen**, ein Etikett; sie ist aus den Interaktionen der Beteiligten abzuleiten. (3.) Behinderung ist ein **Systemerzeugnis** vor allem der schulischen Leistungsdifferenzierung. Das Schulsystem erzeugt Lernbehinderte durch Ausgliederung und Ausgrenzung leistungsschwacher Schüler. Das separierte Sonderschulwesen selbst hat, systemtheoretisch gesehen, bereits Ausgrenzung und damit Behinderung zur Folge. (4.) Behinderung wird durch die Gesellschaft gemacht, sie ist ein **Gesellschaftsprodukt**. Diese politökonomische und materialistische Sicht nimmt die Produktions- und Klassenverhältnisse zum Ausgangspunkt für das Erklären von Behinderung. Dabei wird besonders das kapitalistische Wirtschafts- und Gesellschaftssystem kritisiert, weil unterstellt wird, daß in ihm Behinderten überwiegend schlecht bezahlte Tätigkeiten zugewiesen werden.

Bleidick und Hagemeister (1995, 76) fassen Elemente der Theoriebildung wie folgt zusammen: **Heilpädagogik** ist als medizinisch orientiertes Modell mit einem weitgehend personorientierten Begriff von Behinderung verbunden. **Sonderpädagogik** ist als systemsoziologisch faßbares Modell einer Institutionendifferenzierung zu verstehen. **Behindertenpädagogik** schließlich kann als interaktions- und gesellschaftstheoretisches Modell gelten. Cloerkes (1997, 11) kritisiert die Zusammenfassung des interaktionstheoretischen mit dem gesellschaftstheoretischen Modell, denn als Paradigmata im Sinne von Sichtweisen erfaßten beide Unterschiedliches und seien auch nicht als Modelle zu bezeichnen. Er weist außerdem darauf hin, daß gegenwärtig ein **integratives Paradigma** in der Diskussion ist. Im Gegensatz zur sonderpädagogischen Betrachtungsweise geht es heute um die „Integration" in Schule und Berufsausbildung durch gemeinsames Leben und Lernen.

Die vier Paradigmata wurden in der Rehabilitation seit den siebziger Jahren vielfach erörtert. Kobi (1977) hat aus ihnen bereits früh **Modelle** abgeleitet, wobei das Paradigma die Sichtweise und das Modell die Handlungsweise bestimmt. Er unterschiedet: (1.) Das **Caritative Modell**. Grundlage ist Christi Liebestätigkeit gegenüber Elenden und Verkommenen, die durch das christliche Liebesgebot Gegenstand der Caritas werden. Als Empfänger der Almosen helfen sie den Spendern, ihr Mitleid zu kanalisieren und Schuldgefühle abzubauen. Im christlichen Mittelalter wurde durch Stiftungen für Arme und Gebrechliche gleichzeitig für das eigene Seelenheil vorgesorgt. (2.) Das **Exorzistische Modell**. Ausgangspunkt ist die Vorstellung, ein Mensch mit Behinderung sei von einem bösen Geist (Dämon) besessen. Durch Austreiben des Dämons könne auch die Behinderung beseitigt werden. Im bis heute von der Katholischen Kirche geduldeten Exorzismus sind diese Vorstellungen noch lebendig. (3.) Das **Rehabilitations-Modell**. Paradigma ist dabei das „Reparieren" und „Wieder-funkionstüchtig-machen" bei Menschen mit Körperbehinderung, wobei die Wiedereingliederung in Beruf und Arbeit im Zentrum steht. (4.) Das **Medizinische Modell**. Es entstand parallel zur Heilpädagogik Mitte des 19. Jahrhunderts als Strategie zur Bekämpfung von Infektionskrankheiten. Der Erreger ist der Feind, der Arzt sucht ihn als Jäger ausfindig zu machen und zu erlegen. Der Mensch als Patient wird zum Jagdgebiet, aber als Person uninteressant. Interesse findet die Störung in seinem Organsystem. Deshalb ist auch die Arzt-Patient-Beziehung eine distanzierte und verhüllende (Arztgeheimnis). In Militärhospitälern wurde dieses Modell zum Übungsfeld der modernen Chirurgie. Die Übernahme des medizinischen Modells durch Vertreter der Heilpädagogik wird von Kobi kritisiert. (5.) Das **Interaktions-Modell**. Es konkurriert mit dem Medizin-Modell und entstand in der Psychiatrie als medizinische Teildisziplin und in der Kriminalsoziologie. Behinderung „an sich" gibt es danach gar nicht; vielmehr entsteht sie erst aus Kommunikation und Interaktion, wobei Zuschreibungen (Attribuierungen und Etikettierungen) bedeutsam sind. Unter diesen von ihm formulierten „Modellen" sah Kobi (1977, 18) im Interaktionsmodell eine Chance für die Heilpädagogik, sich als Alternative zur Medizin auszuweisen und wieder den Gesamtzusammenhang des Behindertseins zu beachten. Er kritisierte schon damals, daß die Pädagogik sich in eine „unverbindlich-unverbundene Kinderpsychologie" aufzulösen scheine. Eine Gefahr, die gerade im Blick auf die Pädagogik der Körperbehinderten ernst zu nehmen ist (Leyendecker 1983, 1o3-1o4). Gibt es in ihr doch Tendenzen, sich nach der Lösung aus dem Einfluß der Medizin als angewandte Kinderpsychologie und als Psychagogik zu verstehen (Kunert und Schmidt 1971, Kunert 1974).

1.5 Erziehungswissenschaftliche Sicht von Behinderung

Mit der Empfehlung der Bildungskommission des **Deutschen Bildungsrats** (1974a, 32) unter dem Titel „Zur pädagogischen Förderung behinderter und von Behinderung bedrohter Kinder und Jugendlicher" wurde eine erziehungswissenschaftliche Sicht von Behinderung in die Diskussion eingeführt. Sie hebt sich von medizinischen und sozialrechtlichen Definitionen ab und wurde wie folgt umschrieben: „Als behindert im erziehungswissenschaftlichen Sinne gelten alle Kinder, Jugendlichen und Erwachsenen, die in ihrem Lernen, im sozialen Verhalten, in der sprachlichen Kommunikation oder in den psychomotorischen Fähigkeiten so weit beeinträchtigt sind, daß ihre Teilhabe am Leben der Gesellschaft wesentlich erschwert ist. Deshalb bedürfen sie besonderer pädagogischer Förderung. Behinderungen können ihren Ausgang nehmen von Beeinträchtigungen des Sehens, des Hörens, der Sprache, der Stütz- und Bewegungsfunktionen, der Intelligenz, der Emotionalität, des äußeren Erscheinungsbildes sowie von bestimmten chronischen Krankheiten. Häufig treten auch Mehrfachbehinderungen auf."

Bleidick und Hagemeister (1995, 12) sehen darin eine pragmatische Definition von Behinderung; durch den Begriff „gelten" werde eine Vorläufigkeit und ein begrenzter Geltungscharakter für verschiedene soziale Zwecke betont: Behinderung werde zum relativen Tatbestand. Sie unterscheiden dann folgende **Gebiete des Behindertseins:** „- Körperliche und psychische, medizinisch auffällige Behinderungen. Sie beeinträchtigen den Behinderten in seinen Aktionen und Reaktionen und in seiner Unversehrtheit, so bei einem Körperbehinderten. – Soziale Behinderungen. Sie erschweren die sozialen Beziehungen in der Familie, der Freundesgruppe, im öffentlichen Verkehr, zum Beispiel bei einem schweren Stotterer. – Berufliche Behinderungen. Sie verhindern oft eine Beschäftigung in der Berufs- und Arbeitswelt, die seinen Fähigkeiten und Neigungen entsprechen würden, etwa bei einem Gehörlosen. – Schulische Behinderungen. Sie erschweren die Erziehung und Bildung des Behinderten und bilden die Veranlassung dafür, in 'besonderer' Weise nach geeigneten Erziehungs- und Bildungsmaßnahmen zu suchen, zum Beispiel bei einem Lernbehinderten" (Bleidick und Hagemeister 1995, 15-16).

Behinderung wird damit zum pädagogischen Problem: Ein Kind kann aufgrund seiner Behinderung nicht mit den „üblichen" Mitteln erzogen und unterrichtet werden. Bildlich gesprochen „unterbricht" die Behinderung den Vorgang der Erziehung. Der blinde Schüler kann die Tafel nicht sehen, auf der der Lehrer für die übrigen Schüler der Klasse etwas anschreibt. Kerngedanke des pädagogischen Behinderungsbegriffs wird die Veränderung der Lernbedingungen, die durch die Behinderung eintritt. Insofern kann Behinderung dann als „intervenierende Variable" des Erziehungsvorgangs verstanden werden. Erziehung und Unterricht sind erschwert und unterliegen besonderen Bedingungen; der Gesamtvorgang der pädagogischen Förderung ist verändert. Stehen sich Unterricht und Erziehung gegenüber, so meint Unterricht „den Bildungsvorgang, der im engeren Sinne als Lernen umschrieben wird. Erziehung meint die Führung zur Mündigkeit, womit soziale Selbständigkeit und soziale Eingliederung gemeint sind" (Bleidick und Hagemeister 1995, 28).

Behinderung kann im erziehungswissenschaftlichen Sinne aber auch als funktionsbezogene Kategorie verstanden werden. Als Beispiel führen Bleidick und Hagemeister (1995, 30) ein körperbehindertes Kind an, „das eine allgemeine Schule besucht und dort eine adäquate Förderung erfährt, ohne daß ihm zusätzliche spezielle Hilfen gegeben werden müssen. In diesem Fall zeigt sich, daß die Körperbehinderung keine folgenreichen Auswirkungen auf den Bildungsprozeß gehabt hat – die Behinderung ist pädagogisch nicht relevant geworden. Eine Behinderung wird gleichsam als intervenierende Variable des Bildungs- und Erziehungsvorgangs erst dann relevant, wenn sie den 'normalen' Prozeß des Lernens und der sozialen Eingliederung beeinträchtigt". Das Beispiel zeigt nach Bleidick und Hagemeister, daß nicht die körperliche Schädigung das Ziel einer heilpädagogischen Maßnahme ist, sondern die Auswirkungen der daraus folgenden Behinderung auf das Lernen und die Sozialisation. Es geht also darum, die Bereiche und Funktionen zu umschreiben, auf die sich die Schädigung auswirkt. In diesem Sinne will auch Speck (1987, 112-114) Behinderung nur als funktionsbezogene Kategorie verstanden wissen. Er fragt, ob es „den" Behinderten gebe? „Die Versuchung, einen Menschen mit einer Behinderung generalisierend als 'Behinderten' zu bezeichnen, ist groß. Es gibt verschiedene Analogien: Wer krank ist, gilt als Kranker; die alten Mitbürger werden zu den 'Alten'. Wie belastende derartige attributive Generalisierungen sind, wird an der Stigmatisierung 'Straffälliger' deutlich" (Speck 1987, 112). Auch er macht deutlich, daß nicht jeder, der eine Behinderung aufweist, nur und immer behindert ist. Wer etwa blind ist, ist es zunächst nur in bezug auf bestimmte Erfahrungs- und Handlungsbereiche. Ähnlich sei es bei einer Körperbehinderung; soweit die pädagogische Praxis Kennzeichnungen notwendig mache, um adäquate Fördermaßnahmen zu bestimmen, sei es ausreichend und hilfreicher, die jeweils eingeschränkten Funktionen differenziert zu umschreiben, in denen die Behinderung manifest wird. Insoweit ist Behinderung dann eine funktionsbezogene Kategorie und führt nicht immer zu sonderpädagogischen Maßnahmen.

1.6 Körperbehinderung und chronische Erkrankung

Die Rehabilitation bei Körperbehinderung umfaßt auch diejenigen Personen, die chronisch krank sind. Sie ist ein komplexes Aufgabenfeld, in dem zahlreiche Berufsgruppen tätig sind und das durch Einrichtungen mit unterschiedlichem Auftrag gekennzeichnet ist (Wöhrl 1988). Ähnlich ist es mit den Begriffen; wie gezeigt, existiert in der Rehabilitation eine Vielzahl von fachlichen Kennzeichnungen, die stark auf einzelne Aufgabenbereiche bezogen und meist durch historische Entwicklungen sowie durch sozial- und bildungspolitische Entscheidungen bedingt sind. Die Uneinheitlichkeit kommt aber auch dadurch zustande, daß das Gesundheitswesen, die Sozial- und Arbeitsverwaltung und das Schulwesen jeweils eigene rechtliche Regelungen hervorgebracht haben und in bezug auf viele Einzelfragen der Rehabilitation divergierende Antworten geben. Begriffsklärungen erweisen sich deshalb immer wieder als notwendig, um die Zusammenarbeit der Fachkräfte in der Rehabilitation zu verbessern.

Als **Körperbehinderung** ist ein längerfristiger oder lebenslang andauernder Zustand zu verstehen, der nicht mit Krankheit gleichzusetzen ist. Es gibt aber fließende Übergänge zu den sogenannten chronischen Erkrankungen. Zu klären sind also zunächst die Begriffe Gesundheit, Krankheit und chronische Erkrankung. **Gesundheit und Krankheit** werden als sich wechselseitig ausschließende Zustände gesehen. Gesundheit wird als völliges körperliches, geistiges, seelisches und soziales Wohlbefinden verstanden, Krankheit dann als Abwesenheit oder Fehlen von Gesundheit. Dieser Gesundheitsbegriff, der von der Weltgesundheitsorganisation (World-Health-Organisation – WHO) vertreten wird und damit auch für Deutschland Bedeutung hat, ist umstritten. Als anzustrebender Zustand von Gesundheit ist das Fehlen von Krankheiten und Gebrechen im Sinne einer „realen Utopie" aber ein Ziel, das Akzeptanz findet.

Medizinisch wird Krankheit wie folgt definiert: „Erkrankung, disease, Nosos, Pathos, Morbus; i.w.S. Fehlen von Gesundheit; i.e.S. Vorhandensein von subjektiv empfundenen und/oder objektiv feststellbaren körperlichen, geistigen und/oder seelischen Veränderungen bzw. Störungen" (Pschyrembel 1986, 905). Bei der Beurteilung von Krankheit sollen also auch die Empfindungen des Menschen beachtet werden. Die medizinische Diagnostik ist aber so entwickelt, daß sie objektive Tatbestände bei vielen Krankheiten feststellen kann. Hinsichtlich der Auswirkungen einer Krankheit auf das Wohlbefinden des Menschen spielt allerdings die subjektive Wahrnehmung und Bewertung der Symptome eine Rolle. Das Ziel einer Heilbehandlung ist die vollständige (komplette) Wiederherstellung eines Zustands, der eine Diagnosestellung der Krankheitssymptome nicht mehr ermöglicht. Eine komplette oder Vollremission als unbeeinträchtigter Gesundheitszustand wird zwar durchaus angestrebt, muß aber nicht zwingend erreicht werden, wenn eine Heilbehandlung erfolgt. Es kann auch genügen, wenigstens einen Abbau oder ein teilweises (inkomplettes) Nachlassen (Remission) der Symptome zu erreichen, wenn der diagnostische Befund Zeichen einer wesentlichen Besserung erkennbar macht.

Chronische Erkrankungen lassen sich von akuten dadurch abgrenzen, daß hier der Zeitfaktor bestimmend wird. Der Begriff „chronisch" stammt aus dem Griechischen und bedeutet: sich zeitlich erstreckend, langsam verlaufend, sich langsam entwickelnd. Chronisch sind Krankheiten, wenn sie über viele Jahre oder lebenslang in mehr oder weniger bedrohlicher Weise das Planen, Handeln und Empfinden eines Menschen bestimmen. Sie beginnen oft schleichend, sind schwer oder gar nicht behandelbar, erfordern trotzdem therapeutische Maßnahmen, die jedoch den bedrohlichen Charakter der Krankheiten nicht mindern können. Die organmedizinische Behandlung zeigt meist nur begrenzte Wirkung, was wiederum für eine chronische Erkrankung kennzeichnend ist (Petermann et al. 1987). Im Gegensatz dazu sind **akute Krankheiten** dadurch geprägt, daß sie plötzlich auftreten, sich zuspitzen und krisenhafte Symptome zeigen, die dann aber – mit oder ohne gezielte Behandlung – wieder abklingen und keine erkennbaren Folgen hinterlassen. Chronische Krankheiten können sowohl durch Krisen als auch durch symptomfreie Zeiten gekennzeichnet sein. Dem subjektiven Empfinden nach kann sich eine betroffene Person gesund fühlen. Andererseits weiß sie aber, daß die Erkrankung weiterbesteht und ihr jeweiliger Einfluß auf die Lebensgestaltung ungewiß ist. Das geistig-seelische und emotional-soziale Wohlbefinden bleibt beeinträchtigt. **Chronische Krankheiten** können auch schon bei Kindern und Jugendlichen auftreten, tangieren das Erleben und Verhalten und können mit Störungen der Persönlichkeitsentwicklung einhergehen. Die sozialen Beziehungen können eingeschränkt, das Selbstwertgefühl und die körperliche Leistungsfähigkeit vermindert sein. Die eingeschränkte Persönlichkeitsentwicklung ergibt sich aus dem fortwährenden Zustand, der eine Anpassung vor allem an die unangenehmen und belastenden Momente der Krankheit abverlangt. Die psychosozialen Folgen sind dann ähnlich denen, die sich aus einer Körperbehinderung ergeben. Insofern gibt es viele Überschneidungen und Gemeinsamkeiten in der Rehabilitation bei Körperbehinderung und chronischer Erkrankung.

1.7 Gesetze, Gutachten und Empfehlungen zur Rehabilitation

Die Teilbereiche der medizinischen, schulischen, beruflichen und sozialen Rehabilitation sind durch Gesetze und Verordnungen geregelt. Die Regelungen sind vielfältig, weil nicht nur der Bundesgesetzgeber, sondern auch die sechzehn Bundesländer als Ausfluß ihrer „Kulturhoheit" Festlegungen für die Schulbildung und damit für die Rehabilitation Behinderter treffen. Schulische Bildung, Berufsbildung und Berufsausbildung sind durch Schulgesetze der Länder, Richtlinien und Lehrpläne, aber auch durch Bundesgesetze (siehe Kapitel 7) sowie durch Empfehlungen und Vereinbarungen der Ständigen Konferenz der Kultusminister der Länder in der Bundesrepublik Deutschland (KMK) geregelt. Durch Vereinbarungen im Rahmen der KMK soll ein Mindestmaß an Einheitlichkeit gewährleistet werden.

Bis zur Weimarer Republik waren Maßnahmen für Menschen mit Behinderungen in der Gesetzgebung zur Armenfürsorge geregelt, sofern der Staat überhaupt seine Zuständigkeit erkannte. Engagierte Vertreter der Krüppelfürsorge, wie sie sich in der „Deutschen Vereinigung für Krüppelfürsorge" seit 1909 zusammenfanden, haben wesentlichen Einfluß auf die Inhalte der Gesetzgebung für Körperbehinderte genommen. So auf das **Preußische Krüppelfürsorgegesetz**, das am 6. Mai 1920 verkündet wurde. Es brachte eine Rechtsgrundlage für staatliche Hilfen, aber auch die Meldepflicht für Ärzte, Hebammen und Lehrer: Verkrüppelungen bei Kindern und Jugendlichen waren dem Kreisarzt bzw. dem Jugendamt anzuzeigen. Damit sollte erreicht werden, daß Hilfebedürftige erfaßt und angemessene Maßnahmen ergriffen werden konnten.

Bereits gegen Ende der Weimarer Republik und dann in der Zeit der Nazi-Diktatur verschlechterte sich die rechtliche Situation für Behinderte massiv. Viele Gesetze zum Schutze und zur Förderung Behinderter verloren ihre Wirkung oder Gültigkeit. Erst 1957 kam es wieder zu einem „Gesetz über die Fürsorge für Körperbehinderte und von Körperbehinderung bedrohte Personen" (**Körperbehindertenfürsorgegesetz**). Darin war auch die „Hilfe zu einer angemessenen Schulbildung ... erforderlichenfalls auch über das volksschulpflichtige Alter hinaus" vorgesehen. Daneben wurden Hilfen zur Fortbildung in einem angemessenen Beruf oder zur Umschulung vorgesehen. Dieses Gesetz wurde dann 1961 in das **Bundessozialhilfegesetz** integriert.

Die schulische Förderung Körperbehinderter war im Deutschen Reich durch Ländergesetze geregelt, wobei das Preußische Krüppelfürsorgegesetz Vorbild war. Mit der Gleichschaltung der Reichsländer kam es dann 1938 zum **Reichsschulpflichtgesetz**. Es brachte einerseits für körperbehinderte Kinder die Pflicht und das Recht zum Besuch der Volksschule oder einer für sie geeigneten Sonderschule, andererseits aber auch den Ausschluß der Kinder vom Schulbesuch, die schwer und mehrfachbehindert sind. Da dieses Reichsschulpflichtgesetz nach dem Zweiten Weltkrieg in den neugeschaffenen Bundesländern zunächst fortgalt, konnten Schulpflichtige nach dessen § 11 als „bildungsunfähig" erklärt und von der Schulpflicht „befreit" werden. Dies bedeutete gleichzeitig, ihnen jegliche schulische Förderung vorzuenthalten. Erst mit dem Erlaß eigener Schulgesetze durch die Bundesländer änderte sich die Rechtslage, wobei für sogenannte Schwerstmehrfachbehinderte das „Ruhen" der Schulpflicht teilweise noch bis in die siebziger Jahre praktiziert wurde.

Die Diskussion um das gegenüber Behinderten zwischen 1933 und 1945 begangene Unrecht kam nur mühsam in Gang. Sie fand ihren Niederschlag in einem **Gutachten zur Ordnung des Sonderschulwesens**, das die KMK 1960 veröffentlichte. Darin wird einleitend festgestellt: „Das Ansehen der Sonderschulen in der Öffentlichkeit muß gehoben werden. Das deutsche Volk hat gegenüber den Menschen, die durch Leiden oder Gebrechen benachteiligt sind, eine geschichtliche Schuld abzutragen. Sie dürfen nicht als weniger wertvoll betrachtet und behandelt werden. Das deutsche Volk muß die Aufgabe wieder ernst nehmen, allen Kindern und Jugendlichen, die die allgemeinen Schulen nicht mit Erfolg besuchen können, den Weg zu einem sinnerfüllten Leben zu bereiten" (KMK 1960, 7). Diese Schuld hat sich das Volk in der Zeit der Nazi-Diktatur aufgeladen, als es zuließ, daß behinderte Kinder, Jugendliche und Ewachsene ermordet wurden. Insofern ist der großzügige Ausbau eines separierten Sonderschulwesens seit den sechziger Jahren eine Wiedergutmachung gewesen.

In einer weiteren **Empfehlung zur Ordnung des Sonderschulwesens** werden die Aufgaben dann wie folgt beschrieben: „Die Sonderschulen sollen das Recht des behinderten Menschen auf eine seiner Begabung und Eigenart entsprechenden Bildung und Erziehung verwirklichen. Sie sind Stätten der Habilitation und Rehabilitation in Familie, Wirtschaft und Gesellschaft. Eine der individuellen Eigenart der Schüler gemäße Bildung soll sie zu sozialer und beruflicher Eingliederung führen und ihnen zu einem erfüllten Leben verhelfen" (KMK 1972, 7). Am separierten Sonderschulwesen wurde festgehalten, obwohl die Bildungskommission des **Deutschen Bildungsrats** (1974) bereits ihre Empfehlung „Zur pädagogischen Förderung behinderter und von Behinderung bedrohter Kinder und Jugendlicher" erarbeitete, die eine schulische Integration zum Ziel hatte.

Schließlich definierte die KMK (1994) in ihren **Empfehlungen zur sonderpädagogischen Förderung in den Schulen** die Aufgabe der Sonderschulen neu: Der Begriff Sonderschulbedürftigkeit wurde durch die Umschreibung „Bedarf an sonderpädagogischer Förderung" abgelöst. Die Bildung und Ausbildung junger Menschen mit Behinderungen gilt jetzt als gemeinsame Aufgabe des gesamten Schulwesens, also sowohl der Sonderschulen als auch der allgemeinen Schulen (Regelschulen). Der schulische Ort (Förderort) ist nicht mehr grundsätzlich eine Sonderschule. Auch bei sonderpädagogischem Förderbedarf ist der Förderort erst durch eingehende Abklärungen unter Beteiligung der Eltern zu bestimmen. Diese neue Sicht der Sonderpädagogik drückt auch ein verändertes Verständnis vom Umgang mit behinderten Menschen aus, deren Bedürfnis nach Teilhabe am gesellschaftlichen Leben eine größere Akzeptanz findet. **Sonderpädagogischer Förderbedarf** liegt bei Kindern und Jugendlichen dann vor, wenn sie in ihren Bildungs-, Entwicklungs- und Lernmöglichkeiten so beeinträchtigt sind, daß sie im Unterricht in allgemeinen Schulen ohne sonderpädagogische Unterstützung nicht hinreichend gefördert werden können. Deshalb sollen individuelle Hilfen in dem Maße gegeben werden, daß eine schulische Integration im Regelbereich möglich wird. Allerdings schränken sowohl die Empfehlungen der KMK (1994) als auch Schulgesetze der Länder den gemeinsamen Unterricht dahingehend ein, daß er nur dort stattfinden kann, wo die personellen, räumlichen und organisatorischen Voraussetzungen gegeben sind.

Einen besonderen Beitrag zur Theoriebildung in der Körperbehindertenpädagogik bildete das **Gutachten von Schönberger** (1974b, 244), das er im Auftrag der Bildungskommission des Deutschen Bildungsrats erstellte. Als Teil der Schul- und Bildungsreform sollte auch der schulische Ort der Sonderpädagogik neu bestimmt werden. Aus seiner Sicht führt „kein Organisationsmodell quasi zwangsläufig zur Synthese optimaler schulischer Bildung und maximaler sozialer Eingliederung". Schönberger setzte sich mit dem Organisationsmodell der Gesamtschule auseinander, plädierte aber für regionale Mittelpunktschulen für Körperbehinderte mit Eingangs-, Primar-, Orientierungs- und Sekundarstufe I. Das Gutachten diente primär der Analyse der damaligen schulischen Situation der Körperbehinderten und wollte sie verbessern. Dabei war eine Auseinandersetzung mit anderen Wissenschaftsdisziplinen notwendig. So wandte sich Schönberger gegen die bis dahin starke, ja zeitweise übermächtige Einflußnahme der Medizin, insbesondere der Orthopädie, was sich nicht zuletzt im Begriff Körperbehinderung ausdrückte, der stark medizinisch bestimmt war. Schönberger strebte eine Definition an, die neben der somatischen auch der psychosozialen Realität eines Menschen mit Körperbehinderung gerecht wird. Seine Fassung wollte sich von einer Bestimmung der Sonderschulbedürftigkeit bei Körperbehinderung abheben und lautet: „Körperbehindert ist, wer infolge einer Schädigung der Stütz- und Bewegungsorgane in seiner Daseinsgestaltung so stark beeinträchtigt ist, daß er jene Verhaltensweisen, die von Mitgliedern seiner wichtigsten Bezugsgruppen in der Regel erwartet werden, nicht oder nur unter außergewöhnlichen individuellen und sozialen Bedingungen erlernen bzw. zeigen kann und daher zu einer langfristigen schädigungsspezifisch-individuellen Interpretation wichtiger sozialer Rollen finden muß" (Schönberger 1974b, 209). Dieser Versuch einer Realdefinition anhand operationalisierbarer Kriterien war vor allem deshalb fruchtbar, weil die **Person als Träger sozialer Rollen** beachtet wurde. Pädagogik orientiert sich zwar an den aktuellen Bedürfnissen der Lernenden, will aber immer auch für soziale und berufliche Rollen des Erwachsenenlebens qualifizieren.

1.8 Körperbehindertenpädagogik als Erziehungswissenschaft

Eine wissenschaftliche Beschäftigung mit Körperbehinderungen und chronischen Erkrankungen setzte erst in der geistesgeschichtlichen Epoche der Aufklärung ein. Der christliche Glaube des mittelalterlichen Menschen war von der Vorstellung der Gotteskindschaft aller Menschen, aber auch von der Schicksalhaftigkeit des menschlichen Lebens geprägt. So wie die ganze Natur war auch der geschädigte menschliche Körper von Gott gegeben. Der Körperbehinderte hatte zwar ein Recht auf Leben, das er als Empfänger von Almosen und als Bettler fristen durfte, eine Heilung seiner körperlichen Gebrechen wurde aber erst seit dem 17. Jahrhundert Gegenstand der Medizin. Die ersten orthopädischen Anstalten hatten dann auch primär medizinische Zielsetzungen; erst sekundär entwickelten sich aus ihnen Ansätze zu einer Pädagogik der Körperbehinderten.

Die Frage nach dem wissenschaftlichen Standort der Körperbehindertenpädagogik führt deshalb nach Leyendecker (1983) zu folgenden Ansätzen: (1.) Durch orthopädische Heilung körperlicher Gebrechen in Heil- und Pflegeanstalten wurde die funktionelle Besserung oder Wiederherstellung der Leistungsfähigkeit erreicht, wobei auch Unterricht am Krankenbett erteilt wurde. Körperbehindertenpädagogik bildete bestenfalls eine **angewandte Orthopädie**. (2.) Psychische Auffälligkeiten im Zusammenhang mit einer Körperbehinderung wurden in eine medizinische Nomenklatur gefaßt, was zu einer „Pädagogischen Pathologie" führte. Fürsorge und Pflege bestimmten die pädagogischen Zielsetzungen. Körperbehindertenpädagogik konnte als **angewandte Kindespsychiatrie** gelten. (3.) Evangelische Diakonie und katholische Caritas bestimmten die Fürsorge für Körperbehinderte. Die Krüppelheime wurden zum heilerzieherischen Lebensraum mit dem Ziel der Selbstwertverwirklichung als sittliche Persönlichkeit. Im Vordergrund insbesondere der Katholischen Körperbehindertenfüsorge stand die **Heilerziehung aus dem Glauben**. Christliche Sinnerfahrung wurde aus der Bedeutung des „Leidens" für die „Heilsgewinnung" hergeleitet. (4.) Mit dem Entstehen einer staatlichen Krüppelfürsorge entwickelte sich eine „**sozial-biologische**" Pädagogik, die Störungen des „ Wesenswillens" infolge motorischer Defekte durch Funktionstraining und Weckung des Selbstverwertungswillens ausgleichen wollte. Funktionelle Ertüchtigung und Erwerbsbefähigung bestimmten die Körperbehindertenpädagogik. (5.) Der Nationalsozialismus brachte die sogenannten „Krüppelfürsorgesperren" und eine „biologische Selektion" mit dem Ziel, „minderwertige Volkskraft" zu vernichten. Die Ermordung einer großen Zahl Körperbehinderter war Ergebnis dieses **biologistisch-selektionistischen** Ansatzes in der Körperbehindertenpädagogik. (6.) In der Zeit nach dem Zweiten Weltkrieg kam es zwar zu einem breitgefächerten Angebot an Einrichtungen, konzeptionell ging die Entwicklung aber zunächst mit einer „**Psychologisierung**" einher. Ein an der Psychagogik und der Psychotherapie orientiertes Verständnis bestimmte die Körperbehindertenpädagogik. (7.) Neue Akzente wurden durch das Ziel einer Erziehung zu selbstverantwortlichem Handeln und zur Geschäftsfähigkeit gesetzt. Körperbehindertenpädagogik wurde zur eigenständigen **Erziehungswissenschaft**. (8.) Im Zuge einer gesellschaftskritischen Sonderpädagogik wurde die schulische Separierung problematisiert und eine vermehrte integrative Förderung Körperbehinderter im Regelschulsystem gefordert. **Selbstverwirklichung in sozialer Integration** wurde zum pädagogischen Ziel. Körperbehindertenpädagogik sieht ihr Aufgabenfeld sowohl in Sonder- als auch in Regelschulen (Leyendecker 1983, 101-104).

Wie stark die Körperbehindertenpädagogik in der Zeit nach dem Zweiten Weltkrieg noch von den Traditionen der Fürsorge für Körperbehinderte bestimmt war, zeigt sich an der Arbeit von Briefs (1955): „Körperbehindertenfürsorge im Geiste der Caritas". Briefs erörtert zunächst die Grundfragen einer differentiellen Psychologie der Körperbehinderten, um sich dann mit der sozialbiologischen Pädagogik, wie sie von Biesalski und Würtz vertreten wurde, kritisch auseinanderzusetzen. Als deren letzte Konsequenz sieht er die Euthanasie Schwerbehinderter, wie sie in der Zeit der Nazi-Dikatur praktiziert wurde. Auch die ausschließliche Zielsetzung einer Erwerbsbefähigung der „Gebrechlichen" kritisiert er. Allerdings sind seine Überlegungen zu einem „Leidensberuf im christlichen" Sinne aus heutiger Sicht keine Lösung des Problems der beruflichen Eingliederung von Menschen mit schwersten Behinderungen. An folgendem Zitat wird seine Vorstellung deutlich: „Berufliche Arbeit ist also Arbeit für Gottes Reich und für das Menschenreich. Es ist wichtig, diese doppelte Beziehung zu betonen. Auf dem Gebiet der Körperbehindertenfürsorge steht nämlich der Pädagoge vor besonderen Schwierigkeiten, weil oft wegen der Schwere des

Gebrechens eine Arbeit im Sinne wirtschaftlicher Leistung nicht möglich ist. In diesen Fällen braucht nicht auf die berufliche Erziehung verzichtet werden. Denn auch der Schwerstbehinderte hat innerhalb christlicher Anschauung die Möglichkeit einer echten und dazu noch hohen beruflichen Leistung. In diesen Fällen muß die Erziehung ihn dahin führen, daß er seinen Zustand der Hemmung als 'Beruf' auffaßt. Das wäre der Fall eines echten Leidensberufes. Jedoch ist der Leidensberuf niemals Passivität ... im christlichen Sinne ist (er) ein höchst aktiver Beruf, denn seine eigentliche Berufsaufgabe besteht darin, das ohne eigene Schuld schicksalhaft, oder nach christlicher Auffassung durch die Vorsehung überkommene Leiden, geduldig und heldenhaft zu tragen und daraus eine echte Sühneleistung zu gestalten für eigene Schuld und für die Schuld der Menschheit im allgemeinen." Hier wurde Körperbehindertenpädagogik zur Religionspädagogik, allerdings in einem Verständnis von Leid und Schuld, das sicher nicht von allen Christen so akzeptiert wird. Die Abhängigkeit von der Theologie hatte wohl eine Form erreicht, die nur noch zur Emanzipation führen konnte.

Die Theoriebildung in der Pädagogik der Körperbehinderten und Kranken bestand deshalb lange Zeit in der Begründung ihrer Eigenständigkeit und in der Auseinandersetzung mit Theologie, Medizin und Psychologie. Dies wird auch an dem von Wolfgart (1967) konzipierten erziehungswissenschaftlichen Ansatz deutlich, den er im Zusammenhang mit dem in den sechziger Jahren einsetzenden Auf- und Ausbau der Schulen für Körperbehinderte und des wachsenden Bedarfs an wissenschaftlich ausgebildeten Körperbehindertenpädagogen vorlegte. Körperbehindertenpädagogik ist für Wolfgart vor allem Pädagogik und nicht angewandte Psychologie oder Medizin oder Anwendung irgendeiner anderen Wissenschaft. Er wendet sich auch gegen alle übrigen „außerpädagogischen Disziplinen" wie Soziologie, Theologie und Biologie, wobei er deren Eigenwert und Eigenbedeutung im Hinblick auf Körperbehinderte durchaus anerkennt. Um des Selbstverständnisses der eigenen Disziplin willen könnten solche Abhängigkeiten nicht gebilligt werden.

Ein Mensch, wenngleich körperbehindert, müsse als ein Wesen gelten, das nur durch Erziehung zu sich selbst kommen könne. Deshalb müsse die gesamte Erziehungswirklichkeit in den Blick genommen werden. Die erziehliche Grundsituation sieht Wolfgart (1967, 57) wie folgt: „Vor dem Erzieher steht der in seinem körperlichen und als Folge davon zumeist auch in seinem geistig-seelischen Anderssein erkennbar werdende Zögling in seiner besonderen Erziehungsangewiesenheit. Seinem daraus resultierenden speziellen Erziehungsanspruch kann – wie die Erfahrung gezeigt hat – mit den üblichen Erziehungsanstrengungen und -mitteln nicht vollauf Genüge getan werden". Er kommt so zum Aufgabenbereich einer **Anthropologie** des Körperbehinderten. Ausgangs- und Bezugspunkt ist für ihn der Mensch in der Ganzheit seiner Welt- und Wirklichkeitszuordnung, womit auch eine Grundaufgabe der Körperbehindertenpädagogik gekennzeichnet ist. Dabei geht es ihm um die Individualität des Zöglings, der nicht als Spastiker, Athetotiker oder Muskeldystrophiker, sondern als Person wahrgenommen werden sollte. Anthropologisch wichtig ist ihm die Korrelation von Körper und Leib, Körperlichkeit und Leiblichkeit und damit die Bedeutung des eigenen Körpers für das Selbsterlebnis des Kindes. Die mit einer gestörten Motorik verbundenen Phänomene seien nicht das Entscheidende, denn der Mensch sei als „handelndes Wesen" nicht voll ausdefiniert. Das Erziehungsziel der Körperbehindertenpädagogik sieht er in der „optimalen Selbstverwirklichung des Individuums", wobei im Prozeß des Erziehens dem Zögling seine eigenen Grenzen erkennbar werden sollen. Die Andersartigkeit des Körperbehinderten bedeute auch nicht Anderswertigkeit. Anzustreben sei eine Erziehung zur Einsicht in die individuellen Möglichkeiten. Das Erreichbare sei aber niemals von vornherein endgültig fixierbar. Es gehe nicht darum, was der junge Mensch nicht kann, sondern was er noch kann, oder besser: was er auch kann.

Resümee:

In den dreißig Jahren, seit Wolfgart 1967 seine Konzeption vorlegte, hat sich die Körperbehindertenpädagogik zwar als erziehungswissenschaftliche Disziplin an Universitäten etabliert, ihre Aufgabe sah sie aber vor allem in Studienangeboten für Lehrkräfte an Schulen für Körperbehinderte. Die Theoriebildung im Fach und die Berufspraxis in Schulen, Heimen und Ausbildungsstätten für Körperbehinderte wurden in dieser Zeit durch folgende Arbeiten wesentlich beeinflußt: Bläsig 1967, Wolfgart und Begemann 1971, Bläsig, Jansen und Schmidt 1972, Schönberger 1974b, Wolfgart und Luig 1976, Schmeichel und Schmeichel 1978, Bläsig 1980, Haupt und Jansen 1983a, von Pawel 1984, Eckmann 1985, Forschungsgemeinschaft 1986, Bordel, Nagel und Stadler 1987, Wellmitz und von Pawel 1993.

Nimmt man weitere Beiträge in Handbüchern, Sammelwerken und Fachzeitschriften hinzu, so handelt es sich wiederum vielfach um die von Wolfgart kritisch gesehenen „Theorien des Praktikers", die in dieser Zeit die Fachdiskussion voranbrachten. In bezug auf die Arbeit von Bläsig (1967) zur „Rehabilitation der Körperbehinderten" muß anerkennend festgehalten werden, daß er das Gesamtgebiet gründlich aufarbeitete und auch begrifflich und inhaltlich schon weiter war als mancher damalige Erziehungswissenschaftler im Bereich der Körperbehindertenpädagogik. So heißt es bei Bläsig (1967, 9) einleitend: „Rehabilitation ist ein übergreifender, neuer Begriff in der Fürsorge für Körperbehinderte in aller Welt. Rehabilitation ist aber nicht etwa ein modernes Ersatzwort für Fürsorge. Während die Fürsorge zur Behebung individueller Notlagen und Gefährdungen eintritt, ist die gesundheitliche, schulische, berufliche, soziale, gesellschaftliche und personale Wiederherstellung und Eingliederung Aufgabe der Rehabilitation." Er behandelt dann Begriffsbestimmung, Rechtsgrundlagen, Arten, Ursachen und Folgeerscheinungen der Körperbehinderung im erzieherischen Bereich sowie die medizinische Betreuung der Körperbehinderten, wobei er auch schon auf Früherfassung und Frühbehandlung eingeht. Es folgen eine umfassende Darstellung der pädagogischen Betreuung in Elternhaus, Internat, Krankenhaus und Schule sowie Erörterungen zu einzelnen Themenbereichen wie berufliche Rehabilitation, Selbsthilfevereinigungen, Sport, Familie, Alter, Gesellschaft und Öffentlichkeit sowie die Sicht der Psychologie von Körperbehinderten. Bläsig schließt seine Arbeit mit Ausführungen zur Schicksalsbewältigung und Lebensbewährung, wobei er sich „auf das Erleben des Selbstbehindertseins" und „auf eine zwei Jahrzehnte lange Erfahrung in einer Internats-'Tages- und Krankenhaus-Schule'" stützt.

Durch die **Spaltung Deutschlands** entwickelte sich auch die wissenschaftliche Beschäftigung mit der Pädagogik der Körperbehinderten auseinander. Noch bis in die sechziger Jahre gab es zwar gemeinsame Publikationen von west- und

ostdeutschen Erziehungswissenschaftlern in der Körperbehindertenpädagogik –
so etwa im Enzyklopädischen Handbuch der Sonderpädagogik und ihrer
Grenzgebiete (Heese und Wegener 1969). Die von der politischen Führung der
DDR gewollte Abgrenzung behinderte dann aber die Zusammenarbeit massiv.
Das von Berndt und Autorenkollektiv (1986) veröffentlichte Lehrbuch zur
Rehabilitationspädagogik für Körperbehinderte repräsentierte die theoretischen
Positionen im Hinblick auf die gesellschaftliche Praxis des Schulwesens der ehe-
maligen DDR. Abgesehen von zeitbedingten Aussagen zur damaligen sozialisti-
schen Pädagogik unter dem totalitären Führungsanspruch der Sozialistischen
Einheitspartei Deutschlands (SED) gab die Arbeit Einblick in den Stand der
Körperbehindertenpädagogik als Erziehungswissenschaft. Das Lehrbuch fand
auch in Westdeutschland Beachtung (Stadler 1987a) und bietet Anregungen für
die Weiterentwicklng des Faches in Theorie und Praxis.

Bereits bei Bläsig (1967) deutete sich die **erweiterte Aufgabenstellung** der
Körperbehindertenpädagogik an. In den folgenden Jahren gewann zunächst die
Frühförderung einen eigenen Stellenwert (Forschungsgemeinschaft 1976), bis
dann schließlich auch der nachschulische Bereich mit der beruflich-sozialen Ein-
gliederung stärker beachtet wurde (Bordel, Nagel und Stadler 1987). In der
Arbeit von Wellmitz und von Pawel (1993) zeigt sich der Spannungsbogen der
drei Jahrzehnte seit Wolfgarts Versuch von 1967 zu einer erziehungswissen-
schaftlich begründeten Disziplin zu kommen: Nach der Wiedervereinigung
Deutschlands von 1990 liegt erstmals wieder eine „gesamtdeutsche" Arbeit vor:
Helmut Berndt von der Humboldt-Universität – bis 1990 Ost-Berlin – und
Manfred Schmeichel von der Pädagogischen Hochschule Reutlingen schrieben
das Geleitwort. Die Mitherausgeberin Barbara Wellmitz (1993a, 25-26) formu-
lierte Fragestellungen in bezug auf folgende Personengruppen: Kinder und
Jugendliche mit Schwerstbehinderung, mit minimaler zerebraler Störung
(MCD) und mit Schädel-Hirn-Trauma (SHT). Außerdem stellte sie Fragen zur
pädagogischen Begleitung von Kindern und Jugendlichen im Endstadium progressiver Erkrankungen, zur Berufsausbildung von Schwerstkörperbehinderten
sowie zu pädagogisch gestützten Angeboten für das Wohnen und die Freizeitgestaltung erwachsener und alter Körperbehinderter. Damit wurden Problembereiche gekennzeichnet, die Bläsig (1967) nicht oder nicht explizit ansprach, weil
andere Themen wie spinale Kinderlähmung und Gliedmaßenfehlbildung als
Folge einer Thalidomid-Embryopathie (Contergan-Katastrophe) dominierten.
Weitere Schwerpunkte der aktuellen Diskussion lassen sich ebenfalls in der
Arbeit von Wellmitz und von Pawel (1993) erkennen: Integration Körperbehinderter in Regelschulen, Wahrnehmung und cerebrale Bewegungsstörung, Sprache und Kommunikation, Probleme der beruflichen Integration, neue technische Hilfen, Förderung hochbegabter Körperbehinderter. Körperbehindertenpädagogik hat also als Erziehungswissenschaft gerade auch in der Forschung
noch vielfältige Aufgaben, bei deren Bearbeitung sich ein Rückblick auf die
bereits vorliegenden Beiträge lohnt. In ihrer Theoriebildung sollte sie immer auf
den Zusammenhang mit anderen Teilbereichen der Rehabilitation bei Körperbehinderung achten.

2. Geschichte, Anthropologie und Ethik

Die Maßnahmen und Einrichtungen der Rehabilitation sind Ergebnis eines historischen Prozesses, dessen Beginn in die Anfänge der Menschheitsgeschichte zurückreicht. Menschen waren und sind immer nur dann lebens- und entwicklungsfähig, wenn sie sich wechselseitig akzeptieren. Soziale Akzeptanz wiederum ist Grundlage für all das, was mit Förderung, Pädagogik und Rehabilitation umschrieben wird. Immer neu hat die Menschen auch die Frage bewegt, woher sie kommen, wer sie sind und was Sinn ihres Daseins ist. Dies läßt sich bis in die altorientalischen Kulturen und in die abendländische Antike zurückverfolgen. Die Anthropologie wurde zur Wissenschaft, die nach dem Wesen des Menschen und seiner Bestimmung in der Welt fragt. Dazu gesellte sich die Frage nach dem rechten Umgang miteinander. Die Ethik wurde zur Wissenschaft vom sittlichen Handeln des Menschen. Sollten die Gebrechlichen, Kranken und Schwachen unabdingbar dazugehören? Ist der Mensch in jeder seiner körperlichen und geistigen Befindlichkeiten Person mit Recht auf Leben und Akzeptanz? Gerade in bezug auf Menschen mit körperlichen Behinderungen ergeben sich anthropologische und ethische Grundfragen, auf die eingegangen wird.

2.1 Zur Geschichte des Umgangs mit Behinderten

Die historische Entwicklung der Rehabilitation bei Körperbehinderung ist eingebettet in die Geschichte des Umgangs mit Behinderten. Deshalb soll zunächst eine allgemeine Einführung gegeben werden; eine Übersicht über „Historische Elemente des Umgangs mit Behinderung" liegt von Seidler (1988) vor. Im Zentrum bisheriger Arbeiten zur Geschichte der Heil- und Sonderpädagogik standen Fragen nach der Entstehung von Schulen und Heimen, nach den Formen des Umgangs und nach der Stellung von Menschen mit Behinderungen innerhalb von Kultur- und Religionsgemeinschaften (Perl 1926, Bläsig 1966, Oskamp 1978, Merkens 1981, 1988, Schmeichel 1983, Wilken 1983, von Pawel 1984, Möckel 1988).

Einleitend ist darauf hinzuweisen, daß Kinder, Jugendliche und Erwachsene mit angeborenen oder erworbenen Körperbehinderungen seit den Anfängen der Menschheitsgeschichte wohl in der Mehrzahl ein Teil des Heeres der armen und verachteten Mitglieder von Sippenverbänden und Volksgruppen waren. Wiesen sie Abweichungen im äußeren Erscheinungsbild auf, so provozierte dies Anstoßnahme (Seywald 1980) und führte zur Stigmatisierung. Zwischen Menschen mit unterschiedlichen Formen der Behinderung gab es bezüglich der Haltungen und sozialen Einstellungen ihnen gegenüber sicher Unterschiede. So wird es verständlich, daß von Verehrung und hoher Achtung etwa gegenüber einzelnen Blinden berichtet wird. Da es wohl schon immer auch die mehrfache Behinderung gegeben hat und durch Vernachlässigung und Verwahrlosung zusätzliche Schädigungen auftreten können, ist eine isolierte Betrachtung der Menschen mit Körperbehinderung nur bedingt möglich. Für die Sinnesgeschädigten liegen behinderungsspezifische Darstellungen unter schulpädagogischem Aspekt vor; so von Schumann (1940) für die Taubstummen und von Wanacek (1969) für die Blinden. Gerade bezüglich der „Taubstummen" als Sammelbezeichnung für Gehörlose, Schwerhörige und Sprachgestörte lassen sich aber Querverbindungen zu anderen Behinderungsformen erkennen. Eine kritische Aufarbeitung der historischen Entwicklung hat Jantzen (1974, 1982) aus marxistischer Sicht sowohl für den Zusammenhang zwischen Sozialisation und Behinderung als auch für das Behindertenbetreuungswesen vorgelegt. Ihm geht es um übergreifende Analysen der gesellschaftlichen und politökonomischen Bedingungen, unter denen Behinderte jeweils leben.

Die Geschichte des Umgangs mit Behinderten als Gesamtgruppe läßt sich grob in drei Zeitabschnitte einteilen: (1.) Epoche der **Eliminierung**: Von Aussetzung und Tötung wird in den altorientalischen Gesellschaften und in den antiken Kulturen des Mittelmeerraumes berichtet; aber noch in der christlich-abendländischen Gesellschaft des Mittelalters wurde sie bis ins 11. Jahrhundert geduldet. Durch die Ächtung von seiten der christlichen Kirche und die allmählich einsetzende strafrechtliche Verfolgung wurde erreicht, daß dieses Verhalten nur noch ausnahmsweise auftrat. Die Eliminierung wurde seltener und in weniger auffälligen Formen praktiziert. Ein massiver „Rückfall" in überholt geglaubte Formen der Eliminierung brachte die Diktatur des Nationalsozialismus in Deutschland, unter dessen Herrschaft es zur Ermordung einer großen Zahl Behinderter kam. (2.) Epoche der **Humanitären Isolation**: Die Aus- und Absonderung Behinderter in Hospitäler, Klöster, Waisen- und Findelhäuser war im Mittelalter von humanitärer Absicht getragen. Die Aufnahme in Armen- und Zuchthäuser diente vor allem der Verwahrung, aber auch der Nutzbarmachung der vorhandenen Arbeitskraft zur Warenproduktion in angeschlossenen Manufakturen. Die Anstalten und Heime, die im ausgehenden 18. Jahrhundert entstanden, waren nicht nur durch den Willen zur Hilfeleistung, sondern mehr durch Erwägungen zur Nützlichkeit und Brauchbarkeit des Behinderten gekennzeichnet. (3.) Epoche der **beruflichen und sozialen Integration**: Die Grundlage dazu bildete die Anerkennung der Bildungsfähigkeit und die schulische Erziehung. Die tatsächliche Verwirklichung des Rechts auf gleiche Lebenschancen für Behinderte hatte die umfassende Unterstützung durch Gesellschaft und Staat sowie deren rechtliche Absicherung zur Voraussetzung. Mit systematischen Maßnahmen zur medizinischen, schulischen und beruflichen Rehabilitation begann in der ersten Hälfte des 19. Jahrhunderts der Weg zur sozialen Integration, die heute als übergeordnetes Ziel der Rehabilitation gilt.

2.1.1 Die Quellen der Behindertenpädagogik

Erziehung und Unterricht für Behinderte konnten erst einsetzen, als ein Mindestmaß an Schutz und Fürsorge, an Abwehr von Hunger und Durst, Not und Gefahr gesichert war. Christliche Caritas als tätige Nächstenliebe wurde so zu einer Voraussetzung für die Pädagogik Behinderter. Wie schwer der Übergang vom mittelalterlichen Welt- und Menschenbild in die Neuzeit mit ihren geänderten Vorstellungen vom menschlichen Sein und der Würde des Menschen war, läßt sich an Martin Luther (1483-1546) verdeutlichen, der als Reformator der christlichen Kirche gerade auch der Erziehung und dem Schulwesen entscheidende Anstöße gab, aber eben doch dem Denken und der Geisteshaltung des Mittelalters verhaftet blieb. Seine Verwurzelung im Volksglauben wird in seiner Einstellung gegenüber Tauben, Blinden und Gebrechlichen sichtbar, wenn er äußert: „So du einen siehst blind werden, so sprich, es sei des Teufels Werk, welcher nicht anders kann als Schaden tun!" (zit. n. Schumann 1940, 30). Den Ärzten unterstellt Luther, daß sie die große Macht des Teufels unterschätzen, wenn sie für Taub- und Stummheit sowie für körperliche Gebrechen generell natürliche Erklärungen suchen. Er geht soweit, schwerbehinderte Säuglinge für „vom Teufel untergeschobene Wechselbälge, als Fleischklumpen ohne Seele" zu halten. Dieses „unselige Erbe des Christentums" (Bachmann 1985) konnte erst durch medizinische Erkenntnisse zur Verursachung von Behinderungen überwunden werden.

Andererseits brachte aber die Reformation – und später auch die katholische Gegenreformation – eine tiefgreifende Erneuerung des sittlich-religiösen Bewußtseins und eine vertiefte Sicht der sozialen Verantwortung für Hilfsbedürftige. In der Gestalt des Calvinismus kam es im Zuge der Reformation zu einer Zuwendung zum Diesseits; das Gemeinwesen sollte zwar auf der Grundlage der göttlichen Offenbarung, wie sie in den Schriften des Alten und Neuen Testaments zum Ausdruck kommt, gestaltet werden. Wirtschaftlicher Erfolg konnte aber zum Zeichen einer besonderen Erwählung und damit gleichzeitig zu einer Voraussetzung für die soziale Entwicklung der Gesellschaft werden. An der wirtschaftlichen und sozialen Entwicklung der aufkommenden Industriegesellschaften Westeuropas und Nordamerikas nahmen dann letztlich auch Menschen mit Behinderungen teil, nachdem ihre ökonomische Nützlichkeit als Ergebnis einer Erziehung zur Arbeit erkannt war. Ehe es dazu kam, mußten aber noch entscheidende geistesgeschichtliche Umbrüche stattfinden. So war ein Abwenden von der statischen Gesellschaftsordnung des Mittelalters, in der Kranke und Behinderte als Objekt für Werke der christlichen Barmherzigkeit ihren festen Platz hatten, eine der Voraussetzungen. Die Entdeckungen und Erfindungen seit der Frührenaissance im 15. Jahrhundert machten den Menschen zum Mittelpunkt seines Daseinsraumes; die Hinwendung zur Medizin und den Naturwissenschaften im 17. Jahrhundert brachte neue Erkenntnisse, mehr Lebensnähe, Sachlichkeit und Zweckmäßigkeit und prägte den „Realismus", der zu einer Beschäftigung mit den „Realien" letztlich auch im Schulunterricht führte. Den Durchbruch zu einer Pädagogik der Behinderten brachte dann aber erst die Epoche der Aufklärung. Mythen und Aberglaube im Blick auf Behinderte wurden abgebaut, das Recht auf Erziehung allmählich anerkannt.

Der lange Weg der Entwicklung der „Menschenrechte", der mit der Erklärung der Rechte in dreißig Artikeln durch die Vereinten Nationen (UN) 1948 zu einem gewissen Abschluß kam, war auch der Weg zur Sicherung der Rechte Behinderter auf Erziehung, Unterricht und Berufsausbildung. Die Menschenrechte bilden eine der Quellen der Behindertenpädagogik. Sie nahmen ihren Ausgang von religiösen Vorstellungen, vor allem von der christlichen Botschaft der Gleichheit der Menschen vor Gott. Einige Stationen der Entwicklung über zwei Jahrtausende seien in Erinnerung gebracht: Die „Magna Charta" von 1215 und die „Habeas-Corpus-Akte" von 1679 als Schutz gegen Übergriffe der

Königsgewalt in England; das englische Staatsgrundgesetz „Bill of Rights" von 1689; die amerikanische Unabhängigkeitserklärung von 1776; die französische Menschenrechtserklärung von 1789 mit ihren Grundsätzen: Recht auf Freiheit, Eigentum, Sicherheit und Widerstand gegen Unterdrückung.

Die Menschenrechte sind unveräußerliche Rechte und Grundfreiheiten, die jedem menschlichen Wesen kraft seines Menschseins und nicht als verliehenes Recht gesellschaftlicher oder staatlicher Instanzen zustehen. Mit der Durchsetzung der Menschenrechte wurde auch den Menschen ein Recht auf Leben, Förderung und Entfaltung zugestanden, die durch körperliche und geistige Schädigungen und Beeinträchtigungen an der Teilnahme am Leben der Gesellschaft „behindert" sind. Inzwischen wurde auch ein Benachteiligungsverbot zum Schutz Behinderter in das deutsche Grundgesetz aufgenommen. Sind die sozioökonomischen Voraussetzungen gegeben, so ist die pädagogische Förderung Behinderter noch keineswegs selbstverständlich. Menschen mit Behinderungen müssen erst in ihrem personalen Wert und ihrer Würde als Person anerkannt sein. Die Entwicklung ging dabei von der Einschränkung des Aussetzens und Tötens „Verkrüppelter" über deren Einordnung in die mittelalterliche Gesellschaft als „Almosenempfänger". Lange waren sie Gegenstand der Werke der leiblichen Barmherzigkeit, deren sieben Werke vom Christen verlangen: Hungrige speisen, Durstige tränken, Nackte bekleiden, Fremde beherbergen, Gefangene befreien, Kranke pflegen und Tote begraben. In diesen Vorstellungen des Vollbringens „guter Werke" blieb das Helfen lange Zeit gefangen, wobei immer auch an das eigene Seelenheil gedacht wurde.

2.1.2 Anfänge der pädagogischen Förderung Behinderter

Die christlich-mittelalterliche Gesellschaft hatte versucht, Arme und Kranke, elternlose, körperlich mißgebildete, sinnesgeschädigte und in ihrer geistigen Entwicklung gestörte Kinder mit den Mitteln und Möglichkeiten der Zeit zu versorgen und zu betreuen. Neben den Klöstern waren es die „Heilig-Geist-Spitäler" in den Städten, die die Fürsorge für Hilfsbedürftige übernahmen. Sie basierten meist auf Schenkungen und Stiftungen: Zur Erlangung des eigenen Seelenheils im Jenseits vermachten die Stifter Grund und Boden, Geld und Gut im Diesseits. Viele dieser Stiftungen existieren bis heute: So etwa die Stiftung des Kardinals Nikolaus von Kues (Cusanus) in Bernkastel an der Mosel.

2.1.2.1 Findel-, Waisen- und Zuchthäuser

Bevor an Erziehung und Unterricht für behinderte Kinder gedacht werden konnte, mußte für die häusliche Unterbringung und ihren leiblichen Unterhalt gesorgt werden. Die ersten Findel- und Waisenhäser lassen sich ab dem 11. Jahrhundert für den deutschsprachigen Raum nachweisen. Gillmann (1926, 11) bezeichnet das Spital in Konstanz als eines der ältesten und reichsten Spitäler überhaupt und äußert dazu: „Dieses wurde 1225 von zwei Konstanzer Bürgern gegründet und hatte den Zweck: 1. Aufnahme und Verpflegung von einheimischen Pfründnern gegen Vergütung oder Einlage, 2. Aufnahme von arbeitsunfähigen und gebrechlichen, in Konstanz bürgerlichen Armen auf Kosten der Stiftung, 3. Aufnahme von heimatberechtigten Waisen, 4. Verpflegung der

Kranken." Die Zusammenfassung von Waisenkindern, Kranken und Alten in einer Einrichtung war ungünstig für die Verwirklichung pädagogischer Zielsetzungen. Eine bessere Lösung fand später Bischof Julius Echter von Mespelbrunn, der 1579 in Würzburg das „Juliusspital" gründete, ihm aber ein eigenständiges Kinderhaus angliederte. Aus der Ordnung für das Kinderhaus geht hervor, daß die Kinder nicht mit den Spitalinsassen, den Pfründnern und dem Gesinde des Spitals verkehren sollten.

War die Zusammenfassung von Kindern und Erwachsenen in Spitälern schon problematisch, so ist aus heutiger Sicht die gemeinsame Unterbringung von Straffälligen und Kindern unverständlich. In den badischen Zucht- und Waisenhäusern, deren Entwicklungsgeschichte Gillmann (1926) untersuchte, war dies aber der Fall. In einzelnen Anstalten war der aufzunehmende Personenkreis noch erweitert „durch die Verwahrung von geistig abnormen Erwachsenen (Tollhaus) und von Kranken". Die zentralistische Regierungsform des Absolutismus des 17. und 18. Jahrhunderts hatte diese Anstaltsform hervorgebracht: „Der Landesherr wollte alle Elemente, die sonst hinderlich für die Arbeit und den Fortschritt und den Erwerb der Untertanen gewesen wären, die durch ihre Pflege, derer sie bedürfen, Kräfte binden könnten, auf kleinem Raum in einer Anstalt verwahren ... Denselben Grund hatte eine andere nachteilige Erscheinung in den Zucht- und Waisenhäusern. Es war die Fabrikarbeit. Das Merkantilsystem, unter dessen Einfluß die Fürsten des beginnenden 18. Jahrhunderts standen, lehrte, daß durch Steigerung der Arbeitsgelegenheit sich auch das Wohlbefinden der ganzen Bevölkerung steigern werde ... Diese Verlegung von Fabriken in die genannten Anstalten setzte voraus, daß auch die Waisenkinder in den Betrieb dieser Fabrik hineingestellt werden konnten. Weil die Arbeit der Kinder sich nicht wesentlich, sondern nur quantitativ von der der erwachsenen Anstaltsinsassen unterschied, glaubte man umso leichter das Muster der Fabrik- und Hausindustrie schaffen zu können" (Gillmann 1926, 19-20).

Der von den Philanthropen (Menschenfreunden) ausgelöste „Waisenhausstreit" machte auf die Mißstände der Anstaltserziehung des 18. Jahrhunderts aufmerksam. Einer der schärfsten Kritiker der Waisen- und Zuchthäuser wurde Ch.G. Salzmann (1744-1811), der in Schnepfenthal bei Gotha in Thüringen eine eigene Erziehungs- und Bildungsanstalt gegründet hatte. Auf der Basis des Philanthropismus wollte er durch Forderung handwerklicher Tätigkeiten Charaktererziehung betreiben. Den Philanthropen gelang es zwar nur, einen auserwählten Kreis von Kindern in ihren pädagogischen Einrichtungen zusammenzufassen; sie wurden aber für die internatsmäßige Erziehung behinderter Kinder, wie sie sich seit dem 19. Jahrhundert herausbildete, zum Vorbild. Wie weit der Weg dorthin noch war, zeigte sich ebenfalls am Philanthropen Salzmann, der im Streit um die Frage, ob die Blinden überhaupt bildungsfähig seien, noch eine ablehnende Haltung vertrat (Wanecek 1969, 32).

2.1.2.2 Schulen und Heime für Behinderte

Im heutigen Verständnis gelten alle Kinder, Jugendliche und Erwachsene als „behindert", die in ihrem Lernen, im sozialen Verhalten, in der sprachlichen Verständigung und in ihren körperlichen Fähigkeiten soweit beeinträchtigt sind, daß sie nicht ohne spezielle Förderung am gesellschaftlichen Leben teilhaben können.

Zu den Behinderten rechnen auch Kinder und Jugendliche aus sozial benachteiligten Bevölkerungsgruppen, im historischen Sinne also die „Armenkinder".

Das Interesse an der pädagogischen Förderung und Rehabilitation Behinderter richtete sich zunächst aber auf die Sinnesgeschädigten. So wurden bereits im ausgehenden Mittelalter vermehrt Berichte über Unterrichtsversuche bei Gehörlosen und Blinden bekannt. Die ersten Erfolge in der Unterrichtung Gehörloser werden dem spanischen Mönch Pedro da Ponce zugeschrieben und ab 1560 datiert; seine Arbeit galt Kindern des spanischen Hochadels, in dem Gehörlosigkeit als Degenerationserscheinung gehäuft aufgetreten sein soll. Als Begründer der Schulen für Gehörlose wird der Abbé de l'Epée (1712-1789) betrachtet, der 1770 in Paris eine „Taubstummenanstalt" eröffnete. In Leipzig gründete Samuel Heinicke (1727-1790) dann 1778 ein „Kurfürstlich Sächsisches Institut für Stumme"; er nahm „taubstumme und andere mit Sprachgebrechen behaftete Personen" auf. Die Aufzunehmenden durften nicht „eigensinnig, tückisch oder sonst mit Fehlern und Lastern behaftet" sein; sie wurden in der „Religion unterrichtet und zu allerlei Künsten und Wissenschaften angehalten" und sollten „zu brauchbaren Mitgliedern der menschlichen Gesellschaft gemacht" werden. Für den Unterricht und den Unterhalt im Institut mußte je nach Lebensalter bezahlt werden; allerdings galt: „Arme werden ohne Entgelt unterrichtet, wenn sie sich nur beköstigen können" (zit.n. Klink 1966, 6-7). Bereits bei der ersten Einrichtung für behinderte Kinder und Jugendliche zum Zwecke ihrer Unterrichtung wird die Koppelung von Schule und Heim deutlich; sie hat sich bis in die Gegenwart in vielen Bereichen des Behindertenbildungswesens erhalten. Zum großen Hindernis für den zügigen Ausbau entsprechender Einrichtungen wurden deshalb die Kosten für die internatsmäßige Unterbringung der zu fördernden Kinder und Jugendlichen. Bis zu einem gewissen Grad wird vor diesem Hintergrund das Bestreben der Gründer behindertenpädagogischer Einrichtungen verständlich, sich an den Prinzipien „bürgerlicher Brauchbarkeit" und „ökonomischer Nützlichkeit" zu orientieren und den „Heimschulen" Handwerksbetriebe einzugliedern. So war die 1832/33 von J.N. Edler von Kurz gegründete erste schulische und berufliche Einrichtung für Körperbehinderte mit einer „technischen Industrieanstalt" verbunden und als eine Art „Industrieschule" konzipiert (siehe Kapitel 3.4.1).

Auch die Blindenbildung nahm in Paris ihren Anfang: Dort begann 1784 der Philanthrop und Sprachgelehrte Valentin Hauy (1745-1822) mit der Unterrichtung eines sechzehnjährigen Blinden. Kennzeichnend für die Situation des Anfangs war dabei, daß Hauy dem blinden Jugendlichen eine Entschädigung für dessen Einnahmeausfälle zahlte, da er während der Unterrichtszeit seiner Tätigkeit als Bettler nicht nachgehen konnte (Garbe 1966, 4). Die erste Schule für Sehgeschädigte im deutschen Sprachgebiet gründete der Armenbezirksdirektor J.W. Klein 1804 in Wien als „Blindenerziehungsanstalt"; 1806 wurde in Berlin ein „Blindeninstitut" durch den Gymnasiallehrer A. Zeune gegründet (Wanecek 1969).

Im Verlauf des 19. Jahrhunderts kam es dann zur Gründung zahlreicher Einrichtungen für Behinderte in ganz West- und Mitteleuropa sowie in Nordamerika; folgende Gründungen seien genannt: die Heilanstalt für Krüppel in Würzburg (1816); die Heilanstalt für arme, verwachsene Kinder in Berlin (1823); die Unterrichts-, Erziehungs- und Beschäftigungsanstalt für krüppelhafte Kinder in München (1832/33). Für im heutigen Verständnis Geistigbehinderte entstand in

Hallein bei Salzburg eine Einrichtung für Schwachsinnige (1816) und auf dem Abendberg bei Interlaken eine Heilanstalt für Kretine und blödsinnige Kinder (1841). Der Taubstummenlehrer Stötzner legte 1864 einen Entwurf zur Errichtung von Schulen für schwachbefähigte Kinder vor; 1867 wurden in Dresden Nachhilfeklassen an Volksschulen eingerichtet; 1879 kommt es in Elberfeld zur Einrichtung von „Hilfsklassen", aus denen die spätere „Hilfsschule" hervorgeht.

2.1.2.3 Bestrebungen zur Verallgemeinerung

Bereits in der Zeit der zahlreichen Anstaltsgründungen zur schulischen Förderung Behinderter im 19. Jahrhundert tauchte immer wieder die Frage auf, inwieweit eine Unterrichtung in den Regelschulen am Wohnort möglich sei. Dabei ging es damals vorrangig um die Kostenfrage, da eine internatsmäßige Unterbringung behinderter Kinder und Jugendlicher von vielen Eltern nicht bezahlt werden konnte und die staatliche Gmeinschaft noch nicht bereit war, die Kosten zu übernehmen.

Die unter dem Begriff „Verallgemeinerung" einsetzenden Bestrebungen wurden von den Schulbehörden auch bereitwillig aufgenommen. Der Schwerpunkt der „Verallgemeinerung" lag in der Taubstummenpädagogik. Ziel war dabei, „allen Taubstummen eine angemessene Bildung zu verschaffen und zwar möglichst in Gemeinschaft mit vollsinnigen Kindern, hervorgegangen aus der Anerkennung der Bildungsfähigkeit und Bildungsbedürftigkeit dieser Unglücklichen" (Walther 1882, 184). Auch für die Blinden und weitere Behinderungsgruppen gab es Bestrebungen, sie mit nichtbehinderten Schülern gemeinsam in den Volksschulen zu erziehen und zu unterrichten. Nicht zuletzt durch die Tatsache bedingt, daß für den öffentlichen Schulunterricht generell mehr Finanzmittel bereitgestellt wurden, trat das Kostenargument, das für die „Verallgemeinerung" im Sinne einer Beschulung Behinderter in den Volksschulen anfangs vorgebracht wurde, allmählich zurück. Die „Heimschulen" für Behinderte hatten im übrigen bald ein Eigeninteresse an der Aufnahme möglichst vieler Kinder und Jugendlicher, da sie sich wirtschaftlich in erheblichem Maße selbst tragen mußten. Die Kostenübernahme durch die Eltern, die Heimatgemeinde oder später den Staat wurde lange Zeit durch Einnahmen aus eigenen Wirtschaftsbetrieben (Landwirtschaft, Handwerk, Manufakturen, Fabriken) ergänzt, in denen auch die „Zöglinge" im Rahmen ihrer Möglichkeiten mitarbeiteten. Allerdings war auch dies vielfach wenig tragfähig, da sich die konkurrierenden Unternehmer und Handwerker gegen solche Betriebe wehrten und im übrigen der ökonomische Sachverstand der Leiter und Mitarbeiter der Anstalten für Behinderte nicht immer der beste war.

Es hatte sich auch gezeigt, daß die Volksschullehrer mit der Aufgabe der Unterrichtung behinderter Schüler unterschiedlicher Behinderungsformen überfordert waren. Hinzu kam die damalige Klassengröße: Schulklassen an Volksschulen hatten noch bis Anfang des 20. Jahrhunderts achtzig bis einhundert Schülerinnen und Schüler. In ihnen waren Behinderte nicht angemessen zu fördern. So setzte sich das differenzierte Sonderschulwesen bis in die zwanziger Jahre mehr und mehr durch; es entstanden folgende Sonderschultypen: Schulen für Blinde, Sehbehinderte, Gehörlose, Schwerhörige, Sprachbehinderte, Körperbehinderte, Kranke (auch Klinik- oder Krankenhausschulen genannt) und Erziehungsschwierige; hinzu kamen im ausgehenden 19. Jahrhundert die Hilfsschulen und dann in den fünfziger Jahren des 20. Jahrhunderts die Schulen für Geistigbehinderte (auch als Bildungsschwache oder praktisch Bildbare bezeichnet). Erst mit der Diskussion der sechziger Jahre um eine Reform des deutschen Bildungswesens und der Forderung nach Einrichtung von Gesamtschulen wurde die Frage nach dem schulischen Ort der Förderung Behinderter wieder gestellt. Vor allem die „Integrierte Gesamtschule" als Gegenmodell zum gegliederten Schulwesen mit Volks- und Realschulen sowie Gymnasien weckte Erwartungen, da Gesamtschulen möglichst alle Kinder einer Altersgruppe zusammenführen sollten. Nachdem die Gesamtschule zwar in zahlreichen Schulversuchen erprobt, aber nicht generell durchgesetzt werden konnte – sie besteht heute in einzelnen Bundesländern als weitere Schulform neben den herkömmlichen Schulen der Sekundarstufe -, dauerte es dann bis in die achtziger Jahre, bis die Forderung nach gemeinsamer Unterrichtung Behinderter und Nichbehinderter wieder auf breiter Front erhoben wurde.

2.2 Anthropologische und ethische Grundfragen

Wie eingangs erwähnt, ergeben sich zum Menschenbild und beim Umgang mit Behinderten anthropologische und ethische Grundfragen. Sie wurden insbesondere auch von seiten der Pädagogik der Körperbehinderten aufgeworfen, wie sich bei der Theoriebildung zeigte (siehe Kapitel 1.8).

Die **Anthropologie** als Wissenschaft vom Menschen läßt sich unter biologischem, philosophischem, theologischem und pädagogischem Aspekt behandeln. **Ethik** als die philosophische Wissenschaft vom Sittlichen wird in die **Individual- und die Sozialethik** unterteilt. Während es der Individualethik vor allem um das Handeln und die Gesinnungen von Menschen sowie die daraus folgenden Wirkungen geht, steht in der Sozialethik die kritische Ermittlung und Begründung von Normen und Leitbildern für die sittliche Ordnung der Gesellschaft und das Zusammenleben der Menschen im Vordergrund. Der Begriff Ethik ist vom griechischen Wort „ethos" hergeleitet, das mit Brauch und Sitte übersetzt wird. Gegenstand der Sozialethik sind auch die Hilfen, die in der medizinischen, schulischen und beruflichen Rehabilitation als notwendig gelten.

Anthropologie (Heberer et al. 1973) und Ethik (Apel et al. 1980) stehen also in einem inneren Zusammenhang. Anthropologische Sichtweisen beeinflussen die Beantwortung ethischer Fragen nach dem sittlich rechten Handeln des Menschen. Die **biologische** Anthropologie untersucht den Organismus des Menschen mit naturwissenschaftlichen Methoden. Das Forschungsinteresse reicht von Fragen nach der Entstehung, Entwicklung und Stellung des Menschen innerhalb der Welt der Organismen bis hin zu Fragen nach unterscheidbaren Menschenrassen und nach den Gesetzmäßigkeiten der Vererbung. Die Lehre von der Evolution hat ihre Diskussion lange Zeit beherrscht. Dabei wird ein Hervorgehen einer Art von Lebewesen aus einer anderen und ein Überleben der anpassungsfähigsten Organismen unterstellt. Der Mensch wird als „physiologische Frühgeburt" angesehen, die erst nach einem Lebensjahr den Entwicklungsstand eines Säugetiers zum Zeitpunkt der Geburt erreicht.

Die **philosophische** Anthropologie fragt nach dem Wesen und der Bestimmung des Menschen. Erörtert wird u.a. die These von der Sonderstellung des Menschen im Kosmos. Der Mensch gilt als ein instinktunsicheres biologisches

„Mängelwesen" und braucht aufgrund seiner biologischen Unangepaßtheit die Entlastung durch Institutionen wie die Familie. Er kultiviert die Natur für seine Lebensbedürfnisse und schafft sich darüberhinaus Sprache, Religion und Kultur. Die **theologische** Anthropologie beruht auf der Lehre von der Schöpfung und der Erschaffung des Menschen durch Gott. Dem Menschen wird eine Seele und Gottebenbildlichkeit zugesprochen. Die Vorstellung von der Gotteskindschaft aller Menschen führt zu Fragen nach der Gleichwertigkeit und nach irdischer Gerechtigkeit.

Die **pädagogische** Anthropologie schließlich sieht den Menschen als erziehungsbedürftiges Wesen. Die Frage nach der Bildsamkeit und Bestimmung des Menschen ist eine anthropologische Grundfrage. Erst Erziehung macht den Menschen zum Menschen, das Tier wird nicht „erzogen", allenfalls für menschliche Bedürfnisse abgerichtet. Die **sonderpädagogische** Anthropologie geht davon aus, daß die Auswirkungen einer Behinderung nicht unveränderbar sind. Erziehung und Bildung ermöglichen und sichern dem Menschen mit Behinderung ein menschenwürdiges Dasein. Die Würde seines Menschseins ist auch bei Schwerstbehinderung zu achten. Die erzieherische Zuwendung gilt gerade ihm als besonders förderungsbedürftigem Menschen, der in jeglicher körperlicher Erscheinungsform der vorbehaltlosen Annahme bedarf.

2.2.1 Sozialethik und Rehabilitation

Maßnahmen der Rehabilitation werden nicht mehr nach dem Kausal-, sondern nach dem **Finalprinzip** gewährt. Es wird also zunächst nicht danach gefragt, wie eine Behinderung zustandekam oder wer sie verschuldet hat, sondern wie ihre Auswirkungen vermindert oder behoben werden können. Sofern eine Behinderung festgestellt wird, hat jeder Mensch Anspruch auf Leistungen. Trotzdem werden „Integration und Ausgrenzung" behinderter Menschen kontrovers diskutiert (Zwierlein 1996).

Mit dem Begriff Rehabilitation werden sowohl die Sondererziehung von Kindern und Jugendlichen mit angeborenen oder erworbenen Behinderungen als auch die Maßnahmen zur beruflichen Qualifizierung und Wiedereingliederung erwachsener Behinderter in das Erwerbsleben erfaßt. Es gilt das **sozialethische Ziel**: Jeder Mensch soll seine Persönlichkeit so umfassend wie möglich entwickeln können und zur Teilnahme am Arbeitsleben und damit auch zur Teilhabe am Leben der Gesellschaft befähigt werden.

In die Sozialethik sind insbesondere Auffassungen der **katholischen und evangelischen Soziallehre** eingegangen. Die Wohlfahrtsverbände der christlichen Kirchen (Deutscher Caritasverband und Diakonisches Werk) sind Träger von Einrichtungen der schulischen und beruflichen Rehabilitation. Auch der **demokratische Sozialismus** als Weltanschauung und politisches Programm hat mit seinem Streben nach sozialer Gerechtigkeit und Solidarität für Schwache die Rehabilitation beeinflußt. Die sozialstaatliche Ordnung der Bundesrepublik Deutschland, wie sie das Grundgesetz repräsentiert, geht auf die verschiedenen Soziallehren zurück. Das Menschenbild, das der katholischen Soziallehre (Molitor 1961, 293) zugrunde liegt, unterscheidet zwischen der Individual- und Sozialnatur des Menschen, die sein Personsein tragen. Wegen seiner Sozialnatur bleibt der Mensch auf den anderen und die Gesellschaft angewiesen. Er ist

Sozialwesen aber nicht nur aus Bedürftigkeit, sondern im christlichen Verständnis auch aus dem innerem Reichtum seiner übernatürlichen Bestimmung. Der einzelne und die Gesellschaft stehen in einer Wechselbezogenheit: Zu den gesellschaftlichen Strukturprinzipien gehören **Solidarität** und **Subsidiarität**. Jeder Mensch hat Anspruch auf Zuwendung von seiten der Gemeinschaft, die ihm am nächsten steht, und auf Hilfe, die aber auch zur Selbsthilfe anregen soll.

In einer **pluralistischen Gesellschaft** steht die christlich-religiöse Ethik aber in Konkurrenz zu anderen ethischen Grundauffassungen. So etwa mit der rational-normativen Ethik des **Utilitarismus**. Für diese Ethikrichtung wurde in der angloamerikanischen Philosophie ein Instrumentarium zur empirisch-rationalen Begründung von Normen und Werten entwickelt, das von der Erfüllung menschlicher Bedürfnisse ausgeht. Der Zweck menschlichen Handelns wird im Nutzen, in der Wohlfahrt oder im Glück des einzelnen, möglichst vieler oder aller Menschen gesehen. Der Maßstab für die sittliche Qualität menschlichen Handelns kommt in dessen Folgen zum Ausdruck, die nützlich oder schädlich sein können. Entscheidend ist nun, daß dabei die Motive, Haltungen oder Gesinnungen keine Rolle spielen sollen und jede metaphysische Rückbindung entbehrlich erscheint. Der Utilitarismus wird gemeinhin so interpretiert, daß er die **Nützlichkeit** zum Prinzip der Lebensführung erhebt.

In die Sonderpädagogik wurde die Ethik des Utilitarismus durch Anstötz (1990) eingeführt (siehe dazu Stadler 1991). Mit seinem „Beitrag zur Ethik in der Sonderpädagogik aus empirisch-rationaler Sicht" hat er umstrittene ethische Auffassungen entwickelt und aus der Sicht der Geistigbehindertenpädagogik auch zu Fragen der Förderung Schwerstbehinderter Stellung genommen. Dabei bezieht er sich auf den australischen Philosophen Peter Singer, der in seiner „Praktischen Ethik" (1984) das **Lebensrecht behinderter Neugeborener** (etwa mit Spina bifida/offenem Rücken) in Frage stellt. Er plädiert für die Zulässigkeit der Euthanasie (Todeslinderung, leichter, sanfter, schmerzloser Tod) als Sterbehilfe, wenn ärztlich eine unheilbare Krankheit festgestellt wird. So will Singer einem schwerbehinderten Säugling ein „wertloses" Leben mit Schmerzen und Leiden ersparen. Gegen diese **Früheuthanasie** im Sinne einer „Erlösung von sinnlosem Leiden" und für das Lebensrecht behinderter Neugeborener wurden zahlreiche Stellungnahmen veröffentlicht (Leyendecker et al. 1991, Bundesverband für spastisch Gelähmte 1992a).

Zur Diskussion über sittlich angemessene Formen des Umgangs mit Menschen, die Behinderungen aufweisen, lassen sich **sozialethische Grundfragen** formulieren. Man kann sie überdies auf gegensätzliche Standpunkte beziehen, die dazu vertreten werden. (1.) Hat jeder Mensch Anspruch auf Achtung seiner Menschenwürde, oder ist Menschsein abhängig von einem bestimmten Status als Person? (2.) Darf das Lebensrecht wegen schwerster Auswirkungen einer Behinderung abgesprochen werden, oder müssen Leben und Entfaltung der Persönlichkeit ohne Ansehen des körperlichen, geistigen und seelischen Zustands sowie des Lebensalters gesichert werden? (3.) Dürfen Behinderte getrennt von Nichtbehinderten erzogen und unterrichtet werden, oder muß die Gemeinsamkeit in allen Erziehungsbereichen, insbesondere in Schule und Berufsausbildung durchgesetzt werden? (4.) Sollen Maßnahmen der beruflichen Rehabilitation nur gewährt werden, wenn eine spätere Erwerbsarbeit zu erwarten ist, oder haben Behinderte ein grundsätzliches Recht auf Berufsausbildung und Teilnahme am Arbeitsleben? (5.) Können Nichtbehinderte verlangen, ungestört von

Behinderten ihre Freizeit und ihren Urlaub zu verbringen, oder ist von allen zu fordern, Belastungen durch das menschliche Zusammenleben hinzunehmen? Empirisch-rationale Antworten lassen sich auf diese Grundfragen nur bedingt geben. Vielmehr bedarf es hier sowohl der individualethischen Gewissensentscheidung jedes einzelnen, die sich an seinen weltanschaulichen Grundüberzeugungen orientiert, als auch sozial- und bildungspolitischer Entscheidungen. In der Sozialgesetzgebung und einschlägigen Rechtsprechung zur Menschenwürde und zum Lebensschutz wurden bereits bestimmte sozialethische Positionen durchgesetzt, auf die eingegangen wird.

2.2.2 Menschenwürde und Behinderung

Im Begriff Menschenwürde soll der Anspruch jedes Menschen zum Ausdruck kommen, als Träger geistig-sittlicher Werte geachtet und von der menschlichen Gemeinschaft angenommen zu werden (Stadler 1993, 1996b). Der Anspruch auf Unantastbarkeit der menschlichen Würde ist Teil der **Menschen-, Grund- und Bürgerrechte**. Die Menschenrechte gelten als unaufhebbar und als übergeordnete Rechtsnormen. Sie enthalten Gedankengut der griechischen und römischen Antike, des Christentums und der Philosophie der Neuzeit. Die menschliche Würde ist Ausgangspunkt für die Beschreibung der unveräußerlichen Rechte des Menschen, die ihm als „personale Grundausstattung" zukommen. Im Grundgesetz wird die Menschenwürde den anderen Grundrechten – wie dem Recht auf Leben, körperliche Unversehrtheit, freie Entfaltung der Persönlichkeit – vorangestellt.

Grundrechte sind letztlich **Beziehungsrechte**; diese Feststellung ist für den Zusammenhang von Menschenwürde und Behinderung bedeutsam. Sie sollen zur Regelung der Beziehungen zwischen Menschen beitragen, indem sie jedem Mitglied einer menschlichen Gemeinschaft Achtung und Schutz gewähren. Fragen nach dem Wesensgehalt von Grundrechten lassen sich aber nie eindeutig beantworten. Erst durch den Beziehungsaspekt wird der Anspruch auf Achtung der Menschenwürde mit ethisch-praktischer Handlungsrelevanz gefüllt. Die Würde eines anderen zu respektieren ist dann kein beliebiges Verhalten mehr, sondern kann als Recht in konkreten Situationen des Lebensalltags eingefordert werden. Wer von **Menschenwürde** spricht, tut dies vor dem Hintergrund einer bestimmten religiösen, philosophischen oder weltanschaulichen Tradition und eines damit in Verbindung stehenden Menschenbildes. Das Bild vom Menschen ist sowohl durch subjektive Erfahrungen als auch durch Idealvorstellungen geprägt, die sich in Gemeinschaften und Gesellschaften herausbilden. Menschenbilder können in der Rehabilitation von Behinderten hinderlich sein, sofern sie sich am Ideal des Gesunden, Schönen, Intakten und Erfolgreichen orientieren (Bleidick 1990). Der in seinem äußeren Erscheinungsbild und seinem Verhalten dem Ideal nicht entsprechende Mensch hat keinen minderen Rang und keine geringere Würde. Erst der demokratische und soziale Rechtsstaat, wie er im Grundgesetz verankert ist, hat aber verbindliche Maßstäbe für alle Bürger entwickelt, um Verstöße gegen die Achtung der Menschenwürde rechtlich beurteilen zu können.

In anthropologischer Sicht folgt die Würde des Menschen aus seinem Menschsein. Als Existenz- und Lebensweise hängt „**Menschsein**" sowohl von den Wirtschafts- und Produktionsbedingungen als auch von Erziehung und Sozialisation in einer Gesellschaft ab und wird letztlich vom „Überbau" der religiösen und kulturellen Tradition bestimmt. Je nach zivilisatorischem Entwicklungsstand gibt es Minimalvorstellungen über menschliche Fähigkeiten. Entspricht ein Mensch diesen Vorstellungen nicht oder nur bedingt, so wird Behinderung offensichtlich und existiert als sozialer Gegenstand. In diesem Sinne ist Behinderung also kein naturwüchsig entstandenes Phänomen, sondern ergibt sich aus der sozialen Interaktion und Kommunikation (Jantzen 1974, 21-22). Zur Diskrepanz zwischen sozialer Erwartung und individueller Disposition kommen dann noch die Bedingungen der Interaktion sowie Umfang, Schwere und Dauer einer eingeschränkten Disposition; Einschränkungen sind vor allem wirksam, wenn sie in Verhaltensbereichen privater, schulischer oder öffentlicher Art bedeutsam, stark von Regelgegebenheiten abweichend und längerfristig sind (Bach 1985, 6-8). Dieser pädagogische Begriff von Behinderung beachtet den **Beziehungsaspekt** und wird damit der gegenseitigen Achtung und Anerkennung der Würde jedes Menschen gerecht.

Wenn Behindertsein bedeutet, bestimmte Lebensvollzüge nicht oder nur unter erschwerten Bedingungen ausführen zu können, so ist sie eine Existenzweise, die jeden Menschen im Laufe seines Lebens erfaßt. In diesem Verständnis sind **Menschsein und Behinderung** ein Korrelat: Sie stehen in einem wechselseitigen Verhältnis zueinander und kennzeichnen die menschliche Existenz. Behinderung ist keine „Minus-Variante des Normalen", denn das „Normale" an sich gibt es gar nicht; es ist nur als Bandbreite von Verhaltensweisen real, die von einer statistischen Mehrheit repräsentiert werden (Stadler 1992a).

2.2.3 Lebensrecht und Lebensschutz

Die Diskussion um ethische Standards in der Sonderpädagogik hat sich bisher auf Fragen nach dem Lebensrecht Ungeborener und Neugeborener mit schweren Schädigungen konzentriert. Beachtung fanden auch Fragen nach der ethischen Begründung für die Unfruchtbarmachung (Sterilisation) von Menschen mit geistiger Behinderung. Die unfreiwillige Sterilisation wird zunehmend kritischer gesehen oder auch ganz abgelehnt, da sie in die Würde des Menschen eingreift.

Wird die Frage nach dem Lebensrecht Neugeborener so beantwortet, daß unter bestimmten Bedingungen medizinische Hilfe unterbleiben und der Tod in Kauf genommen werden darf (**Früheuthanasie**), so bleibt das nicht ohne Folgen für den Geamtbereich dessen, was mit Rehabilitation umschrieben wird. Warum sollte für einen Unfallverletzten mit schwerster Hirnschädigung (z.B. mit apallischem Syndrom) ein anderes Lebensrecht gelten als für ein Neugeborenes?

Die Diskussion um Ethik und Behinderung hat durch das Propagieren einer übergreifenden Ethik für alle Lebewesen an Schärfe zugenommen. So will Singer (1984, 96) den „Status der Tiere heben, nicht aber den der Menschen senken" und zu einer „Bio-Ethik" kommen. Er stellt damit aber das Lebensrecht von Menschen in Frage, die bestimmte Erwartungen nicht erfüllen. Die Grenzen zwischen Mensch und Tier sind für ihn fließend; so kann er dann auch Mitgliedern einzelner Tierarten den **Personenstatus** zuerkennen. Personenqualität haben Lebewesen nur dann, wenn sie fähig sind, vernünftig zu handeln und wenn sie sich ihrer aktuellen Lebensvorgänge bewußt sind. Darüber hinaus haben Lebewesen Selbstbewußtsein, wenn sie Wissen um die eigene Existenz und deren Dauer über die Zeit besitzen. Gebunden werden diese Fähigkeiten an die Funktionstüchtigkeit eines hochentwickelten Zentralnervensystems. Da ein solches sowohl bei Menschen als auch bei Tieren zu finden ist, folgert Singer, daß auch Tiere Personen sein können.

Die **Gleichstellung von Mensch und Tier**, die Singer vornimmt, führt dann zu seinen Schlußfolgerungen zum Lebensrecht Neugeborener. Er ordnet Lebewesen in Stufen ein: Die **unterste Stufe** bilden Lebewesen, die kein zentral organisiertes Nervensystem besitzen und deshalb wohl auch kein Bewußtsein von sich selbst haben können. Hierzu können sowohl Menschen als auch Tiere gerechnet werden. Sie wären dann bloß eine vegetierende biologische Masse; konkret wäre das so bei einem Embryo im frühen Stadium seiner Entwicklung, bei einer schwersten Hirnmißbildung (Anenzephalie) und bei einem irreversiblen Koma, wie es nach schwerer Hirnverletzung auftritt (Singer 1984, 189-190). Das Leben auf dieser Stufe stellt nach Singer überhaupt keinen Wert dar, und seine Beseitigung durch eine „nichtfreiwillige Euthanasie" wäre für ihn kein Unrecht. Eine **zweite Stufe** bilden Lebewesen, die zwar Empfindungen haben, aber nicht vernunftbegabt sind, und die kein Zeitbewußtsein besitzen. Auch Menschen im vorgeburtlichen Stadium und im Säuglingsalter werden dazu gerechnet. Erst auf der **dritten Stufe** finden sich dann Lebewesen, die das Niveau einer personalen Existenz erreichen. Dies können Menschen, aber auch Angehörige höherer Tierarten sein. Der Mensch kann über diese Stufe noch zu einer **personalen Hochform** weiterwachsen, der dann auch der höchste Wert zukommt. Singer (1984, 125) stellt dazu fest: „Je höher entwickelt das bewußte Leben eines Wesens, je größer der Grad von Selbstbewußtsein und Rationalität ist, um so mehr würde man dieses Leben vorziehen, wenn man zwischen ihm und einem Wesen auf einer niedrigeren Bewußtseinsstufe zu wählen hätte." Das ist **Ausgrenzungsethik**, die das Lebensrecht des Menschen von einem bestimmten Zustand abhängig macht.

Die **praktische Ethik Singers** zeigt bei näherer Betrachtung ihren inhumanen Charakter. Anstötz (1990) hat sich zwar nicht mit Singer identifiziert, findet aber dessen Argumentation doch hilfreich für seine „empirisch-rationale" Analyse ethischer Fragen der Sonderpädagik. Er widerspricht auch nicht explizit der Trennung von Mensch und Person, auf der Singers Überlegungen fußen. Erst der Mensch als Person ist sich seiner selbst bewußt und kann für sich entscheiden und handeln. Verkürzt heißt das: Erst die Person genießt das uneingeschränkte Lebensrecht. Dies bedeutet, schwerstbehinderten Neugeborenen, aber letztlich allen Menschen mit schweren Gebrechen das Lebensrecht abzuerkennen. Wer kein Selbstbewußtsein zeigt und nicht zu rationalem Verhalten fähig ist, dessen „Leben hat weniger Wert als das Leben eines Schweins, eines Hundes oder eines Schimpansen", behauptet Singer (1984, 169) in bezug auf Neugeborene.

Das Problem schwerstgeschädigter Neugeborener wird von Kuhse und Singer (1993, 112) unter der unmißverständlichen Fragestellung: Muß dieses Kind am Leben bleiben? erneut erörtert. Sie argumentieren für das Töten und Sterbenlassen und verweisen auf Ärzte, die der „Natur ihren Lauf lassen" und darin einen „Mittelweg zwischen der Behandlung aller Spina-bifida-Kinder und dem Töten einiger von ihnen" sehen. Werden schwergeschädigte Neugeborene nicht behandelt, also „sich selbst überlassen, wird die Natur in diesen Fällen ihre eigenen Fehler korrigieren". Diese kaltherzige Form der passiven Euthanasie, die in Deutschland im Widerspruch zu Normen im Grundgesetz, in der Gesetzgebung und in der Rechtsprechung steht, wird damit zur einer bedrohlichen **Tötungsphilosophie**. Die jüdisch-christliche Tradition begreift dagegen den Menschen als Individuum, dem unveräußerliche Lebensrechte zukommen. Sie haben in den Erklärungen der Menschenrechte und in der Europäischen Menschenrechtskonvention ihren Niederschlag gefunden und sind in die demokratischen Verfassungen aufgenommen worden.

2.2.4 Gesetzgebung und Rechtsprechung

Das Grundgesetz (GG) spricht in Artikel 1 von der Würde des Menschen und unterscheidet dabei nicht zwischen Mensch und Person. In Artikel 2 Abs. 2 GG heißt es: „Jeder hat das Recht auf Leben und körperliche Unversehrtheit. Die Freiheit der Person ist unverletzlich." Auch hier wird das Recht auf Leben ausdrücklich jedem Menschen zugestanden und nicht an die Person gebunden. Nach deutschem Recht ist jeder Mensch Person, sofern die Rechtsordnung ihm die Fähigkeit zuschreibt, Rechte und Pflichten zu haben. Insofern ist auch das Ungeborene Person, denn es ist schon fähig zu erben (§ 1923 des Bürgerlichen Gesetzbuches). Unsere Rechtsordnung hat also bereits grundlegende ethische Fragen beantwortet. Das positive Recht ist aber immer anpassungsbedürftig an sich verändernde soziale Gegebenheiten sowie an medizinische und technologische Entwicklungen. Hieraus erwachsen Gefahren, wenn der gesellschaftliche Grundkonsens brüchig wird. Bezüglich der Frage nach dem Lebensrecht von Menschen – ob Ungeborene und Neugeborene oder unheilbar Kranke und Altersschwache – werden Bruchstellen erkennbar.

Das Recht des Schwangerschaftsabbruchs und die Strafbarkeit der Tötung Neugeborener haben eine lange Vorgeschichte. Schon J.H. Pestalozzi (1746-1827) hatte sich in seiner Schrift „Über Gesetzgebung und Kindermord" (1783) damit beschäftigt und gefordert, auf eine öffentliche Bestrafung der jungen Mütter, die in großer seelischer Not ihr Neugeborenes töten, zu verzichten. Die Straftaten gegen das werdende Leben sind im Strafgesetzbuch (StGB) in § 218 aufgeführt, der mehrfach aufgrund von Entscheidungen des Bundesverfassungsgerichts geändert wurde.

Das nach der letzten Änderung seit 1995 geltende Recht bildet einen gewissen Abschluß der Reformversuche seit den siebziger Jahren (Krey 1996, 70-90). Die 1974 vom Bundestag beschlossene **Fristenregelung** wurde vom Bundesverfassungsgericht nicht gebilligt. Das Gericht ging davon aus, daß das sich im Mutterleib entwickelnde Leben als selbständiges Rechtsgut unter dem Schutz der Verfassung stehe. Die Schutzpflicht des Staates gebiete, daß er sich schützend und fördernd vor dieses Leben stelle. Dies gelte auch gegenüber der Mutter. Ihr Recht auf freie Entfaltung ihrer Persönlichkeit muß hinter das Lebensrecht des Ungeborenen zurücktreten. Der strafrechtliche Lebensschutz der Leibesfrucht dürfe nicht für eine bestimmte Zeit – wie es die Fristenregelung mit Straffreiheit bis zur zwölften Schwangerschaftswoche vorsah – in Frage gestellt werden. Als Folge dieser Entscheidung kam es dann 1975 zur **Indikationslösung**. Das Bundesverfassungsgericht erkannte an, daß im Einzelfall schwere Konfliktsituationen vorliegen können, die es rechtfertigen, auf eine Strafandrohung zu verzichten. Als Indikationen wurden aufgeführt: die medizinische, die genetische (bzw. embryopathische, eugenische), die ethische (bzw. kriminologische) und die soziale (bzw. Notlagenindikation).

Die **genetische Indikation** wird aber zum Eingriff in den Lebensschutz Behinderter. Bei entsprechender medizinischer Diagnose ist der Abbruch nämlich bis zum Ende der zweiundzwanzigsten Schwangerschaftswoche nicht mehr strafbar. Die genetische Indikation gilt als gegeben, wenn nach ärztlicher Erkenntnis dringende Gründe für die Annahme sprechen, daß das Kind infolge einer Erbanlage oder schädlicher Einflüsse vor der Geburt an einer nicht behebbaren Schädigung seines Gesundheitszustandes leiden würde, die so schwer wiegt, daß von der Schwangeren die Fortsetzung der Schwangerschaft nicht verlangt werden kann.

Als Folge der Wiedervereinigung Deutschlands wurde 1992 im Zuge der Rechtsangleichung zwischen der Bundesrepublik Deutschland und der ehemaligen DDR der Schwangerschaftsabbruch neu geregelt und eine **Fristenregelung mit Beratungspflicht** beschlossen. Sie wurde zwar vom Bundesverfassungsgericht prinzipiell als verfassungsgemäß anerkannt, aber die konkrete Ausgestaltung als verfassungswidrig erklärt. Aufschlußreich sind die Leitsätze aus dem Urteil, die auszugweise nach Krey (1996, 75) referiert werden: 1. Das Grundgesetz verpflichtet den Staat, menschliches Leben, auch das ungeborene, zu schützen. Menschenwürde kommt schon dem ungeborenen menschlichen Leben zu. 2. Rechtlicher Schutz gebührt dem Ungeborenen auch gegenüber seiner Mutter. 3. Ein solcher Schutz ist nur möglich, wenn der Gesetzgeber ihr einen Schwangerschaftsabbruch grundsätzlich verbietet und ihr damit die grundsätzliche Rechtspflicht auferlegt, das Kind auszutragen. 4. Der Schwangerschaftsabbruch muß für die ganze Dauer der Schwangerschaft grundsätzlich als Unrecht angesehen werden und demgemäß rechtlich verboten sein.

Der Abbruch einer Schwangerschaft bedeutet nichts anderes als „Abtötung der Leibesfrucht". In der seit 1995 gültigen Fassung des § 218a wird nur noch eine „medizinisch-soziale Indikation" aufgeführt. Sie erlaubt es aber, die nicht mehr geregelte embryopathische Indikation zu berücksichtigen. Krey (1996, 86) verweist darauf, daß der Verzicht auf eine Normierung der embryopathischen Indikation durch den Gesetzgeber auf dringenden Wunsch der Behindertenverbände und der Kirchen erfolgt sei. Sie hatten geltend gemacht, daß eine Behinderung nicht zu einer Minderung des Lebensschutzes führen dürfe. Es ist aber zu befürchten, daß dann, wenn eine Behinderung zu erwarten ist, auch nach neuem Recht abgetrieben wird. Da bei medizinisch-sozialer Indikation jetzt keine Frist mehr gilt, kann ein Embryo, bei dem infolge Erbanlage oder schädlicher Einflüsse eine Schädigung des Gesundheitszustandes diagnostiziert und prognostiziert wird, auch nach der bis 1995 gültigen Frist von zweiundzwanzig Wochen abgetrieben werden. Das Bundesverfassungsgericht wird sich wohl erneut mit dem vorgeburtlichen Lebensschutz befassen müssen, um das Lebensrecht Behinderter zu sichern.

2.2.5 Ethische Orientierungen und Individualethik

Das Handeln des Menschen basiert auf seinen Überzeugungen und Einstellungen. Diese werden im Zuge von Erziehung und Sozialisation vermittelt und aufgebaut. Den pädagogischen Institutionen kommt dabei ein großer Einfluß zu. Sozialethische Grundpositionen müssen jungen Menschen aufgezeigt und in den eigenen Haltungen und Handlungen vorgelebt werden. Das seit 1994 bestehende **Benachteiligungsverbot** zugunsten Behinderter im Grundgesetz (Art. 3, Abs. 3, Satz 2) lautet: „Niemand darf wegen seiner Behinderung benachteiligt werden." Die weitreichenden Folgen dieser Verfassungsnorm werden sich in Gesetzgebung und im Verwaltungshandeln erst allmählich zeigen und auch die ethischen Orientierungen beeinflussen. Bezüglich der sozialethischen Grundfragen gilt aber bereits jetzt: (1.) Die Menschenwürde ist uneingeschränkt zu achten und für den Schutz des Lebens ist einzutreten. Dabei muß sich jeder mit ethischen Grundrichtungen auseinandersetzen und seine individualethische Orientierung vor dem Hintergrund seiner lebensgeschichtlichen Prägung finden. (2.) Die gemeinsame Erziehung und Unterrichtung Behinderter und Nichtbehinderter hat eine sozialethische Berechtigung: Der soziale Umgang ist zwar keine hinreichende, aber doch eine offensichtlich notwendige Bedingung für Akzeptanz und Toleranz. Jedenfalls gehen viele Aussagen der Begleitforschung zur Integrationspädagogik in diese Richtung. Eine spezifische Förderung in Gruppen, Klassen, Schulen und Ausbildungsstätten für Behinderte mit der Konsequenz einer zeitweisen oder dauernden Separierung muß aber als Angebot erhalten bleiben, um den individuellen Förder- und Lernbedürfnissen gerecht werden zu können. Integrierte und separierte Formen der Beschulung und Ausbildung schließen sich nicht wechselseitig aus, sondern können sich ergänzen. Eine separierte Förderung stellt an sich noch keine Benachteiligung dar, sondern kann sich als notwendig erweisen, wenn dem Erziehungsanspruch bei einer Schwerstmehrfachbehinderung nachgekommen werden soll. Haeberlin (1996, 145) warnt zu Recht vor einer „erneut zur Entsolidarisierung pervertierenden Integrationsentwicklung". Die Unterrichtung Behinderter in allgemeinen Schulen kann auch zu kostensparenden Lösungen mißbraucht und die Sonderschule zur Restschule werden, die für die einzustehen hat, die nicht integrativ gefördert werden können. (3.) In Sonderpädagogik und Rehabilitation darf kein ökonomisches Nützlichkeitsdenken Einzug halten, das Maßnahmen nur dann erlaubt, wenn meßbare Ergebnisse und wirtschaftliche Vorteile zu erwarten sind. (4.) Der Grundsatz der Gleichheit aller Menschen darf nicht relativert werden und muß auch im Bereich von Freizeit und Urlaub gelten. Es ist sozialethisch auch nicht vertretbar, eine finanzielle Entschädigung wegen entgangenen Urlaubsgenusses zu gewähren, weil Menschen mit Behinderungen am Urlaubsort als störend erlebt wurden, wie in Gerichtsurteilen geschehen.

In der Rehabilitation sind immer Menschen aufeinander bezogen: Das Kind und der Pädagoge, der Patient und der Therapeut, der Rehabilitand und der Ausbilder. Sie haben Umgang miteinander, der durch Verhaltensnormen gesteuert wird. Ethische Standards sind Teil des beruflichen Selbstverständnisses. Zum **pädagogischen Berufsethos** gehört es, den Menschen zunächst so zu akzeptieren, wie er dem Pädagogen begegnet, und ihm zur Entfaltung seiner Persönlichkeit zu verhelfen. Dazu wird ein pädagogischer Bezug aufgenommen, der sich am dialogischen Prinzip des jüdischen Philosophen Martin Buber orientieren kann: Der Mensch wird am Du zum Ich. Oder anders formuliert: Der Mensch braucht die Akzeptanz von Menschen, um sich als Mensch entfalten zu können. Zur Beantwortung ethischer Grundfragen in der Rehabilitation können auch die philosophischen Prinzipien „Hoffnung" und „Verantwortung" ihren Beitrag leisten, die von Ernst Bloch und Hans Jonas in die Diskussion eingeführt wurden (Leyendecker 1992). Bloch bestimmt den Menschen als Wesen, das noch nicht ist, was es sein kann, und das der Hoffnung als Antrieb bedarf. Jonas verweist den Menschen auf seine Verantwortung für die Folgen seines Handelns.

Die **individual-ethische Grundhaltung** des Pädagogen muß sich durch **Zutrauen** in Künftiges und durch die **Hoffnung** auf das Entfalten der Persönlichkeit auszeichnen. Die Wirkungen des Prinzips Hoffnung können an den sichtbaren Erfolgen der Förderung schwerstmehrfachbehinderter Kinder beobachtet werden. Kinder und Jugendliche, die früher als bildungsunfähig galten und von jeglicher schulischer Förderung ausgeschlossen waren, durchlaufen beachtliche Entwicklungsschritte und entfalten ihre Persönlichkeit. Dies gelingt, weil Pädagogen sie akzeptieren, Zutrauen zu ihrer Entwicklung haben und sie kontinuierlich ansprechen und fördern (siehe Kapitel 5).

Die Durchsetzung des Rechts auf Leben der Ungeborenen und der Geborenen mit Schwerstmehrfachbehinderung kann aber nicht als Abschluß der Entwicklung ihrer gesellschaftlichen Akzeptanz gelten. Sie haben auch ein Recht auf Förderung zur Entfaltung ihrer Persönlichkeit. Antor und Bleidick (1995) sehen einen Zusammenhang zwischen dem **Recht auf Leben und dem Recht auf Bildung** bei der Erörterung ethischer Grundfragen des Umgangs und Zusammenlebens mit Behinderten in Geschichte und Gegenwart. Die formale Gleichheit aller Menschen im Recht hat divergierende Einstellungen und Verhaltensweisen gegenüber Kranken, Altersgebrechlichen und Behinderten nicht aufgeboben. Soziale Akzeptanz läßt sich nicht verordnen, sondern ist Ergebnis gemeinsamen Lebens und Erlebens in möglichst vielen Bereichen des menschlichen Alltags. Eine zu beobachtende wissenschaftstheoretische Wende von einer geisteswissenschaftlich fundierten Heilpädagogik zu einer kritisch-rationalen Sonder- oder Behindertenpädagogik hat eine Zurückhaltung in bezug auf wertgebundene Sollensaussagen mit sich gebracht. Im Sinne des kritischen Rationalismus und einer empirischen Erziehungswissenschaft sollte zwischen Erkenntnis und Wertung, Tatsachen und Normen, Seins- und Sollensaussagen unterschieden werden. Die Orientierung an einem bestimmten Menschenbild soll dem einzelnen Pädagogen und Therapeuten vorbehalten bleiben. Als Folge dieser wertneutralen Sicht kann eine **Orientierungslosigkeit** entstehen.

Im Anschluß an die Schweizer Heilpädagogen H. Hanselmann und P. Moor hat deshalb Haeberlin (1985b) das „Menschenbild für die Heilpädagogik" wieder in die Diskussion gebracht. Er setzt sich mit weltanschaulichen Grundfragen auseinander, will aber nicht zur Suche nach einem Menschenbild für das behinderte Kind, sondern zur Suche nach einem Menschenbild für sich selbst hinführen. Inzwischen hat sich Haeberlin (1996, 64) mit der Wertbindung heilpädagogischen Tuns und mit ethischen Grundfragen der Zuwendung zu Behinderten erneut engagiert auseinandergesetzt. Er fordert eine bewußte Orientierung am Grundwert der Solidarität mit Behinderten. Sein Ethikkonzept ist an drei Werte gebunden, nämlich an die **Unverletzlichkeit** von jeglichem menschlichen Leben, an die **Gleichwertigkeit** aller Menschen auch bei extremster individueller Verschiedenartigkeit und an die unverlierbare **Würde** jedes Menschen.

In der Heil-, Sonder- und Behindertenpädagogik lassen sich gegenwärtig zwei normative Grundrichtungen ausmachen: eine **revolutionär-materialistische**, wie sie von W. Jantzen, und eine **traditional-wertgebundene**, wie insbesondere von U. Haeberlin, aber auch von D. Gröschke vertreten wird.

Jantzen (1993) postuliert in einer Sammlung eigener Aufsätze zum Verhältnis von Behinderung, Ethik und Gewalt, „das Ganze muß verändert werden". Er bleibt damit auch nach dem Zusammenbruch des Sozialimus seiner vom Marxismus geprägten Ausgangsposition treu. Auf die Frage, wie eine Neubegründung von Ethik und Moral in **materialistischer Perspektive** einzuordnen sei und welchen Stellenwert sie im Rahmen eines „kritischen Marxismus" habe, äußert er sich auch zur Menschenwürde. Dabei knüpft er an die Marxsche Ausgangsfrage an, wie nämlich in einer menschlichen Gesellschaft Humanität für alle gewährleistet werden könne. Er kommt mit Marx zu dem Schluß, Humanität sei jeweils nur gegen Herrschaft und Entfremdung in humanen Taten herstellbar; die Würde des Menschen bestehe in der Konstitution als nichtknechtisches Subjekt.

Diese Argumentation mag zunächst wegen ihrer Abstraktheit enttäuschen. Den Marxismus will Jantzen einfach als „revolutionären Humanismus" verstanden wissen, eine nach den Erfahrungen mit der Umsetzung Marxscher Philosophie fragwürdige Umdeutung, wenn man an die Mißachtung der Menschenrechte im „real existierenden Sozialismus" etwa der DDR denkt (Klee 1993). Andererseits ist sein Bemühen um einen Neuansatz unverkennbar. Er setzt sich mit traditional-wertgebundenen, insbesondere auch christlichen Ansätzen der Ethik auseinander. In seiner Darstellung „Ethik und Eschatologie: Über Erlösungsglauben in ethischen Argumentationen" wendet er sich einerseits erneut vehement gegen die Thesen Peter Singers. Dann geht er aber unerwartet offen auf jüdisch-christliche Denkfiguren zu ethischen Grundfragen ein. Neben Albert Schweitzer (Ehrfurcht vor dem Leben) und Martin Buber (Dialogisches Prinzip) behandelt er auch die christliche Ethik und spricht von der Aktualität von Jesus als historischem Menschen. Es fehlen bei ihm aber Aussagen zur praktischen Ethik, nämlich wie das rechte und gute Handeln des Pädagogen in der Arbeit mit Hilfsbedürftigen sein soll.

Zu solchen Sollens-Aussagen der **traditional-wertgebundenen** Richtung kommt Gröschke (1993), der eine „Kleine heilpädagogische Tugendlehre" mit den Schwerpunkten „Hilfe zur Lebensentfaltung im Behindertsein" und „Hilfe bei der Eingliederung in die Gesellschaft" formuliert; diese Tugendethik ist ihm **„Essenz der christlichen Ethik"**. Er bezieht sich dabei auf Thomas von Aquin, der den antiken Kardinaltugenden Klugheit, Gerechtigkeit, Tapferkeit und Maßhalten, die alle Menschen erwerben können, die drei christlichen Tugenden des Glaubens, der Liebe und der Hoffnung hinzufügte, die er als Geschenk göttlicher Gnade verstand. Bedenkt man, daß nicht die guten Absichten und das schlüssige Gedankengebäude einer Philosophie und Weltanschauung, sondern letztlich nur die realen Handlungen der in ihrem Geiste Tätigen maßgebend sind, so kann man nur hoffen, daß Gröschkes Tugendethik auch beachtet wird. Die Würde des Menschen wird nur durch gelebte Ethik die gewünschte Anerkennung und Respektierung finden.

Ob die Grundlagen christlich oder marxistisch, traditional, progressiv oder gar revolutionär sind, ist zwar durchaus nicht unwesentlich, aber historische Erfahrung ist auch, daß eine sittliche Haltung unterschiedliche Wurzeln haben kann. Allerdings ist eine „Tugendethik" unvereinbar mit einer Erfolgsethik im Geiste des von Singer propagierten Utilitarismus, der von einer summativen Nützlichkeitsformel des „größten Glücks der größten Zahl" ausgeht. Ein Eintreten für die Würde behinderter Menschen darf sich aber nicht in der Ablehnung der Ausgrenzungsethik von Bio-Ethikern erschöpfen. Das praktische Handeln bedarf der Rückbindung in „heilpädagogischen Haltungen und Tugenden".

In einer Gesellschaft, die sich bewußt zu einem weltanschaulichen Pluralismus bekennt und die Freiheit der Weltanschauung und religiösen Überzeugung staatlich schützt, muß die Grundlage für ethische Überzeugungen und Haltungen jedermann freigestellt sein, sofern sie mit den Grundwerten der Verfassung „verträglich" sind. Tugend als erworbene Lebenshaltung und soziale Antriebskraft, das sittlich Gute zu verfolgen, kann aber von jedem gefordert werden. Zum sittlich Guten gehören die uneingeschränkte Achtung vor dem Lebensrecht und die umfassende Förderung von Menschen mit Behinderungen. Die Ethik der **Ehrfurcht vor dem Leben**, wie sie vom evangelischen Theologen und Arzt Albert Schweitzer in religiöser Erfahrung als Brücke zwischen der Liebe zu Gott und der Liebe zum Nächsten begründet und gelebt wurde, kann bei der Suche nach individual- und sozialethischer Orientierung helfen. Auch die katholischen Nonne und Friedensnobelpreisträgerin **Mutter Teresa** hat durch ihr tiefes Gespür für die Würde des Menschen und ihre Sozialarbeit für Hungrige, Kranke, Unerwünschte und Unversorgte ein Beispiel gegeben, wie das christliche Gebot der Nächstenliebe beachtet und praktisch gelebt werden kann.

3. Entwicklung der Rehabilitation Körperbehinderter

Nach der Einführung in die Geschichte des Umgangs mit Behinderten und nach der Erörterung anthropologischer und ethischer Grundfragen soll nun auf die Entwicklung der Rehabilitation Körperbehinderter eingegangen werden. Eine chronologische Nachzeichnung des Gewordenen wäre dabei für das Verständnis unzureichend, vielmehr ist auch nach den Gründen zu fragen, die zur Herausbildung gegenwärtiger Strukturen geführt haben (Ellger-Rüttgardt 1986, 56). Neben einflußreichen Persönlichkeiten sowie Programmen und Berichten zur Gründung von Einrichtungen werden deshalb sozialgeschichtliche Aspekte beachtet. Bis ins 17. Jahrhundert gehörten Körperbehinderte überwiegend zu den Armen innerhalb der jeweiligen Gesellschaft des christlichen Abendlandes. Eine medizinische Behandlung konnten sich nur Wohlhabende leisten; eine Ausnahme bildeten Kriegsinvaliden, denen noch am ehesten Hilfe gewährt wurde, weil sie für „Fürst und Land" gekämpft und Gesundheit und Leben riskiert hatten. Bei der Suche nach den **Ursachen der Armut** wurden die körperlichen Schäden als mitverursachend erkannt, die unbehandelt zur Verelendung und zu sozialer Verwahrlosung führen. Heilung der körperlichen Leiden und **Erziehung zur Nützlichkeit** bei alltäglichen Arbeiten sollten insbesondere die Lage der behinderten Kinder verbessern und gleichzeitig deren Familien und die staatliche Gemeinschaft entlasten. Die aufkommenden Armenschulen nahmen zwar auch Kinder mit Verkrüppelungen und Verunstaltungen auf, konnten sie aber nicht angemessen fördern, weil eine ärztliche Behandlung vielfach Voraussetzung für die pädagogische Förderung ist.

Ausgangspunkt soll aber die Frage sein, wie sich Änderungen im Umgang mit Behinderten erklären lassen. Cloerkes (1985) hat zu **Einstellung und Verhalten** gegenüber Behinderten eine kritische Bestandsaufnahme internationaler Forschung vorgelegt, in der er einleitend feststellt: „Das Problem der 'sozialen Reaktion' auf physisch abweichende Personen ist so alt wie die Menschheit und so aktuell für die modernen Sozialwissenschaften wie kaum ein anderes." Das Problem läßt sich auch an der Verwendung von Begriffen erkennen; so wurde die Bezeichnung **Verkrüppelung** durch **Körperbehinderung** ersetzt. Inzwischen wird versucht, die Person in den Vordergrund zu stellen, und von „Menschen mit Körperbehinderung" zu sprechen. Neubert und Cloerkes (1987) konnten zeigen, daß soziale Reaktionen auf Behinderte im Zusammenhang mit komplexen gesellschaftlichen Entwicklungen stehen. In ihrer Analyse kommen sie zu einer **evolutionistischen Betrachtung**, nach der langfristige gesellschaftliche Prozesse das konkrete Verhalten gegenüber Behinderten bestimmen. Dabei lassen sich wiederum zwei Varianten unterscheiden: Erstens eine **kulturoptimistische**: Mit wachsendem Entwicklungsstand einer Gesellschaft werden Behinderte positiver bewertet. Das würde bedeuten, daß entwickeltere Gesellschaften sich im Umgang günstiger verhalten, weil sie bessere Voraussetzungen dazu mitbringen. Zweitens eine **kulturpessimistische**: Mit zunehmender Differenzierung der

Funktionen in einer Gesellschaft (vermehrte Arbeitsteilung, höhere Qualifikationsanforderungen) kommt es zu einer Abwertung Behinderter und zu einer kontinuierlichen Ausgrenzung. Die Behinderten können den wachsenden Anforderungen nicht gerecht werden.

Die **kulturoptimistische Evolutionsthese** läßt sich mit Veränderungen stützen, die seit dem Beginn der Neuzeit zu beobachten sind. Für einzelne Gruppen von Behinderten wurden Schulbildung und Erwerbsbefähigung eingeführt und damit die Grundlage für ihre Teilnahme am Berufs- und Arbeitsleben geschaffen. Vom Rationalismus über die Aufklärung bis zur Moderne ist ein Wandel zu beobachten, der die soziale Akzeptanz und rechtliche Gleichstellung Behinderter verbesserte und die beruflich-soziale Eingliederung ermöglichte. Weitere Erklärungsmöglichkeiten bieten: die **Verhaltensbiologie** – die angeborene Neigung zur Reaktion auf Andersartige und Außenseiter bestimmt das Verhalten; der **Funktionalismus** – Behinderte entsprechen nicht oder nur in reduziertem Maße den Funktionen und Anforderungen der Gesellschaft; das **Wertekonzept** – Behinderte können die vorherrschenden ästhetischen und moralischen Standards nicht erfüllen (Neubert und Cloerkes 1987, 12-16)

Folgender **übergreifender Entwicklungtrend** wird erkennbar: Die sozialen Einstellungen gegenüber Behinderten und der Umgang mit ihnen waren in den altorientalischen und antiken Gesellschaften überwiegend durch **Ablehnung und Ausgrenzung** gekennzeichnet. Aus dem Christentum kamen Anstöße zur Verbesserung ihrer Lage: Die christliche Vorstellung von der **Gotteskindschaft und Würde** jedes Menschen ohne Ansehen seiner geistigen und körperlichen Verfassung schuf die Grundlage für die Anerkennung ihres Lebensrechts, ihrer materiellen Versorgung und ihrer pädagogischen Förderung. In der geistesgeschichtlichen Epoche der Aufklärung kamen weitere Anstöße: Die **Idee vom vernunftbegabten Menschen,** der seine irdische Lage durch eigene Anstrengungen verbessern kann, brachte eine neue Sicht des Menschen mit Körper- und Sinnesschäden. Krankheiten und Gebrechen wurden nicht mehr schicksalhaft hingenommen; durch Erforschung der Funktionsweisen des menschlichen Körpers sollte der Schaden am Stütz- und Bewegungssystem heilbar werden. Auch die Pädagogik wurde von dieser Idee erfaßt: Sie wollte gleichermaßen „heilen", also zur „**Heilpädagogik**" werden, und durch Erziehung zur Arbeit dem Behinderten ein selbständiges Leben ermöglichen.

Diese überwiegend positive Deutung der historischen Entwicklung wird neuerdings kritisch reflektiert. So spricht Haeberlin (1997, 5) von „mangelnder Solidarität mit Behinderten als gesellschaftliche Tradition". Die ablehnende Einstellung gegenüber Behinderten in der klassischen Antike stehe am Anfang der abendländischen Kultur. Die Christianisierung habe keinen Solidarisierungsprozeß ausgelöst. Vorurteile über Behinderte und Entstellte hätten sich im christlich geprägten Mittelalter verfestigt. Er sieht aber die Kulturgeschichte der Neuzeit ebenfalls kritisch. Mit Beginn der rationalistischen Moderne werde der noch von Luther vertretene Aberglaube zwar abgelehnt, aber es setzten sich immer wieder religiös-fundamentalistische Strömungen durch. Haeberlin verweist auf den Pietismus, der im 17. und 18. Jahrhundert religiös motivierte Formen der Entsolidarisierung mit „Verdorbenen" und „Unbrauchbaren" habe sichtbar werden lassen. Das Kind erscheine in der pietistischen Sichtweise generell als verdorbenes Wesen, welches mit erzieherischer Härte zurechtgebogen werden muß. Solidarität mit Kindern, die der Zurechtbiegung widerstehen oder nicht zugänglich sind, wurde in diesem Verständnis nicht möglich. Haeberlin hat dabei vor allem die „geistigbehinderten und sonstwie schwer bildbaren Kinder" im Blick. Es ist aber zu beachten, daß bei den verkrüppelten Kindern die Individuallage eine andere war. Ihnen konnte die neu entstehende Orthopädie als „Geraderichtekunst" durchaus helfen. Durch „heilende Erziehung" waren die körperlichen Funktionen zu verbessern und für den „Krüppel" Wege aus seiner Benachteiligung zu eröffnen.

Neben Wandlungen in den religiösen Vorstellungen und Weltanschauungen, die nicht zuletzt durch Reformation und Gegenreformation im Christentum, durch Rationalismus und Aufklärung im Bereich der Philosophie sowie durch humanistische Bildung und allgemeine Volksbildung im Bereich der Erziehung gekennzeichnet sind, waren es immer einzelne Persönlichkeiten, die auf den Gang der Entwicklung Einfluß genommen haben. Auch hier wird heute zu Recht auf den Zusammenhang mit der Gesellschafts- und Sozialgeschichte verwiesen, ohne den Werk und Wirkung einzelner Persönlichkeiten nicht zu bewerten sind.

3.1 Anerkennung der Bildungsfähigkeit

Der Mensch zeichnet sich durch seine Lernfähigkeit aus; sie muß durch Erziehung und Unterricht angeregt werden, wenn sie Kindern, Jugendlichen und Erwachsenen zu den Fähigkeiten und Kenntnissen verhelfen soll, die zur Bewältigung von Lebensanforderungen erforderlich sind. Im weiteren Sinne wird damit die Bildungsfähigkeit des Menschen angesprochen; diese wurde Menschen mit Behinderungen noch bis ins 18. Jahrhundert weitgehend aberkannt. So mußte der französische Aufklärer und Enzyklopädist Denis Diderot (1713-1784) erst die Bildungsfähigkeit Blinder nachweisen (1749 in seinen „Lettres sur les aveugles" – „Briefe über Blinde"), ehe für sie eine schulische Bildung möglich wurde. Die damals führenden Pädagogen hatten aber Vorbehalte gegenüber Kindern und Jugendlichen, die Sinnes- und Körperschädigungen sowie intellektuelle Beeinträchtigungen aufwiesen; deren Bildungsfähigkeit wurde prinzipiell angezweifelt.

Johann Heinrich Pestalozzi (1746-1827), der als großer Pädagoge und Förderer der Schulbildung für die Armen und Gebrechlichen aus den niederen Volksschichten gilt, wird heute in bezug auf seine Haltung gegenüber Behinderten kritisch gesehen. So war seine folgende Auffassung sicher nicht dem heutigen Verständnis von Rehabilitation gemäß: „Der Arme muß zur Armuth und zu solchen Fertigkeiten und Uebungen erzogen werden, die ihn in seinem künftigen Leben ruhig und zufrieden machen können. Die Fertigkeiten, die Brod schaffen, die gewöhnlichste Uebung der gemeinen Arbeitsamkeit des Landes, darinnen er wohnt, das ist es, was am meisten an ihm entwikelt und gebildet werden muß" (zit. nach Rohrmann 1996, 444). Andererseits muß beachtet werden, daß sich Pestalozzi mit seiner Meinung von vermeintlich fortschrittlichen Persönlichkeiten seiner Zeit abhob. So hat sich J. J. Rousseau (1983, 138) abschätzend geäußert: „Der Arme braucht keine Erziehung. Sie ergibt sich zwangsläufig aus dem Stand, und eine andere käme gar nicht in Frage". Hier war Pestalozzi revolutionär, denn er wollte die Erziehung der Kinder von Armen ermöglichen. Allerdings machte er hinsichtlich derjenigen Vorbehalte, die als verkrüppelt, kretin oder idiotisch bezeichnet wurden, da sie nicht zur Brauchbarkeit erzogen werden konnten. Er sprach ihnen damit die Bildungsfähigkeit ab und schloß sie von der Teilhabe an Bürger- und Menschenrechten aus (Rohrmann 1996, 443-444).

Die Stellungnahmen des französischen Philosophen und Kulturkritikers Jean-Jacques Rousseau (1712-1778) zu Kranken und Behinderten waren im übrigen besonders negativ. In seinem 1762 erschienenen Erziehungsroman „Emile oder Über die Erziehung" kommt seine Haltung gegenüber Kindern mit Behinderungen in folgenden Aussagen zum Ausdruck: „Wer sich mit einem kränklichen und schwächlichen Schüler belastet, wird zum Krankenwärter statt zum Erzieher. Durch die Pflege eines unnützen Lebens verliert er die Zeit, die dazu bestimmt war, seinen Wert zu steigern ... Ich würde mich nicht mit einem kränklichen und griesgrämigen Kind belasten, und wenn es achtzig Jahre würde. Ich mag kein Kind, das immer sich selbst und anderen zur Last fällt, dessen einziges Streben seine Selbsterhaltung ist und dessen Körper der Heranbildung seiner Seele nur schadet. Wenn ich meine Fürsorge vergeblich an es verschwendete, würde ich der menschlichen Gesellschaft nur einen doppelten Verlust einbringen und ihr zwei Menschen statt eines entziehen. Wenn sich ein anderer an meiner Statt dieses Kranken annimmt, so soll mir das recht sein, und ich will seine Nächstenliebe loben. Aber das ist nicht meine Sache: ich erziehe auf keinen Fall jemanden zum Leben, der nur daran denkt, wie er dem Tod entgehen kann" (Rousseau 1983, 139-140). Daß dies keine unbedachten Äußerungen sind, wird daran deutlich, daß sich Rousseau auch mit den eigenen Kindern nicht „belastet" hat. Von ihnen wird berichtet, daß sie alle in Findelhäuser gekommen sind. Diese negativen Einstellungen des wegen seiner Anregungen zur „natürlichen Erziehung" viel zitierten Philosophen sind wenig bekannt. Sie zeigen aber, vor welchen Schwierigkeiten man stand, die Bildungsfähigkeit aller Menschen, also auch der körperlich und geistig schwer beeinträchtigten, zu begründen und die allgemeine Schulbildung durchzusetzen. Die Auffassungen Rousseaus über Kranke und Schwache können auch als Vorläufer philosophischer Konzepte verstanden werden, in denen das Lebensrecht von Menschen mit Behinderungen in Frage gestellt wird (siehe Kapitel 2.2).

Die Anstöße zu einer Pädagogik der Behinderten und zur Anerkennung ihrer Bildungsfähigkeit lassen sich in das 17. Jahrhundert zurückverfolgen. Mit dem Tschechen Komensky (latinisiert Comenius), Bischof der „Böhmischen Brüder", wirkte ein Pädagoge, der sich erstmals um eine systematische Darstellung einer christlichen Erziehungs- und Unterrichtslehre bemühte. Johann Amos Comenius (1592-1670) verlangte die Bildung aller Heranwachsenden in einer „Volksschule", deren Besuch zur Pflicht gemacht werden sollte. Schule sollte eine für jeden zugängliche Einrichtung sein und auch die „Schwachen und Stumpfsinnigen" einbeziehen. In seiner „Großen Didaktik" (Didactica magna), die 1657 erstmals als Zusammfassung seiner didaktischen Arbeiten erschien, äußert sich Comenius (deutsche Übersetzung 1905, 29-30) wie folgt: „Die gesamte Jugend beiderlei Geschlechts muß den Schulen anvertraut werden. Nicht bloß die Kinder der Reichen und Vornehmen, sondern alle in gleicher Weise, adelige und bürgerliche, reiche und arme, Knaben und Mädchen sind in allen Städten, Flecken und Dörfern zur Schule heranzuziehen. Das ergibt sich aus folgendem: 1. Zunächst sind alle, die als Menschen geboren sind, zu demselben Hauptzwecke geboren: sie sollen Menschen sein, d.h. vernünftige Geschöpfe, Herren der übrigen Geschöpfe und Ebenbilder ihres Schöpfers. (...) 3. Dem steht nicht entgegen, daß einige von Natur aus schwach und stumpfsinnig sind; vielmehr empfiehlt und erheischt dieser Umstand die allgemeine Pflege der Geister nur noch entschiedener. Denn je schwerfälliger und schwächer jemand von Natur aus ist, desto mehr bedarf er der Hilfe, um von seinem tierischen Stumpfsinn möglichst befreit zu werden. Es läßt sich auch keine so mangelhafte Naturanlage finden, die durch Pflege nach keiner Richtung hin gebessert werden könnte, und wenn die Stumpfsinnigen in den Wissenschaften nichts leisten können, so werden doch ihre Sitten veredelt ..." In diesen Gedanken drückt sich eine positive Grundhaltung gegenüber Menschen mit Behinderungen aus. In seinen Grundsatz einer „Pampaedia" (allgemeine Bildung) schließt Comenius auch die Sinnesgeschädigten (Blinden und Tauben) und die Intelligenzgeschädigten (als schwach, stumpfsinnig oder dumm bezeichnete Kinder) ein. Man kann unterstellen, daß er auch die Körpergeschädigten (Krüppel) unterrichtet hat. Die Unterschiede in der körperlichen und geistigen Ausstattung hat er wohl gesehen, aber eine Trennung in bildungsfähige und bildungsunfähige Kinder war ihm fremd. Mit seinem Sach- und Sprachbuch „Die Welt in Bildern" (Orbis sensualium pictus) von 1658 schuf er eine beispielhafte Grundlage für die Schulpädagogik. Comenius verfaßte das Buch gleich in mehreren Sprachen; es wurde vielfach nachgedruckt und war weit verbreitet. Da er „allen alles lehren wollte", profitierten von diesen Bestrebungen letztlich auch die Kinder mit Behinderungen.

Von den „Philanthropen" (Menschenfreunden) hat sich dann der Pädagoge und Sprachforscher Joachim Heinrich Campe (1746-1818) für Behinderte eingesetzt; er verlangte die pädagogische Förderung auch der Kinder, die mit „gewissen natürlichen Fehlern, Schwachheiten und Gebrechen" behaftet sind. Für die Kinder mit körperlichen Schäden einerseits, aber auch für die mit Schädigungen durch „Erziehungsfehler" andererseits, sollten geeignete Erziehungs- und Unterrichtsmethoden entwickelt werden. Als Erziehungsbewegung erreichte der Philanthropismus über die Einrichtung von „Philanthropinen" als Schul- und Bildungsanstalten aber vorwiegend bürgerliche Schichten, deren Kinder zu religiös aufgeklärten, sittlich gebildeten und für die Gesellschaft brauchbaren Mitgliedern erzogen werden sollten.

3.2 Anstöße durch Rationalismus und Aufklärung

Der **Rationalismus** ist eine Grundrichtung des philosophischen Denkens, die davon ausgeht, daß die Welt durch den menschlichen Verstand und seine Vernunft erfaßt werden kann, weil sie von logischer und gesetzmäßiger Beschaffenheit ist. Zu dieser, nicht im Widerspruch zur Metaphysik stehenden Sicht, kommen eine erkenntnistheoretische, nach der die Welt nicht allein aus der sinnlichen Erfahrung erkannt werden kann, und eine ethische Sichtweise, wonach das sittliche Handeln des Menschen von seiner Vernunft geleitet wird. Die Entwicklung zum Rationalismus setzte im 17. Jahrundert ein; als sein Begründer gilt der Franzose René Descartes (1596-1650). Er vertritt die Auffassung, daß allein durch Denken und allgemein logische Schlüsse Wahrheit gefunden werden kann. Die Erkenntnis der vernünftigen Ordnung der Welt durch den Menschen, der sittlich frei und auf Vollkommenheit angelegt ist, steht bei Gottfried

Wilhelm Leibniz (1646-1716) im Mittelpunkt. John Locke (1632-1704) wendet sich gegen die Existenz „angeborener Ideen"; das Bewußtsein ist für ihn ursprünglich eine „leere Tafel" (tabula rasa), als einzige Erfahrungsquelle läßt er die äußere Sinneswahrnehmung (sensation) und die innere Selbstbeobachtung (reflection) gelten. Nur die Sinne vermitteln dem Menschen demnach Erkenntnisse und ein Bild von der Welt. Von solchen rationalistischen und empiristischen Überlegungen wurde auch das Modell der naturwissenschaftlichen Erkenntnisgewinnung abgeleitet.

So trugen die expandierenden **Naturwissenschaften** ebenfalls zur Veränderung des Welt- und Menschenbildes bei. Viele Entdeckungen wurden erst durch das Erfinden neuer Beobachtungs- und Meßinstrumente ermöglicht, wie die des Mikroskops und des astronomischen Fernrohrs. In diese Zeit fallen auch Erkenntnisse über die Fortpflanzung der Menschen. Antoni van Leeuwenhoek (1632-1723) erforschte die Samenfäden des Mannes mit Hilfe eines selbstgefertigten Mikroskops. Die Geschichte der Embryologie (vgl. dazu Girod 1990) ist ein aufschlußreiches Beispiel für den langsamen aber doch stetigen Erkenntnisgewinn in der Medizin. So ist das weibliche Ei erst 1827 durch Carl Ernst von Baer (1792-1876) entdeckt und in seiner Bedeutung erkannt worden. Bis zu dieser Entdeckung war die menschliche Zeugung von Mythen und Spekulationen gekennzeichnet.

In engem Zusammenhang mit dem Rationalismus ist die **Aufklärung** zu sehen. Als geistesgeschichtliche Epoche nahm sie gegen Ende des 17. Jahrhunderts von England (age of enlightenment) und von Frankreich (siècle des lumières) ihren Ausgang und bestimmte das europäische Geistesleben bis ins 19. Jahrhundert. Ihr Grundanliegen war es, dem Menschen mit Hilfe seiner Vernunft zum „Ausgang aus seiner selbstverschuldeten Unmündigkeit" zu verhelfen. Diese berühmte Formulierung des deutschen Professors für Philosophie und praktische Pädagogik Immanuel Kant (1724-1804) wurde auch zum Programm für die Emanzipation derer, die in Abhängigkeit und Unmündigkeit leben mußten; das waren nicht zuletzt viele Menschen mit Behinderungen.

Grundlage der verschiedenen Richtungen der Aufklärung ist die Vorstellung, daß die Vernunft das Wesen des Menschen darstellt. Dadurch sind alle Menschen gleich und die Vernunft befähigt sie, als einzige und letzte Instanz über Wahrheit und Falschheit von Erkenntnissen zu entscheiden. Die verschiedenen „Aufklärer" übten Kritik an allen autoritätsbezogenen, irrational bestimmten Denkweisen, besonders aber am Weltbild des christlichen Offenbarungsglaubens. Manche gingen soweit, jede Metaphysik im Sinne religiöser Vorstellungen abzulehnen. Auch jede Form des Aberglaubens und der mythisch-religiösen Deutung wurde zurückgewiesen. Da unwissenschaftliche Erklärungen zur Verursachung einer Behinderung mit Aberglauben in Verbindung standen, war die Aufklärung wesentliche Voraussetzung für eine neue Sicht behinderter Menschen. So wurde der „Krüppel" vom sozial Verachteten zum Gegenstand medizinischen Interesses. Körperliche und geistige Behinderungen wurden nicht länger mythisch erklärt, sondern rational erforscht. Die Abkehr von einem statischen Menschenbild, das angeborene Schwächen als unveränderliches Schicksal ansah, führte dann zur Krüppelfürsorge. Zunächst blieben die emanzipatorischen Bestrebungen der Aufklärung jedoch ohne entscheidende Konsequenz für die Situation der Behinderten. Die Krüppel gehörten weiterhin zu dem Teil der Bevölkerung, der vorwiegend im Elend lebte. Nur wer eine privilegierte Stellung als Adliger oder Geistlicher genoß oder dem gehobenen Bürgertum angehörte, konnte notwendige medizinische Hilfe erwarten.

3.3 Entstehung orthopädischer Heilanstalten

Bläsig (1966) gliedert die Geschichte der Schulen für Körperbehinderte und Kranke in Heim- und Internatsschulen, Tagesschulen und Krankenhausschulen. Er dokumentiert die Entwicklung anhand von Quellen und eigenen Erhebungen bis in die sechziger Jahre und führt das Entstehen der Krankenhausschulen auf die orthopädischen Anstalten zurück.

Um die Mitte des 18. Jahrhunderts begann sich die Orthopädie von der Chirurgie zu lösen und wurde zum eigenständigen Bereich der Medizin. Die Bezeichnung Orthopädie wurde vom Franzosen Nicolas Andry (1658-1742) geprägt, der Professor für Theologie und Medizin war, was aus heutiger Sicht eine eigenwillige Kombination von wissenschaftlichen Disziplinen darstellt. Seine Begriffsbildung begründet Andry in der Vorrede zur deutschen Übersetzung seiner Schrift „Orthopädie oder die Kunst, bei den Kindern die Ungestaltetheit des Leibes zu verhüten und zu verbessern. Alles durch solche Mittel, welche in der Väter und Mütter und aller Personen Vermögen sind, welche Kinder zu erziehen haben" (zit. nach Wilken 1983, 236); er leitet den Begriff von den griechischen Wörtern „orthós" (deutsch: gerade, von Ungestalt befreit) und „paideia" (deutsch: Erziehung) her. Orthopädie wurde später dann als „Geraderichtekunst verwachsener junger Leute" bezeichnet. Erkennbar ist, daß hier Erziehung und Heilung noch eng aufeinander bezogen waren. Wie in anderen Bereichen der Geistes- und Naturwissenschaften verändert sich auch das Denken der Ärzte. Die Erfolge in der Korrektur von Deformitäten durch mechanische Apparaturen ermöglichten die Integration technischen Wissens in Heilverfahren. Bei frühem Beginn einer orthopädischen Behandlung waren wesentliche Verbesserungen zu erzielen. Hinzu kam der Gedanke der Vorbeugung; bereits Kinder durch Gymnastik zu behandeln, führte zur präventiven Medizin. Die Rolle der Orthopädie für eine veränderte Sichtweise der Körperbehinderten wurde hoch bewertet. So meinte Otto Perl (1926), daß in dem Augenblick, in dem der Arzt an die Seite des Krüppels trat, dessen Stellung in der Gesellschaft von einem Wust sozialer Vorurteile frei wurde. Perl setzte sich als Betroffener engagiert mit „Krüppeltum und Gesellschaft im Wandel der Zeit" auseinander und nahm kritisch zu einzelnen Entwicklungen Stellung.

Der Orthopäde Jean Andrè Venel (1740-1791) gründete 1780 in Orbe (Kanton Waadt/Schweiz) die erste orthopädische Anstalt. Er hatte erkannt, daß die langfristig angelegte, systematische orthopädische Behandlung einer eigenen Institution bedarf. Seine Einrichtung galt als Vorbild für orthopädische Institute, die nach 1800 entstanden. In seiner Einrichtung behandelte Venel Kinder im Alter von sieben bis acht Jahren, hauptsächlich aus begüterten Familien. Neben ärztlicher Betreuung und Versorgung mit orthopädischen Hilfsmitteln wurden die Kinder unterrichtet; die Intention war dabei primär, die Dauer des Aufenthaltes erträglicher und sinnvoller zu gestalten. Da die jungen Patienten über Monate und manchmal Jahre in seinem Institut bleiben mußten, beschäftigte er neben Pflegerinnen und einem Inspektor auch zwei Lehrer für die Erziehung und den Unterricht. Von Anfang an gab es also eine enge Kooperation zwischen

Orthopäden und Pädagogen – allerdings eher in einem Abhängigkeitsverhältnis denn als gleichberechtigte Partner. Die pädagogisch-anthropologischen Besonderheiten des körperbehinderten Kindes wurden in dieser Frühphase zwar erkannt, die Förderung blieb aber eingeengt auf das Verständnis von Orthopädie als Korrektur körperlicher Fehlbildungen. Erst allmählich kamen prophylaktische Intentionen in Form heilgymnastischer Übungen zur Vermeidung von Haltungsfehlern ins Spiel, und schließlich gewannen erzieherische Zielsetzungen im Blick auf die ganze Person und ihre Lebensperspektiven an Bedeutung.

Zu Beginn des 20. Jahrhunderts erhob dann Konrad Biesalski die Orthopädie zur „sozialbiologischen Einheitsbetrachtung des Menschen". Nach ihm ist die Orthopädie keine Methode und keine Technik, sondern die Totalbetrachtung des körperbehinderten Menschen, den es in seiner Ganzheit zu erfassen gilt. Neben der medizinischen Versorgung gehören Handwerksausbildung, Unterricht und Unterbringung zu den Elementen der Krüppelfürsorge. Die Rolle des Orthopäden wandelt sich von der ausschließlichen Funktion als Arzt zum Verantwortlichen für den gesamten Rehabilitationsprozeß.

3.4 Schulbildung und Erwerbsbefähigung für Körperbehinderte

Die praktischen Hilfen für Behinderte hatten ihre Wurzeln meist in der Initiative einer Einzelpersönlichkeit, in der caritativen und diakonischen Aufgabenstellung religiöser Gemeinschaften und in der Aufgeschlossenheit von Persönlichkeiten, die für das Schulwesen verantwortlich waren. Hinzu kam ärztlich-philanthropisches Engagement, als erkannt wurde, daß nicht nur der Körper geheilt, sondern der ganze Mensch gefördert werden muß. Wichtige Anstöße zur Schulbildung für Körperbehinderte kamen deshalb auch von den orthopädischen Anstalten; die angestrebte Verbesserung des körperlichen Zustands ging mit Unterricht am Krankenbett und im Hospital einher. Nachdem die Bildungsfähigkeit anerkannt war, sollten die Kinder nicht mehr nur die Armenschule besuchen und später ihr Leben als Bettler führen müssen. Man wollte sie zu einer eigenen Erwerbstätigkeit befähigen.

In Deutschland wurde 1816 in Würzburg die erste orthopädische Anstalt durch Johann Georg Heine gegrundet; er war gelernter Messerschmied und kam als chirurgischer Instrumentenmacher an die Universität Würzburg. Wilken (1983, 238) berichtet über ihn und seine Gründung folgendes: Heine beschäftigte sich „mit der Herstellung, aber auch mit dem Vertrieb von chirurgischen Instrumenten, orthopädischen Bandagen und Apparaten. In seinem Institut für mechanische Orthopädie widmete er sich besonders der Anfertigung künstlicher Glieder sowie der Behandlung von Rückgratverkrümmungen und Klumpfüßen. Seine Anstalt erlangte bald Weltruhm, und die Universität Jena verlieh ihm auf Empfehlung Goethes den Ehrendoktor". Er sorgte für den Unterricht seiner sogenannten Kuristen durch geeignete Lehrer, wobei die Wahl der Lerngegenstände von den Eltern bestimmt wurde. Die Verbindung von medizinischer Therapie und Pädagogik ist offensichtlich.

Es kam dann zu weiteren Gründungen orthopädischer Heilanstalten durch Ärzte in Lübeck (1817), in Hannover (1829, obwohl zeitweilig aufgelöst, besteht sie heute noch als „Annastift") und in Berlin (1823). Letztere ist von besonderem Interesse, weil sie als „Geburtsort der Bildungsstätten für körperbehinderte Kinder" (Bläsig 1966, 103) gilt. Gegründet wurde sie von dem Arzt J.G. Blömer als „Heilanstalt für arme verwachsene Kinder". Wilken (1983, 238) meint, daß in diesem Institut bereits die Prinzipien angewendet wurden, die in den späteren „Krüppelanstalten" bestimmend waren. Da ein erheblicher Teil der Kranken noch im jugendlichen Alter war, wollte Blömer auf ihre Erziehung und Unterrichtung eine große Sorgfalt verwendet wissen. Aufschlußreich sind seine bei Wilken zitierten Begründungen: „ ... bei Leidenden dieser Art (ist) der Geist gewöhnlich sehr aufgeweckt und tätig ... Man wirft im gemeinen Leben denen, die an einer Verunstaltung des Körpers leiden, gewöhnlich eine gewisse Verstocktheit des Charakters vor, und leider nicht immer zu Unrecht ... Man zieht sich von ihnen zurück, weil ihre Krankheit ihnen nicht erlaubt, an vielen Spielen der Kindheit und Jugend teilzunehmen; sie sind daher meistens nur auf sich selbst beschränkt und werden in dieser Abgeschiedenheit verschlossen und nicht selten schadenfroh. Diese Fehler sind aber in dem Institute aus dem kindlichen und jugendlichen Gemüte bei einem fortlaufenden moralischen und geistigen Unterricht um so leichter noch zu entfernen, weil hier Gleichheit oder Ähnlichkeit des Leidens, mehr Offenheit und wechselseitige Teilnahme herrschet ..." (Blömer zit. in Wilken 1983, 238).

In den genannten Instituten wurden allerdings vorwiegend Kinder aus wohlhabenden Familien behandelt. Das erste orthopädische Institut, das sich ausdrücklich an arme Bevölkerungskreise wandte, war die 1845 in Stuttgart durch die Ärzte Camerer und Heller gegründete „Armenheilanstalt für Verkrümmte". Aus ihr entstand dann 1850 die „Paulinenpflege" als orthopädische Armenanstalt. Sie blieb für lange Zeit die einzige Anstalt, die sich mittelloser Körperbehinderter annahm, obwohl es bis 1888 bereits 23 orthopädische Heilanstalten gab.

3.4.1 Die erste schul- und berufspädagogische Einrichtung

In München wurde 1832/33 von Johann Nepomuk Edler von Kurz ein praktisch-technisches Lehrinstitut gegründet. Der Gründer war Konservator am „Königlich Topographischen Bureau" und legte 1838 ein Anstaltsprogramm und 1841 die Aufnahmebedingungen für seine „Praktisch-technische Unterrichts- und Beschäftigungsanstalt für krüppelhafte Kinder" (von Kurz 1966) vor. Seine Einrichtung war in drei Teile gegliedert: (1.) eine praktisch-technische Industrie-Vorbereitungsschule für Knaben von allen Ständen; (2.) eine praktisch-technische Unterrichts- und Beschäftigungsanstalt für krüppelhafte Kinder; (3.) eine Fabrik (Industrie-Anstalt) zur Beschäftigung und Versorgung der in der Unterrichtsanstalt herangebildeten armen krüppelhaften Kinder. Den Kindern, die er in der Fabrik beschäftigte, konnte außerhalb keine Arbeit vermittelt werden. Möckel (1988, 96) sieht in der Münchner Anstalt eine Variante der damals weit verbreiteten Industrieschulen, die Schule und Arbeitsanstalt zugleich waren. Auf ein Lernjahr folgten zwei Arbeitsjahre. Im Unterschied zu den in dieser Zeit bereits bestehenden Schulen für Taubstumme und Blinde, die Kinder aufnahmen, die in den damaligen Volksschulen nicht unterrichtet werden konnten, mußten die körperbehinderten Kinder die Volksschule schon abgeschlossen haben.

In der **Industrie-Vorbereitungsschule** sollten Knaben „ihre Hände vorteilhaft gebrauchen lernen, sowie sich die möglichste Menge der im Leben so nötigen anschauenden Erkenntnisse dynamischer Art erwerben, wozu denselben durch den Unterricht in der geometrischen Zeichnungskunst, im Modellieren und durch andere technische Anleitung hinlänglich Gelegenheit verschafft wird ...“ (von Kurz 1966, 19). In der **Fabrik** wurden folgende Produkte hergestellt: alle Arten von Kinderspielwaren, verschiedene Apparate zur Versinnlichung des Unterrichts, bildliche Darstellungen zur Erweckung religiöser Gefühle, die mannigfaltigen Galanterie-, Papp-, Etuis-, Futteral-, Massa- und Modell-Arbeiten, wasserdichte Gegenstände (wohl Schuhe), kleine physikalische und ökonomische Apparate, bunte Papiere, gedruckte Teppiche auf Leinen, Zwilch und Tuch etc.

Die **Aufnahmebedingungen** waren aus heutiger Sicht rigide und schlossen vor allem die aus, die schwerere und mehrfache Behinderungen aufwiesen. Aufgenommen wurden nur leichter körperlich Behinderte. Im einzelnen sahen die Bedingungen vor: **Zielgruppe:** Es wurden nur krüppelhafte Kinder im Alter von 13 bis 14 Jahren mit hautreinem Gesundheitszustand, gesunden Augen, brauchbaren Armen und Händen und gutem Auffassungsvermögen aufgenommen. **Schädigungsformen:** kurz- und krummfüßig; auf einem Fuß lahm; bucklicht (Rückenschäden); mit Leibschaden behaftet (Schaden an den inneren Organen); brustschwach (Atmungsstörungen); wachstumsgestört (Kleinwuchs). Nicht aufgenommen wurden: jüngere Kinder, die noch nicht werktagsschulfrei waren; Blödsinnige, also im heutigen Verständnis Geistigbehinderte; Halbblinde oder Kurzsichtige; Mißgeburten ohne Arme; Kinder, die nicht allein gehen können, sondern getragen werden müssen; Kinder, die einer ärztlichen Kur oder Operation bedürfen sowie unheilbare, sogenannte bresthafte Kinder. Auch Mädchen wurden zunächst nicht aufgenommen, weil eine getrennte Unterbringung nicht möglich war (von Kurz 1966, 18-22). Ein Mangel dieser Gründung war, daß sie die ärztliche Versorgung nicht zureichend sicherstellen konnte. Deshalb forderte Gabriel Meyer, der 1844 Nachfolger in der Leitung wurde: „daß den Zöglingen neben der geistigen Hilfe durch Erziehung auch die physische durch orthopädische Behandlung zuteil werden möchte“ (zit. nach Perl 1926, 31).

Von Kurz strebte bei seinen Zöglingen an, sie durch **handwerkliche Arbeit und Ausbildung** so zu fördern, daß sie für sich selbst sorgen können. Aus heutiger Sicht war dies der Versuch, durch allgemeine und berufliche Bildung der Armut als Folge des „Krüppeltums“ zu begegnen und ökonomische Nützlichkeit durch eine eigene Existenzsicherung zu erreichen. Man kann diese Gründung – die heute noch als Bayerische Landesschule für Körperbehinderte besteht – als Vorläuferin der Rehabilitation junger Körperbehinderter sehen. Der Anstaltsgründer hatte erkannt, daß nicht so sehr die Mißgestalt als vielmehr die Leistungsbeeinträchtigung das Krüppeltum bestimmte. Aber nicht die Arbeitserziehung schlechthin, sondern die planmäßige Ertüchtigung für eine Erwerbstätigkeit und später eine Berufsausbildung brachten konzeptionell Neues für die Krüppelfürsorge. Im Jahre 1843 wurde die Einrichtung in eine „Königlich Bayerische Staatsanstalt für krüppelhafte Kinder“ umgewandelt und den Blinden- und Taubstummeninstituten gleichgestellt. Die Aufnahmekriterien blieben zwar erhalten, aber das Eintrittsalter wurde auf das zwölfte Lebensjahr vorgezogen. Ziel war jetzt eine gründliche Schulausbildung, wobei die religiöse Erziehung als vorrangig galt. Zwei Geistliche erteilten getrennten

Religionsunterricht für Schüler der jeweiligen Konfession. Aus Jahresberichten der Zeit vor 1850 sind die damalige Tagesordnung und der Lehrplan bekannt: Neben zwei Wochenstunden Religionsunterricht, waren vier Stunden für die deutsche Sprache, ebenfalls vier für das Rechnen, je eine Stunde für Geographie, Naturgeschichte, Naturkunde, bayerische Geschichte und Schönschreiben, zwei für den Gesangsunterricht, acht für Zeichnen und 18 Wochenstunden für Handarbeiten vorgesehen. Der Elementarunterricht wurde von Lehrern am Vormittag erteilt, am Nachmittag fand der Werkunterricht statt.

Die weitere Entwicklung der Münchner Anstaltsschule führte im ausgehenden 19. Jahrhundert zu einer Vermehrung der Schulfächer. Die Ausbildung im Schreiben wurde durch Unterricht in Stenographie und Maschinenschreiben erweitert; auch Turn- und Violinunterricht wurde erteilt. Seit 1892 gab es eine Art nachgehender Fürsorge für entlassene Zöglinge der Anstalt. Die Lehrordnung von 1913 sah eine Abteilung für den **allgemeinbildenden Unterricht** vor, der nach Geschlechtern getrennt in drei aufsteigenden Schuljahren erteilt wurde. Die Abteilung für **berufsfördernden Unterricht** sah für die Jungen eine Vorbereitung für gewerbliche Berufe und für den Beruf des Schreibers vor; für Mädchen gab es ebenfalls eine Vorbereitung für gewerbliche Berufe und für die Hauswirtschaft. Die den Jungen vorbehaltene Ausbildung zum Schreiber umfaßte u.a. Buchführung, Wechsellehre, Geschäfts- und Kanzleistil, Schön- und Schnellschreiben sowie Gesetzeskunde. Sie führte zu den heute für Körperbehinderte bevorzugt angebotenen büropraktischen und kaufmännischen Berufen. Wann die Heilbehandlung der Zöglinge einsetzte, ist nicht genau zu datieren. Orthopädische Hilfsmittel wurden aber schon 1891 selbst hergestellt; 1893 wurde der Anstalt ein Orthopäde als Hausarzt zugewiesen. Nach wie vor dominierten aber Unterricht und berufliche Ausbildung, so daß die Einrichtung zu Recht als Wegbereiterin der Schul- und Berufspädagogik für Körperbehinderte gilt (Merkens 1981, 85-92).

3.4.2 Heim- und Tagesschulen

Aus seinen Quellenstudien schließt Möckel (1988, 142-147), daß die **Heimschulen** für Körperbehinderte in keinem Zusammenhang mit der Münchner Gründung von 1832/33 stehen; auch sei der Anstoß nicht, wie in der Körperbehindertenpädagogik vielfach angenommen, von orthopädischen Anstalten gekommen. Vielmehr seien sie auf die Rettungshausbewegung der Inneren Mission und die im norddeutschen Protestantismus entstandene Diakonie zurückzuführen.

Die Innere Mission wollte als Reformbewegung im Protestantismus an der geistigen Gesundung des Volkes mitwirken; als Anreger für ihre Ziele kann August Hermann Francke (1663-1727) betrachtet werden, der ein Repräsentant des Pietismus war. Der Pietismus war als Gegenbewegung zum Rationalismus und zur Aufklärung zu verstehen, aber gleichzeitig eine Erweckungsbewegung, die eine Vertiefung des christlichen Glaubens zum Ziel hatte. Zur pietistischen Bewegung gehörte ein soziales Engagement für Arme und Außenseiter (Beyreuther 1978). In seinen Waisenhäusern in Halle, die heute noch als „Franckesche Stiftungen" bestehen, sollten Kinder zur Erkenntnis Gottes und zu rechtschaffenem christlichen Leben geführt werden. Neben Unterbringung und Versorgung wurde Unterricht und Ausbildung angeboten. Die Innere Mission und Diakonie wurde dann vor allem von Johann Hinrich Wichern (1808-1881) und Theodor Fliedner (1801-1864) geprägt. Wichern war ein engagierter Vertreter der Rettungshausbewegung; 1833 hatte er in Hamburg das „Rauhe Haus" zur Rettung verwahrloster Kinder gegründet. Als evangelischer Theologe und Organisator der Inneren Mission wurde er 1848 auf dem evangelischen Kirchentag in Wittenberg bekannt, wo er die Bildung eines Zentralausschusses anregte, in dem die Aktivitäten der Inneren Mission und Diakonie zusammengefaßt werden sollten. Fliedner hatte 1836 das Diakonissenhaus in Kaiserswerth gegründet, von dem die diakonische Arbeit wesentliche Impulse erfuhr.

Als Initiator der Körperbehindertenfürsorge auf dem Boden der **Inneren Mission** gilt der dänische Pastor Hans Knudsen (1813-1886); er kam durch sein wissenschaftliches Interesse auf Menschen mit Körperbehinderungen. Nach der Lektüre einer psychologischen Schrift über den Zusammenhang von behindertem Leib und Seelenleben wollte er dieser These nachgehen. Knudsen gründete 1872 in Kopenhagen einen „Verein für gelähmte und verkrüppelte Kinder" und eröffnete im gleichen Jahr ein Heim, in dem für Schulunterricht, Berufsausbildung und ärztliche Behandlung gesorgt wurde. Bis zum 18. Lebensjahr wurden kostenlos Bandagen, Schienen, Krücken und künstliche Glieder zur Verfügung gestellt. Als Prinzip seiner Aktivitäten galt die „Hilfe zur Selbsthilfe" (Merkens 1981, 93; Möckel 1988, 145).

Nach wie vor wurden schwerer körperbehinderte Kinder, die an- und ausgekleidet werden mußten, sich nicht selbst waschen und kämmen konnten sowie Hilfe zum Essen, Trinken, auf der Toilette, beim Spiel und im Unterricht benötigten, nicht in öffentlichen Schulen aufgenommen und waren auch in Heimen nur vereinzelt anzutreffen. So entstand der Gedanke, für sie eigene Heimschulen einzurichten. Der evangelische Pastor Hoppe übertrug dann das von Knudsen entwickelte dänische Rehabilitationskonzept auf die **Innere Mission** und gründete 1886 das **Oberlinhaus** in Nowawes bei Potsdam als sogenanntes „**Vollkrüppelheim**". Mit Vollheim war gemeint, daß ärztlich-orthopädische Behandlung, schulische und berufliche Ausbildung sowie eine lebenslange Versorgung in einer Einrichtung angeboten wurden. Es entstanden in der Folge weitere „Heil-, Erziehungs- und Pflegeanstalten", die sich denen zuwandten, die dauerhafter Unterstützung bedurften. Die Anstalten schlossen sich in der „Konferenz der Krüppelpflegeanstalten der Inneren Mission" zusammen, heute der „Verband evangelischer Einrichtungen für die Rehabilitation Behinderter e.V.". Diese Form der Krüppelfürsorge war aber bald sehr umstritten; so wandte sich Otto Perl (1926, 33) heftig gegen die von Hoppe vertretene Richtung, weil sie den Körperbehinderten zum Opjekt der Fürsorge, d.h. der Pflege und Bevormundung mache.

Auf seiten der Katholischen Kirche kam es erst 1897 zur Zusammenfassung der caritativen Vereine und Initiativen im „**Deutschen Caritasverband**". Zum eigentlichen Begründer der Fürsorge für Körperbehinderte wurde dann der Theologe und geistliche Rektor Heinrich Sommer (1872-1918); er gründete 1904 zusammen mit einflußreichen katholischen Persönlichkeiten in Bigge an der Ruhr (Sauerland) die „Josefs-Gesellschaft e.V." als caritativen Verein zur Heilung und Pflege sowie zur schulischen und gewerblichen Ausbildung von Körperbehinderten. Im gleichen Jahr entstand in Bigge dann das „Josefsheim" als Ausbildungsstätte für Körperbehinderte. Begonnen wurde mit der Ausbildung von Buchdruckern und Buchbindern, bald kamen als weitere Berufe Schlosser, Schneider, Schuhmacher, Drechsler und Gärtner hinzu. Im Gegensatz zur Inneren Mission, in deren Einrichtungen möglichst alle Maßnahmen in einer Anstalt vereinigt sein sollten, ging man von einem dezentralen Konzept aus. Man errichtete mit der „Elisabeth-Klinik" eine orthopädische Anstalt in Bigge und regional gestreut weitere Ausbildungsstätten für die Schul- und Berufsausbildung, lange Zeit getrennt nach Jungen und Mädchen. Die katholische „Gebrechlichenfürsorge" wurde 1921 im „Verband katholischer Krüppelanstalten Deutschlands" heute „Verband katholischer Einrichtungen für Körperbehinderte in Deutschland e.V." zusammengefaßt.

Im Zusammenhang mit den Anfängen der Schulen für junge Menschen mit schweren Körperschäden verweist Bläsig (1966, 112) auf die schlimme Lage der Krüppel in der Gesellschaft und stellt dann fest: „Unter dieser erdrückenden Last sozialer Vorurteile mögen es mehr oder minder zufällige Faktoren gewesen sein, die dem schwer körperbehinderten Jugendlichen überhaupt die Möglichkeit gaben, lesen und schreiben zu lernen und Anteil am Erwerb von Bildungsgut zu haben. Nicht der Wunsch nach Hilfe stand also an der Wiege der ersten Schulen, sondern zunächst allein das Streben der Mitmenschen, die Unglücklichen aus ihrem Blickfeld zu entfernen. Die Absonderung war primär, der Unterricht offensichtlich erst eine sekundäre Maßnahme derer, denen die Körperbehinderten anvertraut waren." Bläsig erkennt aber an, daß bei den vielen Heimgründungen im 19. Jahrhundert Schule und Unterricht schon von Beginn der Arbeit an genannt wurden und auch die orthopädischen Institute Unterricht anboten. Wie hart die Reaktion auf die „Andersartigkeit" Körperbehinderter war, zeigt das Zitat aus den „Aussprüchen eines Heilkundigen": „Mitleid mit Krüppeln und Personen, die an ekelhaften Übeln laborieren, hat sich darauf zu beschränken, für deren angemessenen Aufenthalt in Siechenhäusern mit Gärten, die sie nicht verlassen dürfen, zu sorgen. Der widrige Anblick solcher Unglücklichen muß dem öffentlichen Verkehr entzogen bleiben, der Eindruck auf Empfindsame oder gar Schwangere ist höchst bedenklich" (K.F. Marx zit. n. Bläsig 1966, 102). Die Forderung nach Aussonderung und die mythische Vorstellung vom negativen Einfluß durch „Versehen" waren weit verbreitet.

Die ersten **Tagesschulen für Körperbehinderte** entstanden 1910 in Hamburg am Mühlendamm als „Tagesheim und Arbeitsschule" und 1911 als „ambulante Krüppelschule" in Berlin; auch in Breslau hat es vor dem Ersten Weltkrieg bereits Tagesschulklassen für Körperbehinderte gegeben. Nach dem Zweiten Weltkrieg gab es längere Zeit keine Tagesschulen; erst Anfang der fünfziger Jahre begann man in Berlin wieder, Körperbehinderte in Tagesschulen zu unterrichten, damit sie im Elternhaus leben konnten. Das Annastift in Hannover nahm seit 1954/55 Tagesschüler auf; in Hamburg wurde 1958 die „Spastikerschule" an der Eppendorfer Landstraße eröffnet (Bläsig 1966, 112-116). Eine Besonderheit besteht darin, daß die Schulen für Körperbehinderte als **Ganztagesschulen** organisiert sind; neben der begleitenden medizinischen Therapie durch Krankengymnasten, Beschäftigungstherapeuten, Logopäden u.a. wird auch das Mittagessen und eine sozialpädagogische Förderung angeboten. Diese Schulorganisation stellt für Eltern eine erhebliche Entlastung dar. Die **Internats- bzw. Heimsonderschulen** sind für die Kinder und Jugendlichen ein Angebot, für die das tägliche Pendeln zwischen Elternhaus und Schule nicht zumutbar ist, oder deren Eltern sie nicht selbst pflegen und versorgen können. In Deutschland gab es 1995 dann einschließlich der neuen Bundesländer 183 Ganztages- und Internatsschulen für Körperbehinderte (KMK 1997, 17).

3.4.3 Das Oskar-Helene-Heim in Berlin

Die Geschichte des Oskar-Helene-Heims geht auf die Gründung des „Krüppel-Heil- und Fürsorgevereins für Berlin-Brandenburg e.V." von 1905 zurück. Den Vorsitz übernahm Helene Pintsch, Ehefrau des Industriellen Oskar Pintsch; von diesem Ehepaar kam die finanzielle Grundausstattung für das nach beider Vornamen benannte Krüppelheim. Schriftführer des Fürsorgevereins wurde der Orthopäde Konrad Biesalski. Ziel war es, eine Einrichtung auf interkonfessioneller Grundlage zu schaffen, nachdem die bisherigen Gründungen weitgehend von den christlichen Konfessionen initiiert und getragen wurden. Begonnen wurde in Berlin dann 1906 in einer Etagenwohnung über der ärztlichen Privatpraxis von Biesalski mit etwa zehn Krankenbetten. Bald erfolgte der Umzug in ein Krankenhaus in Berlin-Kreuzberg, wo bereits etwa 150 Betten untergebracht werden konnten. Schließlich konnte dann 1914 in Berlin-Dahlem das eigentliche „Oskar-Helene-Heim für Heilung und Erziehung gebrechlicher Kinder" bezogen werden, ein Neubau, für den das Stifterehepaar zum Grunderwerb und Bau das Geld zur Verfügung stellte, aus Dankbarkeit für die Gesundheit der eigenen Kinder.

Konrad Biesalski (1868-1930) war als Leiter der Anstalt gewonnen worden; er konnte sowohl auf die architektonische Gestaltung als auch auf die medizinische und pädagogisch-psychologische Konzeption bestimmenden Einfluß nehmen. Als Erziehungsinspektor berief er Hans Würtz (1875-1958). Die Leitung lag in den Händen des Arztes Biesalski, der Vorgesetzter des Pädagogen Würtz sowie der Meister im Ausbildungsbereich war. Gegliedert war die Einrichtung in die orthopädische Klinik, die Krüppelschule und den Bereich der beruflichen Ausbildung. Mit 300 Krankenbetten, Werkstätten und Schulräumen wurde das Heim zu einer vorbildlichen Einrichtung der Krüppelfürsorge. Neben der fachärztlich-orthopädischen Behandlung und Versorgung mit Hilfsmitteln und Prothesen bot diese Einrichtung auch Arbeitstherapie und Berufsausbildung an. Biesalski förderte als Orthopäde die Versorgung mit Hilfsmitteln. Die Pädagogik stand ganz unter medizinischen Denkmodellen, so daß die Beschreibung der anthropologischen Besonderheiten körperbehinderter Kinder zwar einerseits den Blick für ihren sonderpädagogischen Förderbedarf schärfte, andererseits aber vieles auch auf das Anatomisch-Physiologische einengte.

Die **orthopädische Klinik**: Biesalski war als Orthopäde nicht nur für Operationen und chirurgische Eingriffe, sondern auch für die orthopädische Werkstatt verantwortlich, in der u.a. Stützapparate und Kunstglieder hergestellt wurden. Eingesetzt wurden auch medikomechanische Vorrichtungen, die dazu dienten, gelähmte Gliedmaßen durch Maschinen passiv, soweit möglich unter Mithilfe der Patienten auch aktiv, in Bewegung zu setzen. Verabreicht wurden Massagen, Gymnastik, „Elektrisation" bei Lähmungen, Bestrahlung mit künstlicher Höhensonne sowie Luft- und Sonnenbehandlung.

Die **Krüppelschule**: Ausgehend von seinem Konstrukt einer „Krüppelseele" (siehe Kapitel 3.5), die nicht zuletzt als Folge der negativ einwirkenden Gewohnheiten aus der unmittelbaren Umgebung des Kindes herrühren soll, hält es Würtz für zweckmäßig, die krüppelhaften Kinder möglichst früh von ihren Elternhäusern zu isolieren. Die Krüppelschule war primär „Heimschule", obwohl Würtz auch für „Krüppelambulatorien" plädierte. Gemeint waren Zweig- bzw. Außenstellen der Heimschule; soweit sie entstanden, waren sie nach der Beurteilung durch von Pawel (1984, 67) Vorläufer der Tagesschulen. Die Sonderbeschulung begründete Würtz (1921b, 20) mit der drohenden Stigmatisierung: „Kinder sind grausam gegen ihre bewegungsgehinderten, entstellten und verwachsenen Kameraden. Es läßt sich nicht vermeiden, daß die Krüppelkinder dort, wo sie nicht unbefangen mitspielen dürfen, verbittert und schüchtern werden." In der Krüppelschule könne die Gemeinschaftsfähigkeit am besten gefördert werden.

Ziele, Lerngegenstände und Organisationsstruktur der Krüppelschule orientierten sich grundsätzlich an der damaligen Volksschule, allerdings sollte die Klassengröße niedriger sein und nicht über 15 Schüler hinausgehen. Der Unterricht war so organisiert, daß in allen Schulstufen dasselbe Fach zur gleichen Zeit unterrichtet wurde. Dadurch war es möglich, eine äußere Differenzierung durchzuführen: Ein Schüler konnte in Lesen mit den Zwölfjährigen, in Rechnen mit den Zehnjährigen und in Schreiben mit den Anfängern unterrichtet werden, wenn dies zweckmäßig war. Die Unterrichtseinheit sollte überdies auf eine halbe Stunde begrenzt bleiben, um eine Überanstrengung der Kinder zu vermeiden. Besonderheiten gab es hinsichtlich sogenannter „orthopädischer Handübungsklassen" für Schüler mit cerebral bedingten Lähmungen im Bereich der Handmotorik sowie der „Ohnhänderklassen" für Schüler, die das Arbeiten mit Stumpf oder Kunstgliedern erlernen mußten und die in Maschinenschreiben, Stenographie und Fußschreiben unterrichtet wurden. Es wurde differenziert in Pflicht- und Interessengruppen: Während die Lerngruppen allgemein nach Alter, Behinderungsbild und Leistungsfähigkeit zusammengesetzt waren, konnte der Schüler sich auch nach eigener Wahl Interessengruppen zuordnen wie Kinderchor, Kinderkapelle, Lese-, Theater-, Kunst-, Bastel- und Sportgruppe. Außerdem gab es Fahrten- und Wandergruppen; Würtz (1930) berichtet über die damit verbundenen pädagogischen Intentionen unter dem Titel „Wandlung durch Wandern als krüppelpädagogische Aufgabe".

Damit wird deutlich, daß Würtz die Schule am Oskar-Helene-Heim auch nach Prinzipien der Reformpädagogik gestaltete. Oskamp (1978, 184) erkennt dies an und verweist darauf, daß – trotz der berechtigten Kritik an seinem „spekulativ-psychologischen und pädagogisch-voluntaristischen Ansatz" – Würtz als Reformpädagoge oftmals verkannt wird. Bereits 1912 forderte Würtz, Kunst als „harmonisiertes Können" in die Krüppelerziehung durch rhythmische Bewegungselemente, Musik, Literatur und Malerei einzubringen. Er empfahl u.a., das Heim als Vorbild späterer Häuslichkeit zu gestalten. Die Entwicklung der „Krüppelpädagogik", wie sie vor allem von Hans Würtz und seiner Tätigkeit am Oskar-Helene-Heim geprägt wurde, hat Oskamp (1978) anhand von Beiträgen in der Zeitschrift für Krüppelfürsorge 1909-1929 analysiert und erörtert.

Die **berufliche Ausbildung**: Ziel der Krüppelfürsorge, der sich die von Biesalski und Würtz geprägte Einrichtung besonders verpflichtet fühlte, war die „Erwerbsbefähigung der Krüppel". Dazu wurden sie vornehmlich in handwerklichen Berufen ausgebildet. Wenn es ihre geistigen und motorischen Voraussetzungen zuließen, wurden sie aber auch im künstlerischen Bereich gefördert und auf ein Hochschulstudium vorbereitet. Angestrebt wurde die Existenzsicherung aus eigener Kraft und eine unabhängige Lebensführung. Die einzelnen Ausbildungsbereiche wurden von staatlich geprüften Meistern geleitet. Die Lehrlinge wurden bei den zuständigen Innungen registriert und schlossen mit dem Krüppelheim einen Lehrvertrag ab. Es gab auch schon eine Berufsberatung während der Schulzeit, über die am Schuljahresende ein Protokoll anzufertigen war, in dem die Fortschritte in einzelnen Fähig- und Fertigkeitsbereichen dokumentiert wurden.

3.4.4 Schulen und Hausunterricht für Kranke

Noch bis ins 20. Jahrhundert wurde der Personenkreis der Körperbehinderten und Kranken mit Begriffen wie Krüppel, Sieche und Gebrechliche bezeichnet. Das Adjektiv „siech" wurde erst spät durch „krank" verdrängt; es ist heute noch als „dahinsiechen" gebräuchlich und bedeutet ursprünglich schwer leidend und hinfällig sein. Zwischen einer Schädigung des Körpers, die trotz medizinischer Behandlung – etwa durch einen Orthopäden – zu einer bleibenden Behinderung führte, und einer chronischen Erkrankung, die dauernder medizinischer Behandlung bedarf, wurde lange wenig differenziert.

Zur historischen Entwicklung und zu den pädagogischen Konzepten der Schulen für Kranke, die auch als Krankenhaus- oder Klinikschulen bezeichnet werden, gibt es mehrere Arbeiten (Bläsig 1966, Wienhus 1979, Bergmann 1980, Reinhold 1981, Berndt, W. 1987). Heute sind sie eine Einrichtung des gegliederten Sonderschulwesens und in den Schulgesetzen der Bundesländer berücksichtigt. Eine Aufgabenstellung dieses Sonderschultyps ist es, den Schülern den Anschluß an den Unterrichtsgang ihrer „Stamm- bzw. Heimatschule" zu erhalten oder wiederzugewinnen. Neben diesem sogenannten „Bettenunterricht" im Krankenhaus und in Heilstätten wird für Kranke, die „unterrichtsfähig, aber nicht schulbesuchsfähig" sind, „Hausunterricht" durch Lehrkräfte aller Schulformen und -stufen haupt- oder nebenberuflich erteilt. Er orientiert sich an den Bildungsplänen der Schule, die das Kind besucht hat oder aufgrund seines Alters und seiner Begabung besuchen könnte.

Eine Klärung der Stellung der **Schule für Kranke** im Schulwesen erfolgte durch die „Empfehlung zur Ordnung des Sonderschulwesens" der KMK von 1972; darin heißt es: „In der Schule für Kranke werden Kinder und Jugendliche unterrichtet, die für längere Zeit in Krankenhäusern, Kliniken und Heilstätten untergebracht sind. Die Schule für Kranke wird sich in vielen Fällen damit zufrieden geben müssen, erkrankte Schüler nur in den Hauptfächern oder den Fächern, in denen sie besondere Lücken aufweisen, zu unterrichten. Andererseits muß sie auch in der Lage sein, erkrankte Schüler zum Schulabschluß zu führen." Zu den Aufgaben wird bestimmt: „Der Unterricht ... soll den Schülern helfen, den Anschluß an den Unterrichtsgang ihrer Schule zu erhalten oder wiederzugewinnen. Die sonderpädagogische Aufgabe ... besteht darin, die sich aus einer längeren Erkrankung ergebenden Gefahren für die seelische Haltung des Erkrankten von ihm abzuwenden und den Willen zur Gesundung zu stärken. (...) Der Unterricht ... wird je nach ärztlicher Entscheidung und den jeweiligen Gegebenheiten als Einzel-, Gruppen- oder Klassenunterricht erteilt ..." (KMK 1972, 29-30). Der **Hausunterricht** wird ebenfalls angesprochen: „Schüler, die nach amtsärztlichem Gutachten wegen Krankheit die Schule längere Zeit oder

auf Dauer nicht besuchen können, ohne einer klinischen Behandlung zu bedürfen, sollen ebenfalls Hausunterricht erhalten. Voraussetzung ist ihre Unter-
richtsfähigkeit. Diese und das Maß der Belastbarkeit ist durch schulärztliche
Stellungnahme zu bescheinigen. Um einem solchen Schüler das Gefühl der
Zugehörigkeit zur Schule zu geben, soll eine Schule bestimmt werden, die für
ihn und seinen Hausunterricht zuständig ist ..." (KMK 1972,30-31). Diese Aussagen zeigen die Dominanz der Ärzte bei anstehenden Entscheidungen und den
großen Ermessensspielraum bei der Bestimmung der Schul- und Unterrichts-
fähigkeit. In der neuen Empfehlung der KMK (1994, 13) wird der Unterricht
für Kranke den „Förderschwerpunkten bei lang andauernder Erkrankung und
Umgehen-Können mit einer lang andauernden Erkrankung" zugeordnet. Die
bundeseinheitliche Schulstatistik (KMK 1997, 20) weist für 1995 für alle Bundesländer 152 **schulische Einrichtungen für Kranke** aus, wobei die Stadtstaaten
Hamburg und Berlin den Hausunterricht für Kranke miterfassen.

3.4.5 Schulische Integration Körperbehinderter

Sofern junge Körperbehinderte als bildungsfähig galten, wurde ihnen die schulische Förderung zuteil, die die Eltern aufgrund ihrer sozialen Stellung ermöglichten. So verweist Wilken (1983, 232-233) auf Thomas Schweicker (1541-1602),
den „Wundermann von Schwäbisch Hall". Er wurde ohne Arme als Sohn eines
Bäckers geboren, der als Ratsherr und Zunftmeister angesehen war. Die Eltern
wollten das Fehlen der Arme durch Bildung des Geistes und Gemütes ersetzen;
aufgrund ihrer sozialen Lage waren sie nicht genötigt, aus der Körperbehinderung ihres Sohnen Gewinn zu ziehen, wie es damals durch Zurschaustellung
oder Bettelei durchaus üblich war. Der Sohn Thomas wurde durch eine bestmögliche Schulbildung für das Leben ausgerüstet; er konnte lateinische Gedich-
te verfasssen und entwickelte sich zum angesehenen Fußschreibkünstler. Die
kunsthandwerkliche Arbeit – er fertigte mit Pinsel und Feder Kunstblätter und
Holzschnitzereien – verschaffte ihm Anerkennung und wohl auch eine materielle Existenz. Als intellektuell offensichtlich nicht beeinträchtigter Ohnarmiger
(Gliedmaßenverlust/Amelie) erlangte er eine für seine Zeit optimale Schulbildung und damit die Grundlage für seine Eingliederung in Wirtschaft und Gesellschaft der Freien Reichsstadt Hall.

Allerdings war dies wohl ein Ausnahmefall und ist nur dann ein Beispiel für
die schulische Integration Körperbehinderter, wenn man unterstellt, daß Thomas Schweicker zusammen mit Nichtbehinderten unterrichtet wurde. Denkbar
ist auch, daß er Einzelunterricht erhalten hat. Erst seit dem ausgehenden 18.
Jahrhundert wurde durch die medizinische Behandlung eine Besserung oder gar
Heilung körperlicher Leiden angestrebt. Dabei war anfangs noch die finanzielle
Lage der Eltern bestimmend: Konnten sie die Behandlung bezahlen, so war eine
Beschulung am Heimatort oder aber in den orthopädischen Anstalten möglich,
die ja Unterricht mit anboten. Es gab also Vorformen zur heute angestrebten
schulischen Integration Körperbehinderter. Für die schwerer Körperbehinderten
und möglicherweise auch noch intellektuell Beeinträchtigten änderte sich die
Lage aber nur langsam. Selbst das Münchner Institut für „krüppelhafte Kinder" nahm ab 1833 nur die Leistungsfähigeren auf und verlangte überdies eine
Kostenbeteiligung.

Die Absonderung in eigene Anstalten und Schulen wurde dann zum Programm der Krüppelfürsorge. Daneben gab es aber wohl auch für Körperbehinderte die Unterrichtung in den Schulen für das „gemeine Volk" und die verschiedenen Stände, wie sie für Blinde und Taubstumme unter dem Begriff der „Verallgemeinerungsbewegung" (siehe Kapitel 2.1.2.3) im 19. Jahrhundert bekannt war (Bleidick 1988, 48-50). Hinzu kam, daß gar nicht genügend Schulplätze in speziellen Einrichtungen für Körperbehinderte vorhanden waren. Dies blieb so bis in die siebziger Jahre dieses Jahrhunderts. Der Deutsche Bildungsrat (1974a, 20) konstatierte für 1970 noch einen Fehlbedarf von 65 Prozent der Schulplätze in Sonderschulen für Körperbehinderte. Der Ausbau des Sonderschulwesens führte dann zwar zu einem flächendeckenden Angebot, parallel dazu nahm aber auch die integrative Förderung vor allem derjenigen zu, die „nur" körperlich behindert, aber intellektuell nicht beeinträchtigt waren. Bereits in den siebziger Jahren wurde davon ausgegangen, daß mehr als die Hälfte der Körperbehinderten im schulpflichtigen Alter Regelschulen besuchen. Mitte der siebziger Jahre setzte dann ein Strukturwandel in der Zusammensetzung der Schülerschaft der Schulen für Körperbehinderte ein: Der Anteil der schwer und mehrfach Behinderten nahm kontinuierlich zu und beträgt heute an einzelnen Schule mehr als fünfzig Prozent.

Haupt und Jansen (1983b, 92) haben die Modelle der integrativen Erziehung und Unterrichtung von körperbehinderten und nichtbehinderten Kindern und Jugendlichen bis Anfang der achtziger Jahre zusammenfassend dargestellt. Aufgezeigt werden die prinzipiellen Möglichkeiten, aber auch die Schwierigkeiten, die sich im Schulalltag ergeben können. Sie kommen zu folgender Aussage: „Die vorliegenden Erfahrungen bestätigen, daß die gemeinsame Unterrichtung von körperbehinderten und nichtbehinderten Kindern allein noch nicht Integration bedeutet". Einen fundierten Einblick in die Bedingungen und Ergebnisse eines Schulversuchs in Bendorf zur „Integration körperbehinderter Schüler in das Gymnasium" liegt von Haupt und Gärtner-Heßdörfer (1986) vor; Haupt äußerst sich im Forschungsbericht zum Schulversuch auch zu den Grenzen der Integration durch gesellschaftliche und strukturelle Probleme des Bildungssystems und zur Übertragbarkeit der Ergebnisse auf Regelschulen und Integrationsklassen. Dabei wird deutlich, daß jeweils eine abgewogene Entscheidung aufgrund der individuellen Voraussetzungen und der schulischen Bedingungen zu treffen ist. Daß schulische Integration möglich ist, ist vielfach belegt. Es kann aber nicht davon ausgegangen werden, daß spezifische Fördereinrichtungen für Erziehung und Unterricht Körperbehinderter generell überflüssig sind.

Möckel (1988, 153-154) verweist einerseits auf die erfolgreichen Integrationsversuche mit Körperbehinderten und nennt als Schulen mit weiterführenden Bildungsgängen Hessisch-Lichtenau, Altdorf bei Nürnberg und das Dantegymnasium München; das Gymnasium in Bendorf wäre ebenfalls erwähnenswert. Andererseits spricht er auch von der „Rücksichtslosigkeit der allgemeinen Schulen gegenüber der in jeder Erziehung notwendigen Pflege"; gerade die Pflege spielt aber bei vielen Formen der Körperbehinderung eine große Rolle. Wird sie verweigert, bedeutet das den Ausschluß aus der allgemeinen Schule. Von Dumke und Schäfer (1993) liegen aufschlußreiche Befunde zur Entwicklung behinderter und nichtbehinderter Schüler in Integrationsklassen vor. Sie beziehen sich auch auf Körperbehinderte und bestätigen die Notwendigkeit einer differenzierten Betrachtung bezüglich der sozialen Beziehungen in der Schulklasse, der Persönlichkeitsmerkmale und der Schulleistungen. Bei integrativ unterrichteten Körperbehinderten können erhebliche Entwicklungsprobleme auftreten, die aber durch spezifische Hilfestellungen aufzufangen sind und nicht zu einem Wechsel in die Sonderschule führen müssen (siehe Kapitel 3.8).

3.5 Der Orthopäde Biesalski und der Pädagoge Würtz

Der Orthopäde Konrad Biesalski (1868-1930) erlebte als Schularzt das Elend der Körperbehinderten, die keine orthopädische Behandlung bekamen und in ihrem „Krüppeltum" verbleiben mußten, und erkannte die soziale Bedeutung dieser Erscheinungen. Durch das Erfassen des Krüppelelends sollten die Behörden verpflichtet werden, Abhilfe zu schaffen. Biesalski erreichte die erste amtliche Krüppelzählung im Jahre 1906; es gelang durch seine Initiative, die Zahl der Körperbehinderten im ganzen damaligen Deutschen Reich nach einheitlichen Kriterien zu ermitteln. Die Zählung ergab bei 60 Millionen Einwohnern 290 000 erwachsene (davon 66 Prozent männlich) und 72 000 jugendliche (davon 55 Prozent männlich) Körperbehinderte. Für die Jugendlichen standen aber nur 3 300 Heim- und Schulplätze zur Verfügung (Möckel 1988, 152). Das von Biesalski mitbegründete und geleitete Oskar-Helene-Heim in Berlin war der Universität als orthopädische Klinik angegliedert und entwickelte sich zu einer anerkannten Forschungs- und Fortbildungsanstalt. Schon 1908 auf einem Orthopädenkongreß definierte Biesalski (1909, 12) den Krüppel unter primär sozialen Aspekten: „Ein heimbedürftiger Krüppel ist ein (infolge eines angeborenen oder erworbenen Nerven- oder Knochen- und Gelenkleidens) in dem Gebrauch seines Rumpfes oder seiner Gliedmaßen behinderter Kranker, bei welchem die Wechselwirkung zwischen dem Grad seines Gebrechens (einschließlich sonstiger Krankheiten und Fehler) und der Lebenshaltung seiner Umgebung eine so ungünstige ist, daß die ihm verbliebenen körperlichen und geistigen Kräfte zur höchstmöglichen wirtschaftlichen Selbständigkeit nur in einer Anstalt entwickelt werden können, welche über die eigens für diesen Zweck notwendige Vielheit ärztlicher und pädagogischer Einwirkung gleichzeitig verfügt."

Der Pädagoge Hans Würtz (1875-1958) wurde nach seiner Lehrertätigkeit an Volksschulen in Schleswig-Holstein von Biesalski als „Erziehungsinspektor" an das Oskar-Helene-Heim in Berlin-Dahlem berufen. Der Erfolg seiner Erziehungsarbeit wird auf den intensiven pädagogischen Bezug zu den jungen Menschen mit Körperbehinderungen zurückgeführt, die er dazu herausforderte, durch Willensstärke trotz Behinderung die bestmögliche Lebensleistung anzustreben. Würtz entwarf eine eigenwillige „Krüppel-Erziehungspsychologie" und konstruierte eine „Krüppelseele", wobei er sich auf seine umfangreiche kulturhistorische Sammlung von Selbst- und Fremddarstellungen mißgestalteter Menschen und auf eigene Beobachtungen stützte. Unter dem Titel „Zerbrecht die Krücken. Krüppel-Probleme der Menschheit. Schicksalsstiefkinder aller Zeiten und Völker in Wort und Bild" faßte Würtz (1932) später seine Sichtweise zusammen. Noch vor Alfred Adler (1870-1937) glaubte er ein gesteigertes Geltungsbedürfnis und Störungen des Sozialverhaltens, das er Körperbehinderten zuschrieb, auf sogenannte Organminderwertigkeiten zurückführen zu können (Adler 1927). Die eingeschränkte Bewegungsfähigkeit sollte affektive und soziale Verhaltensabweichungen bedingen wie Neid, übersteigerten Egoismus, Gehemmtheit und Pessimismus. Wer diese überwand, war für Würtz ein „sieghafter Lebenskämpfer". Sein pädagogisches Denken war vom Voluntarismus beeinflußt, wie er von Kant, Hegel und Schleiermacher vertreten wurde. Die Unterordnung des Willens unter die Vernuft verhelfe auch dem Krüppel dazu, ein gemeinschaftsfähiger „Tatmensch" zu werden (Oskamp 1978).

Eine kritische Auseinandersetzung mit Biesalski und Würtz sowie mit deren Konzepten zur Theorie und Praxis der Rehabilitation bei Körperbehinderung findet sich bei Sierck (1992). Auf Initiative der beiden wurde 1909 die „Deutsche Vereinigung für Krüppelfürsorge" gegründet. Dieser Dachverband der professionellen Behindertenbetreuung besteht bis heute – nach verschiedenen Änderungen des Vereinsnamens über Vereinigung zur Bekämpfung des Krüppeltums (1955) bzw. zur Förderung der Körperbehindertenfürsorge (1958) heißt der eingetragene Verein seit 1963 „Deutsche Vereinigung für die Rehabilitation Behinderter" mit Sitz in Heidelberg. Sie gab die „Zeitschrift für Krüppelfürsorge" heraus und beeinflußte die Zielsetzungen der Rehabilitation entscheidend, wobei Sierck eine personelle und inhaltliche Kontinuität vom Kaiserreich bis in die Bundesrepublik der fünfziger Jahre aufzeigen kann. Das „Preußische Krüppelfürsorgegesetz" von 1920 wurde wesentlich von ihr geprägt; dort hieß es im § 1: „Die Landarmenverbände sind verpflichtet, für Bewahrung, Kur und Pflege der hilfsbedürftigen Geisteskranken, Idioten, Epileptischen, Taubstummmen, Blinden und Krüppel, soweit sie der Anstaltspflege bedürfen, in geeigneten Anstalten Fürsorge zu treffen. Bei Krüppeln unter 18 Jahren umfaßt die Fürsorge auch die Erwerbsbefähigung der Krüppel." (zit. n. Merkens 1981, 144). Ziel war demnach, vor allem die jugendlichen Krüppel einer Erwerbstätigkeit zuzuführen. An folgendem – Biesalski zugeschriebenen – Zitat wird dies deutlich: „Je mehr Almosenempfänger wir zu Steuerzahlern machen, um so eher können wir ethisch und wirtschaftlich wieder gesunden" (zit. n. Sierck 1992, 16).

Dies wurde dann zum Programm der Krüppelfürsorge: Kinder, Jugendliche und Erwachsene sollten in speziellen Anstalten, den Krüppelheimen, zusammengefaßt und dort orthopädisch-chirurgisch behandelt, charakterlich und in ihrem sozialen Verhalten gefestigt, zum Volksschulwissen geführt und in einer handwerklichen Tätigkeit ausgebildet werden. Krüppelpädagogik wurde eingeengt auf folgende Aufgabe: „Die Pädagogik der Körperbehinderten hat kein anderes Ziel, als den Bewegungsgehemmten für das praktische Erwerbsleben wehrhaft zu machen" (Schlüter 1922, 8). Hinzu kam die Überzeugung, daß deren Psyche ergründet und beeinflußt werden müsse, wenn fürsorgerische Maßnahmen nicht zum Scheitern verurteilt sein sollten.

Als Vertreter der „Krüppelseelenkunde" profilierte sich dann Würtz (1921a); er hatte bereits 1914 eine Auffassung vertreten, die „das Krüppeltum in seinem Wesen äußerlich als Beeinträchtigung oder völligen Ausfall des Tatvollzugs, innerlich, psychologisch als die Minderung oder das Fehlen der seelischen Könnkräfte" definierte (zit. n. Sierck 1992, 17). Damit war die sozialbiologische Theorie festgeschrieben, wonach eine „körperliche Bewegungshemmung" zwangsläufig zu „seelischem Krüppeltum" führe. Diese Vorstellung fügte sich gut in die damalige Ausdruckspsychologie und Ausdruckskunde als Teilgebiet der Allgemeinen Psychologie; sie stand in engem Zusammenhang mit der Persönlichkeitskunde und der Psychodiagnostik: Aus der Mimik (Bewegungsabläufe im Gesicht), der Gestik (Ausdrucksbewegungen der Hände),

Motorik und Pantomimik (Körperbewegungen, Gang) bis hin zur Stimme, zur Sprechweise und Handschrift sollte auf seelische Vorgänge geschlossen werden.

Sierck (1992, 17) resümiert die Krüppelseelenkunde im Verständnis von Würtz wie folgt: „Dem verkrüppelten Kind und körperbehinderten Erwachsenen wurde eine schwere Schädigung ihrer Sozialfunktionen unterstellt, insbesondere ihrer Aufrichtigkeit, Treue und Güte. Sie wären dagegen krankhaft eitel, verschlossen, mißtrauisch, verbittert, willkürlich, nachtragend, verantwortungslos gegenüber der für sie sorgenden Gemeinschaft und nur im Haß leicht zu vereinen." Aus heutiger Sicht sind solche pauschalen Zuschreibungen unhaltbar; welch ungünstigen Einfluß sie aber auf Pädagogen haben können, die mit negativen Vorurteilen an Menschen mit Behinderungen herantreten, wenn sie diese „Kunde" ernst nehmen, läßt sich leicht ermessen.

Andererseits sollte bei der Beurteilung der Personen und des Wirkens von Biesalski und Würtz die gebotene Fairneß beachtet werden. Nur eine sorgfältige Analyse der Intentionen und eine Berücksichtigung der zeitbedingten Vorstellungen kann beiden Persönlichkeiten gerecht werden. Ricken (1996) hat dies unternommen und kam zu einer anderen Bewertung, die sich auch auf Jansen (1972), Klee (1981) und Schmeichel (1983) stützt. Schmeichel sieht in Würtz einen Wegbereiter der modernen Rehabilitation.

Inwieweit es zulässig ist, den „sozialbiologischen Ansatz" der Krüppelfürsorge als „ sozialdarwinistisch" zu qualifizieren, wie es durch Sierck (1992, 18) in bezug auf Würtz geschieht, ist noch klärungsbedürftig. Es wäre zu einfach, Hans Würtz aus heutiger Sicht als „Wegbereiter der Nazis" zu bezeichnen, da er selbst 1933 vom NS-Regime als „Voksfeind" abgestempelt, aus dem Amt entfernt und verfolgt wurde. Seiner bevorstehenden Verhaftung entzog er sich durch die Emigration – u.a. nach Prag –, aus der er 1946 zurückkehrte. Nach Beschel (1969) sammelte er sogleich die Mitglieder des „Vereins Oskar-Helene-Heim", dessen Geschäftsführung er übernahm, und erreichte die Rückgabe des Heims. Bis zu seinem Tode arbeitete er für den Wiederaufbau und den Ausbau seines Lebenswerks.

Die endgültige Bewertung seines Wirkens für die Körperbehindertenpädagogik steht noch immer aus. Ricken (1996, 52) verweist darauf, daß Würtz ein Kind seiner Zeit und wohl nicht imstande war, die Brutalität des Nationalsozialismus auch nur annähernd zu erahnen. Er habe andererseits viele innovative Anstöße zur Förderung Körperbehinderter gegeben und sich auch schon früh gegen die heute kritisierte Defizitorientierung gewandt: „Der moderne Krüppelerzieher (muß) weniger auf die Mängel und Gebrechen des Zöglings sehen als vielmehr auf die ihm verbliebenen Fähigkeiten und Kräfte, die sich für die Erziehung und Entwicklung eignen" (Würtz 1913, 187).

Wie kritisch aber der sozialbiologische Standpunkt von Würtz in der Zeit nach dem Zweiten Weltkrieg gesehen wurde, soll an einer Äußerung von Briefs (1955, 135) als Vertreter der katholischen Körperbehindertenfürsorge verdeutlicht werden: „Es kann keinem Zweifel unterliegen, daß der Weg, den die sozial-biologische Theorie betritt, ein gefährlicher Weg ist, der geradlinig zur Forderung der Euthanasie für die Gebrechlichen führen muß ... So ergibt sich das Paradox, daß eine aus dem Ursprünglich-Vitalen begründete, und angeblich nur den sozial-biologischen Gesetzmäßigkeiten folgende pädagogische Theorie schließlich, konsequent durchgedacht, vor der Forderung der Vernichtung des Lebens steht. Damit dürfte dann freilich die Unhaltbarkeit der sozial-biologischen Körperbehindertenfürsorge erwiesen sein. Diese Auffassung des Problems hat also den traurigen Ruhm, dem nationalsozialistischen Massenmord bezüglich der Körperbehinderten gründlich, wenn auch unbewußt, vorgearbeitet zu haben."

Erst aufgrund eingehender Quellenstudien sind die Intentionen der „Krüppelfürsorge" vor 1933 und der Anteil einzelner Persönlichkeiten zu bewerten. Zumindest die frühen Äußerungen von Hans Würtz lassen sich dem Sozialdarwinismus zuordnen, der für die Ideologie des NS-Staates nützlich war, wie beispielsweise folgende Passage aus dem Erziehungsroman von Würtz und Schlüter „Uwes Sendung" aus dem Jahr 1914: „Die Eugenik erstreckt sich durch die Erziehung zur Tüchtigkeit, die Stärke und Siegeskraft mitteilt, auch auf die Krüppel. Sie ist nicht so zag, daß sie vor äußerer Häßlichkeit zurückschreckt. Auch wir sind Eugeniker. Wir wollen, daß Edles und Machtverleihendes überall wachse. Unsere Eugenik ist nur umfassender. Statt mit dem sittlichen Gesetz der Heilighaltung des Menschenlebens ohnmächtig zu hadern, führen wir der Kultur in ertüchtigten Krüppeln weitere wackere Streiter zu, die den Gesunden nicht zur Last fallen" (zit.n. Sierck 1992, 18). Sierck verweist überdies darauf, daß Würtz seine Gedanken zur Krüppelfürsorge Anfang der zwanziger Jahre auf die Parole „Tat oder Tod" zuspitzte, wobei mit Tat eben Arbeit und Erwerb gemeint war. Begriffe, Wortwahl und Gedanken sind für den Menschen der Gegenwart sicher durch die Grausamkeiten der NS-Zeit belastet, was ihre schlimme Aussagerichtung aber nicht verändert oder mildert. Mit der Heilighaltung des Menschenlebens darf nicht „gehadert" werden.

Eine differenzierte Bewertung von Werk und Person des Pädagogen Hans Würtz findet sich bei Oskamp (1978). Er sieht in der Haltung von Briefs als Vertreter der konfessionellen Körperbehindertenfürsorge auch die Vorbehalte gegenüber den staatlichen Einrichtungen, als deren Repräsentant Würtz anzusehen war, und stellt fest, daß aus heutiger Kenntnis der Quellen Würtz nicht als ein idealler Vorbereiter der „Euthanasie" an Schwerstbehinderten im Hitler-Regime qualifiziert werden kann. Oskamp verweist im übrigen darauf, daß sich Würtz später durch die Zusammenarbeit mit einem Schulpsychologen seiner fragwürdigen „krüppelseelenkundlichen" Äußerungen weitgehend enthielt und sich vermehrt der pädagogischen Förderung widmete. Aufgegriffen wurden Erfahrungen der „Hilfsschulpädagogik", die eine Förderung aufgrund individuell ermittelter Lerndefizite beinhaltete. Die spekulativen Vorannahmen innerer Beweggründe intelligenten Verhaltens von „Krüppelkindern" wurden durch objektivere Beobachtungen und Untersuchungen abgelöst. Die Einseitigkeit mancher reformpädagogischer Ansätze – Oskamp nennt als Beispiele die Fröbel- und die Montessoripädagogik – wurde durch eine Methodenkombination vermieden. Bedenklich war aber nach wie vor, daß die pädagogische Förderung, wie sie im Krüppelfürsorgegesetz von 1920 gesetzlich verankert war, vorwiegend den „Eingliederungsfähigen" galt. Für die „unheilbar Siechen" wurde der Ausschluß aus den Anstalten mit kostenintensiven Abteilungen verlangt, um sie für die Heilbaren und Besserungsfähigen bereitzuhalten, so eine Forderung von Konrad Biesalski (Sierck 1992, 25). Diese unselige Aufspaltung der Körperbehinderten war dann wohl eine begünstigende Voraussetzung für die menschenverachtenden Taten während der Nazi-Diktatur.

3.6 Die Situation Körperbehinderter während der Nazi-Diktatur

In der Historiographie der Heil- und Sonderpädagogik findet die Situation Körperbehinderter in der Zeit der Diktatur des Nationalsozialismus in Deutschland von 1933 bis 1945 erst seit den achtziger Jahren die angemessene Beachtung (Wilken 1983, 220-221; von Pawel 1984, 54-59, Möckel 1988, 226-232), allerdings mit unterschiedlicher Aussagekraft (Merkens 1988). In Arbeiten aus den sechziger Jahren wird nur begrenzt darauf eingegangen; so heißt es bei Bläsig (1966, 109): „Im Deutschland des 'Dritten Reiches' , in den Jahren 1933 bis 1945, wäre eine nach außen hin auffallende Aktivität zum Wohle der körperbehinderten Jugendlichen für sie zum Schaden geworden. In den Heimen und Schulen wurde gearbeitet, ohne daß die Öffentlichkeit viel davon erfuhr." Er verweist auf das Reichsschulpflichtgesetz, das die Eltern verpflichtete, ihr körperbehindertes Kind auf die geeignete Sonderschule zu schicken, womit ihre Lage verbessert wurde. Daß die Schwer- und Mehrfachbehinderten mit dem Tode bedroht und schließlich Tausende ermordet wurden, findet keine Erwähnung. Eine kritische Auseinandersetzung mit den schrecklichen Taten der Nazis und ihrer Helfer erfolgt bei Bläsig nicht.

Wilken (1983, 220-221) verweist darauf, daß das bereits nach dem Erlaß des Preußischen Krüppelfürsorgegesetzes von 1920 einsetzende Auseinanderdividieren der Körperbehinderten in Kriegs-, Berufs- und Zivilgeschädigte, die im Gesetz eine gewisse Gleichstellung erfahren haben, dem Nationalsozialismus die Durchsetzung seiner rassenpolitischen Ideologie erleichterte. Er führt hier auch Perl (1926, 36) an, der meinte, daß „der geistig anormale Krüppel zwar bildungsfähig sein kann, aber mit seinem geistig abnormen oder gar intelligenten Leidensgenossen nicht auf eine Stufe der finanziellen Aufwendungen gestellt werden darf, wenn es sich um ihre gesundheitliche und gewerbliche Ertüchtigung handelt". Hier zeigte sich eine sozialdarwinistische Hackordnung: Die Kriegs- und Berufsgeschädigten wurden den Zivilgeschädigten vorgezogen. Später wurde die Bewertung dann in „lebenswert versus lebensunwert" übertragen, wobei die Arbeitsfähigkeit und die Gemeinschaftsfähigkeit bestimmende Kriterien wurden. Die Kostenfrage wurde nicht zuletzt am Betreuungs- und Pflegeaufwand festgemacht. Hitler hatte sich mit seiner Sicht der Krüppel durchgesetzt; er reihte sie unter dem Oberbegriff „körperlich verhunztes Jammerpack" unter Syphilitikern, Tuberkulosen, erblich Belasteten und Kretinen ein (Wilken 1983, 221).

Seine Absichten hatte Adolf Hitler schon 1923 in seinem Buch „Mein Kampf" deutlich ausgesprochen; es ging ihm um die Ausrottung aller Schwachen und schließlich auch aller Andersrassigen, was immer dies hieß: Juden, Polen oder allgemein die sogenannten „Nichtarier". Mit seiner Machtergreifung am 30. Januar 1933 konnte er seine Ziele mit Hilfe gesetzlicher Maßnahmen zur Zwangssterilisation, zu Erbgesundheitsgerichten, zur erbbiographischen Erfassung aller Behinderten und zur Einschränkung sozialer und heilpädagogischer Maßnahmen rücksichtslos verwirklichen. Den Höhepunkt bildete die Vernichtung des aus Hitlers und seiner Helfer Sicht „unwerten Lebens" durch passive und aktive „Euthanasie" mit Beginn des Zweiten Weltkriegs. Das bald nach der Machtergreifung verkündete „Gesetz zur Verhütung erbkranken

Nachwuchses", das sogenannte Sterilisationsgesetz vom Juli 1933, wurde für diejenigen zur unmittelbaren Bedrohung, die erbliche Mißbildungen aufwiesen. Im August 1939 kam ein Erlaß des Reichsinnenministers zur „Meldepflicht für mißgestaltete und idiotische Kinder", der die Grundlage für die folgenden Maßnahmen schuf. Mit Kriegsbeginn 1939 setzte die „Aktion Gnadentot" ein; dieser Aktion T 4 – nach dem Sitz der Verantwortlichen in der Tiergarten Straße 4 in Berlin benannt – fielen mehr als 100.000 Menschen zum Opfer (von Pawel 1984, 55).

Das Reichsschulpflichtgesetz von 1938 schuf die Möglichkeit, Körperbehinderte als „bildungsunfähig" zu erklären und von der Schulpflicht zu befreien, was faktisch bedeutete, sie vom Schulunterricht auszuschließen. Andererseits brachte dieses Gesetz erstmals eine reichseinheitliche Regelung der Schulpflicht für geistig und körperlich behinderte Kinder; der betreffende Paragraph lautet wie folgt: „Für Kinder, die wegen geistiger Schwäche oder wegen körperlicher Mängel dem allgemeinen Bildungsgang der Volksschule nicht oder nicht mit genügendem Erfolg zu folgen vermögen, besteht die Pflicht zum Besuch der für sie geeigneten Sonderschulen oder des für sie geeigneten Sonderunterrichts (Hilfsschulen, Schulen für Krüppel, Blinde, Taubstumme u.ä.)" (zit.n. Wilken 1983, 221).

Klee (1983) hat die „Euthanasie" im NS-Staat und das Programm zur „Vernichtung lebensunwerten Lebens" eingehend analysiert und durch Aufarbeiten der Quellen die Grausamkeiten und den Tötungsapparat erkennbar gemacht. Er zeigt aber auch, daß es eine Vorgeschichte der „Euthanasie" gibt, nämlich den Sozialdarwinismus, der zur Grundlage der nationalsozialistischen Rassenlehre wurde. Erschreckend ist auch die Verstrickung der christlichen Kirchen in Maßnahmen gegen Kranke und Behinderte. Bei einzelnen Verantwortlichen kirchlicher Behinderteneinrichtungen war zumindest anfangs eine unselige Nähe zum Nationalsozialismus und seinen Ideen gegeben. Andererseits gab es später auch Proteste von seiten evangelischer und katholischer Bischöfe und Geistlicher gegen die Euthanasie-Programme. Eine der bekannten Stimmen des Protests kam vom Bischof von Münster, Clemens August Graf von Galen (1878-1946), der in einer Predigt am 3. August 1941 gegen die Ermordung Behinderter öffentlich Anklage erhob und eine Strafanzeige erstattete.

Für die Rehabilitation bei Körperbehinderung ist es notwendig, die historische Entwicklung zu kennen und vor allem auch die Vorlaufentwicklungen und die Menschenbilder zu beachten, die das Geschehen jeweils bestimmen. So hat insbesondere die politische Verwendung und „Instrumentalisierung" des Sozialdarwinismus durch Hitler und seine zahlreichen „Erfüllungsgehilfen" ihrer menschenverachtenden Ideologie und letztlich der Ermordung Behinderter den Boden bereitet. In einer dezidiert „antifaschistischen" Darstellung und Bewertung von Jantzen (1982, 136-157) wird die Situation Körperbehinderter in den Gesamtzusammenhang des Terrors und des Vernichtungskampfes gegen Behinderte einbezogen. Er unterscheidet folgende Phasen: 1933-1938 Sterilisation, 1939-1941 Euthanasie, 1942-1945 Massenvernichtung in Konzentrationslagern. Jantzen weist darauf hin, daß auch nach Zerschlagung des faschistischen Staatsapparats der Faschismus in vielen Köpfen weiterlebte und eine Auseinandersetzung mit der Unmenschlichkeit der Euthanasie lange Zeit verdrängt wurde. So wurden Schwerstbehinderte in der Nachkriegszeit lange noch als bildungs- und schulunfähig erklärt und erhielten keine angemessenen Förderung.

3.7 Die Zeit nach dem Zweiten Weltkrieg

Nach der bedingungslosen Kapitulation der Wehrmacht im Mai 1945 und der Übernahme der Regierungsgewalt in Deutschland durch die Sieger- und Besatzungsmächte ging es zunächst um das Überleben in den durch die Zerstörungen des Bombenkriegs gezeichneten Städten und Gemeinden. In Schulen und Heimen waren Kriegslazarette eingerichtet worden, wovon besonders auch Anstalten und Heime für Behinderte betroffen waren. Die Schul- und Erziehungsarbeit war also vielfach durch Kriegseinwirkungen, den Zusammenbruch der staatlichen Ordnung und die allgemein schlechte wirtschaftliche Lage unterbrochen. Durch die Aufnahme von Millionen Flüchtlingen und Vertriebenen, für die ebenfalls häufig zunächst die Unterbringung in Schulen und Heimen notwendig wurde, waren dann die Nachkriegsjahre gekennzeichnet.

Bläsig (1966) geht auf diese Zeit nur knapp ein und spricht davon, daß in allen Einrichtungen versucht wurde, die Arbeit fortzusetzen. Damit ist das angezeigt, was von Kritikern wie Sierck (1992) als Kontinuität bezeichnet wird: Der Neuanfang geschah in den überkommenen Strukturen und im wesentlichen mit dem gleichen Personal. Auch diejenigen, die sich in der NS-Zeit schuldig gemacht hatten, trauten sich bald wieder als bestimmende Akteure in Erscheinung zu treten. Sierck hat dies an einzelnen Personen deutlich gemacht. Im Sonderschulbereich wurde Gustav Lesemann (1889-1973) ein Beispiel für dieses „Weitermachen"; er war zwar nicht Mitglied der NSDAP, zeigte sich aber den rassenhygienischen Vorstellungen der Nazis gegenüber äußerst aufgeschlossen. Als Vorsitzender des Verbandes der Hilfsschulen Deutschlands (VdHD) publizierte er auch eifrig in dessen Fachzeitschrift „Die Hilfsschule", so daß sich seine Nähe zur NS-Ideologie zweifelsfrei nachweisen läßt. Lesemann war dann nach 1945 Mitbegründer des Verbandes Deutscher Sonderschulen (VDS) und seit 1959 dessen Ehrenvorsitzender bis zu seinem Tode 1973. In seinen Lebenserinnerungen (Lesemann 1969) geht er auf seine Rolle in der Zeit von 1933-1945 nicht explizit ein. Nach ihm wurden Sonderschulen benannt, bis in den achtziger Jahren die historische Forschung zur Heil- und Sonderpädagogik seine Rolle in der NS-Zeit aufdeckte und es viel Entsetzen über die Kontinuität in der Karriere eines Sonderpädagogen gab. In der Zeitschrift für Heilpädagogik, dem Organ des VDS, wurde erstmals im Heft 10/1986 (S. 714-715) zu seiner Haltung Stellung genommen; es heißt dort u.a.: „Um Person und Handeln von Gustav Lesemann in den Dreißiger Jahren ist eine öffentliche Diskussion entstanden, veranlaßt vor allem durch verschiedene Presseberichte über Aktivitäten von Gemeinden, die 'Gustav-Lesemann-Schulen' umbenennen wollten. Auslösendes Moment waren historische Studien, die sich auf Äußerungen Lesemanns zur Rassenhygiene beziehen." Der VDS war darum bemüht, sich einerseits zwar von den Äußerungen Lesemanns zur Eugenik, in denen er sich – ähnlich wie die damalige nationalsozialistische Heilpädagogik – für eine Sterilisation von erheblich Schwachsinnigen und damit für rassenhygienische Aufgaben der Hilfsschule aussprach, zu distanzieren, wollte aber andererseits für seinen Ehrenvorsitzenden Verständnis wecken. In einer Analyse hat dann Reichmann-Rohr (1991) die biographische Selbstreflexion Lesemanns hart kritisiert und viel Problematisches zu seinem Werk und seiner Wirkung offengelegt. Dabei griff er auch Stellungnahmen für Lesemann auf, in denen Reichmann-Rohr überdies vorgeworfen wurde, er nutze die „Gnade des Nicht-dabei-gewesen-

Seins" und spiele den Besserwisser. Die Kritik an Lesemann war insgesamt aber so durchschlagend, daß der VDS schließlich auf seiner Hauptversammlung 1995 in Magdeburg den Beschluß des Vertretertages von 1959 aufhob, durch den Gustav Lesemann zum Ehrenvorsitzenden des Verbandes ernannt wurde. Begründet wurde der Entzug damit, daß Lesemann das nationalsozialistische Eugenik-Programm unterstützt und zur Zwangssterilisierung eine positive Haltung eingenommen hat (siehe Zeitschrift Behindertenpädagogik 35 (1996) 120).

Auch nach der Teilung Deutschlands in die BRD und die DDR bestanden lange Zeit noch enge Kontakte, gerade auch in der Körperbehindertenpädagogik hinsichtlich der wissenschaftlichen Arbeit. Erst Ende der sechziger Jahre kam es dann zu einer weitgehenden Abgrenzung, die bis zur Wiedervereinigung 1990 andauerte. Sowohl in West- wie in Ostdeutschland wurden die tradionellen Strukturen zunächst fortgeschrieben. Erst mit den Bestrebungen zur Schulreform seit den sechziger Jahren, durch die mehr Bildung für alle und ein strukturell verändertes Schulwesen erreicht werden sollte, kam es dann in der BRD zu einer Neuorientierung. Schulversuche mit integrierten und differenzierten Gesamtschulen sollten durchgeführt werden, wobei anfangs die Schüler mit Behinderungen ausgeklammert blieben. Erst allmählich wurde akzeptiert, daß eine Schule für alle auch die Behinderten einbeziehen mußte. Die Reformbestrebungen fanden dann ihren Niederschlag sowohl in Empfehlungen des Deutschen Bildungsrats „Zur pädagogischen Förderung behinderter und von Behinderung bedrohter Kinder und Jugendlicher" (1974a) als auch im Gutachten von Schönberger (1974b) zur schulischen Situation körperbehinderter Kinder und Jugendlicher. Während der Bildungsrat die gemeinsame Unterrichtung öffnen wollte, verwies Schönberger auf Schwierigkeiten auf seiten der allgemeinen Schulen und auf die Vorzüge der Schulen für Körperbehinderte. Die KMK beharrte dann in ihrer Empfehlung von 1972 auf den tradierten Strukturen; erst die Empfehlung von 1994 brachte auch von offizieller Seite neue Überlegungen zum schulischen Ort der Sondererziehung.

Aufschlußreich sind andererseits die vom bereits erwähnten Verband Deutscher Sonderschulen (VDS) schon 1955 beschlossenen Richtlinien für den Unterricht und die Erziehung in den heilpädagogischen Sonderschulen. Zu ihnen zählten auch „Die Schulen für körperbehinderte Kinder" und „Die Krankenhausschulen". Für die Schulen für Körperbehinderte heißt es u.a. (VDS 1956, 175-177): Sie sind „heilpädagogische Sonderschulen für solche Kinder, die durch die Art ihres Körperschadens und die dadurch bedingten seelischen Belastungen eines besonderen heilpädagogischen, individuellen, psychologischen Unterrichtes bedürfen oder bei denen durch die jeweils vorhandene Krankheit eine heilpädagogische Sonderbeschulung notwendig ist." Es folgen dann nähere Umschreibungen der Schädigungsformen. Weiter heißt es: „Immer ist entscheidend, daß durch das Leiden eine Bewegungsbehinderung eintritt, die die gesamte Lebenshaltung tiefgehend beeinträchtigt. Trotzdem ist das körperbehinderte Kind nicht eine Verzerrung des Gesunden, sondern es bildet sich in ihm durch Wechselwirkung der verbliebenen Kräfte eine neue, anders geartete, aber doch wieder in sich geschlossene leiblich-seelische Einheit." Deutlich angesprochen wird die begrenzte Notwendigkeit der Sonderbeschulung: Wenn eine Körperbehinderung soweit gebessert ist, daß die Schüler ohne körperlich oder seelisch Schaden zu nehmen am Unterricht der Normalschule teilnehmen können, werden sie dorthin überwiesen. Leichter behinderte Kinder sollten ohnedies in der Normalschule verbleiben, sofern nicht „psychologische oder familiäre Gründe eine Einweisung in die Schule für körperbehinderte Kinder erforderlich machen". Ausdrücklich wird festgestellt: „Die geistige Struktur des körperbehinderten Kindes ist vielfach andersartig als die des Gesunden. Sie ist aber keineswegs krankhaft oder abnorm zu nennen, sondern unterliegt den allgemeinen Gesetzen der Psychologie." Offensichtlich hatte man aus den Verirrungen der Krüppel-Psychologie doch gelernt. Als Organisationsformen werden die Heimschule und die Tagesschule genannt. Sie sollen jeweils mit einer orthopädischen Heilanstalt oder Klinik verbunden sein. Und auch die Dominanz der Medizin wird fortgeschrieben, wenn es heißt: „Die Überwachung der Tagesschule durch einen Facharzt für Orthopädie, der Erfahrungen in der Körperbehindertenfürsorge hat, ist unbedingt sicherzustellen." Für die Heimschulen war dies sowieso selbstverständlich.

Wilken (1983, 253) stellt zur Entwicklung der Körperbehindertenpädagogik in der Nachkriegszeit fest: „Mit zunehmendem Nachweis erfolgreicher orthopädischer, unterrichtlich-erzieherlicher und beruflicher Rehabilitationsinitiativen erfolgte eine gewisse Öffnung der Förderbemühungen für körperlich Schwerbehinderte, deren intellektueller Status sich auf dem Niveau der Lernbehinderung bewegt. Bis in die Gegenwart hinein reicht jedoch die konsequente Verweigerung, Vorenthaltung und Reduzierung mehrdimensionaler Erziehung und Förderung für jene Gruppe mit schweren geistigen und zugleich körperlichen Beeinträchtigungen, deren biologische Existenz zwar durch den Fortschritt der Medizin relativ gesichert erscheint, deren pädagogische Rehabilitationsbedürftigkeit aber eine bedingungslose Erziehungswirklichkeit voraussetzt." Hier haben sich inzwischen aber Fortschritte ergeben: Kinder mit schwerster Behinderung (Fröhlich 1991b) werden insbesondere in Schulen für Körperbehinderte gefördert. Wilken (1983, 255) kritisiert andererseits, daß die Didaktik und Methodik der Körperbehindertenschulen nach dem Zweiten Weltkrieg nicht an den körperbehinderten-spezifisch adaptierten reformpädagogischen Konzeptionen anknüpfte, sondern ihre Aufgabe darin sah, die Bildungsziele und den Unterrichtsstoff der Regelschule für Körperbehinderte angepaßt zu vermitteln. Dies führte dazu, daß primär orthopädisch-technische Gesichtspunkte beachtet wurden. Erst unter dem Einfluß der Akademisierung der Lehrerbildung und der in den sechziger Jahren beginnenden Etablierung von Studiengängen für Körperbehindertenpädagogen wurde das Grundlagenwissen neu reflektiert.

3.8 Veränderte Aufgabenstellung der Schulen für Körperbehinderte

Die KMK (1972, 28) bestimmte die Aufgabenstellung der Schule für Körperbehinderte (Sonderschule) wie folgt: Sie „... nimmt Kinder und Jugendliche auf, die infolge ihrer körperlichen Behinderung oder der daraus folgenden psychischen Belastung am Unterricht der allgemeinen Schule nicht teilnehmen können." Die Schüler sollen befähigt werden, „mit ihren vorhandenen Kräften das ihnen erreichbare Höchstmaß an Leistungen zu finden und dadurch Vertrauen zu sich selbst gewinnen. Sie sollen lernen, zu einer realen Sicht ihrer Grenzen und Möglichkeiten zu gelangen, und dabei erfahren, daß sie trotz ihrer Körperbehinderung sinnvolle Aufgaben in der Gesellschaft erfüllen. Die Stoffauswahl muß die andersartige, oft eingeschränkte Entwicklung des körperbehinderten Schülers berücksichtigen. Krankengymnastische, beschäftigungstherapeutische und logopädische Einzel- und Gruppenbehandlung müssen während der gesamten Schulzeit in Zusammenarbeit mit dem Landesarzt durchgeführt werden und die Habilitation des Körperbehinderten unterstützen." Wegen ihres großen Einzugsbereichs ist die Schule in der Regel mit einem Schülerheim (Internat) zu verbinden. Soweit Schulen für Körperbehinderte an Kliniken und Heilstätten bestehen, sind sie selbständig. Auch diese Schulen sollten von Tagesschülern besucht werden können. Deutlich wird sowohl die eingeengte Aufgabenstellung auf die „Leistungsfähigen" als auch die „Emanzipation von der Medizin"; auch die Schulen in medizinischen Einrichtungen sollten „selbständig" sein, d.h. sie unterstehen der staatlichen Schulaufsicht und nicht einem Arzt.

Obwohl der Deutsche Bildungsrat (1974a) eine Neuorientierung forderte und sich für eine gemeinsame Unterrichtung aussprach, sperrte sich die Schulverwaltung gegen eine schulische Integration Behinderter. Im Bereich der Frühförderung und bei der Kindergartenerziehung Behinderter setzten Eltern dann aber mehr und mehr die integrative Förderung durch. In den Stadtstaaten Berlin und Hamburg wurden Schulversuche mit dem gemeinsamen Unterricht durchgeführt. Bereits Ende der siebziger Jahre analysierte Pohl (1977) das Problem der schulischen Integration von Körperbehinderten, wobei sie insbesondere die Gesamtschule im Blick hatte. Die Gegner der Integration gingen von der Unveränderbarkeit der Regelschulen aus, die dem spezifischen Erziehungs- und Bildungsanspruch der Körperbehinderten nicht gerecht wurden. Pohl (1977, 35) meinte, daß sich daraus nicht zwangsläufig die Aussonderung der Körperbehinderten in eigene Schulen ergeben müsse: „Denn nicht der behinderte Schüler sollte sich einer starren Form von Schule anpassen müssen, sondern die Institution Schule sollte so flexibel gemacht werden, daß auch Behinderte in ihr lernen können." Die Erwartungen richteten sich dabei auf die Versuche mit Gesamtschulen. Die von der KMK (1994) beschlossenen „Empfehlungen zur sonderpädagogischen Förderung in den Schulen" zogen dann die Konsequenz aus der Entwicklung der letzten zwanzig Jahre und sind offen für die Integration. Für die spezifischen Probleme der Unterrichtung Körperbehinderter in Regel- und Sonderschulen sind ebenfalls Empfehlungen der KMK zu erwarten.

Die vermehrte Integration in Regelschulen hat bereits zu einer veränderten Zusammensetzung der Schülerschaft an Schulen für Körperbehinderte geführt. Durch die Aufnahme der sogenannten Schwerstbehinderten seit den siebziger Jahren kam es an einzelnen Schulen zu einer deutlichen Verschiebung in Richtung motorisch und intellektuell stark beeinträchtigter Schüler. Aus einer Schule für Körperbehinderte mit heterogener Schülerstruktur, aber dem Auftrag differenzierte Bildungsabschlüsse auch für intellektuell Leistungsfähige zu vermitteln, könnte eine Schule für Schwerstbehinderte werden. Die Situation ist allerdings regional unterschiedlich, so daß generelle Aussagen wenig hilfreich sind. In einer bundesweiten Erhebung hat Wehr-Herbst (1997) die prozentuale Verteilung der verschiedenen Schülergruppen unter besonderer Berücksichtigung der Schwermehrfachbehinderten untersucht. Nach ihren Erkenntnissen streuen die Anteile bezüglich der Schwermehrfachbehinderten je nach Bundesland zwischen drei und zweiundzwanzig Prozent. Der Anteil dieser Gruppe wird also offensichtlich vielfach höher eingeschätzt, als er tatsächlich ist, was im Zusammenhang mit ihrem extremen sonderpädagogischen Förderbedarf stehen kann. Andererseits bildet die Gruppe der durchschnittlich intelligenten Schüler nur noch eine Größenordnung von etwa einem Viertel, wenn man die Flächenstaaten Nordrhein-Westfalen, Bayern und Baden-Württemberg zugrundelegt. Differenzierung und Individualisierung des Unterrichts haben demnach an Bedeutung weiter zugenommen.

Oskamp (1993, 29) hat sich mit den notwendigen differenzierten Hilfen und dem Wandel der Schülerschaft auseinandergesetzt und stellt einleitend fest: „Ein Blick auf die Schulen für Körperbehinderte ergibt heute ein sehr widersprüchliches Bild. Die meisten Eltern stehen hinter dieser Schulform. Sie sehen die aufopfernde, fachlich richtige und menschlich nahe Arbeit der Fachkräfte und die Weiterentwicklung ihrer Kinder. Es mehren sich aber auch Berichte über Streitigkeiten mit Eltern, die ihre Kinder nicht auf die Sonderschule schicken wollen. Das Wahlrecht der Eltern ist nicht selbstverständlich. Von Bundesland zu Bundesland verschieden sind auch die Schulorganisation und die Ziele des Unterrichts. In der Praxis finden die Bedürfnisse schwerstbehinderter Schüler nicht überall Berücksichtigung. Das Verhältnis von Therapie und Pädagogik wird sehr unterschiedlich gesehen." Durch veränderte Schulgesetze haben einzelne Bundesländer inzwischen den Eltern eine vermehrte Mitsprache bei der Bestimmung des Förderorts eingeräumt. Ein Urteil des Bundesverfassungsgerichts vom Oktober 1997 schränkt das Wahlrecht der Eltern aber ein. Danach haben behinderte Kinder keinen generellen Anspruch auf gemeinsamen Unterricht mit Nichtbehinderten. Die Verfassungsbeschwerde eines querschnittsgelähmten dreizehnjährigen Mädchens aus Niedersachsen wurde zurückgewiesen. Das Gericht entschied, das Land könne von der Einführung des gemeinsamen Unterrichts absehen, wenn dieser aus organisatorischen, personellen oder finanziellen Gründen unvertretbar erscheine.

Dieses Urteil wird nicht ohne Auswirkungen auf die praktische Umsetzung der schulischen Integration Körperbehinderter bleiben. Der Trend, vor allem die intellektuell Leistungsfähigen in Integrationsklassen zu unterrichten, dürfte sich aber fortsetzen. Die Schule für Körperbehinderte muß deshalb ihre Aufgabenstellung neu bestimmen. Sie ist nicht mehr der primäre sonderpädagogische Förderort und sollte deshalb zu einem **Förder- und Bildungszentrum für Körperbehinderte** weiterentwickelt werden. Neben ihrer Aufgabe der separierten Unterrichtung und Erziehung, die je nach individueller und soziokultureller Ausgangslage auch künftig notwendig sein kann, muß sie auch die Förderung der Körperbehinderten sicherstellen, die in allgemeinen und beruflichen Schulen unterrichtet werden. Dies setzt aber eine Änderung im Selbstverständnis der Institution und der dort tätigen pädagogischen und therapeutischen Fachkräfte voraus. Es ergibt sich eine neue Aufgabenstellung als **Kontaktschule** für Schüler in integrativen Klassen der allgemeinen Schulen. Neben ihrer Beteiligung bei der Feststellung des **individuellen Förderbedarfs** und der Festlegung des geeigneten **Förderorts** sollten Körperbehindertenpädagogen auch einen **individuellen Förderplan** für jeden Schüler erstellen und seine Verwirklichung unterstützen.

Im Falle der integrativen Unterrichtung Körperbehinderter sollten Mitarbeiter des pädagogisch-therapeutischen Teams die sonderpädagogische Begleitung und Unterstützung übernehmen und in allen auftretenden Fragen und Problemen im Zusammenhang mit der Behinderung beraten. Ziel muß es sein, den jungen Menschen mit Körperbehinderung dauerhaft oder doch wenigstens zeitweise am gemeinsamen Unterricht teilhaben zu lassen. Als Ergänzung der integrativen Pädagogik ist die notwendige medizinische Therapie (Krankengymnastik, Ergotherapie, Bewegungserziehung, Sprachtherapie) sicherzustellen.

Dies kann auch im **Förder- und Bildungszentrum für Körperbehinderte** erfolgen, zu dessen Aufgaben im übrigen gehören sollte: (1.) Angemessene **Aufklärung und Beratung** der Mitarbeiter in den sogenannten Regelschulen über die Körperschädigung und ihre Auswirkungen sowie die sozial-emotionale Situation Körperbehinderter. (2.) Bereitstellung **apparativer und technischer Hilfen** sowie Sicherstellung notwendiger **medizinischer Therapien.** Außerdem Unterstützung insbesondere für Schüler mit Lern- und Entwicklungsschwierigkeiten durch geeignete Maßnahmen ohne Aussonderung aus der Regelschule. (3.) Durchführung von Kursen für einzelne Adressatengruppen mit jeweils relevanten Themen. So z.B. **Kurse für Schüler**: Nutzung technischer und apparativer Hilfen für den Schulunterricht und für Alltagsanforderungen (Nutzung öffentlicher Verkehrsmittel, Erwerb des Führerscheins, private Haushaltsführung, Freizeitgestaltung). Nachhilfe- und Aufholkurse bei Lernrückständen. **Kurse für Lehrkräfte:** Informationen über spezielle Lehr- und Lernmittel und Besonderheiten des Lernens bei Körperbehinderten. **Kurse für Eltern**: Eltern-Kind-Problematik als Folge der Behinderung, Lebens- und Berufsperspektiven für junge Körperbehinderte allgemein und bei spezifischen Auswirkungen der Behinderung. (4.) **Krisenintervention** und Lebensberatung bei behinderungsbedingten Krisen (z.B. bei Kindern mit progredienten Muskelerkrankungen) und bei Krisen in der Identitätsbildung (z.B. bei Kindern mit Spina bifida in der Pubertät). (5.) Beratung und Begleitung im Berufswahlprozeß, bei der Berufsausbildung und bei der **beruflich-sozialen Eingliederung** (Einrichtung eines behindertengerechten Arbeitsplatzes, Ausstattung einer behindertengerechten Wohnung, Finanzierung nach einschlägigen Bestimmungen des Arbeits- und Sozialrechts). (6.) Vorbereitung auf **Lebensformen nach Schule und Ausbildung** mit und ohne Erwerbsarbeit.

Integrative Erziehung sollte nicht verabsolutiert werden; sie legitimiert sich dadurch, daß sie den Bedürfnissen eines Körperbehinderten nach Entfaltung seiner Persönlichkeit besser oder ebenso gut gerecht wird wie die separierte Erziehung in Sonderschulen. Dabei muß sowohl auf kognitive Fähigkeiten und soziale Kompetenzen als auch auf die lebenspraktische Selbständigkeit geachtet werden. Für den Fall des Auftretens von Schwierigkeiten oder gar eines Scheiterns der integrativen Unterrichtung in allgemeinen Schulen muß eine Rückzugsmöglichkeit in Form des Förder- und Bildungszentrums für Körperbehinderte vorhanden sein. Der junge Mensch muß wissen, daß er dort ohne Vorbehalte seine Schulausbildung zeitweise oder dauernd fortsetzen kann. Eine flexible Förderung bedeutet auch, daß sowohl ein zeitweiliger Wechsel zwischen den Förderorten Sonder- und allgemeine Schule als auch eine gleichzeitige Zugehörigkeit zu beiden Institutionen möglich ist. Erst wenn ein „Pendeln" der Schüler und Lehrkräfte selbstverständlich ist, kann von einer gemeinsamen Aufgabe bei der pädagogischen Förderung gesprochen werden.

4. Schulpädagogik für Körperbehinderte

Im Lebenslauf eines Menschen mit angeborener oder im Kindes- und Jugendalter erworbener Körperbehinderung kommt der Schulpädagogik (Didaktik und Methodik) ein hoher Stellenwert zu. Die Schule bildet die Brücke zum Erwachsenenleben. Ihre organisatorische Struktur, ihre Erziehungs- und Bildungsziele, ihre personelle und materielle Ausstattung haben erheblichen Einfluß auf die Berufs- und Lebenschancen ihrer Schüler. Schüler mit Mehrfach- und Schwerstbehinderung stellen dabei besondere Anforderungen, weshalb auf ihre Förderung gesondert eingegangen wird (siehe Kapitel 5).

4.1 Allgemeine Didaktik und Methodik

Als verstehende und erklärende Sozialwissenschaft hat sich Didaktik empirischer Befunde zu versichern. Dies gilt im besonderen für Bereiche der Didaktik, die sich mit Erziehung und Unterricht für Behinderte befassen. So können Körperbehinderte nur dann angemessen unterrichtet werden, wenn ihre individuellen Lernvoraussetzungen in bezug auf Kogniton, Motorik und Sozialentwicklung beachtet werden. Grundlage ist dabei die Allgemeine Didaktik, deren Grundwissen systematisch geordnet ist und in Gesamtdarstellungen präsentiert wird (etwa Kron 1993). Im Zentrum der Didaktik steht die Unterrichtsplanung; sie wurde in zahlreichen Arbeiten für die Erfordernisse einzelner Schularten und Schulstufen dargestellt; eine prägnante Übersicht zu Grundfragen, Modellen, Stufen und Dimensionen gibt Peterßen (1992).

Das Wort **Didaktik** (griechisch: didaktika techne „Lehrkunst") bedeutet lehren, unterrichten, etwas beweisen, sich mit etwas gründlich auseinandersetzen. Im weiteren Sinne kann Didaktik als „Wissenschaft vom Lehren und Lernen" verstanden werden. In diesem Verständnis umfaßt Didaktik nicht nur die Fragen nach den Zielen und Inhalten, sondern auch die nach der Organisation, den Wegen und Lernhilfen. Begrenzt man Didaktik auf die Fragen nach dem „Wie" des Lehrens und Lernens, so kommt der Begriff Methodik (griechisch: methodus „Weg, etwas zu erreichen") ins Spiel. Die **Methodik** wird als „Wissenschaft von den Unterrichts- und Lehrverfahren" bezeichnet und untersucht den Weg und die Verfahrensweisen, wie in Erziehung, Unterricht und Ausbildung die jeweiligen Ziele erreicht werden sollen. Dabei wird dann meist vorausgesetzt, daß die Festlegung der Erziehungs- und Lernziele bereits erfolgte.

4.1.1 Unterschiedliche didaktische Ansätze

Obwohl die Grundstruktur des didaktischen Feldes weitgehend konstant ist, kam es hinsichtlich der Betrachtung des Umfelds didaktischer Entscheidungen zur Ausprägung unterschiedlicher didaktischer Konzepte und Modelle. Einige bedeutsame Ansätze sollen skizziert werden:

Bildungstheoretische Didaktik: Sie wurde auf der Grundlage der geisteswissenschaftlichen Pädagogik entwickelt; ihr zentraler Begriff ist „Bildung". Geklärt werden sollen vor allem die Voraussetzungen für einen bildungswirksamen Unterricht und die Auswahl geeigneter Inhalte. Bildung kommt durch die Begegnung mit bildungsträchtigen Inhalten zustande. **Lerntheoretische Didaktik:** Im Mittelpunkt steht der „Lernbegriff"; alle am Lehren und Lernen beteiligten Faktoren sollen erfaßt und im Blick auf unterrichtliche Entscheidungen analysiert werden. Sie orientiert sich an empirisch-analytischen Wissenschaftsauffassungen. **Kommunikative Didaktik:** Angestrebt wird ein Unterricht, der „emanzipatorisch" wirkt, d.h. aus Abhängigkeiten herausführt. Der Weg zu einem solchen Unterricht wird unter dem Begriff „Kommunikation" gefaßt. Aufgabe der Didaktik ist es, alle Bedingungen zu erhellen, die zu einem emanzipationsfördernden Unterricht führen. **Informationstheoretische Didaktik:** Es wird davon ausgegangen, daß die Vermittlung von „Informationen" steuerbar ist. Bei der „Steuerung" lassen sich Erkenntnisse und Vorstellungen der Informationstheorie zugrunde legen. Die Lehrpläne gelten als vorgegeben. Didaktische Fragen sind dann nur noch insoweit zu lösen, als optimale Steuerungsmechanismen gefunden werden müssen, um die Ziele zu erreichen.

Ein wichtiges Kriterium zur Beurteilung didaktischer Ansätze ist ihre Brauchbarkeit hinsichtlich der Vorbereitung, Durchführung und Reflexion von Unterricht und Ausbildung. Als brauchbar erweisen sich sowohl die Bildungs- als auch die Lerntheoretische Didaktik, weshalb auf sie eingegangen wird.

Das „bildungsphilosophische Stratosphärendenken", das von Paul Heimann (1970) einzelnen Ansätzen vorgeworfen wurde, trifft auf die Anwendung der Bildungstheoretischen Didaktik in der Praxis, wie sie von Wolfgang Klafki (1964) als **„Didaktische Analyse"** entwickelt worden ist, nicht zu. Im Mittelpunkt steht die Aufgabe, den Bildungsgehalt eines im Lehrplan vorgesehenen Themas abzuklären. Dabei gibt es kein allgemeingültiges, sondern immer nur ein auf eine bestimmte Situation im Lehr-Lern-Prozeß bezogenes Ergebnis. Nach Beantwortung der Fragen zur Thematik folgen die Klärungen und Entscheidungen zur Methodik, die der Didaktischen Analyse nachgeordnet ist. Nach Klafki (1964, 23) erfordert die Methodik folgende Schritte: (1) Gliederung des Unterrichts in Abschnitte, Phasen oder Stufen. (2) Wahl der Unterrichts-, Arbeits-, Spiel-, Übungs-, Wiederholungsformen. (3) Einsatz von Hilfsmitteln (Lehr- und Lern- bzw. Arbeitsmittel). (4) Sicherung der organisatorischen Voraussetzungen des Unterrichts. Klafki (1996) hat seinen Ansatz inzwischen zu einer **Kritisch-konstruktiven Didaktik** weiterentwickelt. Deren Elemente sind das exemplarische Lehren und Lernen (auch als selbsttätiges, rekonstruktiv-entdeckendes Lernen verstanden) und die innere Differenzierung des Unterrichts. Klafki setzt sich mit der Wissenschaftsorientierung des Unterrichts ebenso auseinander wie mit Sinn und Unsinn des Leistungsprinzips in der Erziehung. Die Analyse im Sinne kritisch-konstruktiver Didaktik behandelt er eingehend und zeigt ein Perspektivenschema zur Unterrichtsplanung auf (Klafki 1996, 272). Die sozio-kulturell vermittelten Ausgangsbedingungen einer Lerngruppe werden berücksichtigt, was gerade für den Unterricht mit Körperbehinderten wichtig ist.

4.1.2 Grundlinien der Lerntheoretischen Diaktik

Paul Heimann (1970) hat dieses Didaktik-Modell in kritischer Auseinandersetzung mit der Bildungstheoretischen Didaktik entwickelt. Insbesondere von seinem Schüler Wolfgang Schulz (1980) wurde seine Lerntheoretische Didaktik
dann weiterentwickelt. Da dieses Modell den Lernvoraussetzungen der Schüler
einen hohen Stellenwert einräumt und auch die Folgen pädagogischen Handelns reflektiert, eignet es sich besonders für die Analyse und Planung von
Unterricht mit Körperbehinderten.

Heimann (1970, 9) hat seine didaktische Fragerichtung wie folgt umrissen:
„Die Didaktik wird hier als Theorie des Unterrichts verstanden, der Unterricht
als Ort, wo die ungelösten Fragen der didaktischen Gesamtsituation als konkret
zu lösende Lehr- und Lernprobleme auftreten. Einer solchen Theorie kommt es
zu, alle im Unterricht auftretenden Erscheinungen unter wissenschaftliche Kontrolle zu bringen. Dabei ist grundsätzlich die Totalerfassung aller im Unterrichtsgeschehen wirksamen Faktoren angestrebt. In der konkreten Analyse und
Planung kann dieses Modell immer nur approximiert werden. Die Begriffsbildung orientiert sich weniger an einer bildungstheoretischen als an einer schlich-
ten lerntheoretischen Auffassung vom Unterricht."

Bei der **Strukturanalyse von Unterricht** ist folgendes zu beachten: Für den
Erfolg pädagogischen Handelns in Lehr-Lern-Prozessen ist es entscheidend, daß
möglichst alle Faktoren „unter Kontrolle" gebracht werden. Die lerntheoretische Didaktik unterscheidet dazu in Bedingungsfelder, in eine Bedingungsprü-
fung und in Entscheidungsfelder. Zu den **Bedingungsfeldern**, die gerade auch im
Blick auf Lernende mit Behinderungen bedeutsam sind, zählen:

a) Die **anthropogenen Voraussetzungen**: Die Individuallage des Betroffenen,
also die konkreten Behinderungsauswirkungen im Bereich von Wahrnehmung,
Verarbeitung, Speicherung (Gedächtnis) auf sein Lernen. Die Schul- und Ausbil-
dungssituation, also die konkreten Verhältnisse in Schule, Betrieb, Übungsfirma, Berufsbildungs- oder Berufsförderungswerk. Die Situation in der Lerngruppe, also etwa die Zusammensetzung der Schulklasse oder Gruppe hinsichtlich
unterschiedlicher Behinderungen der Gruppenmitglieder, des Lebensalters, des
Geschlechts und der „Vorbildung" der einzelnen Lernenden.

b) Die **soziokulturellen Voraussetzungen**: Die Konzeptionen der Schulpoli-
tik, die einschlägige Schulgesetzgebung und die tatsächliche Praxis in den Einrichtungen der Rehabilitation, also etwa auch die beruflichen Einstellungen der
Lehrkräfte und ihre spezifische Qualifikation zur Bewältigung ihrer beruflichen
Aufgaben. Die Vorgaben zur Ermöglichung rehabilitativer Prozesse, so etwa die
Ausstattung der Schulen mit Lehr- und Lernmitteln, die Lehr- und Ausbildungspläne, die zeitlichen Rahmenbedingungen für einzelne Maßnahmen.

Die vier **Entscheidungsfelder** sind: (1) Ziele und Intentionen des Unterrichts
bzw. der Ausbildung; (2) Themen und Inhalte bzw. Gegenstände; (3) Methoden
und Verfahren bzw. Vorgehensweisen; (4) Medien bzw. Lehr- und Lernmittel. In
diesen vier Feldern des Unterrichts oder der Ausbildung muß der Lehrer und
Ausbilder ständig Entscheidungen treffen. So muß entschieden werden: Welche
Intentionen verfolgt werden sollen, welchen Zweck bestimmte Handlungen
haben sollen, welche Dimensionen der Persönlichkeit angesprochen werden sollen – vorrangig die kognitiv-wissensmäßige, die psychomotorische oder die
emotional-soziale Dimension. Welche **Themen** auszuwählen sind, welche Bei-

spiele, Modelle, Verfahren zum Gegenstand des Lehrens und Lernens gemacht werden sollen, welche Kenntnisse gesichert, welche Fähigkeiten und Fertigkeiten fest verankert werden sollen. Wie das Lehren und Lernen organisiert, auf welche **Methoden** zurückgegriffen werden soll, welche Sozialformen (Frontal-, Kreis-, Gruppen- oder Einzelunterricht, Partner- oder Kleingruppenarbeit) zu wählen sind. Welche **Medien** einzusetzen sind, die sich in bezug auf die Ziele, Themen und Methoden, aber auch in bezug auf die individuellen Voraussetzungen der Teilnehmer besonders eignen.

Unterricht und Ausbildung werden durch folgende **Bedingungen** konstituiert:

(1) **Intentionalität**: Von anderen Kommunikations- und Sozialisationsprozessen unterscheiden sich Unterricht und Ausbildung durch die Absichtlichkeit der pädagogischen Handlungen. Es geht nicht um die unmittelbare Lösung von Sachproblemen oder um das Verrichten von Arbeiten, sondern um eine Vorbereitung auf künftige Anforderungen. Insofern sollen möglichst günstige Verhaltensdispositionen zur Lösung lebens- und berufspraktischer Aufgaben geschaffen werden. (2) **Planmäßigkeit**: Wer unterrichtet und unterweist, macht seine Einwirkungen auf Lernende nicht von zufälligen Lernanlässen abhängig, sondern arrangiert planmäßig Lern- und Übungssituationen, die den Erwerb komplexer Befähigungen ermöglichen. Auch wenn der Weg eines „offenen Unterrichts" gegangen wird, muß ihm eine Planmäßigkeit in bezug auf die Ziele und Inhalte „hinterlegt" sein. (3) **Institutionalisierung**: Weil die Vermittlung spezifischer Kenntnisse, Fähigkeiten und Fertigkeiten ein gesellschaftliches Bedürfnis nach „kompetenten" Gesellschaftsmitgliedern für die vielfältigen Aufgaben einer arbeitsteiligen Gesellschaft darstellt, werden Institutionen in Form von Schulen, Ausbildungswerkstätten, Berufsbildungswerken, Berufsförderungswerken geschaffen, in denen relativ unabhängig vom Wechsel der Lehrenden und Lernenden Unterricht und Ausbildung organisiert werden. (4) **Professionalisierung**: Die Durchführung planmäßiger und institutionalisierter Lehr- und Lernprozesse ist auf Dauer nur möglich, wenn ausgebildete, haupt- oder nebenberuflich tätige Fachkräfte zur Verfügung stehen.

Entscheidungen hinsichtlich der Ziele sind im Bereich der schulischen und beruflichen Rehabilitation durch Lehr- und Ausbildungspläne nur begrenzt möglich. Andererseits bleibt hier ein großer Handlungsbedarf, wenn allgemeine Ziele auf die Voraussetzungen Einzelner oder bestimmter Lerngruppen hin festgelegt werden müssen. Allgemein läßt sich sagen, daß die Ziele darauf gerichtet sind, den Lernenden zu befähigen, alle im privaten und beruflichen Leben auftretenden Anforderungen zu bewältigen und den ihm möglichen Handlungsspielraum selbständig zu nutzen. Lernen vollzieht sich auf mindestens zwei Ebenen: auf einer kognitiven (vom Verstand bestimmten) und auf einer affektiven (vom Gefühl bestimmten). Beide Lernebenen müssen angesprochen werden; die kognitiv-rationalen Lernvorgänge werden durch die emotionalen und sozialen Bedingungen, unter denen gelernt wird, begünstigt oder erschwert.

4.2 Grundfragen der Didaktik für Körperbehinderte

Als **Problem- und Aktionsbereich** befaßt sich die Didaktik für Körperbehinderte analog zu anderen sonderpädagogischen Fachrichtungen (für die Sehgeschädigten Schindele 1985) mit der Theorie, Praxis und Erforschung der Einflußnahme auf den Menschen mit dem Ziel, durch Lehren und Lernen positive Veränderungen in dessen Verhalten, Kenntnissen und Fertigkeiten zu erreichen. Sie umfaßt auch die Planung, Begründung und Reflexion der beeinflussenden Maßnahmen und die Auswahl der Inhalte und Gegenstände, mit deren Hilfe die jeweilige Beeinflussung erreicht werden soll.

Körperbehinderte Kinder und Jugendliche werfen in bezug auf Erziehung und Unterricht spezifische Probleme auf, die einerseits in ihren körperlichen Beeinträchtigungen, andererseits aber auch in den Bedingungen ihrer Entwicklung begründet sind. Die Schädigungen ihres Körpers im weitesten Sinne, wobei Gliedmaßenfehlbildungen ebenso eine Rolle spielen, wie Erkrankungen des Nervensystems oder der Muskulatur, machen eine Lebensführung notwendig, in der ärztliche Behandlungen, medizinische und psychologische Therapien sowie Krankenhausaufenthalte bestimmend werden können. Allerdings gibt es auch dabei große Unterschiede, so daß immer die individuelle Ausgangslage erkannt und beachtet werden muß. Das Staatsinstitut für Schulpädagogik (1993, 9-27) beschreibt den **Personenkreis** der Schüler mit Körperbehinderung anhand der Schulordnung für die Schulen für Körperbehinderte in Bayern; danach sind diese Schulen für Kinder und Jugendliche bestimmt: 1. deren **Bewegungsfähigkeit** durch Fehlformen oder Fehlfunktionen des Stütz- oder Bewegungssystems oder aus anderen Gründen nicht nur vorübergehend wesentlich beeinträchtigt ist, oder 2. deren **körperliches Leistungsvermögen** infolge von Erkrankung, Schädigung oder Fehlfunktion eines inneren Organs oder der Haut in erheblichem Umfang eingeschränkt ist, oder 3. die durch **Mißbildungen** (Spaltbildungen) des Gesichts oder des Rumpfes belastet sind.

Aus all diesen Schädigungen, Erkrankungen und Verletzungen können sich **Besonderheiten in bezug auf den Unterricht** ergeben; erschwerend ist dabei aber, daß man nicht verallgemeinernd vom „Körperbehinderten" ausgehen darf, sondern auch hierbei jeden einzelnen Lernenden betrachten muß: 1. Der **Zugang zur Lebenswelt** der Sachen und Personen kann durch Störungen kognitiver Prozesse wie der Wahrnehmung und Verarbeitung von Umweltreizen und Sinneseindrücken erheblich beeinträchtigt sein. 2. Die **Gefahr von Fehlentwicklungen und Retardierungen** in Persönlichkeitsdimensionen wie der Kommunikation, der Psychomotorik und des sozial-emotionalen Verhaltens ist dabei gegeben. 3. Bei vielen körperbehinderten Kindern und Jugendlichen ist mit Auswirkungen zu rechnen, die als **konsekutive** (nachfolgende/abgeleitete) und **mehrfache Behinderungen** in Erscheinung treten. So können die Sinnesfunktionen des Sehens und Hörens und die physische Leistungsfähigkeit ebenso betroffen sein wie die Intelligenz. 4. Zurückzuführen ist das sowohl auf die Schädigungen als auch auf **mangelnde** familiäre, vorschulische und schulische **Förderung**. Nur durch intensive Frühförderung und eine gezielte Weiterführung in den Eingangsklassen der Primarstufe (Grundschule) können Erfahrungs- und Lernrückstände vermieden werden. 5. Die Inhomogenität bzw. **Heterogenität** ist demnach in Klassen der Schule für Körperbehinderte das Vorherrschende; über die übliche Variabilität zwischen Schülern hinaus ist die individuelle Art und Schwere sowie die Kombination von Merkmalen der Behinderung zu beachten.

Bei der Analyse und Planung von Erziehung und Unterricht sollte unterschieden werden zwischen: 1. der **diagnostizierten Schädigung** selbst, die zwar medizinisch behandelt, aber nicht eigentlich geheilt werden kann, 2. der möglichen **Fähigkeitsstörung** im Sinne funktioneller Beeinträchtigungen und Folgeerscheinungen, die durch umfassende Förderung und Gestaltung der Umwelt reduziert werden können, 3. der **Beeinträchtigung** im Lebensvollzug, der sozialen Stellung und der Teilnahme am gesellschaftlichen Leben, einschließlich einer Teilhabe am Berufs- und Arbeitsleben. Diese Betrachtung orientiert sich an der praktischen Anwendung der ICIDH-Klassifikation der WHO (Weltgesundheitsorganisation, siehe Kapitel 1.3).

Fragt man nach den übergreifenden **Rehabilitationszielen** für junge Körperbehinderte, so sind zu nennen: 1. In Lern- und Lebenssituationen sind die **Auswirkungen der Körperbehinderung** so gering wie möglich zu halten. Dies kann nicht zuletzt durch geeignete Förderung und Therapie sowie durch die Nutzung von Hilfsmitteln erreicht werden. 2. Es muß verhindert werden, daß **Folgewirkungen der Körperbehinderung** auftreten, die bei konsequenter Erziehung und durch therapeutische und pädagogische Maßnahmen vermeidbar sind. 3. Die **funktionellen Beeinträchtigungen und Fähigkeitsstörungen**, die sich aus der Behinderung ergeben können, sollen in Lern- und Lebenssituationen so gering wie möglich gehalten werden. Dies kann durch eine konsequente Erziehung zur Selbständigkeit und zur Verwendung von Hilfsmitteln angestrebt werden, indem unter Einsatz spezieller Arbeitstechniken und Strategien auf reale Lebenssituationen vorbereitet wird (Beispiel: Rollstuhltraining bei Gehunfähigkeit). 4. *Soziale, berufliche und kulturelle Kompetenzen* müssen durch Auswahl geeigneter Lerngegenstände und methodischer Optimierung der Lernprozesse vermittelt werden, wobei auf die tatsächlichen individuellen Bedingungen Rücksicht zu nehmen ist. Die Motivation sollte soweit als möglich intrinsisch sein; d.h. der Lernende sollte das aus eigenem Antrieb tun, was für seine Verselbständigung nützlich ist. 5. Die **psychosozialen Probleme**, die bei der Bewältigung der Auswirkungen einer Körperbehinderung auftreten können, sind aufzugreifen. Durch Beratung, Selbstsicherheitstraining und Stärkung der Eigenkräfte ist die Persönlichkeitsentwicklung zu begleiten.

Die spezifischen Probleme der Erziehung und des Unterrichts bei Menschen mit Körperbehinderungen wurden seit den Anfängen einer fachlichen Beschäftigung mit ihnen im ausgehenden 18. Jahrhundert vielfach erörtert. Dabei standen oft Nützlichkeitserwägungen im Vordergrund, wie etwa ihre Erwerbsbefähigung, um sie von der Unterstützung durch andere unabhängig zu machen. Seit der Bildungsanspruch aller Kinder ohne Ansehen ihrer Herkunft sowie ihres körperlichen und geistigen Zustands spätestens in den siebziger Jahren dieses Jahrhunderts anerkannt wurde, geht es nicht nur um Schule und Unterricht, sondern auch um die familiäre Erziehung und eine umfassende Förderung. So gehen Schmeichel und Schmeichel (1978) in ihren Überlegungen zur „Hilfe für körperbehinderte Kinder" von der Familie aus und wollen vor allem bei den Eltern Verständnis für die Bedürfnisse ihres Kindes wecken. Erst die Zusammenarbeit zwischen Eltern und pädagogisch-therapeutischen Fachkräften schafft optimale Bedingungen für die Persönlichkeitsentwicklung junger Körperbehinderter.

4.3 Besonderheiten des Unterrichts mit Körperbehinderten

Die Besonderheiten, die sich im Unterricht mit Körperbehinderten in Sonderschulen und allgemeinen Schulen ergeben, liegen in den Unterrichtsbedingungen, die einer gesonderten Analyse zu unterziehen sind; dabei ist daran zu denken, daß die jeweiligen Bezugslehrpläne und die dort ausgewiesenen curricularen Elemente (Lernziele, Inhalte, Methoden, Medien, Lernkontrolle) auf die individuellen Voraussetzungen im somatischen, psychischen, sozialen und situativen Bereich adaptiert werden müssen. Die organisatorischen, räumlichen und baulichen Bedingungen (Zeiten für Therapie im Stundenplan, Flächenbedarf für Rollstuhlfahrer, Zugänglichkeit der einzelnen Räume und Stockwerke im Gebäude) müssen ebenso beachtet werden, wie die spezifischen Qualifikationen der Pädagogen und Therapeuten des Mitarbeiterteams einer Klasse oder Lerngruppe.

Der Schwerpunkt der Didaktik als Teil der Schulpädagogik für Körperbehinderte liegt in der Planung, Vorbereitung, Durchführung und Reflexion von Unterricht. Die Strukturelemente dazu liefert die Allgemeine Didaktik mit ihren konkurrierenden Konzepten. Für Körperbehinderte müssen Adaptionen vorgenommen werden:

Intentionaler Bereich: Hier geht es um die Schwerpunkte des Lernens und der Förderung, um den Erwerb von Kompetenzen und (Schlüssel-)Qualifikationen. In der Praxis wird auch von **Förderschwerpunkten** gesprochen. Nach wie vor können dabei drei Ebenen unterschieden werden: (1) **Leit- und Richtziele**; in ihnen soll das formuliert werden, was insgesamt beabsichtigt ist und angestrebt wird. (2) **Grobziele**; sie zeigen, welche Bereiche der übergeordneten Ziele erreicht werden sollen, und lassen sich einzelnen Gegenständen und Lernbereichen zuordnen. (3) **Feinziele**; sie sollen möglichst konkret beschrieben werden, damit überprüft werden kann, ob sie erreicht wurden. In ihnen drückt sich das aus, was in einer Zeit- oder Unterrichtseinheit gelehrt und gelernt werden soll.

Beispiel: Auf der **Richtzielebene** wird die Selbstverwirklichung in sozialer Integration angestrebt. Als Grobziele kommen dann in Frage: Die Verselbständigung im lebenspraktischen Bereich oder das Beherrschen der Kulturtechniken des Lesens und Schreibens als Grundlage der schriflichen Kommunikation. Feinziele müssen in bezug auf den Entwicklungs- und Lernstand abgeleitet werden. Auf der **Grobzielebene** kommen für Körperbehinderte besonders in Betracht: ein gut entwickeltes und ausgeglichenes Selbstkonzept, eine möglichst unabhängige Fortbewegung; Techniken der Kommunikation und des Lernens trotz behinderungsbedingter Beeinträchtigungen; lebenspraktische Selbständigkeit und Selbstbestimmung. Diese Ziele sollten mit dem Betroffenen gemeinsam bestimmt und in längerfristig angelegten Förderplänen festgehalten werden. Eine überlegte Auswahl der Ziele hinsichtlich Reichweite und Anzahl erfordert die **Feinzielebene**, wobei durch Differenzierung und Individualisierung auf die individuellen Bedingungen einzelner Schüler einzugehen ist.

Inhalte und Gegenstände: Die Vorgaben in den **Bezugslehrplänen und Richtlinien**, die sich an Nichtkörperbehinderte oder an Behinderte mit besonderen Beeinträchtigungen (Lernbehinderung, geistige Behinderung, Schwerstbehinderung) wenden, sind zwar grundsätzlich verbindlich, müssen aber angepaßt werden. So kann etwa das Schreibenlernen im Anfangsunterricht mit Körperbehinderten grundlegend andere Inhalte erfordern: die Arbeit mit einer Tastatur zur Bedienung eines Personalcomputers, die Verwendung einer Schablone und eines Stiftes, um die Tastatur trotz feinmotorischer Störungen bedienen zu können.

Es müssen also **alternative und ergänzende Inhalte** ausgewählt werden. Hinzukommen dann noch Gegenstände, die nur bei bestimmten Beeinträchtigungen relevant sind; so z.B. eine Bliss-Tafel oder ein Kommunikationsgerät für Nichtsprechende. Das Erlernen der Bliss-Symbole oder die Handhabung des Geräts erfordern eine eigene Lernstruktur. Diese zusätzlichen Inhalts- und Gegenstandsbereiche können auch in einem **Zweiten Curriculum** zusammengefaßt werden. Dort wären alle didaktischen Elemente (Ziele, Inhalte, Methoden und Medien) zu benennen, die zu berücksichtigen sind, damit ein Körperbehinderter über die Kenntnisse, Fähigkeiten und Haltungen verfügt, die zur Bewältigung von Anforderungen im Alltagsleben und für die spätere Teilnahme am Berufs- und Arbeitsleben notwendig sind.

Methodik des Unterrichts: Hier geht es zunächst um die **Artikulation des Unterrichtsgeschehens** im Sinne einer Strukturierung und Sequentierung. Es muß überlegt werden, welche unterrichtlichen Schritte aufeinanderfolgen sollen und welche Funktion sie jeweils haben. Dabei spielen sachlogische Gesichtpunkte eine Rolle: Wie kann man die Inhalte strukturieren, um einen systematischen und logischen Zusammenhang erkennbar zu machen? Hinzu kommen Fragen nach den psychosozialen Aspekten des Lernens: Was findet Interesse? Wie wird die Motivation für bestimmte Inhalte sein? Schließlich sind auch organisatorische Aspekte und der Medieneinsatz zu bedenken.

Bei der **Methodenkonzeption** sind übergreifende Fragen nach Konzepten des ganzheitlichen, exemplarischen oder des Epochenunterrichts zu klären. Zu fragen ist nach dem lehrerzentriert-darbietenden und selbstentdeckend-selbsttätigen Unterricht sowie nach Möglichkeiten des Offenen Unterrichts und des Projektunterrichts. Die Formen der **Vermittlung und Erarbeitung** sowie die dazu passenden Techniken des Lernens sind zu bestimmen: Lehrervortrag, Demonstration, Schülervortrag, lehrer- oder schülerzentrierter Unterricht, Unterrichtsgespräch usw. Hierbei geht es vor allem um Vielfalt und Offenheit in den Formen, aber auch um Klarheit und Ergebnisorientierung. Die Arbeits- und Erarbeitungstechniken können dabei eine eigenständige Bedeutung erlangen. Nicht vergessen werden dürfen die **Sozial- und Interaktionsformen**; dazu müssen didaktische Entscheidungen getroffen werden. Soziale Kommunikation und Interaktion sowie die Kooperation zwischen Schülern, Schülergruppen und den Pädagogen in der Klasse müssen angeregt und gestaltet werden. Beispiele für Sozialformen sind: Einzelarbeit, Partnerarbeit, Gruppenarbeit, Arbeit mit der ganzen Klasse, Team-Teaching.

In Klassen der Schule für Körperbehinderte ist die **Teamarbeit** der Pädagogen und Therapeuten ein bestimmendes Element des Unterrichts; Koordination und Gesamtverantwortung liegen dabei bei der Lehrkraft mit einer Qualifikation für den Unterricht mit Körperbehinderten. Die gemeinsame Planung, die Abstimmung der jeweiligen Handlungsschritte und die Reflexion benötigen Zeit, sind aber konstitutiv für den Unterricht mit Körperbehinderten. Schönberger (1974a, 1974b, 252-268) sieht die Rehabilitation der Körperbehinderten geradezu als Feld der interdisziplinären Kooperation zwischen Sonderschullehrern, Ärzten und medizinisch-therapeutischen Fachkräften, Psychologen, sozialpädagogischen Fachkräften, Pflegekräften und administrativ-technischem Personal. Aufgrund eigener Erfahrungen als **Beschäftigungstherapeutin** behandelt Koske (1989) die Zusammenarbeit im Unterricht und zeigt Schwierigkeiten und Hindernisse auf. Als wichtigste Aufgabe der Beschäftigungs- und Arbeitstherapeuten sehen Körperbehindertenpädagogen das Selbsthilfetraining (Eß-, Schreib- und Toilettentraining). Die Adaption von Gegenständen und die Hilfsmittelversorgung ist der zweithäufigste Aufgabenbereich (Gebrauchsgegenstände, Hilfsmittel, Eßhilfen, Spiele, Schreibhilfen, Arbeitsplatz, Geometrie, Rollstuhl). Es folgen die Förderung und Stabilisierung der Persönlichkeit (Psychotherapeutische Funktion, Spieltherapie), das funktionelle Training (Fein- und Grobmotorik, Entspannungstraining) und das Wahrnehmungstraining (Koske 1989, 104).

Die **Lehr-, Lern- und Hilfsmittel** können das Lehren und Lernen wesentlich begünstigen; allerdings müssen sie jeweils zweckmäßig sein; vielfach muß ihre Handhabung gezielt eingeübt werden. Der Zeitaufwand für einen sachgerechten Einsatz wird häufig unterschätzt. Nur bei sorgfältiger Vorbereitung und Einarbeitung können technische und apparative Hilfsmittel ihre volle Wirksamkeit entfalten (siehe 4.6.4 und Kapitel 6).

4.4 Integrative Didaktik für Körperbehinderte

Die Schulpädagogik (Didaktik und Methodik) für Körperbehinderte und chronisch Kranke beschäftigt sich in Theorie und Praxis mit Personen, die durch Schädigungen des Stütz- und Bewegungssystems oder andere organische oder chronische Erkrankungen so in ihrer Bewegungsfähigkeit, ihrem äußeren Erscheinungsbild oder ihrer Persönlichkeitsentwicklung beeinträchtgt sind, daß ihre Selbstverwirklichung in sozialer Integration erschwert ist. Rehabilitative Maßnahmen werden durch eine Körperschädigung aber nicht in jedem Fall notwendig. Sie entstehen vielfach erst durch die soziale Interaktion, so daß bei der Abklärung des tatsächlichen Förderbedarfs auch eine **Person-Umwelt-Analyse** durchzuführen ist. Fragen dazu können sein: Wie verlief die vorschulische Entwicklung? Kann das Kind mit Gleichaltrigen aus dem Kindergarten die Eingangsklasse besuchen? Hat die Ganztagsschule für Körperbehinderte mit ihren therapeutischen Fachkräften für die Eltern Vorteile gegenüber der Regelschule ohne Therapieangebot?

Es ist also stets abzuwägen, inwieweit die Vorteile einer Förderung in **Sonderschulen** für Körperbehinderte die damit einhergehenden Nachteile der Besonderung überwiegen. Die möglichst weitgehende Integration in heterogene Förder- und Lerngruppen der Regeleinrichtungen sollte dabei Ziel sein. Dabei dürfte die sogenannte **Integrationsklasse** die anzustrebende Form sein, weil dort mit angemessener fachlicher Hilfe (Mehrpädagogen-System und Mitarbeit von Sonderpädagogen der Fachrichtung Körperbehindertenpädagogik) sowie mit der notwendigen Ausstattung mit apparativen und technischen Hilfen (adaptierte Personalcomputer, elektronische Kommunikationsgeräte etc.) für körperbehinderte Schüler gerechnet werden kann.

Die Frage nach dem angemessenen Förderort ist Gegenstand einer **Integrativen Didaktik**, deren Struktur im Blick auf die Förderbedürfnisse Körperbehinderter aber erst ansatzweise erkennbar ist. Für eine konzeptionelle Weiterentwicklung erscheint eine enge Kooperation zwischen Sonder- und Regelschule notwendig (siehe Kapitel 3.8). Eine Übersicht über wichtige Aspekte der Integration Körperbehinderter in Regelschulen gibt E. Wilken (1993). Die Arbeiten von Dumke (1993) sowie von Dumke und Schäfer (1993) zum **integrativen Unterricht** und zur Entwicklung behinderter und nichtbehinderter Schüler in Integrationsklassen geben Aufschluß über die Chancen und Risiken, wobei sich die Aussagen auf empirische Untersuchungen stützen. Die Einzelfalldarstellungen zu zwei körperbehinderten Schülern (Dumke und Schäfer 1993, 149-180) geben Einblick in Integrationsprozesse: Erstens in eine gelungene soziale Integration trotz partieller Entwicklungsprobleme und zweitens in Probleme der sozialen Beziehungen bei einem Schüler mit schwerer Körperbehinderung (Glasknochenkrankheit/Osteogenesis imperfecta kombiniert mit Kleinwuchs), aber überdurchschnittlich guten kognitiven Lernvoraussetzungen.

Am Beispiel der Integration körperbehinderter Schüler in das Gymnasium zeigen Haupt und Gärtner-Heßdörfer (1986) aber auch die Grenzen der Integration durch gesellschaftliche und strukturelle Probleme des Bildungssystems auf. Inzwischen ist die Aufgeschlossenheit der allgemeinen Schulen zwar gewachsen; die Ergebnisse der Schulversuche sollten aber beachtet werden. So wird zu den Ergebnissen u.a. festgestellt (Haupt in Haupt und Gärtner-Heßdörfer 1986, 168): „Es ist von entscheidender Bedeutung für die Gesamtentwicklung eines körperbehinderten Kindes, daß sorgfältig geprüft wird, ob der Besuch der allgemeinen oder weiterführenden Schule des Wohnbezirks als eine gute Fördermöglichkeit angesehen werden kann oder der Besuch einer Schule mit der besonderen Aufgabe der Integration oder der Besuch einer Schule für Körperbehinderte (ggf. im Sekundarbereich I und II). Bei der Entscheidung über die Aufnahme in eine der drei genannten Schulformen müssen berücksichtigt werden: – die Entwicklung des Schülers in psychomotorischer, kognitiver, emotionaler und sozialer Hinsicht einschließlich der sprachlichen und außersprachlichen Kommunikationsmöglichkeiten – die Möglichkeiten der Schule, den Förderbedürfnissen des Schülers adäquat zu entsprechen – die achitektonischen Gegebenheiten in der Schule in Relation zur vorliegenden Behinderung des Schülers – Vorhandensein bzw. Bereitstellung von erforderlichen persönlichen und technischen Hilfen im Schulalltag ohne unzumutbare Belastung der Eltern."

In ihrer bundesweiten Untersuchung zur Schülerschaft der Schulen für Körperbehinderte ist Wehr-Herbst (1997, 321) auch der Frage nach Verhaltensauffälligkeiten als Folge „mißglückter Integrationsmaßnahmen" nachgegangen. Zum Thema Integration und Rückschulung in die Schule für Körperbehinderte erhielt sie die „ausführlichsten Rückmeldungen", die allerdings stark divergierten, was sie auf unterschiedliche Organisationsstrukturen zurückführt. Am häufigsten wurde über Rückschulungen aus Grundschulklassen und zwar am Ende der Grundschulzeit berichtet. Dies konnte allerdings auf die allgemein ungeklärte Frage nach der Weiterführung der schulischen Integration in der Sekundarstufe zurückzuführen sein. Wehr-Herbst verweist auf die Begründung von Schulleitern für die Rückschulungen aus Integrationsversuchen; diese halten die Zunahme von „frustrierten, mißerfolgsorientierten, verhaltensauffälligen" Schülern für eine Folge der teilweise nicht an den Interessen des Kindes orientierten Integrationsbewegung. Es gebe einen „Leidensweg von Zurückstellung, Vorschule, zweimal erstes Schuljahr in der Grundschule" und dann die Einschulung in die Schule für Körperbehinderte. Insgesamt ist die Situation unübersichtlich und offensichtlich von unterschiedlichen Positionen zur schulischen Integration Körperbehinderter geprägt. Es wird sowohl von einem Rückgang als auch von einer Zunahme der Anmeldungen an Schulen für Körperbehinderte und mancherorts auch von einer vermehrten Einschulung nach Durchlaufen einer integrativen Beschulung berichtet, wobei dabei deren spezifische Angebote in Therapie und Pflege eine Rolle spielen dürften.

In einer neueren Untersuchung zu den schulischen Erfahrungen der Eltern von Kindern mit Spina bifida und Hydrocephalus einerseits und Muskelkrankheiten andererseits hat Haupt (1997) festgestellt, daß zwei Drittel der Kinder allgemeine Schulen (Regelschulen) und ein Drittel Sonderschulen besuchen. Die Eltern berichteten danach von positiven Erfahrungen und zwar mit beiden Schulformen. Allerdings müßten mehr Ressourcen in folgenden Bereichen zur Verfügung gestellt werden: Bauliche Veränderungen wie Rampen, Aufzüge und Toiletten für Rollstuhlfahrer. Ausreichende Hilfen für Körperbehinderte in allgemeinen Schulen, damit die Eltern nicht durch Hilfsdienste überfordert werden. Förderstunden und sonderpädagogisch ausgebildete Fachkräfte sowie technische Hilfsmittel in den Unterrichtsfächern. In den allgemeinen Schulen fehle die notwendige Hilfe bei den täglichen Verrichtungen und bei der Pflege für die Kinder, es fehle aber auch an Begleitung und Gesprächen in Konfliktsituationen, wie sie bei behinderungsbedingten Verschlechterungen eintreten können. Die Fachkräfte der Schulen für Körperbehinderte sollten für die in der Regelschule geförderten Schüler Beratung und Förderstunden durchführen können. Die Eltern wünschen sowohl spezielle Schulen als auch Integrationsschulen mit Ganztagesbetrieb, in denen die Angebote für die spezifischen Lernbedürfnisse, Therapie und Pflege vorhanden und die Abschlüsse bis zum Abitur erreichbar sind.

4.5 Entwicklung und Stand der Didaktik für Körperbehinderte

In seinem Beitrag zum Enzyklopädischen Handbuch der Sonderpädagogik und ihrer Grenzgebiete faßte H. Berndt (1969) Ende der sechziger Jahre die Entwicklung und den Stand der Didaktik der Körperbehindertenschule zusammen; dies war im übrigen die wohl letzte gesamtdeutsche Darstellung bis zur Wiedervereinigung Deutschlands 1990. Dazwischen lagen Veröffentlichungen zu den getrennten Entwicklungen in den alten Bundesländern der BRD und in der ehemaligen DDR; so u.a. von Wolfgart und Begemann (1971), Bläsig, Jansen und Schmidt (1972) und Wolfgart (1976) einerseits und von Berndt und Autorenkollektiv (1986) andererseits.

H. Berndt (1969) ging davon aus, daß eine Körperbehinderung eine summarische Bezeichnung für Menschen mit sehr unterschiedlichen Schädigungen ist. Eingeschlossen sind dabei auch langfristige oder chronische Krankheiten. Es geht um die Erkrankungen und Fehlbildungen des Haltungs- und Bewegungsapparates, der inneren Organe und des Nervensystems. Im erziehungswissenschaftlichen Sinne gilt eine Person dann als körperbehindert, wenn ihre Erziehung, Unterrichtung und Ausbildung erheblich vom altersgemäßen Vorgehen abweichen, also ein sonderpädagogischer Förderbedarf vorliegt, der durch ein eigenes schul- oder rehabilitationsrechtliches Verfahren festgestellt wird.

Der Deutsche Bildungsrat (1974a, 37-38) hat in der Empfehlung seiner Bildungskommission **Körperbehinderte** wie folgt definiert: „Als körperbehindert gilt, wer infolge einer zentralen oder peripheren Schädigung des Stütz- und Bewegungssystems oder wesentlicher Funktionsbeeinträchtigungen seines Bewegungssystems so beeinträchtigt ist, daß die motorische Umwelterfahrung nur unter erschwerten Bedingungen möglich ist. Als körperbehindert kann ferner gelten, wer durch Mißbildungen des Gesichts oder des Rumpfes sowie durch Entstellungen im äußeren Habitus auffällig wird. Körperliche Bewegungsstörungen und Fehlbildungen können zu unmittelbaren Erschwerungen bei den Verrichtungen des täglichen Lebens bis zur vollen Pflegebedürftigkeit führen. Die sozialen Interaktionen Körperbehinderter sind durch die Behinderung selbst (Bewegungseinschränkungen) oder durch die Reaktion der Umwelt auf die sichtbare Behinderung erheblich erschwert. Geschätzte Häufigkeit: 0,3 % eines Jahrgangs, zusätzlich 0,2 % langfristig Kranke. Im Erwachsenenalter nehmen diese Zahlen zu."

Damit wurde erstmals eine erziehungswissenschaftliche Definition vorgenommen, die zwar auch auf die medizinischen Aspekte der Schädigung abhebt, aber dann doch stark pädagogische, sozialpsychologische und soziologische Sichtweisen aufgreift. Der pädagogische Ansatzpunkt liegt vor allem in der „erschwerten motorischen Umwelterfahrung" als **Grundlage des Lernens und der Entwicklung**. Der sonderpädagogische Förderbedarf ergibt sich aus der individuellen Bedürfnislage. Dabei haben im Vorschulalter insbesondere die Fachärzte für Orthopädie, Pädiatrie und Neurologie die Verantwortung für die Diagnostik und geeignete Maßnahmen der **Frühförderung**. Im Schulalter fällt den **Schulbehörden** die Verantwortung zu, sowohl den Förderbedarf zu bestimmen als auch geeignete organisatorische Maßnahmen sicherzustellen. Nach dem Ende der Pflichtschulzeit und einer möglichen Schulzeitverlängerung übernimmt dann die **Berufsberatung** des Arbeitsamtes die Maßnahmen zur Eingliederung in das Berufs- und Arbeitsleben.

Die **Didaktik für Körperbehinderte** umfaßt also **ein weites Feld**; es geht sowohl um die Lehre von der Erziehung und Bildung in Schule, Unterricht und Ausbildung als auch um den außerhalb liegenden Bereich der Förderung in der Familie, im Heim und in Freizeitgruppen. Für Schule und Ausbildung gilt, daß hier nicht prinzipiell eine eigene Theorie entwickelt werden sollte, sondern zunächst immer die Konzepte der Allgemeinen Didaktik heranzuziehen sind. Diese müssen Modifizierungen erfahren, wenn sie den Förder- und Lernbedürfnissen Körperbehinderter gerecht werden sollen.

Eine Didaktik für Körperbehinderte erhält ihre Besonderheiten vor allem durch Berücksichtigung spezifischer medizinischer, psychologischer und soziologischer Erkenntnisse bei der Planung und Durchführung pädagogischer Maßnahmen (H. Berndt 1969, 600-601). So sollen individuelle Befunde aus der **Orthopädie und Neurologie**, aber auch allgemeine Gesichtspunkte aus der jeweiligen Krankheitslehre (Verlauf, Prognose, Spätfolgen, Endzustände) und Therapie (Belastung des Patienten, Auswirkung auf sein physisches und psychisches Verhalten) in die Analyse einbezogen werden. Die **Psychologie der Körperbehinderten** (Leyendecker 1994) untersucht die Auswirkungen körperlicher Schädigungen auf die Psyche und das Verhalten in Abhängigkeit von der Persönlichkeit und den Bedingungen der sozialen Umwelt. Unter **soziologischem Aspekt** werden Probleme der beruflichen und sozialen Eingliederung untersucht und für die nachschulische Entwicklung nutzbar gemacht. Besonderheiten des körperbehinderten Kindes liegen auch darin, daß diese unmittelbar (z.B. durch Lähmung) oder mittelbar (z.B. durch Hospitalisierung) in ihren Bewegungs- und Erfahrungsmöglichkeiten eingeschränkt sind. Zusätzliche Belastungen ergeben sich, wenn sie durch medizinische Behandlung und spezifische Therapien in ihrer Leistungsfähigkeit kurz- oder längerfristig beeinträchtigt werden.

Daraus können sich wiederum Rückstände in der Entwicklung und Verhaltens-auffälligkeiten ergeben.

Während H. Berndt noch von der Notwendigkeit einer eigenständigen Didaktik für Körperbehinderte ausging, beschäftigte die Fachdiskussion lange Zeit die Frage, ob es einer solchen überhaupt bedarf; darauf wird noch einzuge-hen sein. In ihrer Übersicht über die „Unterrichtslehre körperbehinderter Schüler" stellte von Pawel (1984, 76) dann aber fest: „Selbstverständlich gibt es für Schüler mit Körperbehinderungen keine grundsätzlich eigene Lehre vom Unterricht". Wenn dem auch zuzustimmen ist, so enthebt es doch nicht der Notwendigkeit, die Besonderheiten des Unterricht mit Körperbehinderten zu beachten.

4.5.1 Übersicht über einzelne Positionen und Ansätze

Bis Mitte der sechziger Jahre erfolgte eine Orientierung an Konzepten der schulartbezogenen Didaktik der Grund- und Hauptschulen (Volksschulen) und der Sonderschulen für Lernbehinderte (Hilfsschulen). In den siebziger Jahren kam es dann zur Veränderung der Schülerschaft der Schulen für Körperbehin-derte durch Aufnahme der Schwerstmehrfachbehinderten. Dadurch wurden neue Überlegungen zur Didaktik und Methodik bei Körperbehinderten notwen-dig.

Bläsig (1969, 1777) verweist auf den engen Zusammenhang zwischen Allge-meiner Pädagogik und der Pädagogik der Körperbehinderten; Akzente sind in seinem Verständnis hinsichtlich des Sonderunterrichts, der Erziehung und der Funktionsübungen zu setzen. Letztere hatten damals einen hohen Stellenwert; dies geht aus besonderen Darstellungen zu „Handübungen bei körperbehinder-ten Kindern" (R. Berndt 1969) und zu einer „Schreibschule" (Knappek 1969) hervor. Unter dem Einfluß der Medizin sollten die Funktionen des Körpers – insbesondere der Hände – als Bestandteil der Unterrichtsarbeit geübt werden. Zur Erziehungsaufgabe stellt Bläsig (1969, 1180) fest: „Vorrangig ist in der Körperbehinderten-Pädagogik die Erziehung. Der Unterricht darf nicht nur Vermittlung von Wissen und ein Anlernen von Techniken sein, sondern muß auch ethische Werte, allgemeingültige Sittengesetze der Menchlichkeit nahe-bringen ..." Er spricht damit einen „erziehenden Unterricht" an und nennt u.a. als Erziehungsziele: Rücksichtnahme, Taktgefühl und Verständnis füreinander. Das Bemühen des Erziehers soll dahingehen, dem Schüler Ermutigung und Erfolgserlebnisse zu verschaffen, ihm aber auch zu helfen, seine körperlichen Leistungsgrenzen zu erkennen, damit er eine „echte Beziehung zu seiner Behin-derung" findet. Diese Position vertritt Bläsig (1987) überzeugend vor dem Hin-tergrund seiner eigenen Körperbehinderung als Folge einer im Erwachsenenal-ter aufgetretenen Poliomyelitis (spinale Kinderlähmung) und eines erfüllten Lebens, das er unter dem Titel „In der Behinderung lebendig" beschreibt.

Wie oben gezeigt, kann man den Beitrag von H. Berndt (1969), der wohl schon Mitte der sechziger Jahre verfaßt wurde, als die letzte übergreifende Dar-stellung zur Entwicklung und zum Stand der Didaktik für Körperbehinderte verstehen. In seiner Schrift „Die Rehabiliation der Körperbehinderten" geht Bläsig (1967) zwar eingehend auf Arten, Ursachen und Folgeerscheinungen der Körperbehinderung ein und behandelt die Besonderheiten im Unterricht und in der Erziehung, macht aber keine allgemeinen Aussagen zur Didaktik und Methodik. Dies geschieht in der Arbeit „Die Körperbehindertenschule", die er 1972 mit Koautoren veröffentlichte (Bläsig, Jansen, Schmidt 1972). Man kann in der Folge eine rege Diskussion um didaktische Grundfragen des Unterichts für Körperbehinderte beobachten, wobei einige Hauptvertreter auszumachen sind. Ihre Begründungen und Ansätze sollen kurz vorgestellt werden.

Der Ansatz von Begemann: Er hatte sich früh für eine eigenständige Didaktik für körperbehinderte Kinder und Jugendliche ausgesprochen, die sich auf „nur für sie konzipierte Einrichtungen" beziehen sollte, da nur dort die „eigenartige Erziehungs- und Bildungsaufgabe", die Körperbehinderte stellen, realisiert werden kann (Begemann 1969, 285). Diese Sicht ist heute nicht mehr angemessen. Seine Begründungen für eine eigenständige Didaktik für körperbehinderte Kinder und Jugendliche sind aber auch heute bedenkenswert: Didaktik soll sich nicht auf den schulischen Lebensausschnitt und die dort zu vermittelnde Bildung beschränken, sondern auch die außerschulische Bildungswirklichkeit einbeziehen. Beachtet werden sollen auch die zugänglichen Erfahrungs- und Wirklichkeitsbereiche sowie die Lebensperspektiven (Lebenserwartungen und -positionen). Fragwürdig erscheinen aus heutiger Sicht die didaktischen Überlegungen zu einer Differenzierung nach den Formen der Körperbehinderung. So soll für den Muskeldystrophiker eine andere Bildung vorgesehen werden, weil mit seinem frühen Ableben zu rechnen ist; welche Bildung gemeint ist, bleibt offen. Die Bildungsaufgabe soll variiert werden, je nachdem ob der Behinderte einen Status wie ein Nichtbehinderter (eine selbständige Familiengründung oder Ehe, die volle Erwerbsfähigkeit), eine relative Mündigkeit, Erwerbsfähigkeit im Schonraum von Familie, Anstalt oder Werkstatt für Behinderte oder eine lebenslange Pflege zu erwarten hat. Heute sind solche Festlegungen abzulehnen, weil sie einen Eingriff in die spätere Lebensgestaltung darstellen. Begemann erläutert dann in seinem Beitrag: „Grundprobleme eines Bildungsplanes der Schule für Körperbehinderte" (1971) seinen Ansatz. Zu den Bildungs- und Lernzielen meint er: Die Schule solle für die Welt mit den Nichtbehinderten und nicht für ein Ghetto befähigen. Dazu ist ein Schonraum, aber keine Isolierung notwendig. Die Frage nach dem Lebenssinn soll thematisiert werden. Übergreifendes Rehabilitationsziel ist der demokratische Staatsbürger, der über Selbstbestimmung verfügt und sich ein Selbstverstandnis aufbaut. Wirtschaftlich-berufliche Befähigung ist ein wichtiges Ziel, ebenso die Freizeitgestaltung.

Der Ansatz von Hahn: Er bejahte die Frage nach der Notwendigkeit einer besonderen Didaktik (Hahn 1971, 171). Bezugspunkte didaktischen Handelns sind: Die Integration von Krankengymnasten und Beschäftigungstherapeuten in das Unterrichtsgeschehen und Arbeit im Team. Die Berücksichtigung medizinischer und physiotherapeutischer Gesichtspunkte bei den körperlichen Anforderungen. Die Heranführung der Schüler an ihre Leistungsgrenzen und Vermeiden von Über- bzw. Unterforderung. Das unterschiedliche Arbeitstempo der körperbehinderten Schüler und Ermüdungserscheinungen, die sich auf Aufmerksamkeit und Konzentration auswirken.
Als Begründungen für eine Sonderdidaktik führt er an: Die Einschränkung sozialer Reize für Erziehung und Bildung. Eine gestörte Mutter- bzw. Eltern-Kind-Beziehung und daraus folgend eine gestörte Sozial- und Persönlichkeits-

entwicklung. Die Überforderung der Eltern in der vorschulischen und außerschulischen Förderung und Erziehung. Die in der Regel auftretenden Mehrfachbehinderungen. Die Unklarheit und Unsicherheit bei der Beurteilung der intellektuellen Fähigkeiten, da manche Intelligenztests bei Körperbehinderten nicht anwendbar sind oder zu falschen Ergebnissen führen. Hinzu kommen Versäumnisse durch Krankheiten und Krankenhausaufenthalte; unklare Zukunftsperspektiven in bezug auf die nachschulische Zeit (Beruf, Arbeit, Wohnen). Hahn verweist darauf, daß sonderdidaktische Bezugspunkte nicht ausschließlich im somatischen Bereich liegen, vielmehr verläuft die Persönlichkeitsentwicklung unter den besonderen Bedingungen der Körperbehinderung anders.

Die Prinzipien nach Kunert: Analog zu anderen sonderpädagogischen Fachrichtungen und im Rückgriff auf reformpädagogische Konzepte hat Kunert (1972) eine Reihe von Prinzipien in die Didaktik für Körperbehinderte eingeführt. Sie geht dabei von folgendem aus: (1) Körperbehinderte Schüler haben Entwicklungsrückstände im motorischen Bereich und damit verbunden eine nicht altersgerechte Wahrnehmungsfähigkeit der verschiedenen Sinnesbereiche. Hinzukommen kann eine gestörte Koordinationsfähigkeit der verschiedenen Sinne. Durch Beeinträchtigungen der motorischen Bewegungsfähigkeit konnten in früher Kindheit wesentliche Umwelterfahrungen nicht gemacht werden. Die Folge sind Retardierungen einzelner Intelligenzfunktionen. (2) Körperbehinderte Schüler weisen psychische Besonderheiten auf, wie Reduzierung der Antriebsdynamik, Verlust der Spontanität durch Frustrationen aufgrund motorischer Insuffizienz, übermäßige Fügsamkeit, Beeinflußbarkeit und Unsicherheit aufgrund mangelnden Selbstwertgefühls.

Diese Annahmen sind allerdings umstritten und treffen sicher nicht auf alle jungen Menschen mit körperlichen Behinderungen zu. Kunert führte folgende Prinzipien auf: **Prinzip des Individualisierens:** Die Arten der Behinderung und der Entwicklungsstand der Schüler einer Klasse sind sehr unterschiedlich. Daher ist eine starke Individualisierung der Unterrichtsinhalte und der methodischen Aufbereitung erforderlich. **Prinzip der Differenzierung:** Die Lerninhalte sind überschaubar anzubieten und in kleinste Schritte aufzugliedern. Eine erfolgreiche Bewältigung der Aufgaben muß gewährleistet sein. **Prinzip der Selbsttätigkeit:** Ein Mangel an Antriebsdynamik und übermäßige Unsicherheit und Fügsamkeit sollen ausgeglichen werden. Durch Einsatz von Spiel- und Arbeitsmaterialien sollen die Schüler eigene Wünsche äußern und den Willen zeigen, diese durchzusetzen. **Prinzip der abnehmenden Hilfe:** Schüler bitten um Hilfe bei Tätigkeiten, die auch allein bewältigt werden können, um Zuwendung zu bekommen. Dieses Verhalten nimmt ab, wenn mehr Verstärkung aus eigenen Aktivitäten gewonnen wird. **Prinzip der Anschauung:** Lernen durch Anschauung, d.h. durch Umgehen, Hantieren mit Material und Gegenständen. Sammeln von Umwelterfahrungen auch außerhalb der Schule, z.B. durch Besichtigungen, Freizeiten. **Prinzip der Verstärkung:** Anfangs ist besondere Verstärkung nötig (sekundäre Verstärkung). Je mehr Verstärkung aus der Arbeit an sich gewonnen wird (primäre Verstärkung), um so mehr kann die sekundäre Verstärkung allmählich reduziert werden.

Der psychagogisch-psychologische Ansatz: Kunert (1974, 124) hat im übrigen das „Ziel einer psychagogisch orientierten Erziehung körperbehinderter

Kinder" vertreten, um Verhaltensstörungen abzubauen und eine „dem Gesunden angenäherte Persönlichkeitsentwicklung zu erreichen". Zusammen mit G. Jansen und H. Sevenig hat sie (Jansen, Kunert und Sevenig 1983) einen an der kindlichen Persönlichkeit orientierten interaktionistischen Ansatz vetreten; die pädagogische Arbeit an der Körperbehindertenschule soll vor allem die Entfaltung der seelisch-geistigen Kräfte des Kindes zum Ziel haben.

Zum psychagogisch-psychologischen Ansatz ist auch eine Arbeit von Bittner und Thalhammer (1989) erwähnenswert, die zwar nicht unmittelbar Fragen der Didaktik behandelt, aber doch für Erziehung und Unterricht Bedeutung hat. In einem Projekt unter dem Titel „Selbstwerden des körperbehinderten Kindes" ging eine Forschungsgruppe folgenden Fragen nach: Wie lebt ein körperbehindertes Kind in seiner je besonderen Leiblichkeit, z.B. mit eingeschränkter Bewegungsfähigkeit, der je spezifischen, doch auch weitgehend eingeschränkten Sensibilität und Sensitivität bestimmter Körperregionen? Wie kann das Kind unter solchen Voraussetzungen Lebenszuversicht und ein gesundes Ich-Gefühl erreichen? Aufgrund von Elterngesprächen, Testuntersuchungen und Spielbeobachtungen wurden von Kindern mit Infantiler Cerebralparese (ICP) und Spina bifida Einzelfallstudien erstellt. Die Befunde und Interpretationen geben Einblick in die Persönlichkeitsentwicklung der untersuchten Kinder und können das Verständnis für ihre Lebenssituation verbessern.

Der Ansatz von Wolfgart: Didaktik im engeren Sinne ist auch für Wolfgart (1976) die Theorie der Bildungsinhalte; sie umfaßt die Auswahl der Bildungsgüter und deren Einbringung in den Lehrplan. Was soll an welchen Inhalten gelernt werden? Dabei geht es um den jungen Menschen, den es zu bilden gilt. Körperbehinderte Kinder sind für ihn durch ihre Besonderheiten charakterisiert. Anthropologisch unbefangen und wertfrei will er die Andersartigkeit der körperlichen, intellektuellen und seelischen Seinsweise unter dem Aspekt seiner Personengenese in den Blick nehmen. Das körperbehinderte Kind kann die Bildungsgüter nicht in gleichem Umfang, in der gleichen Struktur und zum gleichen Entwicklungszeitpunkt aufnehmen wie nichtbehinderte Kinder. Er fordert deshalb eine spezielle Didaktik für körperbehinderte Schüler, deren Anspruch auf eine angemessene Bildung er bejaht. Die Andersartigkeit des körperbehinderten Schülers führt zu einer speziellen Didaktik.

Welche **Besonderheiten** zeigt das körperbehinderte Kind? **Motorische Beeinträchtigungen**: Bewegung erlaubt, sich handelnd die Welt zu erschließen. Die Exploration von Welt und der Aufbau eines Weltbildes sind abhängig von motorischen Fähigkeiten. Eine eingeschränkte Motorik führt zu Erfahrungsdefiziten. Auch die sprachliche Entwicklung wird durch die gestörte Motorik beeinträchtigt. **Perzeptionsstörungen:** Sie behindern die ungestörte personale Entwicklung. Visuelle, auditive und taktile Beeinträchtigungen der Perzeption (Wahrnehmung) führen zu Defiziten der Erfahrung. Es kommt zu Einbußen des In-der-Welt-Sein-Könnens.

Schließlich verweist Wolfgart auf den Zusammenhang von Didaktik und Methodik: **Methoden** werden durch die Lernfähigkeit und Lernkapazität der Schüler bestimmt. Auch er hält die in der Sonderpädagogik beachteten und von Kunert in die Körperbehindertenpädagogik eingeführten Prinzipien für hilfreich; er begründet sie wie folgt: 1. **Individualisieren** ist wegen der Unvergleichbarkeit der Schädigungssyndrome innerhalb einer Klasse (Heterogenität der

Klasse bzw. der Schüler) notwendig; 2. **Selbsttätigkeit** soll die häufig zu beobachtende natürliche Inaktivität der körperbehinderten Schüler „aufbrechen", die Lernmotivation verstärken, dann aber auch Verselbständigung bewirken. 3. **Differenzierung** soll den Leistungs-, Begabungs- und Interessenstrukturen der Schüler gerecht werden und ist auch als Differenzierung der Lernangebote und Unterrichtsformen zu verstehen 4. **Abnehmende Hilfe** sollte Leitprinzip sein. 5. **Therapie-immanenter Unterricht**: Therapie ist in den Unterricht einzubeziehen. Deshalb sollte besser von „unterrichts-immanenter Therapie" gesprochen werden. Der Logopäde soll die Artikulation während des Unterrichts korrigieren, der Krankengymnast eine reflexhemmende Stellung anbahnen und der Ergotherapeut das Handfunktionstraining durchführen. Daraus ergibt sich die Notwendigkeit des Team-Teaching. Schließlich geht Wolfgart auch auf die **Technologie des Unterrichts** mit Körperbehinderten ein, die sich durch den Einsatz technischer Hilfsmittel auszeichnet und die Lehrkraft entlastet. Dabei geht es sowohl um Kommunikationshilfen als auch um Hilfsmittel zur grob- und feinmotorischen Bewegungserleichterung. Der Unterricht ist geradezu geprägt durch den Einsatz von spezifischen Medien, die dann sowohl Individualisierung als auch Selbsttätigkeit ermöglichen.

Der Ansatz von Jetter: Er vertritt das Konzept eines **handlungsorientierten Unterrichts** mit Körperbehinderten. Handeln ist ein spezifisch menschliches, intentionales Tun und Konstruktion von Welt. Durch Tun verändert der Mensch die eigenen Bedingungen. Er findet keine unveränderliche Welt vor, sondern konstruiert sich seine Welt zur Befriedigung seiner Bedürfnisse. Das körperbehinderte Kind ist besonders förderungsbedürftig; es benötigt eine besondere Befähigung zu allgemeiner und spezieller Handlungsfähigkeit. Seine Bewegungsbeeinträchtigung beschränkt die Handlungsfähigkeit und die Entwicklung der Erkenntnisfähigkeit. Seine Befähigung zu sozialer Interaktion ist erschwert, was auch Auswirkungen auf den Aufbau eines Wertsystems hat. Die Wirklichkeit des körperbehinderten Schülers ist aber nicht so sehr eine mindere, sondern eine andere: Häufige Diskrepanzen zwischen Handlungsabsichten und -ergebnissen sind wirklichkeitskonstituierend, sie schaffen also eine andere Wirklichkeit: „Das körperbehinderte Kind lernt recht früh, daß es seine ihm verbliebenen Bedürfnisse zurückstellen muß, und daß es sein Weltverständnis anpassen muß, wenn es in kommunikativem Einverständnis mit anderen leben will. Was bleibt ihm anderes, als dort nur Bilder, Schemata, Schablonen der Weltsicht anderer zu übernehmen, wo es die Wirklichkeit nicht so konstituieren konnte, daß sie der Wirklichkeit anderer vergleichbar ist" (Jetter 1979, 40). Handlungsfähigkeit ist also eine wesentliche Zielsetzung der Schule für Körperbehinderte, denn ihre Ziele sind nicht nur jenseits der Schule zu sehen; vielmehr ist sie auch Schule der Gegenwart. Jetter verweist darauf, daß die Kinder in Schulen für Körperbehinderte auf die Zukunft vorbereitet werden, in Gegenwart von Kindern, die keine Zukunft mehr haben. Für diese Kinder kann die Ganztagsschule ein Höhepunkt ihres Lebens sein. Fazit: Die Schule muß Handlungsanlässe bieten und Erfahrungsfelder erschließen. Eine Differenzierung nach gegenwärtigen und zukünftigen Handlungsfeldern ist zwar notwendig, darf aber nicht zur Vorbestimmung der Handlungskompetenzen all jener Schüler führen, die extrem motorisch und kognitiv beeinträchtigt, d.h. schwerstbehindert sind.

4.5.2 Zwischenbilanz

Schönberger (1983) hat zu neuen didaktischen Konzeptionen in der Körperbehindertenpädagogik Stellung genommen. Er geht von Jetter und Wolfgart aus. Beide treffen sich in der Feststellung des didaktischen Defizits und sind repräsentativ für die erziehungswissenschaftlichen Standorte, die in der Körperbehindertenpädagogik kontrovers diskutiert werden. Konsens zwischen beiden besteht ferner darin, daß sie die Veränderung der Schülerschaft der Schule für Körperbehinderte zum Ausgangspunkt ihrer Überlegungen nehmen. Durch die vermehrte Aufname von cerebral-bewegungsgestörten Schülern kam es zur Zunahme von „Mehrfachbehinderten", so daß eine bloß methodisch-technologisch adaptierte Normalschuldidaktik nicht mehr Grundlage der schulpraktischen Arbeit sein kann. Eine bloße Adaptierung der Normalschuldidaktik war solange vertretbar, wie vorwiegend Normalintelligente bzw. Nur-Somatisch-Behinderte zu unterrichten waren.

Schönberger geht ebenfalls davon aus, daß für die Körperbehindertenschule eine **spezifische Didaktik** zu konzipieren ist. Er begründet dies u.a. mit der – nach seiner Wertung – integrationsfeindlichen Entwicklung der sogenannten Normalschule. An dieser Integrationsfeindlichkeit scheitern seiner Ansicht nach nicht nur illusionäre, sondern auch einigermaßen realistische Vorstellungen von der schulischen Integration Körperbehinderter. Übereinstimmungen zwischen Wolfgart und Jetter sieht Schönberger desweiteren darin, daß Wolfgart von der „Andersartigkeit des körperbehinderten Kindes und Jugendlichen" und Jetter von der „anderen Wirklichkeit der körperbehinderten Schüler" ausgeht. Beide, Wolfgart und Jetter, fordern, daß eine besondere Didaktik trotz der Andersartigkeit der Körperbehinderten demselben allgemeinen Bildungsziel verpflichtet ist, wie jede allgemeine Didaktik. Jenseits vordergründiger Feststellungen und Forderungen erweisen sich aber Wolfgart und Jetter als Repräsentanten zweier kontroverser Positionen: Wolfgart ist einer bildungstheoretisch-hermeneutischen und Jetter einer handlungstheoretisch-konstruktivistischen Position zuzuordnen.

Schönberger hat seit Mitte der siebziger Jahre das Konzept einer handlungsorientierten Sonderpädagogik entwickelt, die eine **„Erziehung zur Geschäftsfähigkeit"** zum Gegenstand hat. In diese Entwicklungsarbeit war auch Jetter einbezogen. Es geht ihnen um die Erziehung zu einer spezifischen und allgemeinen Handlungsfähigkeit in primären und sekundären Handlungsfeldern, die einen lebenslangen Prozeß darstellt. Der behinderte Mensch soll Handlungskompetenz für seine jeweilige Lage erwerben. Dieser Denkweise wächst dadurch Bedeutung zu, daß sich heute die Lebenssituation vieler Körperbehinderter, vor allem der Schwer- und Mehrfachbehinderten, selbst dann drastisch von anderen abhebt (verbesondert), wenn sie nach einer gelungen scheinenden „Normalisierung" ihrer schulischen Bildung auf den Ausbildungs- und Wohnungsmarkt treffen. Sie müssen dann Arbeits- und Mietverträge abschließen; daher wurde der „Vertragsgedanke" in die Didaktik aufgenommen.

4.5.3 Das Konzept der Kooperativen Didaktik

Insbesondere Jetter zielt mit seiner didaktischen Konzeption auf die Handlungsfähigkeit. Sie ist ein Teil der Geschäftsfähigkeit, die sich wiederum differenzieren läßt in ein Lernen, das Gewöhnung durch kooperatives Training von Fertigkeiten, Anpassung durch kooperative Sozialisation und Selbstverwirklichung durch kooperative Individuation zum Inhalt hat (Schönberger 1983, 56). Nach Schönberger ist Geschäftsfähigkeit nur zu erzielen, wenn das Lernen so angelegt ist, daß es in Kooperation zwischen Lehrenden und Lernenden erfolgt und in den verschiedenen Phasen des Lernprozesses gesichert wird. Diesem kooperativen Lernen sind nach Schönbergers Meinung methodisch-technologische Erfahrungen unter Umständen eher hinderlich als förderlich. Als wesentliches Moment tritt dann der Gedanke von **Unterricht als Konstruktion** hinzu.

Schönberger (1983) beschreibt sein Verständnis von Unterrichtskonstruktion an der Schule für Körperbehinderte im Sinne einer kooperativen Didaktik in folgenden Bereichen:

(1.) **Unterrichtsthematik:** Sie meint den „Inhalt" des Unterrichts, der sich an den Förderbedürfnissen der Schüler zu orientieren hat. Da es für die Schule für Körperbehinderte keine besonderen Lehrpläne gibt und geben wird, hat sich der Lehrer zunächst an den sogenannten Bezugslehrplänen (für die Grund- und Hauptschule, die Sonderschule für Lernbehinderte oder Geistigbehinderte, die Realschule und das Gymnasium) zu orientieren. Der **Unterrichtsgegenstand** ist ein Themenbereich, den der Lehrer in seinen Stoffverteilungsplan einbringt. Dieser Themenbereich wird in der Regel aus den **Bezugslehrplänen** entnommen; er ist aber für die Jahrgangs- und Lernstufen der Körperbehindertenschule nur bedingt gültig. Aus dem Unterrichtsgegenstand müssen sich die jeweils konkreten Ziele und Inhalte des Unterrichts herleiten. Als **Förderbedürfnisse** werden die auf einen Unterrichtsgegenstand bezogenen Bildungsanliegen der Schüler in allen Dimensionen (psychomotorische, kognitive, emotionale, soziale und ästhetisch-kommunikative) der Förderung verstanden. Die Förderbedürfnisse müssen aus der Lebenssituation körperbehinderter Schüler hergeleitet werden. **Lebenssituation** meint dabei die vom Lehrer zusammen mit anderen Fachkräften und, soweit möglich, mit den Schülern erkundete Wirklichkeit ihres Lebens in der Gegenwart und deren Bezüge zur nachvollziehbaren Vergangenheit und zur vorwegnehmbaren Zukunft. Nur so können die Inhalte auf die individuellen Förderbedürfnisse des körperbehinderten Schülers abgestimmt werden. **Unterrichtsintentionen** sind aus der Analyse der Unterrichtsthematik gewonnene und im Prozeß kooperativer Zielfindung vereinbarte Grobziele. Auch hier soll eine **kooperative Zielfindung** als demokratisch-pluralistischer Prozeß zwischen Lehrer und Schülern stattfinden. Sie mündet in einen „mehrdimensionalen" und „mehrperspektivischen" Unterricht.

(2.) **Unterrichtsmethode:** Die Thematik und die Methode des Unterrichts stehen zueinander nicht in einem Verhältnis der Beliebigkeit. Vielmehr muß die Methode so gewählt werden, daß die Unterrichtsthematik unter konkreten personalen und materialen Voraussetzungen zu erschließen ist. Hier orientiert sich Schönberger ganz eindeutig an der Lerntheoretischen Didaktik (siehe 4.1.2). Er verlangt eine **Bedingungsanalyse** sowohl der Voraussetzungen als auch der Handlungen und Formen des konkreten Unterrichts. Eine besondere Rolle spielen dabei auch die Medien, die auf die jeweiligen individuellen Lernvoraussetzungen eines körperbehinderten Schülers abgestimmt sein müssen. Medien meint hier sowohl die kompensatorischen Hilfen, die der Schüler braucht (z.B. technische Kommunikationshilfen bei An- und Dysarthrie) als auch die Medien des Unterrichts, welche vom Lehrer eingesetzt werden. Schließlich sieht Schönberger den **Unterricht in Phasen** gegliedert und unterscheidet hierbei die Zielfindung, die Konzeptbildung, die Konzeptprüfung, die Konzeptanpassung, die Zieländerung und die Zielverwirklichung.

Schönberger (1984) hat im übrigen seinen Ansatz unter dem Titel: Kooperative Didaktik – Unterrichtslehre einer handlungsorientierten Sonderpädagogik weitgehend inhaltsgleich noch einmal dargestellt. Seine Ausführungen stehen dort in einem Zusammenhang mit weiteren Arbeiten zur „Kooperativen Didaktik" von Jetter, Moser und Schittko.

4.5.4 Rehabilitationspädagogik für Körperbehinderte

Das Menschenbild, das der Rehabilitationspädagogik für Körperbehinderte in der ehemaligen DDR zugrundelag, war dialektisch-materialistisch geprägt und orientierte sich an der sowjetischen Psychologie wie sie von Wygotsky, Leontjew, Luria und Galperin geprägt wurde. Dem menschlichen Tätigsein und der Arbeit wurde ein hoher Stellenwert für die Persönlichkeitsentwicklung zugeschrieben. Bei Körperbehinderten ist das Handeln durch motorische Defizite behindert, was sich sekundär auch auf die Kognition, das Gedächtnis und die Emotion auswirken kann. Hinzu kommen Auswirkungen auf den Bereich der Antriebe und des Willens. Der schädigungsspezifische innere Hauptwiderstand besteht zwischen Bedürfnissen nach Bewegungsleistungen und ihrer biologisch eingeschränkten Realisierbarbeit. Als schädigungsbezogene methodische Prinzipien beschreiben Berndt und Autorenkollektiv (1986) u.a.: Aktivierung funktioneller Reserven, Kompensation von Bewegungsbehinderungen und Eliminierung nachteiliger Auswirkungen bei der Lerntätigkeit. Zum allgemeinen Bildungsziel wird dann die Sicherung einer möglichst altersgerechten schulischen und lebenspraktischen Allgemeinbildung.

4.5.5 Zusammenfassung und Ausblick

Die Entwicklung der schulischen Förderung Behinderter seit den sechziger Jahren hat die Aufgabenstellung der Schulpädagogik für Körperbehinderte verändert: War sie anfangs noch fast ausschließlich auf Eigenständigkeit bedacht und auf eine von der Medizin unabhängige Schule für Körperbehinderte konzentriert, so kann sie heute als eine offene Fachdisziplin gelten, die sich vor allem der vermehrten Integration Körperbehinderter in allgemeine Schulen stellen muß. Die Körperbehindertenschule hat durch die Integrationsbewegung, die wesentlich von den Eltern getragen wurde und wird, ihre Stellung als vorrangiger Lern- und Förderort verloren. Sie ist heute sowohl Eingangs-, Durchgangs- und Übergangsschule als auch „Rückzugsschule" für diejenigen, die aus Formen des gemeinsamen Unterrichts kommen und einen schulischen Förderort brauchen, weil sie an Regelschulen nicht mehr gefördert werden können oder es selbst nicht mehr wollen. Vor allem in der Sekundarstufe und während der Entwicklung in der Pubertät kommt es zu einem Wechsel von der Regel- in die Sonderschule. Die engagierte Arbeit, die zur Identitätsförderung junger Körperbehinderter geleistet werden kann und muß, hat Eckmann (1985) eindrucksvoll beschrieben. Unter dem Titel „Selbstsein unter seinesgleichen?" zeigt er, welchen Stellenwert die Sonderschule für Körperbehinderte auch heute noch hat, indem er bewußt einer „Förderung in der Aussonderung" das Wort redet und sich gegen den allgemeinen Trend zum Gemeinsamen Unterricht (GU) für Behinderte und Nichtbehinderte als die gesellschaftlich gewünschte Form schulischer Förderung stellt.

Die Ganztagesschule für Körperbehinderte hat ihren Stellenwert für diejenigen jungen Menschen behalten, die infolge der Umfänglichkeit und Schwere ihrer Behinderung nur in einer speziell für diesen Personenkreis geschaffenen Einrichtung adäquat erzogen und unterrichtet werden können. Deshalb sind ihnen auch teilweise Internate angeschlossen; diese sind für Kinder und Jugendliche gedacht, die eine Tagesschule nicht in vertretbarem Zeitaufwand erreichen können oder die durch die tägliche Hin- und Rückfahrt zu stark belastet wären. Sie sind für therapeutische Interventionen und medizinische Behandlung teilweise auch mit fachärztlichen Angeboten durch Orthopäden, Neurologen und Pädiater verbunden. Für Eltern sind Internatsschulen eine Entlastung, wenn aufwendige Pflegemaßnahmen zu erbringen oder wenn sie berufstätig, alleinstehend, physisch oder psychisch überfordert sind.

Der Stand der Didaktik für Körperbehinderte läßt sich wie folgt zusammenfassen (vgl. dazu auch B. Wellmitz 1993b, 164-165): Die dargestellten Konzeptionen wurzeln in unterschiedlichen philosophisch-anthropologischen Grundentscheidungen, aus denen Bildungsziele abgeleitet werden. So strebt Wolfgart die „optimale Selbstverwirklichung des Körperbehinderten" an ; Schönberger und Jetter wollen „Geschäftsfähigkeit und Handlungsfähigkeit" erreichen. Berndt und Autorenkollektiv wollen die „altersgerechte schulische und lebenspraktische Allgemeinbildung" sichern. Die in den beschriebenen Ansätzen reflektierten Besonderheiten weichen entsprechend der jeweiligen Grundposition voneinander ab: Hahn, Wolfgart und Kunert stellen aufgrund ihres bildungstheoretischen Ansatzes die Subjektivität des Kindes in den Mittelpunkt und hinterfragen die gesellschaftliche Dimension von Behinderung weniger. Schönberger und Jetter führen die Besonderheiten auf die eingeschränkte Handlungsfähigkeit des Körperbehinderten zurück und bringen dies in einen gesellschaftlichen Zusammenhang. Der handlungsfähige Mensch in einer human veränderten Gesellschaft, die durch Kooperation geprägt ist, kann als ihre pädagogische Zielsetzung verstanden werden. Allen Ansätzen ist gemeinsam, daß sie teilweise zwar die vor-, außer- und nachschulische Förderung mit reflektieren, aber Ausgangspunkt der Überlegungen doch die traditionelle Aufgabenstellung der Schule für Körperbehinderte ist. Die didaktischen Fragen der integrativen Pädagogik für Körperbehinderte und chronisch Kranke wurden nicht explizit behandelt. Dies ist vom Entstehungszeitpunkt der verschiedenen Ansätze her nur bedingt erklärbar, denn die Frage nach der Integration Behinderter einschließlich der Körperbehinderten wird bereits seit Ende der sechziger Jahre gestellt. Eine veränderte Aufgabenstellung der Schule für Körperbehinderte infolge des Strukturwandels ihrer Schülerschaft und der vermehrten Integration der intellektuell leistungsfähigen und weniger pflegebedürftigen Körperbehinderten macht aber didaktische Konzeptbildungen sowohl für den Förderort Sonderschule als auch für den Förderort Integrationsklasse notwendig.

4.6 Einzelne Bereiche der Didaktik für Körperbehinderte

Bei der Planung und Analyse des Unterrichts mit Körperbehinderten sind einzelne Bereiche besonders zu beachten, auf die im folgenden eingegangen wird.

4.6.1 Erfassung der Voraussetzungen von Unterricht

Die anthropogenen Voraussetzungen bei Schülern mit Körperbehinderungen können in der Regel nur erhoben werden, wenn mit anderen kooperiert wird. Eine Zusammenarbeit mit Frühförderstellen, Schulkindergärten, Eltern, Sozialarbeitern, Ärzten und Therapeuten ist notwendig. Im medizinisch-therapeutischen Bereich können folgende Fachkräfte Informationen liefern: Krankengymnasten, Beschäftigungstherapeuten, Motopäden/Bewegungserzieher, Sprachtherapeuten/ Logopäden sowie Psychologen. Da viele körperbehinderten Kinder eine gezielte Frühförderung erhalten, können auch die Entwicklungsberichte der Frühförderstellen ausgewertet werden.

Besondere Bedeutung erlangen aber die Gutachten zur Feststellung des **sonderpädagogischen Förderbedarfs**. Durch geänderte Schulgesetze, die den gemeinsamen Unterricht (GU) ermöglichen, wurden auch die Aufnahme- und Überweisungsverfahren in Sonderschulen neu geregelt. So hat das Bundesland Nordrhein-Westfalen (NRW) 1995 eine „Verordnung über die Feststellung des sonderpädagogischen Förderbedarfs und die Entscheidung über den schulischen Förderort" (VO-SF) erlassen, die exemplarisch für die geänderte Rechtslage ist. Fachkräfte aus dem Sonderschulbereich haben eine Anleitung zusammengestellt (VDS NW 1997), in der eine Checkliste enthalten ist, die Pädagogen bei der Gutachtenerstellung über den sonderpädagogischen Förderbedarf helfen soll. Danach sollen neben statistischen Daten zu folgenden Punkten Informationen festgehalten werden, die als Entscheidungsgrundlage bedeutsam sind: Bisheriger Bildungsgang: Kindergarten, Hort, Schullaufbahn, begleitende Maßnahmen – Ausgangslage: Begründung des Antrags auf sonderpädagogische Förderung, aktuelle Lernbedingungen, angewandte Test- und Informationsmaterialien – Soziales Umfeld: Familiensituation, Erziehungsverhalten und -klima, Freizeit – Somatischer Bereich: prä-, peri- und postnatale Entwicklung, Allgemeinzustand, Krankheiten/Schäden, psychosomatische/psychogene Störungen – Wahrnehmung: auditive, visuelle, taktil-kinästhetische, propriozeptive, olfaktorische, gustatorische Wahrnehmung – Motorik: Grob- und Feinmotorik, Artikulationsmotorik, Graphomotorik, motorische Qualitäten – Sprache: analoge Ausdrucksmittel, phonetisch-phonologischer Bereich, semantisch-lexikalischer Bereich, Sprachverständnis, morphologisch-syntaktischer Bereich, Kommunikationsverhalten, Redefluß, Stimme – Verhalten: Arbeits- und Sozialverhalten: Vitalität, Steuerung, emotionale Stabilität, Stellung in der Gruppe/Klasse, allgemeine Beschreibung; Lern- und Leistungsverhalten: Leistungsmotivation, Konzentration, Kognition – Schulisches Lernen: Deutsch: mündlicher Sprachgebrauch, Lesen/Umgang mit Texten, Schreiben/ Rechtschreiben; Mathematik: pränumerischer Bereich, numerischer Bereich, geometrischer Bereich; Sach- und Orientierungswissen: soziale Beziehungen, Zeitorientierung, Raumorientierung, naturwissenschaftliche Zusammenhänge – Zusammenfassung: Problemresümee einschließlich der Ergebnisse des Gesprächs mit den Erziehungsberechtigten.

Wird ein sonderpädagogischer Förderbedarf festgestellt, so ist auch ein Hinweis auf eine bestehende Schwerstbehinderung aufzunehmen. Ein solches Gutachten dürfte eine wichtige Quelle zur Aufklärung von Lernvoraussetzungen eines Kindes oder Jugendlichen sein. Da Körperbehindertenpädagogen an der Erstellung beteiligt werden, können sie auch Daten und Informationen gut bewerten. Natürlich ändern sich die Lernvoraussetzungen durch die Entwicklung des jungen Menschen, so daß einzelne Befunde immer wieder aktualisiert werden müssen.

Die grundsätzlichen Schwierigkeiten der Erfassung der Voraussetzungen für Erziehung und Unterricht bei Behinderten werden seit langem diskutiert. Die Positionen reichen dabei von der Forderung nach Abschaffung jeglicher Form von Diagnostik bis hin zur Meinung, ohne Diagnostik sei sonderpädagogisches Handeln fragwürdig. Heute ist das Bemühen erkennbar, von einer weitgehend statischen Diagnostik, die auch als Selektions-, Merkmals- und Eigenschaftsdiagnostik gekennzeichnet wird, zu einer sogenannten **Förderdiagnostik** zu kommen, die nicht bloß Defizite feststellt und beschreibt, sondern Hinweise zur Lösung sonderpädagogischer Problemstellungen gibt. Bundschuh (1997, 181) verweist darauf, daß die Psychologie heute zwar immer exaktere Methoden zur Diagnose von Intelligenz, Wahrnehmung, Motorik und Sozialverhalten habe, aber trotzdem grundsätzliche Fragen umstritten seien. Man berufe sich auf die Statistik, auf Wahrscheinlichkeitsaussagen und leite davon eine „Normalverteilung" von Persönlichkeitseigenschaften ab. Erfaßt würden dann Abweichungen der Eigenschaften, des Verhaltens und der Leistungen von Personen von der „durchschnittlichen Normalität". Es bestehe aber eine grundsätzliche Unsicherheit, wie Intelligenz, Angst, Motivation, Gefühle überhaupt wissenschaftlich exakt zu definieren und empirisch zu erfassen seien. Deshalb führten neuere Entwicklungen weg von indirekten Vorgehensweisen und hin zu einer lernorientierten und damit „direkten" Diagnostik. Im Blick auf Menschen mit Behinderungen dominieren deshalb nicht mehr soziale und leistungsmäßige Bezugsnormen, sondern der Behinderte ist Ausgangspunkt für eine individuelle bzw. intraindividuelle Norm und damit selbst Träger seines „Maßstabs".

Nach Bundschuh (1997, 183) ist folgendes förderdiagnostisch relevant: die Beobachtung und Beschreibung der **Lernausgangslagen**, die systematische Suche nach Anknüpfungsmöglichkeiten, die **Entdeckung von Lernwegen** sowie die Prüfung der Effizienz versuchter Fördermaßnahmen. Bezugspunkte sind dabei der Schüler, die Sachstruktur, die Vermittlung und der Lehrinhalt. Im Hinblick auf den bisherigen Lernweg, das **Lernverhalten**, den Lösungsweg und das Lösungsprodukt des Schülers ist u. a. zu fragen: Inwieweit kann die gestellte Aufgabe erfüllt werden? Welche Teillösungen werden bereits erbracht? Wie ist das individuelle Lernverhalten zu beschreiben? Welche Besonderheiten zeigen sich in der Lösungsstrategie? Im Hinblick auf die **Sachstruktur** und die Analyse der Anforderungen ist zu fragen: Welche Handlungsvollzüge und welche Tätigkeiten und Denkvorgänge setzen Lerngegenstand und Lerninhalt voraus? Welche sachstrukturellen Kenntnisse (Faktenwissen) sind Voraussetzung? Erst nach Klärung dieser Fragen kann nach der **Vermittlung** gefragt werden: Welche Abstraktionsebene haben die Vermittlung und das Unterrichtsmaterial? Inwieweit ist sprachliche Kompetenz erforderlich? Welche Fähigkeiten (Lesen, Zuhören, Abschreiben etc.) erfordert die Vermittlung? Diese Form der Erschließung der Bedingungen und Voraussetzungen des Lernens dürfte gerade auch für Kinder und Jugendliche mit Auswirkungen körperlicher Schädigungen hilfreich sein.

Eine Auseinandersetzung mit **Grundfragen der Diagnostik in der Rehabilitation** und ein aufschlußreiches **Fallbeispiel** findet sich bei Pfluger-Jakob und Pflaum (1988). Der Fall eines Jungen wird anhand einer „praktisch-eklektischen" Vorgehensweise analysiert, was meint, daß möglichst viele Aspekte einbezogen und alle zur Verfügung stehenden Instrumente und Verfahren eingesetzt werden. Ein Kinderarzt überweist den 8;7 Jahre alten Stefan mit der ärztlichen Diagnose „Ptosis (Lidlähmung) am rechten Auge mit nachfolgend schwerer Selbstwertproblematik und mangelndem Durchsetzungsvermögen" an einen klinischen Psychologen. Von den Eltern ist zu erfahren, daß bei Stefan eine Unfähigkeit zur Ordnung und große Schwierigkeiten beim Lesen und Schreiben vorliege. Die rehabiliationspsychologische Diagnostik bezieht sich schwerpunktmäßig auf die Folgen, die die zugrundeliegende organische Störung auf die Wahrnehmungsentwicklung, die kognitiven Funktionen, das Körperbewußtsein, die alltagspraktischen Fertigkeiten und die sozial-emotionale Entwicklung des Jungen hat. Die eingehende Darstellung der ausgewählten Methoden und Verfahren zur Datensammlung und die prägnante Interpretation der Testergebnisse und Befunde geben einen Einblick in die Persönlichkeit mit ihren gestörten Bereichen. Deutlich wird aber neben der Genese der Problematik auch die vorgeschlagene Intervention, wobei konkrete geeignete Methoden und Verfahren benannt werden. So etwa die psychomotorische Übungsbehandlung oder Mototherapie, wie sie von Kiphard (1983) vertreten wird.

Auch die Arbeit von Kiphard (1980) zur Motopädagogik bietet schulpraktische Hilfen zur Diagnostik und Förderung bei motorischen Störungen. Eine vergleichende experimentelle Untersuchung zum Lernverhalten bei Kindern mit cerebralen Bewegungsstörungen liegt von Leyendecker (1982) vor; er erörtert auch didaktische Konsequenzen, die sich aus den empirisch gewonnenen Ergebnissen herleiten lassen. Die Besonderheiten der Entwicklung von Wahrnehmung, Lernen, Gedächtnis und Intelligenz bei Körperbehinderten haben im übrigen Leyendecker und Neumann (1983) beschrieben.

Ein besonderes Problem bei der Erfassung der anthropogenen Voraussetzungen bildet auch die Heterogenität des Personenkreises in Schulklassen mit Körperbehinderten. Für die große Zahl der Schüler mit Infantiler Cerebralparese (ICP) gibt es Intelligenztests, die motorische Beeinträchtigungen berücksichtigen; so z.B. den „Intelligenztest für 6 bis 14-jährige körperbehinderte und nichtkörperbehinderte Kinder" (ITK 6-14) von Neumann et al. (vgl. dazu Bredenkamp 1983, 625-626). Für Schüler mit anderen Schädigungsformen ist es aber schwierig, geeignete diagnostische Verfahren verfügbar zu machen. Zu denken ist in diesem Zusammenhang etwa an Schüler mit Zustand nach Schädel-Hirn-Trauma (SHT) oder Schüler mit Muskelerkrankungen. Hier muß der Körperbehindertenpädagoge insbesondere auf die Kooperation mit Ärzten, Therapeuten und Neuropsychologen setzen, um die Förderbedürfnisse abzuklären.

4.6.2 Lernziele und Dimensionen des Lernens

Der Begriff „Lernziel" ist seit Ende der sechziger Jahre verbreitet und bezeichnet die intentionale Ebene von Erziehung und Unterricht. Im weiteren Sinne geht es um die Absichten, die jeweils verfolgt werden. Im engeren Sinne ist damit nur das beobachtbare Verhalten gemeint, das gezeigt werden muß, wenn ein Lernziel als erreicht gelten soll. Häufig wird parallel zum Begriff Lernziel auch der Begriff Lehrziel verwandt. Begründet wird das damit, daß unter Lernen ein nicht beobachtbarer Prozeß verstanden wird. Ein solcher „Lernprozeß" äußert sich in einer Verhaltensänderung, die der Lehrende beim Lernenden anstrebt. Oft sind die Lernziele weniger Ziele des Lernenden als vielmehr Ziele des Lehrenden und damit letztlich „Lehrziele".

Die Planungsaufgaben umfassen nach Peterßen (1992, 118-125): Findung, nähere Bestimmung und Begründung von Lernzielen, deren Elementarisierung und Beschreibung im Sinne einer Operationalisierung sowie deren Ordnung und Klassifikation. **1. Zur Findung von Lernzielen:** Während die herkömmlichen Lehrpläne bis Anfang der siebziger Jahre an traditionellen Inhalten orientiert waren, wurde in der Curriculumforschung versucht, Kriterien für die Ableitung und Bestimmung von Lernzielen zu finden. Dazu zählen: die künftigen Lebenssituationen, etwa eines körperbehinderten Kindes; eine Arbeitsplatzanalyse, etwa im Blick auf die Auswirkungen einer Körperbehinderung; die Befragung von Arbeitgebern und Experten über die Anforderungen in bestimmten Berufen. **2. Zur Begründung von Lernzielen:** Die Präzisierung von Lernzielen und die Konstruktion von Lernzielkatalogen sind noch keine Auswahlbegründung. Eine verkürzte technologische Lernzielfestlegung verdeckt, daß Lernzielentscheidungen Wertpräferenzen beinhalten und letztlich politisch bedingt sind. Gesellschaft und Staat entscheiden, was in öffentlichen und staatlich anerkannten allgemein- und berufsbildenden Schulen gelehrt und gelernt wird. Nach dem Grundgesetz steht das gesamte Schulwesen unter staatlicher Aufsicht. **3. Zur Beschreibung von Lernzielen:** Mit der Forderung nach der genauen Beschreibung von Lernzielen ist die Forderung nach deren möglichst weitgehender Operationalisierung verbunden. Darunter wird die Formulierung eines beobachtbaren Verhaltens einer Person verstanden. Zielbeschreibungen wie „Wissen" und „Verstehen" sind nach diesem Ansatz unzureichend. Beobachtbar sind dagegen Lernziele wie „Aufzählen" und „Kennzeichnen". Operationalisierte Lernziele müssen Angaben über das beobachtbare Endverhalten, die Bedingungen, unter denen das Verhalten geäußert werden soll, und den Beurteilungsmaßstab für das als ausreichend geltende Verhalten angeben. Es ist inzwischen allerdings umstritten, ob dieses Verfahren sinnvoll anwendbar ist. **4. Kriterien für Lernzielklassifikation** innerhalb eines Bereiches sind: **Konkretheit,** (z.B. Richt-, Grob und Feinziele), **Komplexität** (z.B. Wissen als niedrigste Stufe, Analyse und Synthese als hohe Stufen) und **Internalisierung** (z.B. „aufmerksam werden" als eine niedrige, dagegen „Bindung an einen Wert" als eine hohe Stufe).

Die Empfehlung der KMK (1984) zum Unterricht in den Schulen für Körperbehinderte beinhalten Aussagen zu den generellen und speziellen Zielen des Lehrens und Lernens sowie zu Therapie, Pädagogik und zur Förderung allgemein. Es wird wird davon ausgegangen, daß im allgemeinen Sprachgebrauch Körperbehinderung mit Bewegungsbeeinträchtigung und bestimmten organischen Schäden gleichgesetzt wird. Damit und mit bestimmten medizinischen Krankheitsbildern wie z.B. cerebralen Bewegungsstörungen, Muskelerkrankungen, Anfallsleiden, Querschnittslähmungen, Fehlbildungen innerer Organe lassen sich aber die Lernvoraussetzungen körperbehinderter Schüler nur unzulänglich kennzeichnen. Für die Förderung ist auch von Bedeutung, wie eine Bewegungsbeeinträchtigung oder eine körperliche Entstellung auf die Entwicklung wirkt.

Zu beachten sind dabei die psychomotorische, emotionale, sozial-kommunikative und kognitive Dimension menschlichen Lernens und Verhaltens, wobei auch von Wechselwirkungen zwischen den einzelnen Dimensionen auszugehen ist. **Auswirkungen** auf die Dimensionen des Lernens, Verhaltens und der Persönlichkeitsentwicklung können sein (KMK 1984, 3-4): Verlangsamungen und Ausfälle bei der Fortbewegung, im Umgang mit Arbeitsmaterial und bei der Erledigung von unterrichtlichen und anderen Aufgaben; Störungen und Ausfälle beim Sprechen, Schreiben, Zeichnen, Essen, Trinken, Toilettengang, Waschen; Störungen des Selbstwertgefühls und der Motivation, Erschwerungen der Lebensbewältigung und Lebenserfüllung; Auffälligkeiten des Verhaltens; Erschwerungen der sozialen Integration; unrealistische Erwartungen an die sozialen Partner; eingeschränkte Berufsausbildungsmöglichkeiten; Abweichungen in der Entwicklung der Wahrnehmung und ihrer Verarbeitung, in der Raumorientierung, im Sprachaufbau; Schwierigkeiten in der Begriffsbildung. Entsprechend sind dann Ziele in Erziehung und Unterricht in den einzelnen Dimensionen der Förderung zu bestimmen.

4.6.3 Methoden und Formen der Differenzierung

Methoden werden als Arrangement von Lehrverfahren in Unterricht und Ausbildung verstanden. Bunk (1982, 156) hat die **Unterrichtsmethoden** unter diesem Aspekt eingeteilt nach dem „Lehrakzent" (lehrer- bzw. schülerbetont) und nach dem „Verhaltensbereich" (kognitiv, verbal, handlungsbezogen, motorisch, affektiv) und sie in einer tabellarischen Übersicht präsentiert. Eine eingehende Darstellung der Unterrichtsmethodik gibt auch Aschersleben (1991); seine Ausführungen zur inneren **Differenzierung** bieten Anregungen für den Unterricht in heterogenen Klassen, wie sie in der Schule für Körperbehinderte anzutreffen sind.

Der methodisch Planende geht von Fragen aus: Wie führe ich meine Schüler in den Unterschied zwischen Bericht und Schilderung ein? Welches Vorgehen wähle ich im Erstleseunterricht? Wie veranschauliche ich den Viertaktmotor? Eignet sich für meine Thematik die Projektmethode? Die handlungsbezogenen Methoden werden vielfach auch als **Sozialformen des Unterrichts** bezeichnet. Die soziale Organisation kann im Unterricht gestaltet werden als: Frontalunterricht, Partnerarbeit, Alleinarbeit, Gruppenunterricht, Debatte, Kreisgespräch, Planspiel, Entscheidungsspiel, Rollenspiel. Die Anwendung einzelner Sozialformen des Unterrichts setzt die **Unterrichtsdifferenzierung** voraus.

Der Begriff Differenzierung ist weit gefaßt. Er reicht von äußerer Differenzierung bezüglich der Organisation des Schul- und Bildungswesens bis zur Methodik des Unterrichts. Bei Maßnahmen zur Differenzierung geht es immer um eine Verbesserung der Schul- und Ausbildungswirklichkeit. Im Mittelpunkt steht die organisatorische Aufteilung von Lerngruppen. Die grundlegende Unterscheidung erfolgt zwischen äußerer und innerer Differenzierung. Unter **äußerer Differenzierung** wird eine organisatorische Trennung nach Leistungsniveaus verstanden. Beispiel: Das gegliederte Schulwesen mit unterschiedlichen

Bildungsvoraussetzungen und -abschlüssen: Haupt-, Real-, Sonderschule, Gymnasium. Unter **innerer Differenzierung** (Binnen- oder Intradifferenzierung) versteht man Maßnahmen, die innerhalb einer Lerngruppe zum Tragen kommen. Das bedeutet, daß die Lerngruppe prinzipiell als Einheit verstanden wird. Wegen ihrer Heterogenität in bezug auf die Lernvoraussetzungen werden aber einzelne Schüler oder Teilgruppen zeitweise oder längerfristig gesondert gefördert. Beispiel: Klassen der Schule für Körperbehinderte mit starker Mischung nach Behinderungsformen, Intelligenz und Sozialverhalten. Hier findet wegen der großen Spannweite, etwa zwischen normal begabten Dysmelie-Kindern und schwerstbehinderten Kindern ohne Lautsprache, eine Binnendifferenzierung statt. Auch die **Individualisierung** kann als Form der Differenzierung gelten. Das heißt, daß der Unterricht auf bestimmte Lernbedürfnisse einzelner Schüler bezogen wird, die dann Einzelunterricht erhalten oder nach entsprechender Anleitung alleine arbeiten.

Was macht Differenzierung notwendig? Die Notwendigkeit einer Differenzierung leitet sich ab aus den individuellen Unterschieden zwischen den Lernenden hinsichtlich: Entwicklungsstand, Begabung, Lerntempo, Interessen, Vorbildung, Alter und im Bereich der Erwachsenenbildung: Bildungs- und Berufsziele sowie angestrebte Ausbildungsbereiche. **Was soll durch Differenzierung erreicht werden?** Erreicht werden soll eine optimale Förderung und umfassende Aneignung von Kenntnissen, Fähigkeiten und Fertigkeiten. Die Differenzierung soll der Entwicklung der Gesamtpersönlichkeit dienen; sie soll alle Dimensionen ansprechen, nämlich die kognitive, die affektive, die psychomotorische, die soziale und die ästhetische Dimension. Zweck der Differenzierung ist auch eine Förderung der Selbständigkeit, die Entwicklung der Kooperationsfähigkeit und die Gelegenheit zu sozialem Lernen. **Welche Möglichkeiten der Binnendifferenzierung gibt es?** Hier schließt sich der Kreis, indem nun wieder die verschiedenen Sozialformen und methodischen Vorgehensweisen des Unterrichts in den Blick genommen werden: Der Frontalunterricht, die Einzelarbeit, aber auch bestimmte Methoden, wie etwa im Erstleseunterricht. Gleichermaßen bieten sich Möglichkeiten der Binnendifferenzierung über die eingesetzten Medien sowie über die ausgewählten Inhalte und Themen des Unterrichts an. **Woran hat sich die Differenzierung zu orientieren?** Differenzierung ist gebunden an die individuellen Voraussetzungen: (Begabung, Intelligenz, Leistungsvermögen; Motivation, Lernbereitschaft, Interessen; Lerntempo; Reife, Entwicklungsstand) und an die Zeitvorgaben, die in Stoffverteilungs – und Ausbildungsplänen festgelegt wurden.

Die Bildungskommission des Deutschen Bildungsrats (1974a, 74-77) hat auch Vorschläge zur inneren Differenzierung des Unterrichts mit Behinderten gemacht. Wesentliche Kennzeichen der Differenzierung des Unterrichts sind danach: Individualisierung des Lehrens und der Lehrerhilfe, je nach den unterschiedlichen Lernfähigkeiten der Kinder; Wechsel zwischen einem lehrerzentrierten und einem medienzentrierten Unterricht; Möglichkeiten zu Interaktionen der Mitschüler untereinander, besonders in der gegenseitigen Hilfe; Spielraum in den Aufgabenstellungen, den Lösungswegen und in der Zeit, die zur Erfüllung von Aufgaben aufgewandt wird; Initiative der Kinder bei der Übernahme von Aufgaben und Anleitung zur Selbsteinschätzung bei der Wahl von Aufgaben, Akzeptierung der jeweiligen Einzelleistung eines Kindes und damit der Unterschiede in der Qualität und Quantität ausgeführter Aufgaben; flexible

Gruppenbildung innerhalb der in ihrer Zusammensetzung konstanten Klasse. Im einzelnen wird empfohlen: 1. **Differenzierung in der Lehrerhilfe:** Der Lehrer sollte Art und Umfang seiner Hilfe nach den individuellen Lernfähigkeiten der Schüler bemessen und sie zur Selbständigkeit anregen. 2. **Differenzierung im Niveau der Anforderungen:** Viele Aufgaben können so gestellt werden, daß sie eine einfachere oder eine anspruchsvollere Bearbeitung zulassen. Den Kindern sollte in solchen Fällen auch die Art der Darstellung der Lösungswege sowie die Verwendung von Arbeits- und Lösungshilfen freigestellt werden. Der Lehrer wird die dabei nötige Selbsteinschätzung der Schüler aufbauen und im Einzelfall korrigieren. 3. **Differenzierung in der Anzahl der Aufgaben:** Das individuelle Lernvermögen und das unterschiedliche Arbeitstempo beeinflussen die Arbeitszeit. Durch die Bereitstellung von zusätzlichen Aufgaben oder freie Aufgabenwahl kann den schneller lernenden Schülern entsprochen werden. Dabei sollte es sich um Aufgaben handeln, durch die sich die Schüler nicht nur beschäftigt, sondern neu herausgefordert fühlen. Das Arbeitstempo langsam arbeitender Kinder sollte behutsam gesteigert werden. 4. **Differenzierung durch Medienbereitstellung:** Hilfen und Anregungen im Lernprozeß sind bei den Kindern in unterschiedlicher Weise erforderlich. Durch entsprechende Medien können diese Hilfen und Anregungen individuell angemessen gegeben werden. Die Medien sollten eine individuelle Aufgabenlösung und eine freie Wahl verschiedener Lösungswege ermöglichen sowie den Schülern gestatten, die Aufgaben in einer ihrem Lernvermögen angemessenen Arbeitszeit zu lösen. 5. **Differenzierung in flexiblen Lern- und Fortschrittsgruppen:** Diese Grundform der inneren Differenzierung wird immer nur innerhalb einer Klasse ohne Aussonderung realisiert. Eine zeitlich begrenzte Zusammenfassung von Schülern zu kleinen Lerngruppen innerhalb der Klasse darf weder zu einer Diskriminierung noch zu einer Favorisierung einzelner Schüler führen.

4.6.4 Medien und technische Hilfen

Medien als Lehr- und Lernmittel des Unterrichts haben eine eigene Geschichte, die Döring (1973) von der Antike über das Mittelalter bis ins zwanzigste Jahrhundert aufgezeigt hat. Lehren und Lernen waren schon früh an die Verwendung von Hilfsmitteln gebunden; beim Lesen- und Schreibenlernen ist dies einsichtig. Schreibgeräte wie Griffel und Schiefertafel sowie das Buch als Medium zum Erlesen von Texten wurden zu festen Bestandteilen des Schulunterrichts. Für Körperbehinderte wurden individuell angepaßte Hilfsmittel verwendet, so etwa spezielle Geräte zum Schreiben und Zeichnen. Der Einsatz von **Medien im Unterrichtsprozeß** bietet insbesondere auch Möglichkeiten der Differenzierung und Individualisierung, wie sie gerade für den Unterricht mit Körperbehinderten notwendig sind. Medien dienen nicht nur zur Veranschaulichung, sondern erlangen vielfach eine Bedeutung für das zieldifferente Lernen: Die Schüler können je nach individuellem Lern- und Leistungsvermögen mit Lernmitteln arbeiten, um ihnen gemäße Lernziele zu erreichen. In der Allgemeinen Pädagogik entstand eine eigene Mediendidaktik (Dichanz et al. 1974), die auch für den Unterricht mit Körperbehinderten Anregungen gibt.

Grundsätzlich gilt, daß die Lehr- und Lernmittel des Unterrichts auch bei Körperbehinderten Verwendung finden können. Wie in anderen Bereichen der

118

Sonderpädagogik sind die Entscheidungen zur Auswahl bestimmter Medien vor dem Hintergrund der individuellen Lernvoraussetzungen der Schüler zu treffen. Am Beispiel des Unterrichts mit Schülern, die eine Hirnverletzung erlitten haben, wird dies deutlich: Tafelzeichnungen und Arbeitsblätter sind so zu gestalten, daß sie Auswirkungen von Wahrnehmungs- und Konzentrationsstörungen gerecht werden. Die didaktischen und methodischen Probleme des Unterrichts und der Unterweisung (Ausbildung) bei Schädel-Hirn-Traumatikern (Stadler 1989b, 1990, Fischer 1993) lassen sich nicht zuletzt auch durch den Einsatz von Lernprogrammen minimieren, die über einen Personalcomputer (PC) bearbeitet werden.

Technische Hilfen haben bei Menschen mit gestörter **Motorik und Kommunikation** einen hohen Stellenwert (siehe Kapitel 6). Sie können bei eingeschränkter oder fehlender Sprechfähigkeit (Dys- und Anarthrie) die lautsprachliche Kommunikation ersetzen. Dazu gibt es heute auch elektronische Hilfsmittel, die ständig verbessert werden. In einem Modellversuch „Erarbeitung und Erprobung elektronischer Lern- und Kommunikationsmittel für Körperbehinderte – ELEKOK" (Staatsinstitut für Schulpädagogik 1995) wurden Erkenntnisse zum Einsatz geeigneter Hard- und Software gewonnen. Danach sollte immer kritisch geprüft werden, inwieweit technische Neuerungen für körperbehinderte Schüler tatsächliche Erleichterungen und Verbesserungen in der Kommunikation bringen.

Im Schulunterricht mit Körperbehinderten lassen sich **Gegenstände des Alltagsgebrauchs** den feinmotorischen Bewegungsstörungen entsprechend modifizieren. Im Anfangsunterricht und generell als Schreibhilfen können Stifte verwendet werden, die mit unterschiedlichen Materialien (Plastikhülsen, Kugeln, Rundhölzer) verdickt sind und sich auf diese Weise besser greifen lassen. Darüber hinaus sind auch beschwerte Lineale, mit Klammern und Hülsen versehene Radiergummis, Übungsscheren oder Scheren mit selbstöffnendem Griff verwendbar. Der Hilfsmittelmarkt bietet Tische und Stühle, die den Bedürfnissen Körperbehinderter angepaßt werden können, sowie Spezialtische und -sitze, die bei einzelnen körperlichen Behinderungsformen notwendig sind.

4.6.5 Lernkontrolle und Leistungsbeurteilung

Seit Unterricht erteilt wird, soll das, was gelernt werden sollte, auch überprüft werden. Dabei ist längst erkannt, daß der Erfolg auch von der Art der Vermittlung abhängt. Der Unterrichtende kontrolliert also immer auch seine didaktische und methodische Kompetenz. Von Einrichtungen, die Unterricht anbieten, wird erwartet, daß sie die Leistungen der Lernenden beurteilen und bewerten. Dies gilt besonders für die staatliche und staatlich anerkannte Schule, zu deren Aufgabe auch die Leistungsbeurteilung ihrer Schüler und die Vergabe von Bildungsabschlüssen gehört, die Zugangsberechtigungen für Positionen in Gesellschaft und Wirtschaft darstellen.

Im Unterricht mit Körperbehinderten ergeben sich wegen der Heterogenität der Schülerschaft teilweise Schwierigkeiten, wie das Lernen kontrolliert und die Leistung beurteilt werden soll. Soll von den individuellen Lernfortschritten ausgegangen werden? Oder soll ein Vergleich mit nichtbehinderten Schülern stattfinden? Diese Fragen stellen sich heute auch im gemeinsamen Unterricht (GU) in Regelschulen, je nachdem, ob zielgleich oder zieldifferent unterrichtet wird. Grundsätzlich sollte auch hier soviel Gemeinsamkeit wie möglich und nur soviel Besonderung wie nötig praktiziert werden. Eine Abklärung dieser Fragen mit den Eltern und – soweit es der Entwicklungsstand zuläßt – mit dem Schüler, ist angebracht.

Von seiten der Lehrkräfte an Schulen für Körperbehinderte gibt es zur Leistungsbeurteilung Empfehlungen (VDS NW 1995). Erstmals bei der Feststellung des sonderpädagogischen Förderbedarfs muß die Leistungsfähigkeit des Schülers beurteilt werden. Dies allerdings eher im Sinne von Lernvoraussetzungen und Basisqualifikationen, die in das schulische Lernen eingehen. Insbesondere aber bei der **Noten- und Zeugnisgebung** und der **Einstufung** bezüglich der **Bezugsrichtlinien**, nach denen der Schüler unterrichtet werden soll – also Bildungspläne und Richtlinien für die Grund-, Haupt- oder Realschule, für die Förderschule oder die Schule für Geistigbehinderte und für Schwerstbehinderte (siehe Kapitel 5) –, muß kritisch abgewogen werden, was jeweils angemessen ist. Entsprechendes gilt für die Vergabe von Schulabschlüssen, bei der die Vergleichbarkeit erwartet wird: Berufsbildungswerke beklagen häufig die nach ihren Maßstäben zu wohlwollende Beurteilung der Leistungen in den Schulfächern und bezweifeln nicht selten die Aussagekraft der Schulnoten und Schulabschlüsse der allgemeinbildenden Sonderschulen überhaupt. Hier könnten nur standardisierte Leistungsproben in einzelnen Schulfächern – etwa in Deutsch und Mathematik – weiterhelfen, auf die sich beide Institutionen einigen müßten.

Das Referat Körperbehindertenpädagogik im VDS NW (1995) gibt u.a. folgende **Empfehlungen**: (1.) Eine kontinuierliche Förderdiagnostik ist Ausgangspunkt für die Beurteilung der Schülerleistungen. (2.) Es muß ein individueller Beurteilungsmaßstab bestimmt werden, an dem der Lernfortschritt gemessen wird. (3.) Lernfortschritte sind individuell zu beschreiben und auf Ziffernnoten ist zu verzichten. (4) Die Unterrichtung sollte nach einem Individualcurriculum erfolgen. Die Einstufung nach Bezugslehrplänen ist erst dann angebracht, wenn schon Erfahrungen im Lehren und Lernen vorliegen. (5.) Nach Förderung und differenzierter Beobachtung in den ersten drei Schulbesuchsjahren (Eingangsklasse sowie Klasse 1 und 2 der Grundschule) kann ein Vergleich mit Leistungen der altersgleichen Schüler der Regelschulen vorgenommen werden. Ab Klasse 3 ist dann auch der Lehrplan- und Richtlinienbezug anzugeben. (6.) Bei Schülern, deren Leistungen nicht mit denen altersgleicher Schüler der Regelschulen vergleichbar sind, sollte in den Zeugnissen auf die Einstufung nach Bezugsrichtlinien verzichtet werden. Wichtiger ist eine gemeinsam mit den Eltern und Schülern gewonnene Einschätzung der Leistungen. (7.) Für Schüler, deren Leistungen mit denen an Regelschulen vergleichbar sind, sollte die Beschreibung der Leistung in einer Ziffernnote zusammengefaßt werden. Ihnen sind dann auch die entsprechenden Schulabschlüsse zu bestätigen.

Damit stellt sich aber wiederum die Frage, inwieweit die so erteilten Noten und **Schulabschlüsse** aussagekräftig sind. Es wird immer schwer sein, den pädagogisch vertretbaren Weg zwischen engagiertem Fördern und einem auf Leistungsvergleich basierenden Fordern zu finden. Den Schülern, die eine Berufsausbildung absolvieren, ist aber mit einer realistischen Beurteilung ihrer schulischen Leistungen mehr gedient als mit Gefälligkeitsnoten, die sich bei Ausbildern, Berufspädagogen und Vorgesetzten der betrieblichen und überbetrieblichen Ausbildung als unzutreffend herausstellen.

5. Förderung bei Mehrfach- und Schwerstbehinderung

Geht man von Art, Umfang und Schwere von Behinderungen aus, so lassen sich Menschen, die sehr schwere und gleichzeitig mehrere Behinderungen aufweisen, auch zum Personenkreis der Mehrfach- und Schwerstbehinderten zusammenfassen. Alle diese Kennzeichnungen sind natürlich problematisch und weisen begriffliche Unschärfen auf. Andererseits verlangt die Alltagswirklichkeit nach Zuordnungsmöglichkeiten und Begriffen, um anstehende Aufgaben zu kennzeichnen und Hilfen zu organisieren.

Fröhlich (1991b, V) stellt im Vorwort zu dem von ihm herausgegebenen Handbuch **Pädagogik bei schwerster Behinderung** fest: „Pädagogik angesichts schwerster Behinderung stellt eine grundsätzliche Herausforderung an die Disziplin wie an jeden einzelnen, der sich damit beschäftigt, dar. Pädagogik, auch Sonderpädagogik, wird häufig an ihre scheinbaren Grenzen gebracht, wenn ihr Gegenüber so schwer behindert ist, daß systematische Lern- und Entwicklungsprozesse unmöglich erscheinen. Und so wurden denn lange Zeit schwerstbehinderte Menschen weitestgehend einer liebevollen, fürsorglichen, oder eben auch nur versorgenden Pflege überlassen. Pädagogik hat diesen Personenkreis erst relativ spät 'entdeckt' und ist immer noch damit beschäftigt, innerhalb ihrer Systematik einen Platz für diese Gruppe von besonders schwer behinderten Menschen zu finden."

Nach einer Erörterung der Begrifflichkeit und der historischen Entwicklung soll auf den Personenkreis und seine Beschulung eingegangen werden. Behandelt werden dann Dimensionen und Konzepte der Förderung an einzelnen Lebens-, Lern- und Förderorten, wobei sich die Erörterung im Sinne einer „Rehabilitation im Lebenslauf" vom frühen Kindesalter bis in nachschulische Lebensformen erstreckt.

5.1 Kennzeichnungen und Begriffe

Die begrifflichen Kennzeichnungen für den Personenkreis reichen von schwermehrfachbehindert, schwerstmehrfachbehindert, schwergeistigbehindert, intensivbehindert bis zu schwerstkörperbehindert. Teilweise wird auch von Kindern mit extremem pyschomotorischem Entwicklungsrückstand und schwerst wahrnehmungsgestörten Kindern gesprochen. Zurückzuführen ist diese unklare Begrifflichkeit sicher auf die Heterogenität im Erscheinungsbild, auf die individuelle Ausprägung der Behinderung, aber auch auf die spezifische Zugangsweise von seiten der Fachkräfte in der Rehabilitation. Fröhlich (1991a, 11) sieht den Begriff „schwerstbehindert" inzwischen kritisch und meint dazu: „Die Steigerungsform von schwerbehindert legt nahe, daß es sich jeweils um eine besonders schwere oder schwierige Ausprägung einer Behinderungsform handelt. Das ist sprachlich sicher zutreffend, jedoch ist der Inhalt des Begriffs so nicht gemeint." Für ihn ist „schwerstbehindert" vielmehr „eine komplexe Beeinträchtigung des ganzen Menschen in allen seinen Erlebnis- und Ausdrucksmöglichkeiten. Emotionale, kognitive und körperliche, aber auch soziale und kommunikative Fähigkeiten sind erheblich eingeschränkt oder verändert. Die Zuordnung zu einem sogenannten Leitsymptom im Sinne einer klassischen Behinderung wie körperbehindert, geistigbehindert, sinnesgeschädigt wird nicht vorgenommen, weil dies den Charakter der Komplexität der Behinderung einerseits und die Ganzheitlichkeit des Individuums andererseits ignoriert" (Fröhlich 1991a, 11). Es handelt sich um eine Beeinträchtigung des ganzen Menschen in all seinen Lebensvollzügen, so daß der zwischenmenschliche Umgang an Grenzen stößt und auch die elementare Begegnung erschwert ist.

Oskamp (1986, 178-180) hat die terminologischen Schwierigkeiten des Begriffs „schwerstbehindert" aus der Sicht der Körperbehindertenpädagogik erörtert und auf Mißverständnisse hingewiesen, die sich aus der abweichenden inhaltlichen Besetzung ergeben. Hedderich (1991) spricht in ihrer Untersuchung zur schulischen Situation und kommunikativen Förderung von Kindern und Jugendlichen mit schwersten cerebralen Bewegungssstörungen und Dys- oder Anarthrie von Schwerstkörperbehinderten. Aus der Sicht der Körperbehindertenpädagogik unterscheidet von Pawel (1993, 168) zwischen schwerstkörperbehinderten Menschen, wenn eine schwerste Form der Körperbehinderung dominiert, und schwerstmehrfachbehinderten Menschen, zu deren Förderung zunächst eine Kommunikationsanbahnung notwendig ist. Sevenig (1995, 7) kritisiert den Begriff „Schwerste Behinderung", da aus ihm weder hervorgehe, welches Ausmaß die Behinderung habe, noch ob es sich um eine mehrfache Behinderung handle. Assoziiert werde vielfach eine geistige Behinderung, die aber nicht immer nachweisbar sei, da wegen der massiv gestörten Kommunikation die kognitive Leistungsfähigkeit schwer beurteilt werden kann. Wehr-Herbst (1997, 317) spricht von schwermehrfachbehinderten Schülern, die dadurch gekennzeichnet sind, daß sie schwere Körperschädigungen aufweisen, sich nicht selbst fortbewegen können, schwer geistigbehindert sind, nicht sprechen können und bei denen überdies häufig auch Sinnesschädigungen beobachtet werden.

Die Schwierigkeiten der Begriffsbildung bezüglich des Personenkreises werden von Fornefeld (1995, 54) wie folgt begründet: „Da der Schwerstbehinderten-Begriff von Norm- und Wertvorstellungen abhängig ist, wird er immer differieren und unscharf bleiben müssen. Eine weitere Ursache für die Unschärfe liegt in der Vielschichtigkeit der Schwerstbehinderung selbst, die unterschiedliche definitionsrelevante Zuwendungsmotive, d. h. unterschiedliche theoretische Begründungen provoziert." Fröhlich (1978) hat die verschiedenen Zugangsweisen als Teil einer Anthropologie aufgezeigt; für ihn ist **Schwerstbehinderung eine humane Existenzform**, die sich aus der Sicht der Philosophie aber als Grenzsituation erweist. Er skizziert im übrigen Gedanken über „das Menschliche" in der anthropologisch orientierten Pädagogik und kennzeichnet Beiträge der Medizin, Theologie, Philosophie, der Rechts- und der Gesellschaftswissenschaft zum Personbegriff. Aufschlußreich sind seine Analysen bezüglich der Sonderpädagogik und einzelner ihrer Fachvertreter, die sich zur Pädagogik bei schwerster Behinderung geäußert haben. Zusammenfassend stellt Fröhlich (1978, 144) fest, „daß u. U. Erziehung und Bildung so starr definiert sind, daß ein gewisser Teil schwerer Behinderter nicht mehr den Anforderungen genügt und somit aus dem Bereich der so verstandenen Pädagogik entlassen wird.

Sofern dann noch Erziehung als Voraussetzung zum Menschsein überhaupt gesetzt wird, muß man annehmen, daß aus einer gewissen Gedankenlosigkeit (wie zu hoffen ist) den Behinderten damit Menschsein abgesprochen wird. Man spricht ihnen somit animalisch-vegetative biologische Existenz zu".

Bereits seit den siebziger Jahren wurde in der Sonderpädagogik erkannt, daß klar bestimmbare sogenannte „einfache" Behinderungen eher die Ausnahme sind. In der Regel zeigen sich neben einer „Grundbehinderung" eine oder mehrere Folgebehinderungen. Eine differenzierte Darstellung des pädagogischen Problems der **Mehrfachbehinderungen** findet sich bei Solarová (1975). Eine Mehrfachbehinderung kann danach (1.) als schicksalhafte Kumulierung im Sinne einer Sekundärschädigung auftreten. Beispiel: Ein an Gehörlosigkeit leidender Mensch wird durch einen Unfall auch noch körperbehindert. Sie kann aber (2.) auch Folge eines Schädigungssyndroms sein. Beispiel: Eine cerebrale Bewegungsstörung zeigt sich nicht nur als Körperbehinderung, sondern auch als Beeinträchtigung der Sprache und des Lernens. Schließlich kann eine Mehrfachbehinderung (3.) als „konsekutive Verbildung" verstanden werden. Es treten Folgebehinderungen auf, die nicht verhindert werden können. Beispiel: Eine Sprachbehinderung als Folge der Gehörlosigkeit. Es gibt aber auch vermeidbare Folgebehinderungen, die nur auftreten, wenn die psychosozialen Umstände ungünstig sind. Beispiel: Eine Verhaltensstörung als Folge einer Sprachbehinderung. Die einzelnen sonderpädagogischen Fachrichtungen haben Beiträge zur theoretischen Begründung und praktischen Arbeit einer **Pädagogik der Mehrfachbehinderten** geliefert (Hartmann 1972, 1973).

Bezüglich der **Schwerstbehinderung** wird inzwischen versucht, den Begriff aufzuspalten und von „Schwerster Behinderung" zu sprechen (Fröhlich 1991b). Auf die Vielfalt der Aspekte, die sich darin vereinen lassen, verweist Bach (1991, 3-4). Der medizinische Aspekt richtet sich vor allem auf den besonderen Grad an körperlicher oder psychischer Schädigung eines Menschen. Dabei spielt die Dauer, wenn nicht gar die Unaufhebbarkeit ebenso eine Rolle wie der hohe Pflegebedarf. Es kommt zur Gleichsetzung von Schwerstbehinderung mit Mehrfachbehinderung, und bei extremen Formen wird der Begriff Pflegefall assoziiert. Unter psychologischem Aspekt wird schwerste Behinderung als extrem altersabweichende Entwicklungsstufe und als „beschädigte Identität" wahrgenommen. Unter pädagogischem Aspekt löst der Begriff teils pädagogische Resignation aus, weil Bildungsunfähigkeit und Unerziehbarkeit und damit eine bloße Verwahr- und Pflegepädagogik assoziiert wird. Unter personalem Aspekt steht die extreme Erschwerung der Lebensvollzüge, der Lernprozesse, der Welterschließung, der Findung von Lebensaufgaben und Lebenssinn und der Teilhabe am gesellschaftlichen Leben im Zentrum der Aufmerksamkeit. Hinzukommt das subjektive Erleben der eigenen Extremsituation einschließlich vorhandener physischer Einschränkungen, Belastungen und Schmerzen. Unter soziologischem Aspekt wird der Zusammenhang zwischen schwerster Behinderung und Umfeld thematisiert. Ein betroffener Mensch beeinflußt seine Familie und Nachbarschaft wie umgekehrt das soziale Umfeld auf die belastende Situation reagiert, die aus einer schwersten Behinderung entsteht. Unter rechtlichem Aspekt werden Schutz- und Unterstützungsregeln relevant, die von der Sozialhilfe bis zu Fragen der Entmündigung reichen. Unter ethischem Aspekt reicht die Spanne der Postulate und Positionen von der Fürsorge für Menschern mit schwerster Behinderung, die geradezu als Kriterium für Humanität einer Gesellschaft gesehen wird, bis zur Infragestellung des Lebenswerts und Lebensrechts extrem Beeinträchtigter, denen das Menschsein abgesprochen wird. Die Legitimation des Begriffs Schwerste Behinderung sieht Bach (1991, 12) im pädagogischen Bereich darin, daß durch ihn differenzierte erzieherische Konzepte und besondere Zieldimensionen angesichts extremer Beeinträchtigungen einschließlich der Selbstbefindlichkeit der Betroffenen entwickelt wurden.

Festzuhalten ist, daß bei Vorliegen einer **Mehrfachbehinderung keineswegs immer** auf **eine Schwerstbehinderung** verbunden mit einer geistigen Behinderung geschlossen werden kann. Vielmehr kann hier durchaus eine hohe kognitive Leistungsfähigkeit gegeben sein. Andererseits ist aber davon auszugehen, daß einer **Schwerstbehinderung immer eine mehrfache Schädigung** zugrundeliegt. Hedderich (1991, 7) weist darauf hin, daß bei Kindern mit schwersten cerebralen Schädigungen „nur die motorische Beeinträchtigung bei allen Kindern dieser Gruppe gleichgravierend ausfällt", es sich aber „im Hinblick auf die Entwicklung der kognitiven Fähigkeiten um eine sehr heterogene Personengruppe handelt". Es sind daher auch Schädigungen möglich, die allein Hirnareale betreffen, die für die Motorik zuständig sind. Fornefeld (1995, 47) vertritt die Meinung, daß der Übergang von diesen „nur" schwerstkörperbehinderten zu den Kindern fließend ist, die auch Schädigungen in den für die Sensorik zuständigen Hirnarealen aufweisen. Daraus können sich dann Beeinträchtigungen der Wahrnehmung und der Intelligenz ergeben.

5.2 Historische Entwicklung und Elterninitiativen

Der Personenkreis der Mehrfach- und Schwerstbehinderten hatte noch bis in die siebziger Jahre dieses Jahrhunderts in der Pädagogik wenig Beachtung gefunden. Die schulisch orientierte Sonderpädagogik erreichte ihn nur teilweise über die Pädagogik der Geistigbehinderten (Mühl 1991, 1994), die aber selbst erst – vor allem auf Drängen von Elternvereinigungen – in den sechziger Jahren das Recht auf schulische Förderung durchsetzen konnte. Das **Reichsschulpflichtgesetz** von 1938 hatte die sogenannten **bildungsunfähigen Kinder und Jugendlichen** von der Schulpflicht ausgenommen, was einem Ausschluß von schulpädagogischer Förderung gleichkam (siehe Kapitel 3.6). Nach dem Ende des Zweiten Weltkriegs übernahmen die neu entstandenen Bundesländer diese Regelung in ihre Schulgesetze.

In seinen **historischen Skizzen** zur Betreuung schwerst- und mehrfachgeschädigter geistigbehinderter Menschen zeigt Schröder (1983) die Entwicklung seit dem ausgehenden Mittelalter auf, die von Aberglaube, Quacksalberei und Sadismus gekennzeichnet war. Noch im 19. Jahrhundert war die Behandlung in den medizinischen Einrichtungen vielfach brutal und unmenschlich. Insgesamt läßt sich der fragwürdige Umgang aber auch als Teil der europäischen Kultur- und Sozialgeschichte verstehen, deren Auswirkungen hinsichtlich negativer Verhaltensweisen gegenüber Mehrfach- und Schwerstbehinderten bis heute erkennbar sind. Auch nach den erfolgreichen Versuchen im ausgehenden 18. und im 19. Jahrhundert, die Bildungsfähigkeit Gehörloser, Blinder und Körperbehinderter durch medizinische Behandlung und pädagogische Förderung nachzuweisen, blieben die Schwerstbehinderten weitgehend ausgeschlossen und erhielten allenfalls Pflege und Versorgung zum physischen Überleben.

Begründet wurde der **Ausschluß von Erziehungsbemühungen** mit der Behauptung, ihnen mangele es an „seelischem Vermögen". Mühl (1991, 127) verweist auf den französischen Mediziner Ph. Pinel (1745-1826), der die Meinung vertrat, den „Stumpfsinnigen" oder „Idioten", zu denen auch die „Kretinen" gerechnet wurden, fehlten die Kennzeichen menschlichen Wesens, nämlich Verstand, Wille und Gefühl. Als Gegenposition zur Auffassung, der „Idiot" sei geistlos wie ein Tier oder ein Automat, hatten J.D. Georgens (1823-1886) und H.M. Deinhardt (1821-1880) in ihrer Schrift „ Die Heilpädagogik mit besonderer Berücksichtigung der Idiotie und der Idiotenanstalten" solche Vergleiche zurückgewiesen. Für sie war auch der sogenannte „Idiot" ein Mensch, der durch Erziehung seine Fähigkeiten entfalten und ein Bewußtsein entwickeln könne. Die Unterschiede zur Bildungsfähigkeit anderer Menschen seien nur graduell; es liege ein erhöhter Erziehungsbedarf vor. So wurde allmählich anerkannt, daß **mehrfach- und schwerstbehinderte Kinder erziehungsbedürftiger als andere Kinder** sind. Ohne Erziehung verschlechtert sich ihr Zustand; die pädagogische Förderung muß sowohl umfänglicher als auch anders geartet und systematisch angelegt sein, da die üblichen Erziehungseinflüsse erfolglos bleiben.

Mühl (1991) verweist in der Darstellung der **geschichtlichen Entwicklung** der Förderung schwerstbehinderter Menschen darauf, daß besonders von der Gründung der Bundesvereinigung „Lebenshilfe für das geistigbehinderte Kind e.V." innovative Impulse zur Förderung schwerstbehinderter Menschen ausgingen. Für die Zeit vor 1958, dem Gründungsjahr der „Lebenshilfe", stellt er fest: „Aus der Tatsache, daß die Überlebenschancen von Neugeborenen mit schwersten Schädigungen in den letzten Jahren aufgrund medizinischer Fortschritte zugenommen hat, kann man folgern, daß früher viele schwer geschädigte Föten während der Schwangerschaft abgegangen sind und schwer geschädigte Kinder, soweit sie lebend geboren wurden, die ersten Lebenstage oder -wochen oft nicht überlebten." (Mühl 1991, 126-127).

Die **Situation nach dem Zweiten Weltkrieg** wurde nicht zuletzt durch Elterninitiativen bestimmt. Nachdem die „Lebenshilfe" in ihren privaten Einrichtungen die Schul- und Bildungsfähigkeit der Geistigbehinderten unter Beweis gestellt hatte, wurde schließlich deren Schulpflicht in allen Bundesländern durchgesetzt und ein Netz von Sonderschulen für Geistigbehinderte aufgebaut. Immer noch konnte aber ein „Ruhen der Schulpflicht" für diejenigen verfügt werden, die selbst am schulischen Bildungsangebot der Geistigbehindertenschulen nur bedingt teilnehmen konnten. Vor allem bei hohem Pflegebedarf und Mehrfachbehinderung wurde ihnen Schulunterricht nur ausnahmsweise zugestanden. Lokale und regionale Elternvereinigungen, die sich Ende der fünfziger und Anfang der sechziger Jahre für wohnortnahe Schulen für Körperbehinderte einsetzten, da ihre körperbehinderten Kinder in den Volksschulen nicht angemessen gefördert oder erst gar nicht aufgenommen wurden, gründeten einen „Bundesverband für spastisch Gelähmte und andere Körperbehinderte e.V.", der sich nicht zuletzt auch für die pädagogische Förderung der Schwerstbehinderten einsetzte. Die Schulen für Körperbehinderte verfügten zwar über Therapie- und Pflegeangebote für Mehrfach- und Schwerstbehinderte, sahen aber noch bis in die siebziger Jahre den Schwerpunkt ihrer Aufgaben im Unterricht für „normalbegabte" Körperbehinderte.

Erst der **Schulversuch zur Förderung schwerstkörperbehinderter Kinder** im Rehabilitationszentrum Westpfalz in Landstuhl/Pfalz (Haupt und Fröhlich

1982, 1983), der 1976 begann, brachte eine Wende: Die Förderung der Schwerstbehinderten wurde in den Bildungsauftrag der Schule für Körperbehinderte einbezogen. Lange Zeit wurden die Mehrfach- und Schwerstbehinderten aber in eigenen Klassen und Gruppen gefördert. Die Bildung von „Spezialklassen" wurde als „Tendenz zur Aussonderung selbst an Schulen für Körperbehinderte" heftig kritisiert und als „skandalös" bezeichnet (Eckmann 1985, 367). Inzwischen gibt es aber an vielen Schulen das Bemühen, die sogenannten Schwerstbehinderten in heterogen zusammengesetzten Klassen einzubeziehen und sie aus ihrer Rand- und Sonderstellung zu befreien. Gegen die Aufnahme Schwerstbehinderter, die auch geistigbehindert sind, in die Schule für Körperbehinderte gab es aber auch Vorbehalte. So hat sich Brönnecke (1990, 128) als Schulleiter wie folgt geäußert: „Wenn augenscheinlich Geistigbehinderte mit aus dieser Behinderung resultierenden Bewegungsstörungen leben, dann müssen sie nicht zum Personenkreis der Körperbehinderten gerechnet werden und können und sollen die ihnen passende Förderung in der Schule für Geistigbehinderte erfahren." Er akzeptiert andererseits die „cerebralparetisch Schwerstbehinderten", weil sie ganz besonders die „orthopädagogische Schule" mit ihren Fördermöglichkeiten benötigen.

Die KMK (1984, 14-15) hatte in ihren „Empfehlungen für den Unterricht in der Schule für Körperbehinderte (Sonderschule)" auch deren pädagogischen Auftrag bei „schwer beeinträchtigten Schülern mit besonders hohem Förderbedarf" kurz umrissen. Gefördert werden sollen auch Kinder, die in „allen Entwicklungsbereichen schwer beeinträchtigt" sind und „extreme Förderbedürfnisse" aufweisen. Die pädagogische Aufgabenstellung wurde als „Entwicklungsförderung" gekennzeichnet, die auch die Pflege einschließt. Die bereits an vielen Orten vollzogene Aufnahme und Förderung Schwerstbehinderter in die Schule für Körperbehinderte wurde damit zum „amtlichen" Auftrag.

5.3 Personenkreis und Beschulung

Aus medizinischer Sicht liegt nach Kalbe (1991, 411) dann eine Schwerstbehinderung vor, wenn „ein mindestens 3-jähriges Kind keine der folgenden Fähigkeiten beherrscht: 1. Freies Sitzen, 2. Aufrechte Fortbewegung mit oder ohne Hilfsmittel, 3. Greifen zwischen Daumen und Zeigefinger, 4. Selbständige Nahrungsaufnahme (mindestens zum-Mund-Führen von Brotstückchen), 5. Sprechen von mindestens zwei sinnvollen Worten und 6. Verständnis für mindestens zwei einfache und vertraute Begriffe". Eine solche Definition reduziert ein schwerstbehindertes Kind auf negative Merkmale und sagt nichts über die kognitive Leistungsmöglichkeit aus. Aber auch der Schulpädagogik fällt es nicht leicht, den Personenkreis zu bestimmen. So definiert der Erlaß des Kultusministers des Landes Nordrhein-Westfalen (Kultusminister NRW 1978) schwerstbehinderte Kinder als „schwer mehrfach Behinderte, deren Behinderung bestimmt ist durch die Verbindung von zwei oder mehr ... sonderschulbedürftigen Behinderungen". Als schwerstbehindert gelten auch Kinder mit einer hochgradigen geistigen Behinderung oder einer Körperbehinderung gekoppelt mit Anarthrie und Funktionsunfähigkeit der Arme. Letztere sind Kinder, „die sich nicht selbst – auch nicht mit Hilfsmitteln – fortbewegen können und – keine für die schulische Bildung einsetzbare Funktionsfähigkeit der Arme besitzen bzw. – so schwer sprachbehindert sind, daß ihre Sprache für Außenstehende nicht verständlich ist bzw. – deren Gesamtzustand durch chronische Krankheiten und deren Folgen erheblich beeinträchtigt ist".

Nach Änderung des **Schulpflichtgesetzes** für das Bundesland NRW 1995 wurden auch die Vorschriften für die schulische Förderung Behinderter neu gefaßt. Dazu wurde eine Verordnung über die Feststellung des sonderpädagogischen Förderbedarfs und die Entscheidung über den schulischen Förderort (VO-SF) erlassen, in der nun auch die Schwerstbehinderung definiert ist: „Als schwerstbehindert gelten Schülerinnen und Schüler, deren Behinderung auf der Grundlage einer geistigen Behinderung, einer Körperbehinderung oder einer Erziehungsschwierigkeit erheblich über die üblichen Erscheinungsformen hinausgeht oder bei denen zwei oder mehr der Behinderungen Blindheit, Gehörlosigkeit, anhaltende hochgradige Erziehungsschwierigkeit, geistige Behinderung und hochgradige Körperbehinderung vorliegen" (Kultusminister NRW 1995). Das Spektrum der Begrifflichkeit wird damit um das Adjektiv „hochgradig" erweitert; das Zusammentreffen von zwei oder mehr Behinderungen, also eine Mehrfachbehinderung, wird zum Kriterium für Schwerstbehinderung, wobei eine „erheblich über die üblichen Erscheinungsformen" hinausgehende Form maßgebend ist, die mit „hochgradig" gekennzeichnet wird.

Für die schulpraktische Arbeit gelten in NRW seit 1985 Richtlinien für die Förderung schwerstbehinderter Schüler und Hinweise für den Unterricht (Kultusminister NRW 1985). Dort wurden bereits Merkmale der Schwerstbehinderung benannt und der **Personenkreis der Schwerstbehinderten** beschrieben. Er umfaßt Schüler (1.) mit **schwerster geistiger Behinderung**, (2.) mit **schwerer Mehrfachbehinderung**, „verstanden als komplexes Syndrom, dessen Teilaspekt geistige Behinderung in Verbindung mit Blindheit, hochgradiger Erziehungschwierigkeit, Gehörlosigkeit, Körperbehinderung, chronischer Erkrankung auftritt" (Kultusminister NRW 1985, 5). Offensichtlich wird in der geistigen Behinderung ein Leitsymptom für die Schwerstbehinderung gesehen.

Eine eindeutige Zuordnung zu einem bestimmten Sonderschultyp wurde aber durch den Runderlaß des Kultusministers von 1978 zur Aufnahme Schwerstbehinderter in die Schulen nicht vorgenommen: Eine Einschulung ist in die Schule für Geistigbehinderte, für Körperbehinderte, für Blinde und für Gehörlose möglich. In allen diesen Typen der Sonderschule sind inzwischen schwerstbehinderte Kinder und Jugendliche anzutreffen. Es kam aber zu einer Konzentration in Schulen für Körperbehinderte und für Geistigbehinderte. Bei den Körperbehindertenschulen dürfte dafür vor allem das vorhandene Angebot an Therapie und Pflege bestimmend sein. Beobachtet wird eine **Zunahme des Anteils der Schwerstbehinderten in den Schulen für Körperbehinderte**, der an einzelnen Schulen schon mehr als die Hälfte ausmacht, aber von Schule zu Schule stark abweichen kann. So hat Wehr-Herbst (1997, 321) aufgrund einer bundesweiten Erhebung festgestellt: „Schwermehrfachbehinderte Kinder und Jugendliche haben in Schulen für Körperbehinderte (sofern sie dort aufgenommen werden) einen Anteil an der Gesamtschülerzahl, der durchschnittlich zwischen drei und zweiundzwanzig Prozent liegt. Da dies nur Durchschnittswerte einzelner Bundesländer sind, muß berücksichtigt werden, daß der tatsächliche Anteil an einzelnen Schulen durchaus viel höher oder viel niedriger liegen kann. Rheinland-Pfalz hat mit rund zweiundzwanzig Prozent den höchsten Anteil schwermehrfachbehinderter Schüler, gefolgt von Baden-Württemberg mit neun-

zehn Prozent, Nordrhein-Westfalen mit siebzehn Prozent und Bayern mit fünf-
zehn Prozent." Die Erziehung und Pflege dieses Personenkreises erfordert ein
Eingehen auf vorhandene Beeinträchtigungen des Lernverhaltens und auf Entwicklungsabweichungen im motorischen, sensorischen und emotional-sozialen
Bereich, was insbesondere in Schulen für Körperbehinderte durch entsprechende Förderangebote möglich ist.

5.4 Dimensionen und Konzepte der Förderung

Wie deutlich wurde, unterscheiden sich Menschen mit Mehrfach- und
Schwerstbehinderung in bezug auf Konstitution, Motorik, Wahrnehmung,
Sprache, Antrieb und Interessen. Ihre Persönlichkeitsmerkmale und deren individuelle Ausprägung haben auch dazu geführt, daß sich die Konzepte und För-
deransätze nach den dominierenden Schädigungen unterscheiden. Unterschiede
gibt es aber auch bezüglich der fachlichen Herkunft von Autoren, die Förder-
ansätze entwickelt und Konzepte erprobt haben. Dies ist etwa am Ansatz von
Fröhlich (1991a), der von der Körperbehindertenpädagogik kommt, und am
Ansatz von Breitinger und Fischer (1980), die von der Geistigbehindertenpädagogik kommen, zu erkennen.

Bei Dank (1991, 5) findet sich eine **Übersicht über Ansätze zur Förderung
Schwerstbehinderter**; sie ordnet nach der Kennzeichnung und den Autoren
sowie der Personengruppe und ihren spezifischen Merkmalen. Im einzelnen
führt sie auf:

„**Basale Stimulation** (Fröhlich): Schwerstmehrfachbehinderte mit einem
durchschnittlichen Entwicklungsalter bis ca. sechs Lebensmonate; **Isolati-
onstraining** (Kiphard; Delacato): Kinder mit autistischem Syndrom; **Sensomo-
torische Entwicklungsförderung** (Kiphard): Kinder mit retardierter und gestörter Wahrnehmung und Motorik; **Basale Aktivierung** (Breitinger und Fischer):
Kinder mit schwerster geistiger Behinderung; **Integrierte Förderung** (Fröhlich
und Haupt): Schwerstmehrfachbehinderte mit einem durchschnittlichen Entwicklungsalter ab ca. sechs Lebensmonate; **Psychomotorische Übungsbehandlung** (Kiphard): Kinder mit Cerebralschädigung; **Krankengymnastik** (Bobath):
Kinder mit schwerer Cerebralschädigung; **Aktivierende Pflege** (Schwörer):
Apallische Patienten; **Festhalte-Therapie** (Prekop): Kinder mit autistischem Syndrom; **Basale Kommunikation** (Mall): Schwerstbehinderte mit gravierend
beeinträchtigter Kommunikation; **Snoezelen** (Hulsegge): Schwer geistig und
mehrfach Behinderte; **Verhaltenstherapie** (Kane und Kane): Geistig schwer
Behinderte". Dank (1991, 6) verweist darauf, daß diese Übersicht nicht vollständig ist, aber zeigt, wie zahlreich die Ansätze bereits sind. Sie erwähnt noch
körpertherapeutische und gestalttherapeutische Verfahren, die zunehmend in
der praktischen Arbeit mit Schwerstbehinderten erprobt werden.

Wegen seiner grundlegenden Bedeutung für die Beschulung Schwerstmehrfachbehinderter wird auf das Konzept der Basalen Stimulation von Fröhlich
(1991a) ausführlicher eingegangen. Nur kurz behandelt werden die Konzepte
von Dank (1990) und das von Schäffer (1994); sofern diese Konzepte für die
praktische Arbeit genutzt werden sollen, ist eine eingehende Beschäftigung mit
der dazu angegebenen Fachliteratur notwendig. Breiteren Raum nehmen im folgenden die Hinweise für den Unterricht ein, die in den amtlichen Richtlinien

des Kultusministers NRW (1985) enthalten sind, weil in sie offensichtlich bereits vorliegende Förderkonzepte einbezogen wurden.

5.4.1 Dimensionen der Förderung

Für den Personenkreis der Kinder und Jugendlichen mit schwerster Behinderung hat sich bezüglich einer für sie adäquaten Therapie und Pädagogik der Begriff Förderung durchgesetzt. Allerdings gibt es auch für ihn noch keine einheitliche Definition. Es geht um eine therapeutische und bewußt erzieherische Beeinflussung, die der Entwicklung der Person und dem Ausgleich von Rückständen, Erschwernissen und Benachteiligungen dient. Dabei geht es nicht um eine Überwindung der Schwerstbehinderung, sondern um eine aktive und konstruktive Auseinandersetzung mit den Auswirkungen und um möglichst günstige Bedingungen für die Entwicklung der Persönlichkeit. Nach Begemann et al. (1979, 41) ist die **Förderung ein spezifischer Bereich der Erziehung**; sie geht dabei „einerseits über therapeutisch-medizinische Maßnahmen hinaus, schließt sie aber mit ein, zielt auf den 'ganzen Menschen' als Person, als Subjekt und setzt andererseits keine bestimmten Fähigkeiten und Fertigkeiten beim Kind voraus". Förderung ist demnach zu verstehen „nicht primär als Aufbau- und Differenzierungsmittel vorhandener Grundfähigkeiten, sondern zunächst als relativ 'voraussetzungsloser' Versuch, 'Entwicklung' beim Kind in Gang zu setzen, soweit Voraussetzungen fehlen oder noch nicht in Funktion gesetzt wurden".

Grissemann (1990, 9-10) versteht Förderung als komplexes sonderpädagogisches Handeln, das er in fünf **Förderdimensionen** aufteilt: „1. Behinderungsspezifisches Fördern mit sondererzieherischen Maßnahmen im Rahmen gegebener irreversibler Beeinträchtigungen zur Identitätsfindung und Selbstverwirklichung. 2. Korrektives Fördern in Ausrichtung auf Fehlentwicklungen, auf milieureaktive Störungen, auf Folgen von Fehlerziehung, mit Maßnahmen zur Überwindung von Fehleinstellungen und Fehlhaltungen." Solche Maßnahmen können als Ergänzung notwendig sein, wobei nicht immer irreversible Beeinträchtigungen vorliegen müssen. Grissemann benennt dann weiter: „3. Komplementäres Fördern mit Ausrichtung auf Ergänzungen von an sich funktionalen Reaktions- und Handlungskompetenzen im Hinblick auf größere Verhaltensflexibilität. 4. Defizitexternes kompensatorisches Fördern mit Maßnahmen zur Stärkung von Funktionen, die ausgleichend bzw. stellvertretend für beeinträchtigte Funktionskomplexe einspringen sollen. 5. Defizitinternes rehabilitativ-kompensatorisches Fördern mit Bemühungen zur Stärkung beeinträchtigter, wenig entwickelter Funktionskomplexe, Strategien und Algorithmen durch Verlängerung und Intensivierung der Lernphase, insbesondere durch kompensatorisches Üben." Förderung macht also eine differenzierte Analyse von Ausgangsbedingungen und eine systematische Planung anhand einzelner Dimensionen notwendig. Wie Dank (1991) gezeigt hat, orientiert sich die Förderung an unterschiedlichen Konzepten, die sich aus Schulversuchen und der bisherigen Praxis ergeben haben.

5.4.2 Konzept der Basalen Stimulation

Fröhlich hat auf der Grundlage der Erfahrungen und Erkenntnisse des Schulversuchs in Landstuhl/Pfalz zunächst das Förderkonzept der „Basalen Stimulation" entwickelt. Es ist auf den Personenkreis zugeschnitten, den er inzwischen dadurch kennzeichnet, daß er die Bedürfnisse der zu fördernden Kinder, Jugendlichen und Erwachsenen beschreibt. Sie brauchen: körperliche Nähe, um andere Menschen wahrnehmen zu können; Pädagogen und Therapeuten, die ihnen die Umwelt auf einfache Weise nahebringen und ihnen Fortbewegung und Lageveränderung ermöglichen; eine Person, die sie auch ohne Sprache versteht und zuverlässig versorgt und pflegt (Fröhlich 1991a, 14). Immer wieder weist Fröhlich auf die Notwendigkeit einer **ganzheitlichen Förderung** Schwerstbehinderter hin, die sich auf die Hauptentwicklungsbereiche des Menschen, nämlich Kommunikation (Sprache und Sprechen), Bewegung, Wahrnehmung, Sozialerfahrung, Kognition, Gefühle sowie Körpererfahrung erstreckt. Er wendet sich damit auch gegen die Kritik, wonach sein Konzept anfangs eher ein „mechanistisches" Funktionstraining gewesen sei.

Aufschlußreich ist die Beschreibung des **Personenkreises der Kinder**, die im Schulversuch seit 1976 gefördert wurden. Nach Haupt (1982a, 139), die den Versuch wissenschaftlich begleitete, wiesen sie in jeder Hauptdimension der Entwicklung extreme Behinderungen auf. Sie waren in ihrer kognitiven Entwicklung so beeinträchtigt, daß ihr Entwicklungsalter dem eines Kindes in den ersten Lebensmonaten entspricht. Haupt verweist aber darauf, daß **schwerstbehindert keine definitive Zustandsbeschreibung** ist. Es bleibe grundsätzlich offen, ob es durch Förderung möglich wird, Schwerstbehinderung zu überwinden oder ob die Entwicklung trotz Förderung stagniert. Bezüglich der Inhalte der Förderung wird in eine Grund- und Aufbaustufe unterschieden.

In der **Grundstufe** wird mit der **Förderdiagnostik** begonnen, damit die Förderbedürfnisse erfaßt und die Förderung auf die Hauptbereiche der Entwicklung abgestimmt werden kann. Für die Kinder, die sich noch nicht willentlich bewegen können, die in bestimmten Haltungen fixiert sind, die keine Laute bilden und die nicht erkennbar auf Hör- und Sehreize reagieren, beginnt die Entwicklungsförderung mit einer Befriedigung ihrer Bedürfnisse durch konstante Bezugspersonen, wobei viel Körperkontakt und liebevolle Ansprache angebracht ist. Erst wenn sich das Kind an die Gesamtsituation und die Mitarbeiter mit ihren spezifischen Angeboten gewöhnt hat, wird die Förderung erweitert und in systematische Anregungen im Sinne der „Basalen Stimulation" nach Fröhlich und in die neurophysiologische Entwicklungsbehandlung nach Bobath übergeleitet. Zur Bewegungsförderung gehören sowohl die Normalisierung der Muskelspannung als auch der Aufbau zunächst einfacher, später komplexer Bewegungsabläufe. Zur Anbahnung normaler Bewegungsmuster für die Nahrungsaufnahme und für die senso-motorische, nicht-willentliche Lautbildung sollen Hilfen gegeben werden. Durch die **„Basale Stimulation"** erhalten die schwerstbehinderten Kinder systematische Hilfen für die Reizaufnahme und Reizverarbeitung: allgemeine somatische Anregung, Anregung im Mundraum, visuelle Anregung, Anregung des Fühlens und Greifens, Anregung des Hörens und der Kommunikation.

Die Arbeit in der **Aufbaustufe** gestaltet sich nach Haupt (1982a, 139-140) wie folgt: Wenn das Kind ein Entwicklungsniveau von acht bis zehn Monaten erreicht hat, erhält die Förderung zusätzliche Schwerpunkte. Jetzt braucht das Kind zunehmend Erfahrungen, die es häufig und in unterschiedlicher Form erlebt haben muß: durch Dabeisein, durch eigene Beteiligung, durch Anteilnahme, Einwirkung und Mitarbeit – später auch durch Imitationsversuche wie: Nahrung zubereiten und essen; einkaufen, kochen und essen; säen, wachsen und ernten; anziehen, sich schmutzig machen, waschen und bügeln; etwas herstellen und etwas reparieren; wie Menschen leben und arbeiten; Spaß machen und Freude haben; sich mit Tieren beschäftigen. Dabei soll das eigene Erleben des Kindes im Vordergrund stehen. Aufgabe der Mitarbeiter sei es, die Situationen so zu gestalten, daß sie stets Möglichkeiten zur Entwicklung von Eigenaktivität und Verstehen sowie zur Kommunikation und Interaktion enthalten.

In bezug auf die **Organisation der Förderung** spricht sich Haupt für Gruppen mit maximal fünf Kindern aus. Dadurch soll ein vertrauter Raum entstehen, mit bekannten Personen, Reizen und Geräuschen, der auch das Entstehen persönlicher Beziehungen erleichtert. Zur **Personalausstattung** meint sie: Für je fünf Kinder sind eine Erzieherin und eine Kinderkrankenschwester erforderlich; für je drei Gruppen zusätzlich ein Sonderschullehrer und für je zwei Gruppen eine Krankengymnastin mit Zusatzausbildung. Sie wendet sich **gegen eine Förderung in heterogenen Gruppen** ein: In Gruppen mit weiter entwickelten und leichter behinderten Kindern werden die schwerstbehinderten ständig überstimuliert. Kriterium müsse sein, daß für alle Kinder adäquate Lern- und Fördermöglichkeiten realisiert werden. Gefordert wird ein **individueller Förderplan** aufgrund der Erkenntnisse einer spezifischen Diagnostik. Aufgrund der Erfahrungen im Schulversuch wird eine Förderung der Schwerstbehinderten in Körperbehindertenschulen als besonders günstig angesehen.

Einer qualifizierten **Elternarbeit** wurde im Schulversuch besondere Bedeutung beigemessen. Dabei wurde davon ausgegangen, daß die Eltern schwerstbehinderter Kinder durch die extreme Abhängigkeit ihres Kindes, die erschwerte Kommunikation mit ihm und die Schwierigkeiten der Pflege außerordentlich belastet sind. Auch die Eltern brauchen deshalb Entlastung und Hilfe, wenn sie eine entspannte und gute Beziehung zu ihrem Kind aufbauen sollen, was wiederum für dessen Förderung hilfreich ist. Andererseits wendet sich Haupt (1982a, 140) dagegen, daß die Förderung schwerstbehinderter Kinder durch die Schule etwa von der Mitarbeit der Eltern abhängig gemacht wird. Haupt und Fröhlich (1983) haben als Weiterführung der „Basalen Stimulation" das Konzept der „**Integrierten Förderung**" entwickelt, das für Kinder gedacht ist, die ein Entwicklungsalter von mehr als sechs Monaten erreicht haben.

5.4.3 Kombiniertes Förderkonzept von Dank

Dank (1990) geht davon aus, daß es nicht darum gehen kann, immer neue Förderkonzepte zu entwickeln, sondern daß für eine individuelle Förderung Schwerstbehinderter eine Kombination in Frage kommender Konzepte und Programme zweckmäßig ist. Sie zeigt ihr Vorgehen an zahlreichen Anwendungsbeispielen aus der schulpraktischen Arbeit auf und beschreibt differenziert die Entscheidungsfelder: Voraussetzungen zur schulischen Förderung, Diagnose, Zielbestimmung, Lerninhalte und Organisation. Eine Orientierung an

Strukturelementen der Allgemeinen Didaktik ist dabei unverkennbar. Sie nimmt auch zur „Integration der Schwerstbehindertengruppe in die Schulgemeinschaft" und dabei auftretenden Problemen Stellung.

Bezüglich eines bestimmten Schülers bezieht sie im Sinne einer „kombinierten Förderung" jeweils passende Elemente ein, wobei es auch zu Überlappungen kommen kann. Nach einer sorgfältigen Diagnose der Ausgangssituation wird der spezifische Förderbedarf bestimmt und auf zweckmäßige Methoden einzelner Förderkonzepte zurückgegriffen. Sie glaubt dadurch für einen „konkreten Menschen mit schwerster Behinderung" ein eigenständiges Konzept für seine Förderung zu gewinnen, das aber jederzeit revidierbar bleibt. Sie schreibt dazu: „Der inter- und intraindividuellen Heterogenität Schwerstbehinderter kann das kombinierte Konzept nur dadurch gerecht werden, indem es alle für den Einzelnen brauchbaren Bestandteile der vorhandenen Ansätze zusammenfaßt und aufeinander abstimmt, die ungeeigneten Elemente hingegen erkennt, durch geeignete Maßnahmen kompensiert oder ganz ausklammert" (Dank 1991, 10). Dies setzt natürlich ein fundiertes Wissen über die verschiedenen Konzepte und ihre praktische Umsetzung voraus. Ein gewisser Eklektizismus im Sinne eines Zusammenfügens brauchbarer Elemente wird bei dieser Vorgehensweise nicht zu umgehen sein. Für die Förderpraxis bietet das kombinierte Konzept aber nicht zuletzt deshalb viele Anregungen, weil Dank ihre Vorgehensweise jeweils offenlegt und kritisch reflektiert.

5.4.4 Lebens- und Arbeitskonzept von Schäffer

Ein weiteres, in der schulpraktischen Arbeit mit Schwerstmehrfachbehinderten entwickeltes Konzept liegt von Schäffer (1994) vor. Es ist alltagsorientiert und will einen Weg intensiver Zusammenarbeit vorzeichnen. Wissenschaftlichen Theorien und „spektakulären Fremdwortgebilden" steht die Autorin kritisch gegenüber. Sie verweist darauf, daß schwerstmehrfachbehinderte Menschen trotz Pädagogik, Medizin und Therapie schwerstmehrfachbehinderte Menschen bleiben. Bewußt spricht sie von Arbeit, Spaß und Training als Grundlage dieses Lebens- und Arbeitskonzepts. Der Denkansatz ist folgender: Die Förderung ist nur ein Aspekt im Leben und Arbeiten mit schwerstbehinderten Menschen. Das Leben beginnt im Elternhaus und nicht erst außerhalb der Familie. Fürsorge, Förderung, Spiel und Spaß sind die tragenden Elemente des familiären Zusammenlebens und bilden die prägende Basis für eine echte integrative Gemeinschaft. Der erste Schritt auf dem Lebensweg schwerstmehrfachbehinderter Kinder außerhalb der Familie beginnt meist in einer Kindertagesstätte. Die Schule muß gemäß ihrer institutionellen Aufgabe einen Schwerpunkt auf die Förderung legen. Sie darf sie jedoch nicht losgelöst von den Lebensbedingungen und Lebenserfahrungen der Schwerstmehrfachbehinderten durchführen. Beschützende Werkstätten und Heime können mit einer entsprechenden Hauskonzeption entscheidend dazu beitragen, das Leben der schwerstmehrfachbehinderten Menschen gemeinsam zu gestalten.

Das Konzept versucht eine Zusammenschau der einzelnen Lebensbereiche, beachtet die Lebensdynamik und bietet vor allem Anregungen für die schulpraktische Arbeit. Auch die Lebensformen nach der Schule werden reflektiert. Abgehoben wird auf die Einstellung der Personen, die mit Schwerstmehrfachbehinderten in Kontakt stehen. Von ihnen wird erwartet, daß sie diese als Persönlichkeiten achten. Der behinderte Mensch soll nicht zum „Objekt elterlicher Fürsorge, medizinischen Forschungsdrangs, pädagogischer Willkür und therapeutischer Heilideen" gemacht werden.

5.4.5 Amtliche Richtlinien für die schulische Förderung

Der Bedarf an Konzepten für die Förderung Schwerstbehinderter und an Hilfen für die schulpraktische Umsetzung war und ist groß. Die Fachliteratur zu diesem neuen Aufgabenfeld für die Sonderschulen, insbesondere für die Schulen für Körperbehinderte und die für Geistigbehinderte, ist inzwischen umfangreich. Dabei kommt es auch zu Wiederholungen und Überschneidungen, etwa in Berichten über Fachtagungen und Fortbildungsveranstaltungen für Fachkräfte der Rehabilitation.

Die erwähnten Richtlinien (Kultusminister NRW 1985) für die Förderung Schwerstbehinderter enthalten auch **Hinweise für den Unterricht** und nehmen Anregungen aus den verschiedenen Förderkonzepten auf. Auf sie soll näher eingegangen werden.

Zunächst werden **Merkmale des Lernverhaltens** sowie Entwicklungsabweichungen im motorischen, sensorischen und emotional-sozialen Bereich beschrieben und **pädagogische Grundsätze** formuliert: Der Unterricht soll das Lernen als „offenen Prozeß" gestalten. Entscheidungen über Zielsetzungen, Inhalte und Maßnahmen seien häufig erst „im erzieherischen Tun" möglich. Das erzieherische Handeln müsse immer wieder aus der gegenseitigen Wahrnehmung und Erfahrung von Lehrer und Schüler neu begründet und gestaltet werden, wozu eine Atmosphäre der Sicherheit, Geborgenheit und des Vertrauens notwendig sei. Zu den **Lehr- und Lernformen** des Unterrichts heißt es: Der Unterricht umfaßt alle pädagogischen Situationen, dabei sind Pflege und spezielle individuelle Fördermaßnahmen einbezogen. Er kann im Klassenzimmer, im Schulgebäude, auf dem Schulgelände und auch außerhalb stattfinden. Im Vordergrund steht der Unterricht im Klassenverband. Auf die Notwendigkeit des **Einzelunterrichts** wird aber hingewiesen. Davon zu unterscheiden ist die **Einzelarbeit** des schwerstbehinderten Schülers: Er soll sich über einen begrenzten Zeitraum einem Auftrag zuwenden, um Eindrücke zu erhalten, Wirkungen zu erzeugen und erworbene Verhaltensweisen zur Erreichung eines Zieles einzusetzen. Fester Bestandteil des Tagesablauf sollen **Übungsphasen** sein, die in Inhalt und Form über längere Zeit gleichbleibend sind. Durch sie sollen Reaktionen und Fähigkeiten angebahnt, Fertigkeiten entwickelt, unzweckmäßige Handlungsmuster abgebaut und Erfahrungsrückstände ausgeglichen werden.

Zur **Unterrichtsplanung** werden folgende Hinweise gegeben: Zielsetzung ist die größtmögliche Beziehungsfähigkeit des Schülers zur Welt. Das bedeutet, daß zur Klärung der **Lernausgangslage** und Lernvoraussetzungen sowohl die häusliche als auch die schulische Situation berücksichtigt werden muß. Dazu dienen Gespräche mit Eltern oder Erziehungsberechtigten, Heimerziehern, Therapeuten, Ärzten, Psychologen und Sozialarbeitern, die aufgrund ihrer Erfahrungen mit dem Schüler etwas zur Feststellung der Lernvoraussetzungen beitragen können. Das Erreichen der Ziele kann nur in kleinsten Teilschritten erfolgen. Lernfortschritte, Stillstand oder gar Rückschritte sind regelmäßig schriftlich festzuhalten, um die jeweilige Lernausgangslage zu kennen und für die weitere Planung zu nutzen.

Zu den **Organisationsbedingungen** heißt es: Schwerstbehinderte Schüler sind in besonderem Maße auf die Rhythmisierung des Tagesablaufs in Lern- und Ruhezeiten, Spiel und Erholung angewiesen. Stets ist ihre individuelle Belastbarkeit, Ansprechbarkeit und Leistungsfähigkeit zu berücksichtigen. Nachdem ein „Ruhen der Schulpflicht" zwar grundsätzlich ausgeschlossen ist, kann doch geprüft werden, ob eine Förderung im Rahmen eines **Hausunterrichts** in Frage kommt, wenn ein Schüler nicht in der Lage ist, die Schule zu besuchen. Die Lern- und Feizeitbedürfnisse machen eine entsprechende personelle Besetzung und angemessene Ausstattung mit Klassen-, Ruhe- und Freizeiträumen notwendig. Neben baulichen Bedingungen ist auch auf das Vorhandensein spezieller Funktionsräume (Naßraum, Raum für Bewegungsübungen) zu achten. Es wird auch von speziellen Gruppen zur intensiven Förderung bei überaus großem Förderbedarf ausgegangen. Der Übergang aus der **Gruppe der Schwerstbehinderten** und die Integration in eine Klasse muß langfristig vorbereitet werden. Bei Förderung in **heterogenen Klassen** sind binnendifferenzierende Maßnahmen durchzuführen.

Es wird dann auf den Zusammenhang zwischen Schule und **medizinischer Versorgung** verwiesen: Bei Schwerstbehinderten beschränkt sich die Förderung nicht auf die Pädagogik, sondern Ärzte und therapeutisches Personal übernehmen wichtige **Rehabilitationsfunktionen**. Medizinische Versorgung bezieht sich auf die Kontrolle medikamentöser Therapien etwa bei Anfallsleiden, kann aber auch durch Medikamente pädagogische Maßnahmen unterstützen. Eine enge Kooperation und wechselseitige Information ist unerläßlich.

Die **Unterrichts- und Erziehungsziele** orientieren sich an denen der Schule für Geistigbehinderte. Dabei geht es nicht um Lernzielhierarchien, sondern um einen Katalog, der aus der schulpraktischen Erfahrung hergeleitet ist. Im einzelnen werden als anzustrebende Fähigkeiten genannt: 1. Über den Körper die eigene Person zu erfahren. 2. Sich versorgen zu lassen und zur Sicherung existentieller Lebensbedürfnisse beizutragen. 3. Beziehungen zur Umwelt aufzunehmen und sich zurechtzufinden. 4. In der Gemeinschaft zu leben. 5. Die Sachwelt mitzugestalten und an ihrer Gestaltung teilzuhaben.

Die Hinweise für die Praxis der Förderung sind wegen ihrer konkreten Beschreibung von durchzuführenden Handlungen hilfreich. Sie müssen selbstverständlich in einen **Förderplan** für den jeweiligen Schüler integriert werden, der sich an den indivuellen Voraussetzungen orientiert. Schwierigkeiten ergeben sich in der Praxis, wenn die Förderung in heterogenen Klassen erfolgt, da hier oft sehr divergierende „Lernausgangslagen" und individuelle Zielsetzungen zusammengebracht und verfolgt werden müssen.

5.4.6 Schwerstbehinderte in Integrationsklassen

Ein neues Themenfeld wurde im Zuge der Bestrebungen zu vermehrter Integration Behinderter in die allgemeinen Schulen eröffnet. Inzwischen gibt es auch Versuche, **Schwerstbehinderte in Integrationsklassen** zu fördern (Hinz 1991, Hinz et al. 1992). In einer „Gutachterlichen Stellungnahme für das Land Berlin – Pädagogisches Zentrum" hat sich Fröhlich (1987, 181) dazu geäußert. Zu

134

den Erfahrungen mit der Beschulung Schwerstbehinderter stellt er fest: „Wir müssen davon ausgehen, daß die Personengruppe der tatsächlich schwerstbehinderten Kinder nicht in der Lage sein wird, einem Unterricht im Sinne gruppenbezogener Wissens- und Fertigkeitsvermittlung zu folgen. Sowohl die Methoden wie auch die Inhalte der Grundschule, der Schule für Lernbehinderte, auch weite Bereiche der Schule für Geistigbehinderte (insbesondere die sog. lebenspraktische Erziehung) sind für diese Kinder nicht eigentlich relevant, letztlich nicht vermittelbar." Eine Aufnahme in Klassen der allgemeinen Schulen ist zwar im Sinne des „zieldifferenten Lernens" prinzipell möglich. Fröhlich spricht aber von einem „qualitativen Sprung", der dazu gegenüber der bisherigen „Integrationspraxis" notwendig wäre.

Während die gemeinsame Beschulung körperbehinderter und nichtbehinderter Schüler auch bei schweren Auswirkungen der Behinderung schon seit langem Praxis ist, aber durchaus noch wesentlich vermehrt werden kann (siehe 4.4), dürfte die Integration Schwerstmehrfachbehinderter in allgemeine Schulen ohne realistische Perspektive sein. Die spezifischen Förderbedürfnisse dieser Schüler sind so erheblich, daß bereits im Grundschulbereich der Regelschulen kaum angemessene Bedingungen geschaffen werden können. In der Sekundarstufe dürfte eine Integration an unüberwindliche Schwierigkeiten stoßen, selbst wenn man von einer Differenzierung der Ziele, Inhalte und Methoden des Unterrichts entsprechend der individuellen Lernbedürfnisse ausgeht.

5.5 Lebens-, Förder- und Lernorte

Schwerstmehrfachbehinderte bleiben vielfach ihr ganzes Leben von Hilfe abhängig. Ihre Förder- und Lernorte sind insofern auch immer ihre Lebensorte. Schäffer (1994) sieht Elternhaus, Kindergarten, Schule, Beschützende Werkstätten und Heime als ihre Förderorte. Sie verweist auf die Bedeutung der Familie, der es im Zusammenleben neben Fürsorge und Förderung auch um Spiel und Spaß gehen muß. Fröhlich (1991b, 194) nennt als Lernorte Gruppe, Klasse, Schule, Elternhaus und Heim. Betreuung, Begleitung und Unterstützung ist bei diesen Menschen eine lebenslange Aufgabe, wobei es gleichermaßen um ein hohes Maß an Lebensqualität und um eine Entfaltung ihrer Anlagen und Fähigkeiten geht.

5.5.1 Familie und Frühförderung

Die elterliche Familie ist der zentrale Lebensraum und damit auch ein bedeutsamer Förder- und Lernort für mehrfach- und schwerstbehinderte Kinder. Mutter, Vater und weitere Familienangehörige sind die Bezugspersonen, mit denen das Kind nach seiner Geburt lebt. Sie müssen es akzeptieren, so wie es ist, müssen ihm Anregungen und Herausforderungen für seine Entwicklung geben. In Einzelfällen leben Schwerstmehrfachbehinderte aber bereits als Säuglinge in Pflegefamilien.

Die Familien brauchen Rat durch Fachärzte, die die spezifischen Schädigungen des Kindes zu diagnostizieren und zu behandeln suchen (Kalbe 1991). Allerdings wird darüber geklagt, daß eine Aufklärung über die Schädigung und mögliche Auswirkungen von seiten der Ärzte zu wenig verständnisvoll und der Situation der Eltern nicht immer angemessen erfolgt. Beratung und Begleitung erhalten die Eltern eher durch Selbsthilfegruppen sowie durch Mitarbeiter in Einrichtungen der Frühförderung.

Frühe Förderung schwerstbehinderter Kleinkinder ist unerläßlich (Straßmeier 1991). Ihre Bedingungen und Wirkungen insbesondere bei cerebralbewegungsgestörten Kindern wurden vielfach untersucht (Forschungsgemeinschaft 1976, Horstmann 1982, Wechselberg 1988, Leyendecker und Horstmann 1996). Die Aufgaben entsprechender Einrichtungen beziehen sich aber nicht nur auf die Förderung des Kindes, sondern müssen auch die vielfältigen Probleme der Eltern und Angehörigen aufgreifen. Die **Hausfrüherziehung** durch Frühförderstellen berät die Eltern bei ihren erzieherischen Aufgaben und fördert das Kind in der Familie. Unterstützung und Entlastung bei der häuslichen Pflege und Betreuung können die Familien von ambulanten und mobilen sozialen Diensten erhalten; so etwa vom **Familienentlastenden Dienst** (Lebenhilfe 1983) und der Heilpädagogischen Familienhilfe.

In den örtlichen und regionalen **Frühförderstellen** mit ihrer interdisziplinären Aufgabenstellung (Speck 1977) arbeiten pädagogische und therapeutische Fachkräfte mit Ärzten und Psychologen zusammen. Für spezifische Aufgaben insbesondere im medizinischen Bereich gibt es **Sozialpädiatrische Zentren** (Pechstein 1975). Die Frühförderung wird in **Kindertagesstätten** und **Kindergärten** weitergeführt, die nach heil- und sonderpädagogischen Konzepten arbeiten und auch behinderte und nichtbehinderte Kinder gemeinsam fördern. Das Deutsche Jugendinstitut in München hat in den achtziger Jahren ein Projekt „Integration von Kindern mit besonderen Problemen" wissenschaftlich begleitet, das die **gemeinsame Förderung** in Regelkindergärten unterstützte und untersuchte (Kniel und Kniel 1984, 1986). Es zeigte u.a., daß viele Initiativen zur Integration im Vorschulbereich von den Eltern ausgingen, die dann auch eine Weiterführung im Schulalter forderten und vielfach durchsetzten. **Sonderkindergärten**, die teilweise mit Sonderschulen verbunden sind, sind inzwischen umstritten, weil sie sich in der Vergangenheit stark an der separierten Förderung orientiert haben. Spezifische therapeutische Maßnahmen werden auch von niedergelassenen **Krankengymnasten, Logopäden und Ergotherapeuten** durchgeführt. Erst durch eine qualifizierte und intensive Frühförderung können mehrfach- und schwerstbehinderte Kinder sich soweit entwickeln, daß die Schule die weitere Entfaltung ihrer Persönlichkeit unterstützen kann.

Es gibt aufschlußreiche Berichte von Müttern und Vätern behinderter Kinder über ihre Lebensbedingungen und Erfahrungen (Zeile 1988). Die besonderen **Probleme von Müttern** schwerstbehinderter Kinder, die sich aus der Tatsache der Behinderung ergeben, wurden von Fröhlich (1986, 255) untersucht. In der Zusammenfassung seiner Ergebnisse stellt er fest: „Ihre Identität als Frau geht in der Ambivalenz von geforderter Mutterliebe und Selbstbehauptung oft verloren, als Partnerin eines in seiner Weise ebenso belasteten Mannes ... gerät sie in eine fast ausweglose Isolation." Auch die Situation der Väter behinderter Kinder fand bereits Beachtung (Kallenbach 1994). Eine spezifische Untersuchung zur **Beteiligung der Väter** schwerstbehinderter Kinder an Eltern-Kind-Interaktionen in Familien liegt von Kallenbach (1997) vor. Danach scheinen die Pflege- und Betreuungsaufgaben hauptsächlich von den Müttern geleistet zu werden. Die Beteiligung der Väter an der Pflege sowie an den Spiel-, Lern- und

Freizeitaktivitäten ist nicht immer angemessen gegeben. Natürlich sind auch die übrigen Familienangehörigen tangiert. So ergab eine Studie zur psycho-sozialen **Situation von Geschwistern** behinderter Kinder von Hackenberg (1983) u. a., daß die Beziehung zu den Eltern bei Geschwistern Schwerstmehrfachbehinderter vermehrt durch Gefühle der Zurücksetzung belastet sind. Rehn (1991) hat in ihrer Untersuchung zur Situation der Geschwister von cerebralparetischen Kindern auf die besondere Belastung bei einer Schwerstmehrfachbehinderung hingewiesen.

Die pädagogisch-psychologische Arbeit mit den Eltern behinderter Kinder, insbesondere aber mit denen, deren Kind mehrfach und schwerstbehindert ist, wurde schon früh als Aufgabenstellung erkannt (Ross 1967, Rheinweiler und Schönberger 1979). Neben Psychologen können Sozialarbeiter und Sozialpädagogen im Verständnis einer Sozialtherapie kompetent Hilfen anbieten (Balzer und Rolli 1975).

5.5.2 Schule und Werkstufe

Die Schulen für Körperbehinderte fördern seit den siebziger Jahren auch den Personenkreis der Mehrfach- und Schwerstbehinderten. Geht man von Untersuchungen in Nordrhein-Westfalen aus (Hedderich 1991, 199-201), so war von den Kindern mit schwersten cerebralen Bewegungsstörungen und Dys- oder Anarthrie, die in Schulen für Körperbehinderte, für Geistigbehinderte, für Blinde, für Gehörlose und für Kranke sowie in nichtschulischen Einrichtungen (Psychiatrien, Heimen) erfaßt wurden, mit siebzig Prozent der größte Teil in Schulen für Körperbehinderte, wohingegen in Schulen für Geistigbehinderte nur zwanzig Prozent gefördert wurden. Wegen ihres spezifischen Angebots zur medizinischen-therapeutischen Versorgung (Krankengymnastik, Ergotherapie, Motopädagogik/Bewegungserziehung, Logopädie/Sprachheilpädagogik) sowie zur Pflege (mit entsprechender personeller Besetzung durch Kinderkrankenschwestern, Pfleger, Zivildienstleistende) gilt die Schule für Körperbehinderte als besonders geeigneter Förderort. Für Kinder, die ständig stationär behandelt und gepflegt werden müssen, kann aber auch eine Förderung in der Schule für Kranke notwendig sein.

Die angemessenen Eingliederungsformen für schwerstbehinderte Schüler in Schulen für Körperbehinderte haben sich erst allmählich herausgebildet. Anfangs dominierten die homogenen Schwerstbehindertengruppen und -klassen, mancherorts auch als Mehrfachbehinderten (MF)-Klassen bezeichnet (etwa in Hamburg). Die Förderung erfolgt heute teils in kooperativer Form und teils in heterogenen Klassen. Bei der **kooperativen Form** arbeiten die Gruppen oder Klassen für Schwerstbehinderte mit anderen Klassen innerhalb der Schule für Körperbehinderte zusammen, in denen weniger schwer behinderte Schüler unterrichtet werden. Gemeinsame Aktivitäten ergeben sich etwa beim Morgenkreis, bei einem Geburtstagsfest, beim Mittagessen, bei Unterrichtsgängen. Auch können bei bestimmten Lerngegenständen und in einzelnen Lernbereichen schwerstbehinderte Schüler mitgefördert werden, so etwa in musischen Fächern, in der Hauswirtschaft und im Schwimmunterricht. Vermehrt angestrebt werden allerdings die **heterogenen Klassen** mit einer Struktur von kognitiv leistungsfähigen bis zu schwerstmehrfachbehinderten Schülern. Bei der Klassenbildung wird an vielen Schulen inzwischen von Anfang an auf eine Trennung von Schwerstbehinderten und weniger schwer Behinderten verzichtet und eine heteroge Schülerstruktur akzeptiert (Hinz und Wölfert-Ahrens 1991, 285).

Die oben beschriebenen Förderkonzepte bestimmen die Praxis. Zu schulpraktischen Fragestellungen liegen Tagungsberichte vor (Feuser et al. 1983; VDS Hamburg 1990). D. Fischer (1991) gibt eine Begründung der schulischen Förderung und beschreibt deren Ziele, Inhalte und Arbeitsformen. Gelingt eine Entwicklung der Persönlichkeit zu einem gewissen Maß an Selbständigkeit, so kann in der **Werkstufe** der Schule für Körperbehinderte oder für Geistigbehinderte eine Hinführung zur Beschäftigung und/oder Betreuung in der Werkstatt für Behinderte (WfB) und der ihr angeschlossenen Förderstätten erfolgen. Sie wird teilweise auch als „Abschluß- bzw. Begleitstufe" bezeichnet und hat die Aufgabe, möglichst umfassend auf das Erwachsenenleben vorzubereiten. Das bedeutet, daß die Werkstufe eben nicht nur die WfB im Blick haben darf. Gegenstand des Lernens muß auch die Erweiterung der Fähigkeit zum Aufbau sozialer Kontakte und Partnerschaften, die Vorbereitung auf die Nutzung von Freizeitangeboten und – soweit bei diesem Personenkreis möglich – das betreute oder selbständige Wohnen sein.

5.5.3 Werkstatt für Behinderte und Tagesförderstätte

Die nachschulische Rehabilitation Schwerstbehinderter steht spätestens seit Mitte der achtziger Jahre im Blickpunkt der Sonderpädagogik (Schmidt und Seifert 1986, Fürst 1986). Die Werkstättenverordnung (SchbWV) nach dem Schwerbehindertengesetz (SchwbG) nennt für die **Aufnahme** Schwerstbehinderter in die Werkstatt für Behinderte (WfB) und für ihre **Beschäftigung im Arbeitsbereich** dieser Einrichtung drei Kriterien: 1. Es darf keine außerordentliche Pflegebedürftigkeit vorliegen. 2. Die Gemeinschaftsfähigkeit darf nicht fehlen. 3. Der Behinderte soll ein Mindestmaß wirtschaftlich verwertbarer Arbeitsleistung erbringen. Diese Kriterien stellen zwar unbestimmte Rechtsbegriffe dar und sind damit interpretationsfähig, konnten in der Vergangenheit aber zum Ausschluß mehrfach- und schwerstbehinderter Menschen aus der WfB führen. Da die WfB für alle Behinderten, die behinderungsbedingt nicht auf dem allgemeinen Arbeitsmarkt tätig sein können, offen und nicht nach Behinderungsarten differenziert sein soll (Grundatz der einheitlichen Werkstatt), wurden ihr Tagesförderstätten angegliedert. Durch sie soll vermieden werden, daß sich „unterhalb" der WfB Einrichtungen für Schwerstbehinderte etablieren. Die Aufnahme in die WfB kann also sowohl die Tätigkeit im Arbeits- und Produktionsbereich als auch die Förderung und Betreuung in Abteilungen für Schwerst- und Mehrfachbehinderte bedeuten. Was zunächst vorteilhaft erscheint, weil ein fließender Übergang von einem zum anderen Bereich möglich ist, hat aber auch einen Nachteil: Die Versicherungspflicht in der Kranken- und Rentenversicherung gilt nur für den Arbeits- und Produktionsbereich.

Es gab seit langem Überlegungen, dem Anspruch der WfB, Behinderte unabhängig von der Ursache, der Art und der Schwere ihrer Behinderung aufzunehmen, dadurch gerecht zu werden, daß man ihr einen umfassenderen Auftrag gibt. Der Bundesverband für spastisch Gelähmte und andere Körperbehinderte (1992b) hat deshalb ein Konzept für eine „**Werkstatt für Behinderte mit beson-**

derem Auftrag" vorgelegt, in dem der Personenkreis der schwerst- und mehrfachbehinderten Menschen, die nach der Werkstattverordnung als „nicht werkstattfähig" gelten, im Mittelpunkt steht. Ihnen soll ein Arbeits- und Betreuungsangebot gemacht werden, bei dem Formen der Arbeit im Vordergrund stehen, die das Wiederfinden und Wiederentdecken von Beziehungen im Handlungs-, Arbeits- und im persönlichen Bereich erleichtern und die vielfältige Erfahrungen und Wahrnehmungen ermöglichen. Andererseits hat die Verbindung der WfB mit **Tagesförderstätten und Fördergruppen** für Schwerst- und Schwermehrfachbehinderte den Kreis der Aufzunehmenden zwar erweitert, aber auch zu Fragen geführt, welche Ziele dort verfolgt und welche Formen der Förderung angewandt werden sollen. Die Angebote bestehen unter verschiedenen Bezeichnungen wie Tagesförder- und Tagespflegestätten oder Förder- und Betreuungsgruppen.

Die Bundesarbeitsgemeinschaft der überörtlichen Träger der Sozialhilfe (1990) hat eine **Empfehlung** zu den Förderungs- und Beschäftigungsmöglichkeiten für Schwerstbehinderte veröffentlicht. Darin wird zu den Aufnahmekriterien nach der Werkstättenverordnung festgestellt: **Pflegebedürftigkeit** am Arbeitsplatz ist zwar kein Ausschlußkriterium, aber die Pflege muß leistbar sein. Außerordentliche Pflegebedürftigkeit ist gegeben, wenn der zeitliche Pflegeaufwand einen sinnvollen Arbeitseinsatz nicht mehr zuläßt. Zur **Gemeinschaftsfähigkeit** heißt es, daß ein Schwerstmehrfachbehinderter nach Abschluß des Sonderschulbesuchs grundsätzlich gemeinschaftsfähig ist. Schwerste Verhaltensstörungen mit ernstlicher Gefahr für Gesundheit und Leben des Behinderten oder anderer schließen eine Beschäftigung in der Werkstatt nur dann aus, wenn weder geeignete Maßnahmen der WfB noch medizinische Behandlungs- und Rehabilitationsmaßnahmen die Gemeinschaftsfähigkeit herstellen können. Ein Mindestmaß an wirtschaftlich verwertbarer **Arbeitsleistung** fehlt, wenn nicht zu erwarten ist, daß der Behinderte nach zweijährigem Arbeitstraining in der Lage sein wird, wenigstens dieses Mindestmaß zu erbringen, weil im Einzelfall behinderungsbedingt lediglich Pflege oder nur noch „eine Beschäftigung um der Beschäftigung willen" in Betracht komme.

Für Schwerstbehinderte, die diesen Kriterien nicht entsprechen und damit als „nicht werkstattfähig" gelten, sollen strukturierte Angebote zur Förderung und Betreuung in den der WfB angeschlossenen **Förderstätten** vorhanden sein. Dazu werden folgende Vorgaben gemacht: Schwerpunkt ist die Sicherstellung der pflegerischen Versorgung und der Förderung im lebenspraktischen Bereich. Die Fähigkeiten des Behinderten sind zu erhalten und weiter zu fördern. Im einzelnen sind anzustreben: Förderung, Erhalt und Erwerb von Fähigkeiten und Fertigkeiten im persönlichen und lebenspraktischen Bereich und zur Gemeinschaftsfähigkeit; Einüben des Kontaktes zur Umwelt; Mobilitätstraining; Einüben von Kenntnissen und Fertigkeiten, die am Arbeitsleben ausgerichtet sind, und damit Hinführung zum Arbeitstrainingsbereich der WfB. Zu den **Organisationsformen** und zum **Personal** wird bestimmt: Im Sinne eines „verlängerten Daches der WfB" soll eine Verbindung zwischen Förderstätte und WfB bestehen. Es können aber auch voll- und teilstationäre Förder- und Betreuungsstätten eingerichtet werden. Für die Betreuung im stationären Bereich werden vor allem Heilerziehungspfleger, aber auch Krankenpflegehelfer sowie pflegerisches Fach- und Hilfspersonal vorgesehen. **Ziel der Förderstätten** für schwerst- und mehrfachbehinderte Menschen ist vor allem ihre soziale Eingliederung. Durch eine therapeutisch-pflegerische, soziale, pädagogische, psychologische und lebenspraktische Förderung sollen vorhandene körperliche und geistige Fähigkeiten sowie die Beziehungen zur sozialen Umwelt erhalten und weiter entwickelt werden, wobei eine größtmögliche **Selbständigkeit** anzustreben ist. Auf arbeitstherapeutischem Gebiet werden einfache Arbeitsabläufe trainiert und manuelle Fertigkeiten gefördert. Die Förderung erfolgt in **Kleingruppen** mit bis zu sechs Plätzen; für jede betreute Person ist ein **Förderplan** zu erstellen. Organisatorisch und rechtlich betrachtet sind die Förderstätten aber eigenständige Einrichtungen und die dort betreuten Schwerstbehinderten haben keinen arbeitnehmerähnlichen Status wie die Beschäftigten der WfB.

Die Zielsetzungen zeigen die differenzierte Aufgabenstellung der Förderstätten, was den Einsatz entsprechender **Fachkräfte** der Rehabilitation notwendig macht. Die finanziellen Leistungen erbringen meist die örtlichen und überörtlichen Träger der Sozialhilfe (Sozialamt, Landeswohlfahrtsverband).

5.5.4 Wohnheim und Dauerpflegeeinrichtung

Die Förderung im Jugend- und Erwachsenenalter steht immer auch im Zusammenhang mit angemessenen **Formen des Wohnens.** Hier ist die Situation für den Personenkreis der Menschen mit schwerster Behinderung nach wie vor unübersichtlich. Soweit sie in die WfB aufgenommen wurden, können sie das Angebot der angeschlossenen Wohnheime nutzen. Allerdings sind diese vielfach nicht auf die Bedürfnisse und Aufgabenstellungen eingestellt, die bei diesem Personenkreis vorliegen. So kann etwa ein hoher Pflegebedarf zum Hindernis für die Aufnahme in ein Wohnheim werden.

Eine Folge der Mehrfach- und Schwerstbehinderung ist häufig ein Bedarf an oft lebenslanger Pflege und Betreuung. Viele leben deshalb auch nach der Schulentlassung bei ihren Eltern und Angehörigen, wobei das Problem der „permanenten Elternschaft" entsteht. Eine Ablösung vom Elternhaus sollte aber im beiderseitigen Interesse angestrebt und pädagogisch begleitet werden. Eine möglichst weitgehende unabhängige Lebensführung kann nur über einen Prozeß der Verselbständigung erreicht werden (Stadler 1985, 1987b). Dazu sind geeignete Angebote des „Wohntrainings" und des „betreuten Wohnens" notwendig, die noch vielfach fehlen. Wohnen ist aber auch eine Maßnahme der Eingliederungshilfe nach dem Bundessozialhilfegesetz. Sie erstreckt sich sowohl auf die Beschaffung und Erhaltung einer Wohnung, die den besonderen Bedürfnissen des Behinderten entspricht, als auch auf Hilfen zu einer möglichst selbstbestimmten Lebensführung.

Die heute bestehenden Wohnformen für Behinderte sind Ergebnis der geschichtlich gewachsenen Versorgungsstruktur, die stationäre und teilstationäre Einrichtungen, Übergangsformen und auch private Wohnformen umfaßt (Pieda und Schulz 1990). Die Entwicklung führte zu großen Anstalten, die eine außerfamiliäre Betreuung ermöglichten und gleichzeitig die medizinische Versorgung und pädagogische Förderung sicherstellten. Sie hatten aber auch isolierte Lebenswelten und eine gesellschaftliche Randstellung der Behinderten zur Folge. Erst Anfang der siebziger Jahre dieses Jahrhunderts kam es auch hier im Gefolge der Normalisierungs-, Integrations- und Autonomiebewegungen von und für Behinderte zu Veränderungen: Die Unterbringung in Großeinrichtungen wurde kritisiert und es entstanden gemeinwesenorientierte Wohnformen. Neben Kleinstwohnheimen entstanden für Behinderte betreute Wohnmöglichkeiten (Wohngruppen, Einzelwohnungen). Elternvereinigungen forderten für ihre erwachsenen Kinder differenzierte Wohnformen in Form von Verbundsystemen. Selbsthilfegruppen legten Wert auf individuell zu organisierende Hilfen in Form der ambulanten Dienste (Individualhilfe für Schwerstbehinderte).

Man unterscheidet zwischen eher **fremdbestimmtem** Wohnen in stationären Einrichtungen (Anstalten, Alten- und Pflegeheime, Dauerpflegeeinrichtungen) und **selbstbestimmtem** Wohnen mit entsprechender fachlicher Unterstützung in der Einzelwohnung (siehe auch Kapitel 9.5). Unter den stationären Einrichtungen bilden die **Dorfgemeinschaften** eine Sonderform; sie sind Lebens- und Arbeitsgemeinschaften und verstehen sich auch als alternative soziale Lebensform zur bestehenden Gesellschaft. Charakteristisch sind ihre dörfliche Siedlungsstruktur in ländlicher Abgeschiedenheit und ihre Ausrichtung an weltanschaulichen Bewegungen; so etwa die Dorfgemeinschaften, die von Anhängern der Anthroposophie getragen werden. Teilstationäre Einrichtungen als **Wohngruppen** und **Wohngemeinschaften** in Verbindung mit einer Großeinrichtung, die die Teilversorgung und personelle Hilfe sicherstellt, gelten als Übergangs- oder auch Dauerform für Menschen mit erheblichem Hilfe- und Pflegebedarf. Im Blick auf die Bedürfnisse von Menschen mit mehrfacher und schwerster Behinderung ist ein stationäres und teilstationäres Wohnangebot auch künftig notwendig.

Zur Betreuung Schwerstbehinderter in stationären und teilstationären Einrichtungen liegt ein Forschungsbericht von Haisch (1990) vor. Danach ist davon auszugehen, daß das Leben Betroffener in erster Linie von der Wohnumwelt, dem Betreuungspersonal und einer allseitigen Abhängigkeit bestimmt wird. Es wird darauf verwiesen, daß im stationären Bereich zu wenig Zeit vorhanden ist für Zuwendung zum behinderten Menschen, die über die Grundpflege und Grundversorgung hinausgeht. Ein besonderes Problem stellt der häufige Betreuerwechsel pro Tag dar, verbunden mit mangelnder Kommunikation zwischen allen Beteiligten. Für jüngere Schwerstbehinderte, die in Heimen wohnen, gibt es Probleme, wenn sie mit wesentlich älteren Menschen zusammenleben müssen.

6. Hilfsmittel bei gestörter Motorik und Kommunikation[1]

Bei der Rehabilitation von Menschen mit Körperbehinderung haben Hilfsmittel sowohl im Schulunterricht (siehe Kapitel 4.6.4) als auch für das selbstbestimmte Leben und Wohnen (siehe Kapitel 9.5) Bedeutung. Deshalb soll in der gebotenen Kürze ein Überblick gegeben werden.

6.1 Bedeutung technischer Hilfen

Technische Hilfen ermöglichen es dem Menschen, seine physische Begrenztheit zu überwinden. Geräte, Werkzeuge und Maschinen werden entwickelt und verbessert, um sich schneller und ausdauernder fortzubewegen sowie kraftvoller und geschickter zu arbeiten als es ohne Hilfsmittel möglich wäre. Seit langem wird versucht, für Menschen mit körperlichen Beeinträchtigungen technische Hilfen zu entwickeln, die ausgefallene Funktionen kompensieren. Ihre Bedeutung für die Lebensbewältigung im Alltag hat dazu geführt, daß ein Markt für entsprechende Produkte entstand. Hersteller und Fachhandel konkurrieren über die Qualität, Originalität und den Preis um die Benutzer und Käufer. Die Entscheidung für ein spezielles Hilfsmittel sollte aber nicht nur anhand von Informationen der Hersteller erfolgen, weil diese Vorgehensweise die Gefahr einer Fehlversorgung impliziert und neben zusätzlichen Beschwerden auch weitere Kosten für unerwünschte Folgewirkungen nach sich ziehen kann.

In der Praxis läßt sich eine mangelhafte Hilfsmittelversorgung immer wieder beobachten. So berichtet Kalbe (1995, 3-4) von einer Überprüfung von 142 Hilfsmitteln, von denen lediglich 50 Prozent optimal an die jeweiligen Bedürfnisse der Besitzer angepaßt waren. Die Hilfsmittelversorgung ist mit einer medikamentösen Behandlung vergleichbar (Jacobsen und Kalbe 1984, 1), bei der ebenfalls die geeignete Dosierung, die Verträglichkeit und die Wirtschaftlichkeit entscheidend sind. Die Auswahl des Hilfsmittels obliegt keinesfalls allein dem Arzt, sondern ist Bestandteil eines Förderkonzeptes, in das auch therapeutische und pädagogische Gesichtspunkte einfließen. Auch die Nutzer sollten in Entscheidungen einbezogen werden, da eine Akzeptanz des Hilfsmittels für dessen Effektivität von großer Bedeutung ist. Die sporadische Nutzung ist nicht nur aus wirtschaftlichen Gesichtspunkten unverantwortlich, sondern untergräbt auch die therapeutische Zielsetzung. Eine positive Einstellung läßt sich durch eine möglichst „alltägliche" Gestaltung erzielen; die Kinder dürfen durch Hilfsmittel nicht in dem Gefühl des „Anders-Seins" bestärkt werden (Kalbe 1995, 58). Sie akzeptieren die technischen Hilfen häufig dann gut, wenn die Eltern sie

[1] Das Kapitel basiert im wesentlichen auf einer Ausarbeitung von Andreas Scholten, dem ich auch an dieser Stelle dafür noch einmal danke.

selbst hergestellt haben. Ansonsten sind für die Akzeptanz altersbezogene und modische Gesichtspunkte zu beachten (Küppers 1988, 161).

Es ist kritisch zu prüfen, inwieweit die Anschaffung eines Hilfsmittels notwendig ist, indem das in Frage kommende Gerät vor dem Kauf ausprobiert wird. Auch ist nach Möglichkeiten zu suchen, die gewünschten Effekte durch Zusätze oder Manipulationen an üblichen Gebrauchsgegenständen zu erzielen. Anleitungen zur Herstellung einfacher Hilfsmittel finden sich bei Jacobsen und Kalbe (1984, 108-118). Kosten lassen sich auch durch die Einrichtung und Nutzung von Sammelstellen für gebrauchte Hilfsmittel sparen. In der Regel werden Hilfsmittel nicht ohne ärztliche und therapeutische Überprüfung oder gegen den Willen der Eltern verordnet. Eine umfassende und alle technischen Möglichkeiten ausschöpfende Hilfsmittelversorgung ist aber nicht nur aus wirtschaftlichen Gesichtspunkten kritisch zu überprüfen. Auch aus therapeutischen und pädagogischen Überlegungen kann eine „Komplettausstattung" nachteilig sein und zu einem Verlust vorhandener Restfunktionen führen.

6.2 Hilfsmittel für wichtige Einsatzbereiche

Menschen, die aufgrund ihrer Behinderung technischer Hilfen bedürfen, sind in besonderem Maße darauf angewiesen, daß sie bei der Entscheidung für ein spezielles Hilfsmittel umfassend und kompetent beraten werden. Angesichts des Marktangebotes, das zudem einem ständigen Wandel unterliegt, fehlt es selbst Ärzten, Therapeuten und Gutachtern bei der Verordnung technischer Hilfsmittel an der Übersicht. Auch der Hilfsmittelkatalog der Krankenkassen ist hierbei wenig hilfreich, da dieser keiner regelmäßigen Aktualisierung unterzogen wird (Landesinstitut für Schule und Weiterbildung 1996, 175). Neben Informationssammlungen (z.B. die Sammlung „**Technische Hilfen für Behinderte**") gibt es ein vielfältiges Angebot von Beratungsstellen, die bei der Hilfsmittelversorgung Unterstützung anbieten. Einen Überblick über die Beratungseinrichtungen und -angebote gibt die Arbeitsgemeinschaft der Verbraucherverbände (1993).

Eine Erschließung der Thematik kann daher aus unterschiedlichen Perspektiven vorgenommen werden, wobei Küppers (1988, 157-158) in diesem Zusammenhang drei Strukturierungsalternativen aufzeigt, nämlich: Einteilung nach Funktion, Verfügbarkeit und Einsatzbereich.

6.2.1 Sprechen und Kommunikation

Das Bedürfnis des Menschen, mit anderen in Beziehung zu treten und Informationen auszutauschen, stellt für seine kognitve und emotionelle Entwicklung eine notwendige Voraussetzung dar. In der Auseinandersetzung mit anderen Menschen bildet sich die Persönlichkeit, wird die Umwelt erfahren und der Erfahrungshorizont erweitert. Neben anderen Kommunikationsweisen kommt dabei der lautsprachlichen Verständigung eine zentrale Bedeutung zu, da dieses Kommunikationsmedium für die meisten Menschen selbstverständlich und unverzichtbar erscheint (Braun 1996, 17). Zwar weist Oskamp (1977, 135) darauf hin, daß cerebral bewegungsgestörte Schüler mit schweren Dysarthrien vermutlich mit Begriffen andere Inhalte verknüpfen, da sie die Welt auf eine unterschiedliche Art erleben, doch muß das Sprachverständnis nicht zwangsläufig bei Menschen mit schweren Körperbehinderungen und daraus resultierenden Verständigungsproblemen gestört sein. Die Kommunikationsschwierigkeit liegt vor allem darin, daß die Information aufgenommen, entschlüsselt und verarbeitet wird. Eigene Nachrichten werden codiert und die Information mit Hilfe von einfachen Lautäußerungen in Verbindung mit Körpersprache auch gesendet, sie können aber vom Kommunikationspartner nicht entschlüsselt werden (Fromm und Wellmitz 1993, 135). Der Kommunikationsprozeß bleibt unvollständig. Hinzu kommt, daß infolge der motorischen Störung auch Mimik und Gestik betroffen sein können und das Entschlüsseln eines Signals deshalb keine Hilfestellung erfährt.

Es ist also erforderlich, die „Sendeleistung" zu erhöhen, um die Botschaften für den Kommunikationspartner verständlicher zu gestalten. Bemühungen um eine Erweiterung (augmentative) oder um ein Ersetzen (alternative) der Lautsprache finden im Rahmen der „**Augmentative and alternative Communication**" (AAC) bzw. – um den deutschen Fachterminus zu verwenden – der „**Unterstützten Kommunikation**" statt. In der Theorie und Forschung zur AAC wird dabei zwischen körpereigenen und externen Kommunikationsformen unterschieden (Arnusch und Pivit 1996, 18-43). Unter **körpereigenen Kommunikationsformen** werden alle Verständigungsmöglichkeiten verstanden, die mit Hilfe des eigenen Körpers vollzogen werden können, wobei sich diese noch in allgemein **gebräuchliche** und in **kompensierende** körpereigene **Kommunikationsformen** differenzieren lassen. Körperzentrierte Verständigungsmöglichkeiten stellen dabei neben der Verwendung vorhandener Lautsprachreste vor allem gestische und mimische Mitteilungen dar, wobei der kontrollierte Gebrauch der Gestik und Mimik von der Schwere der Körperbehinderung abhängt. Sofern sich die genannten Kommunikationsformen nicht zur eindeutigen Informationsvermittlung einsetzen lassen, kann auf kompensierende körpereigene Verständigungsformen zurückgegriffen werden, die allerdings einer Absprache zwischen den Kommunikationspartnern bedürfen. So können z.B. willkürlich steuerbare Restbewegungen (Blicken, Zeigen) eingesetzt werden, um Ja-Nein-Antworten zu vermitteln. Stehen Willkürbewegungen in größerem Umfang zur Verfügung, können auch Gebärden, Fingeralphabet, Morsezeichen oder andere Systeme (z.B. Schreiben von Buchstaben in die Luft) verwendet werden (Arnusch und Pivit 1996, 19-20). Der Vorteil körpereigener Kommunikationshilfen besteht vor allem darin, daß sie sich schnell, spontan und ortsunabhängig einsetzen lassen, ohne dabei auf Hilfsmittel angewiesen zu sein. Im Umgang mit vertrauten Personen ist es zudem häufig die effektivste Verständigungsform. Allerdings kann ein kommunikativer Austausch nur dann stattfinden, wenn sich der Partner dem Nichtsprechenden über die Dauer des Gesprächs konzentriert zuwendet. Darüber hinaus lassen sich Mißverständnisse insbesondere mit weniger vertrauten Menschen oft nicht vermeiden, da zumindest bei der üblichen Körpersprache die nonverbalen Kommunikationsformen sprechender Menschen in andere Bedeutungszusammenhänge transferiert werden (Braun 1996, 24).

Größere Mißdeutungen können durch **externe Kommunikationsformen** vermieden werden, wobei zwischen **elektronischen** und **nichtelektronischen Hilfen** unterschieden wird. Letztere lassen sich ohne größeren Aufwand auf die individuellen Bedürfnisse des Benutzers abgestimmt herstellen. Neben der Schriftsprache können zu Kommunikationszwecken reale Objekte und Miniaturen von Personen und konkreten Gegenständen in „Kommunikationskästen" (z. B. großen Schuhkartons) verwendet werden oder auch Kommunikationstafeln, -bücher, -schürzen und -poster, die eine Verständigung über Fotos, Bilder oder Symbole ermöglichen. Neben zahlreichen Fotoserien (z. B. für den Koch- oder Sachunterricht in der Schule) sind auch diverse Symbolsammlungen auf dem Lehrmittelmarkt erhältlich, so daß dem zeichnerisch weniger begabten Lehrer Alternativen zur Verfügung stehen. Symbolsammlungen wie z. B. LÖB, Touch 'n talk, Talking Pictures, ALADINs-Bildersammlung oder das Core Picture Vocabulary stellen reine **Sammlungen** dar, die in der Anzahl der vorgegebenen Symbole festgelegt sind und weder Erweiterungsmöglichkeiten bieten noch eindeutige Anwendungsregeln mitliefern. Allerdings sind die Abbildungen sehr deutlich und einprägend gestaltet. **Symbolsysteme** sind demgegenüber in der Anzahl der Symbole weit weniger begrenzt. Sie sind logischer aufgebaut und werden nach einem bestimmten Regelwerk angewendet. Außerdem bieten sie die Möglichkeit, weitere Symbole zu entwickeln (Franzkowiak und Frey 1996, 241). Neben BLISS sind mittlerweile weitere Systeme wie beispielsweise Picture Communication Symbols (PCS), PICSYMS oder Communiquer et Apprendre par Pictogrammes (CAP) auf dem Lehrmittelmarkt erhältlich.

Das erste in Deutschland eingesetzte graphische **Symbolsystem** war **BLISS**, das mittlerweile in über 30 Ländern der Welt bekannt und in Gebrauch ist. Charles K. Bliss (1897 -1985), der – durch die chinesische Bilderschrift inspiriert – das Symbolsystem entwickelte und 1949 in seinem Buch „Semantography" erstmals veröffentlichte, hatte ursprünglich eine Universal-Bildersprache schaffen wollen, die einen Beitrag zur besseren Völkerverständigung leisten sollte. Größere Beachtung fand sie allerdings erst später, als 1971 ein Team von Lehrern, Ärzten, Psychologen und Therapeuten am Ontario Cripples Children Center in Toronto (Kanada) nach einem Kommunikationsmedium für nichtsprechende körperbehinderte Kinder suchte. Den Bedürfnissen der nicht lautsprachlich kommunizierenden Menschen entsprechend modifiziert, werden die Symbole seit 1975 durch das damals gegründete Blissymbolics Communication Institute (BCI) publiziert und weltweit verbreitet (Frey o. J., 5). Das Institut kontrolliert und überwacht außerdem seither den Standard und die Weiterentwicklung der Symbole. Mittlerweile besteht das System aus etwa 2200 standardisierten Symbolen, die sich aus einer geringen Anzahl von Grundelementen nach der Bliss'schen Logik zusammensetzen und kombinieren lassen, so daß praktisch unendlich viele Begriffe dargestellt werden können (Franzkowiak und Frey 1996, 240). Die direkte Widerspiegelung der Bedeutung eines Wortes in einer bildlichen Konfiguration erlaubt eine Kommunikation auf einem sehr einfachen Niveau, andererseits können aber auch abstrakte Aussagen mit dem **BLISS-System** vermittelt werden. Individuelle Fortschritte lassen sich insofern angemessen berücksichtigen. Die einfache und wenig detaillierte Darstellungsweise der Symbole ermöglicht nicht nur eine leichte Reproduzierung mittels einer speziellen Schablone, sondern nimmt auch auf die Wahrnehmungsleistung des Benutzers Rücksicht. Außerdem erhält der Anwender im Umgang mit dem BLISS-System erste leseähnliche Erfahrungen, die sich bei entsprechenden kognitiven Voraussetzungen hilfreich beim Erlernen der Schriftsprache auswirken können (Marsand 1993, 105).

Um mit Kommunikationshilfen auch tatsächlich „sprechen" zu können, müssen diese dem Menschen ohne Lautsprache auch zugänglich gemacht werden. Braun (1996, 25) verweist auf die in diesem Zusammenhang in der amerikanischen Literatur erhobene Forderung: „Make environment a communicationboard !", die zur Bereitstellung von Hilfsmitteln in möglichst vielen Kommunikationsräumen mahnt. Nichtelektronische Hilfsmittel sind in dieser Hinsicht den elektrisch betriebenen Kommunikationsgeräten überlegen, da sie leichter transportiert werden können. Sie bieten darüber hinaus aber noch weitere Vorteile: So sind sie einfach herzustellen, leicht den individuellen Bedürfnissen entsprechend anzupassen, robust, verursachen keine technischen Störungen und erfordern keine Computerkenntnisse. Vor allem sind sie aber wesentlich preisgünstiger als die elektronischen Geräte. Allerdings ist die Kommunikation wie auch schon bei der körpereigenen Verständigung an die körperliche Nähe des Gesprächspartners gebunden, der die Symbolauswahl mit voller Konzentration verfolgen muß. Dabei ist nicht nur seine Gedächnisleistung gefordert, sondern auch die des Nichtsprechenden, da sich beide bei der oftmals sehr langsamen Symbolansteuerung die bereits gezeigten Begriffe über einen längeren Zeitraum merken müssen.

Der erfolgreiche Einsatz der nichtelektronischen Hilfsmittel ist darüber hinaus von der „Kokonstruktionsfähigkeit" des Partners abhängig. Damit ist seine Fähigkeit angesprochen, den Sinn der ausgewählten Symbole zu erfassen. Er muß überdies erkennen, daß Symbole nicht nur die Bedeutung der Abbildung repräsentieren, sondern durchaus ein weit gestecktes Feld abdecken. So muß beispielsweise mit dem Symbol für „Schere" nicht unbedingt „basteln" oder „Haare schneiden" gemeint sein, sondern kann eventuell auch „spitz" oder „scharf" bedeuten (Braun 1996, 25). Lange Wartezeiten bei der Symbolansteuerung und mangelnde Kokonstruktionsfähigkeit des Partners können bei der Kommunikation mit nichtelektronischen Hilfsmitteln schnell zu Frustrationen führen, die bei dem Nichtsprechenden auch noch durch die kaum vorhandenen Möglichkeiten der Gesprächssteuerung verstärkt werden können (Arnusch und Pivit 1996, 23-24).

In „Kommunikations-Förder-Stunden" kann der Versuch unternommen werden, die erschwerten Kommunikationsprozesse positiv zu beeinflussen. Weid-Goldschmidt (1996, 186-207) beschreibt Stunden, in denen nichtsprechende Schüler besonders oft die Gelegenheit erhalten, mit ihren Verständigungsmöglichkeiten zu „sprechen". Gleichzeitig sollen sie als Experten den lautsprachlich kommunizierenden Schülern ihre Mitteilungsformen vermitteln. Dabei erlauben häufig eingesetzte Rollenspiele den „sprechenden" Schülern ein gefühlsmäßiges Nachempfinden der eingeschränkten Kommunikationsmöglichkeiten ihrer nichtsprechenden Mitschüler.

6.2.2 Elektronische Hilfsmittel

Dem nichtsprechenden Menschen stehen neben den bisher aufgeführten Möglichkeiten auch **elektronische Hilfsmittel** zur Verfügung, die z.T. mit Sprachausgaben versehen sind. Nachdem jahrelang die elektrische Schreibmaschine eingesetzt wurde, ist sie mittlerweile dem Computer gewichen. Zwar konnte die Schreibmaschine ähnlich wie heute der Computer neben unterschiedlichen Paralleltastaturen auch über diverse Signalgeber bedient werden (Oskamp 1977, 49-57), doch ist beim Computer das Korrigieren der Texte sowie das Lesen des bereits Geschriebenen beim Arbeiten sehr viel einfacher. Zudem ist das Angebot an spezieller Software umfangreicher geworden, und außer den herkömmlichen Textverarbeitungsprogrammen sind Symbolprogramme erhältlich, die die Nutzung des Computers auch für Menschen ohne Lese- und Schreibfähigkeit möglich machen. So z.B. die BLISS-Programme: BlissPC, IsBliss, Bliss Prozessor oder Dora Bliss (Schulte-Sasse 1994).

Neben stationären Computern, die die Kommunikation des Anwenders an einen bestimmten Ort binden, können auch transportable elektronische Hilfsmittel eingesetzt werden. Angeboten werden einerseits handelsübliche Kleincomputer (Laptop, Notebook) mit spezieller Ausrüstung und entsprechenden Kommunikationsprogrammen, andererseits sind auch diverse Kompaktgeräte auf dem Markt erhältlich, die speziell als Sprech-Ersatz-Geräte entwickelt worden sind. Letztgenannte lassen sich in drei Gruppen unterteilen (Braun 1996, 26-27):

1. **Kommunikationshilfen mit Schriftausgabe** über Drucker oder Display (z.B. Canon Communicator, Komobil, Kassandra). Diese Gruppe verliert allerdings zunehmend an Bedeutung, da der Benutzer von Geräten mit Lautsprachausgaben einen höheren Grad an Unabhängigkeit und Selbständigkeit erreichen kann, indem neue Kommunikationsfelder (z.B. selbst Telefongespräche führen) erschlossen und größere Möglichkeiten der Gesprächssteuerung geschaffen werden.

2. **Kommunikationshilfen mit digitalisierter Sprachausgabe** und begrenzter Speicherkapazität (z.B. Digivox, Alphatalker, Tinytalker, Macaw, My-Voice, Message-Mate). Bei diesen Geräten werden Mitteilungen von Bezugspersonen über ein Mikrophon aufgenommen, die dann von den Anwendern über Tastenaktivierungen abgerufen werden können. Die Möglichkeiten des Benutzers sind allerdings begrenzt, da nur das gesagt werden kann, was eine andere Person vorher eingegeben hat. Zudem sind die Speicherkapazitäten sehr eingeschränkt. Allerdings ist für die Nutzung dieser Geräte keine Schriftsprachkenntnis erforderlich und die Sprachausgabe ist sehr gut verständlich.

3. **Komplexe Kommunikationshilfen mit synthetischer Sprachausgabe** und hoher Speicherkapazität (z.B. Touchtalker, Lighttalker, Deltatalker, Polycom, Hector, Lightwriter). Diese Geräte können Buchstaben in Sprachlaute umsetzen und diese wiederum zu Wörtern und Sätzen verbinden, die dann teilweise in einer sinnvollen Betonung ausgegeben werden. Dennoch ist die Stimmausgabe deutlich als eine künstlich klingende Computerstimme zu erkennen, die zudem nicht immer gut verständlich ist (Arnusch und Pivit 1996, 27). Einige Geräte (Touchtalker und Lighttalker) können aufgrund einer speziellen Kodierungsstrategie (Minspeak, das auf farbigen Bildsymbolen basiert) auch von Menschen ohne Schriftsprachkenntnisse genutzt werden.

Die Vorteile der elektronischen Kommunikationsgeräte mit Sprachausgabe sind im Hinblick auf die erweiterte Autonomie des Anwenders bereits erwähnt worden. Allerdings sind sie verglichen mit den nichtelektronischen Hilfsmitteln nicht so robust und müssen, da sie technisch anfällig sind, fortlaufend gewartet werden. Darüber hinaus bedürfen sie einer intensiven Einarbeitungsphase, die auch für die Bezugspersonen mit einem hohen Zeitaufwand verbunden ist. Der Preis sollte angesichts des Vorteils für den Benutzer aber nicht abschrecken (Braun 1996, 27).

Bei der Auswahl der aufgezeigten Kommunikationshilfen müssen u.a. auch die motorischen Fähigkeiten berücksichtigt werden. Lassen die individuellen

Bewegungsmöglichkeiten die Handhabung der jeweiligen Kommunikationshilfe nicht zu, können in Kombination zu den vorhandenen Restbewegungen **Ansteuerungsgeräte** oder **Zeigehilfen** genutzt werden. Arnusch und Pivit (1996, 29) führen in einer Übersicht folgende Medien, die mit unterschiedlichen Körperteilen bedient werden können, auf: Stirnstab, Lichtpunktzeiger, Mundstab, Computermaus, Joystick (evtl. mit Vorrichtung für Kopf- und Kinnbedienung), Trackball, Blätterhilfen (Klammern, Abstandhalter, Registereinlagen), Gummifinger, Hand-Zeigestab mit Befestigung, Tastaturaufsätze und -abdeckungen (nur bestimmte Tasten sind sichtbar), Verzögerungsschalteinheit, Two-step-x-System.

Oftmals wird die Schwere der Behinderung aber eine direkte Selektion der Mitteilungen nicht erlauben. In solchen Fällen sind Scanning-Verfahren erforderlich, bei denen entweder ein Kommunikationspartner oder die entsprechende elektronische Kommunikationshilfe die verschiedenen Symbole oder Buchstaben nach unterschiedlichen Systematiken abtastet, die der Nichtsprechende durch Ja- bzw. Nein-Signale dann auswählt. Bei den elektronischen Hilfsmitteln können derartige Signale durch sehr unterschiedliche, individuell angepaßte Signalgeber (Kipp-, Druck-, Blas- oder Saugschalter, Gaumenplatte mit Sensoren) gesendet werden.

6.2.3 Stabilisierung der Körperhaltung

Hilfsmittel zur Haltungskontrolle werden bei körperbehinderten Kindern eingesetzt, um in Ergänzung zur Physiotherapie abnorme Haltungsmuster zu vermeiden, die ansonsten dauerhaft zu Kontrakturen und Deformitäten führen und als Sekundärschäden die Lebensqualität der Kinder langfristig mindern würden (Jacobsen und Kalbe 1984, 30). Sollen sich die pathologischen Haltungen nicht festigen, müssen dem körperbehinderten Kind möglichst häufig physiologische Stellungen angeboten werden, da über die vermittelten taktilen und kinästhetischen Erfahrungen normale Haltungs- und Bewegungsmuster angebahnt werden können. Im folgenden sollen einige Hilfen zur Stabilisierung der Körperhaltung angeführt werden.

Sandsäcke und **Schaumstoffkeile** ermöglichen eine Stabilisierung des Kindes in einer Seiten- oder kontrollierten Rückenlage, in denen sich abnorme Tonusschwankungen regulieren lassen. **Hängematte, Knautschsack** oder auch ein **luftgefüllter Reifen** können ebenfalls zu einer Reduzierung der abnormen Tonusverteilung in Rückenlage beitragen, da Kopf und Rumpf der Kinder in leichte Beugung gebracht werden, wodurch der Streckneigung in Rückenlage entgegengewirkt wird. Die mangelnde Aufrichtung aus der Bauchlage stellt oftmals ein Problem bei cerebralbewegungsgestörten Kindern dar, da der Beugetonus überwiegt oder die Kraft der Streckmuskulatur nicht ausreicht. In solchen Fällen erleichtert ein Schaumstoffkeil, der zur Haltungskorrektur und -stabilität auch ausgemuldet sein kann, das Heben des Kopfes aus der Bauchlage. Bei größeren Kindern kann die Bauchlagerung auch in **Schrägliegebrettern** erfolgen. Sie lassen sich auch in der Neigung verstellen, so daß eine Berücksichtigung der individuellen Bedürfnisse sowie der jeweiligen Situation möglich ist. In Schrägliegebrettern wird aber trotz steiler Einstellungen nicht das „Stehen gelernt", sondern lediglich die dafür notwendigen Voraussetzungen, also das Aufrichten und die Kontrolle von Kopf und Rumpf im Schwerefeld, geschaffen. Kinder, die eine genügend gute symmetrische Rumpfkontrolle haben, können zur Kontrakturen- und Deformitätenprophylaxe mit einem Stehständer versorgt werden. Die Rumpfstütze kann dabei entweder dorsal (rückseitig) oder ventral (bauchseits) ansetzen und mit individuell verstellbaren Pelotten (Druckpolster) im Rumpf- und Beckenbereich etwaige Asymmetrien korrigieren. Kniepelotten und Fußschalen ermöglichen die jeweils notwendige Fixierung der Hüft-, Knie- und Fußgelenke (Kalbe 1995, 11-13).

Von besonderer Bedeutung bei den Hilfsmitteln zur Haltungskontrolle sind die **Sitzhilfen.** Kalbe (1995, 15) weist darauf hin, daß schon beim nichtbehinderten Kind die langen Sitzphasen vor allem in der Schule problematisch im Hinblick auf drohende Haltungsschäden sind. Um so mehr gilt dies für körperbehinderte Kinder, die einen Großteil des Tages im Sitzen verbringen. Als Sitzhilfen können Stühle verwendet werden, die entsprechend der individuellen Bedürfnisse angepaßt werden. Für die Sitzgestaltung im schulischen Bereich sollte dabei bedacht werden, daß Konzentration, Kreativität und Handgeschick nur dann möglich sind, wenn nicht die ganze Aufmerksamkeit zur Kopf- und Rumpfkontrolle aufgebracht werden muß.

Sitzhilfen müssen unterschiedliche Funktionen erfüllen: neben Dekubitus-, Kontrakturen- und Deformitätenprophylaxe, sollten sie die Rumpfstabilität und Kopfkontrolle fördern, eine gewisse Bewegungsfreiheit gestatten sowie bequem für den Nutzer und praktisch in der Anwendung sein. Voraussetzung für die Förderung der Rumpfstabilität und Kopfkontrolle ist eine ausreichend große Basis, flach aufliegende Oberschenkel sowie ganzsohlig aufliegende Füße. Hierfür lassen sich unterschiedliche Hilfen einsetzen: z. B. seitlich abklappbare Fußbretter mit Fersenklappen, Gurtsysteme zur Fixierung der Füße bzw. des Rumpfes, Abduktionskeile, Schaumstoff zur Polsterung, Gelkissen, voneinander getrennte Luftkammersysteme oder miteinander verbundene Luftkammerzotten zur Vermeidung von Druckgeschwüren, in der Neigung verstellbare Sitzflächen zur Stabilisierung und Aufrichtung des Rumpfes, Seitenteile für zusätzlichen Halt im Becken- und Rumpfbereich, Rückenlehnen, die an den Seiten nach vorne gezogen sind, um der Retraktionsneigung einiger Kinder entgegenzuwirken sowie verschiedene Kopfstützen (Kalbe 1995, 18-27). Die Sitzhilfen sollten außerdem Rollen haben, damit nicht gehfähige Kinder in der Wohnung ohne großen Kraftaufwand in die verschiedenen Zimmer geschoben werden können, und in der Höhe verstellbar sein, um eine Anpassung an unterschiedliche Situationen (Essen am Familientisch, Spielen an der Spielplatte) zu ermöglichen.

6.2.4 Gehhilfen und Rollstühle

Mit den Hilfsmitteln für die Fortbewegung sind nicht nur Rollstühle oder Gehhilfen angesprochen, sondern auch Spezialsitze, in denen das körperbehinderte Kind passiv fortbewegt wird (Küppers 1988, 158). Letztgenannte werden erstmals in Betracht gezogen, wenn bei den Kleinkindern ein halbsitzender Transport sinnvoll wird. Es muß dann entschieden werden, ob eine reguläre Kinderkarre mit entsprechenden Modifikationen den Bedürfnissen des körperbehinderten Kindes gerecht werden kann, oder ob eine speziell konzipierte Karre erforderlich ist. **Karren** haben den Vorteil, daß sie sich leichter den individuellen Erfordernissen gemäß anpassen lassen und auch bei fortschreitendem Körperwachstum entsprechend verstellt werden können (Kalbe 1995, 59-60). Für den Transport im Auto wird man bei Säuglingen und Kleinkindern auf handelsübliche Modelle (evtl. mit Schaumstoffzusätzen zur besseren Körperkontrolle) zurückgreifen. Für größere Kinder, die aufgrund der Schwere ihrer Behinderung mit Sitzerhöhungen und regulärem 3-Punkt-Gurt oder speziellen H- oder Y-Gurtsystemen nicht ausreichend gesichert sind, können **spezielle Sitzschalen** bezogen werden. Teilweise sind diese mit einer drehbaren Basis versehen, so daß der Ein- und Ausstieg erleichtert wird (Kalbe 1995, 62-63).

Je nach Schweregrad der Behinderung können körperbehinderte Kinder auch mit Fortbewegungshilfen versorgt werden, die eine aktive Betätigung erfordern. Stehen dem Kind keine Möglichkeiten zum Aufrechtgang zur Verfügung, wird die Versorgung mit einem **Aktivrollstuhl** notwendig, der – ob mit oder ohne Motor – selbständig fortbewegt und gesteuert werden muß. Mit Muskelkraft betriebene Rollstühle fungieren aber nicht nur als Fortbewegungsmittel, sie sind gleichermaßen Übungsgeräte, an denen Greiffunktionen, Armstreckung und z.T. seitengleicher Einsatz der Arme gefördert werden. Darüber hinaus sind Aktivierung, Kräftigung und Steigerung der Kondition weitere positive Nebeneffekte des Mobilitätstrainings (Kalbe 1995, 45). Bei der Rollstuhlversorgung sollten die unterschiedlichen Anforderungen verschiedener manueller Antriebsformen im Hinblick auf die motorischen Fähigkeiten des Kindes berücksichtigt werden. Kinder mit ausreichender Arm- und Handfunktion werden den Rollstuhl in der Regel über **Greifräder** fortbewegen, die je nach Bedarf auch mit Plastiküberzügen zur besseren Haftung oder mit Noppen bei geringer Greifkraft ausgestattet werden können. Erfordern die Greifräder für das Kind einen zu großen Kraftaufwand, kann der Rollstuhl auch über einen Hebel angetrieben werden, was sich allerdings beim Unterfahren von Tischen oder Waschbecken als hinderlich erweist. **Hebelbetriebene Rollstühle** sind vielmehr zur Bewältigung von langen Strecken außerhalb des Gebäudes sinnvoll. Es können auch **Einhänder-Rollstühle** eingesetzt werden, wenn den Kindern ein bimanueller Antrieb aufgrund einer Halbseitenlähmung nicht gelingt. Sie lassen sich ebenfalls über Greifräder oder Hebel fortbewegen. Beim Greifradantrieb sind dabei zwei Reifen auf der funktionell günstigeren Seite angebracht, wobei der kleinere das Rad der Gegenseite antreibt. Um geradeaus fahren zu können, müssen dann beide Greifreifen umgriffen werden. Hebelbetriebene Einhänder-Rollstühle werden durch alternierende Streck- und Beugebewegungen des Armes fortbewegt, wobei die Lenkung über eine nach innen oder nach außen gerichtete Drehung des Hebels erfolgt. Die Bewegungsrichtung kann durch Verstellen eines Daumenschalters bestimmt werden.

Können Kinder den Rollstuhls nicht manuell betreiben, ist eine Versorgung mit einem **Elektro-Rollstuhl** möglich. Je nach willkürlich einsetzbarer Restbewegung ist die Steuerung u.a. durch einen Joystick, eine „Maus" oder, bei nicht ausreichender Handfunktion, auch durch Näherungs- oder Lichtstrahlsensoren möglich (Kalbe 1995, 49-51). Neben den Fragen des Antriebs sollten bei der Rollstuhlversorgung das Wachstum („mitwachsendes" Modell) und die Prognose der Behinderung Berücksichtigung finden. So sollten zusätzliche Hilfen wie beispielsweise Kopfstützen und Pelotten (Druckpolster) bei eventuell zu erwartenden funktionellen Fortschritten entfernt bzw. bei progredientem Verlauf anmontiert werden können. Zudem ist es bei der Auswahl des Rollstuhls entscheidend, ob der Einsatz lediglich innerhalb von Gebäuden vorgesehen ist oder ob er auch außerhalb benutzt und evtl. im PKW transportiert werden soll. Ein Modell, das sich nicht oder nur sehr mühsam zusammenklappen läßt, ist für einen Transport in einem Auto ungeeignet.

Gehilfen zum Aufrechtgang sind für Kinder sinnvoll, die sich mit Unterstützung im Schwerefeld aufrecht halten, die Balance wahren und Schritte machen können. Beim Kleinkind ist unter Umständen bereits ein durch Gewichte stabilisierter Puppenwagen ausreichend. Größere Kinder mit cerebralen Bewegungsstörungen oder Querschnittslähmungen werden vor allem mit unterschiedlichen **Gehgestellen** (Rollator, vorne offene Gehgestelle) versorgt, die bei kontinuierlicher Übungsbehandlung und entsprechender Motivation des Kindes auch durch **einzelne Stützen** (Vierpunktstütze, Unterarmstütze) ersetzt werden können, sofern die Bewegungsstörung nicht progressiv ist (Kalbe 1995, 33-37).

Eine große Bedeutung kommt im Kindesalter dem **Fahrrad** zu, das nicht nur Spaß an der Bewegung vermittelt, sondern durch das sich auch der Aktionsradius vergrößern läßt. Dies gilt in gleichem Maße auch für Kinder mit Körperbehinderungen, bei denen zudem das Fahrrad auch therapeutische Funktionen erfüllt. So werden Kreislauf und Atmung angeregt sowie Kraft und Koordination verbessert. Reguläre Zweiräder werden meist den jeweiligen Behinderungen angepaßt werden müssen. Stützräder, modifizierte Lenkstangen und Griffe sowie Veränderungen an den Pedalen können aber auch dem körperbehinderten Kind das Radfahren ermöglichen und ihm das Gefühl vermitteln, in der Gruppe Gleichaltriger dazuzugehören. Reichen die Modifikationen nicht aus, können **Spastikerdreiräder** eingesetzt werden (Kalbe 1995, 38-44).

6.2.5 Körperpflege und Haushalt

Diesem Einsatzbereich sind all jene Hilfsmittel zugeordnet, die zur Erleichterung sämtlicher manueller Vorgänge eingesetzt werden. Hilfen zur Unterstützung täglicher Verrichtungen wie Körperpflege und Nahrungsaufnahme gehören ebenso dazu wie Hilfsmittel, die im Unterricht eingesetzt werden (Küppers 1988, 158). Angesichts der Fülle unterschiedlicher Hilfsmittel kann an dieser Stelle nur ein kleiner Einblick in das Hilfsmittelangebot dieses Einsatzbereiches vermittelt werden.

Körperliche Behinderungen, insbesondere ataktische und athetotische Koordinationsstörungen, erschweren die Nahrungsaufnahme in erheblichem Maße. Sofern Mundfunktion und Körperhaltung ausreichend entwickelt sind sowie eine angemessene Hand-Mund-Koordination möglich ist, können u.a. Trinkbecher mit Deckel und Schnauze bzw. mit ausgebuchtetem Rand oder mit großen Henkeln an beiden Seiten, Teller mit hochgezogenem Rand, rutschfeste Unterlagen, mechanische Eßhilfen (z.B. „Neater Eater"), die die unkontrollierten Bewegungen dämpfen, Ohnhänderteller, Löffelstielverdickungen, Gabeln mit scharfer Kante zum Schneiden oder Messer mit Gabelspitze eine gewisse selbständige Nahrungsaufnahme ermöglichen (Sowa und Metzler 1989, 147-153 und Kalbe 1995, 64-67). Aus einer stabilen, evtl. auch reflexhemmenden Ausgangsstellung heraus können einige körperbehinderte Kinder lernen, sich selbst an- und auszuziehen. Neben einigen technischen Hilfsmitteln wie Greifschere, verlängerter Schuhlöffel oder Strumpfanzieher ist hierzu in erster Linie eine praktische Kleidung erforderlich, deren Verschlüsse leicht handhabbar sein sollten. Weite und leicht gleitende Kleidung, Hosen mit Gummibund, Klettverschlüsse oder evtl. auch große Knöpfe sind in diesem Zusammenhang der Selbständigkeitsförderung sehr dienlich (Sowa und Metzler 1989, 153-156).

Im Bereich der **Körperpflege** können schon Vorrichtungen wie fest fixierte Griffe oder Stangen in geeigneter Position die pflegerische Arbeit erleichtern. Bürsten und Kämme mit verlängertem Stiel, Waschhandschuhe mit Gummizug, Nagelbürsten mit Saugnäpfen, die dann am Waschbecken befestigt werden, sowie große Schlaufen, an denen sich Handtücher und Waschlappen leicht aufhängen lassen, ermöglichen es dem Kind, sich möglichst eigenständig zu waschen (Sowa und Metzler 1989, 144-145). Sind die Kinder aufgrund ihrer Behinderung in größerem Umfang von der Hilfe anderer abhängig, können Bademulden oder Badelifter die Arbeit der pflegenden Person unterstützen. Für Stabilität und Sicherheit auf der Toilette sorgen Toilettenaufsätze bzw. -stühle. Für größere Kinder oder Erwachsene, die sich nicht auf der Toilette säubern können, sind spezielle Anfertigungen mit Warmwasserduschen erhältlich, die die Reinigung mit dem Toilettenpapier ersetzen (Kalbe 1995, 68-71).

7. Sozial- und Rehabilitationsrecht

Im folgenden Überblick stehen Grundinformationen und Orientierungshilfen im Vordergrund. Es soll angeregt werden, die angegebenen Quellen und Informationsschriften selbst zu nutzen. Eine wichtige Informationsquelle bieten die Schriften, die der Bundesminister für Arbeit und Sozialordnung (BMA) herausgibt. So der „Ratgeber für Behinderte" (BMA 1997), der neben grundlegenden Informationen zur Rehabilitation praktische Tips zu Steuerfragen, zur Nutzung des Personenverkehrs sowie Gesetzestexte und Verordnungen wie das Rehabilitationsangleichungsgesetz, das Schwerbehindertengesetz und die Werkstättenverordnung enthält.

Das Sozial- und Rehabilitationsrecht hat seine Wurzeln nicht zuletzt im früheren Fürsorge- und Armenrecht, das sich bis zur Almosenlehre des Thomas von Aquin in das 13. Jahrhundert zurückverfolgen läßt (Scherpner 1966, Belardi et al.1980). Es ist insoweit Ausfluß der Glaubenslehren, wie sie im Neuen Testament und den Lehren der christlichen Kirchen enthalten und zu den Aufgabengebieten der christlichen Caritas und Diakonie weiterentwickelt worden sind. Neben der christlichen Sozialethik spielten für die Sozialgesetzgebung aber auch die Ideen des Sozialismus und die Arbeiterbewegung eine bedeutende Rolle. Die gesetzliche Krankenversicherung wurde 1883, die Unfallversicherung 1884 und die Invaliditäts- und Altersversicherung (Rentenversicherung) 1889 eingeführt. Erst in der Weimarer Republik wurde dann 1927 auch eine Arbeitslosenversicherung geschaffen. In der Bundesrepublik Deutschland kam als eigenständige Säule der sozialen Sicherung 1995 die soziale Pflegeversicherung hinzu.

7.1 Rechtsgrundlagen

Die Rehabilitation als Rechtsgebiet (Wolber 1992) ist eingebettet in das Gesamtsystem der sozialen Sicherung in der Bundesrepublik Deutschland (BRD) und gründet damit auf dem Sozialstaatsgebot des Grundgesetzes (GG), das am 24. Mai 1949 in Kraft trat. Dieses in Artikel 20 GG festgelegte Gebot bindet alle staatliche Gewalt, also Gesetzgebung, Verwaltung und Rechtsprechung. Eine Grundlage des Rehabilitationsrechts stellen auch die Aussagen zur Menschenwürde, zur freien Entfaltung der Persönlichkeit und zum Benachteiligungsverbot beim Vorliegen einer Behinderung (Art. 3, Abs. 3 GG) dar.

7.1.1 Sozialgesetzbuch

Das Sozial-, Jugend- und Rehabilitationsrecht, das durch viele Einzelgesetze geregelt ist, soll durch das Sozialgesetzbuch (SGB) in ein einheitliches Gesetzeswerk zusammengefaßt, damit überschaubarer und für den Bürger verständlicher gemacht werden. Seit den siebziger Jahren wird an dieser Neuordnung gearbeitet. Bisher sind sieben Bücher des SGB als eigenständige Teile in Kraft gesetzt worden.

In seinem Allgemeinen Teil faßt das SGB seine Zielsetzungen zusammen. Das in ihm niederzulegende Recht soll Sozialleistungen zur Verwirklichung sozialer Gerechtigkeit und Sicherheit einschließlich sozialer und erzieherischer Hilfen ermöglichen. Nach § 1 SGB I will es dazu beitragen: Ein menschenwürdiges Dasein zu sichern; gleiche Voraussetzungen für die freie Entfaltung der Persönlichkeit, insbesondere auch der jungen Menschen, zu schaffen; die Familie zu fördern und zu schützen; den Erwerb des Lebensunterhalts durch eine frei gewählte Tätigkeit zu ermöglichen; besondere Belastungen, auch durch Hilfe zur Selbsthilfe, abzuwenden oder auszugleichen.

Das **Sozialgesetzbuch (SGB)** besteht derzeit aus folgenden Teilen: **SGB I** (Allgemeiner Teil): Es enthält in § 1 Bestimmungen, die zur Vereinheitlichung des Sozialrechts vorangestellt sind. Die wichtigsten, bereits in Gesetzen geregelten Sozialleistungen werden aufgeführt. U.a. gelten folgende Gesetze bis zur Einordnung in das SGB als besondere Teile weiter: Bundesausbildungsförderungsgesetz (BaföG), Arbeitsförderungsgesetz (AFG), Schwerbehindertengesetz (SchwbG), Bundessozialhilfegesetz (BSHG), Rehabilitationsangleichungsgestez (RehaAnglG). **SGB III** (Arbeitsförderung): Es enthält das reformierte Arbeitsförderungsgesetz (AFG). **SGB IV** (Kranken-, Unfall- und Rentenversicherung): Es enthält gemeinsame Vorschriften u.a über zu versichernde Personen, Beiträge und die Träger der Selbstverwaltung. **SGB V** (Krankenversicherung). **SGB VII** (Unfallversicherung). **SGB VIII** (Kinder- und Jugendhilfe). **SGB X** (Verwaltungsverfahren, Schutz der Sozialdaten, Zusammenarbeit der Leistungsträger und ihre Beziehungen zu Dritten). **SGB XI** (Soziale Pflegeversicherung).

7.1.2 Sozial- und Eingliederungshilfe

Im System der sozialen Sicherung bleiben immer Bereiche, in denen dem Bürger nur durch öffentliche Sozialhilfe Unterstützung gewährt werden kann. Mit der Sozialhilfe können auch Lücken geschlossen werden, die andere Leistungsträger offenlassen, sei es, daß eine Notlage vorliegt, zu der keine ausreichenden Hilfen vorgesehen sind, oder sei es, daß der betroffene Personenkreis nicht erfaßt ist. Die wachsende Bedeutung der Sozialhilfe zeigt, daß andere Leistungssysteme offensichtlich Lücken aufweisen. Dies läßt sich nicht zuletzt daran erkennen, daß der Anteil der Sozialhilfe am sogenannten Sozialbudget 1980 noch 3,1 Prozent betrug, bis 1993 bereits auf 4,6 Prozent anwuchs (BMA 1995c, 621) und weiter zunimmt. Leistungsempfänger für Hilfe zum Lebensunterhalt außerhalb von Einrichtungen gab es 1993 mehr als 2,1 Millionen, Hilfe in besonderen Lebenslagen in und außerhalb von Einrichtungen bezogen mehr als 1,6 Millionen Menschen (Brühl 1996, 10).

Mit dem Grundgesetz von 1949 hat das frühere Fürsorgerecht eine entscheidende Änderung erfahren: Der Bedürftige erhält nicht länger aus Gründen der öffentlichen Ordnung Hilfe, sondern sie wird um seiner selbst willen gewährt. Sozialhilfe hat die **Aufgabe**, dem Empfänger der Hilfe die Führung eines Lebens zu ermöglichen, das der Würde des Menschen entspricht. Durch die Sozialhilfe soll eine Lebensführung auf dem Mindestniveau des in der Gesellschaft der BRD erreichten Lebensstandards garantiert und der Armut begegnet werden. Nach dem Ministerrat der Europäischen Union (EU) gilt eine Einzelperson oder Familie dann als arm, wenn sie über so geringe materielle, kulturelle und soziale Mittel verfügt, daß sie von den Lebensweisen ausgeschlossen ist, die im jeweiligen Mitgliedsland Mindeststandard sind. Der **Empfänger von Sozialhilfe** soll befähigt werden, als selbständig handelnder und wirtschaftender Mensch am Leben der Gesellschaft teilzunehmen. Erwartet wird von ihm, daß er dabei nach seinen Kräften mitwirkt, womit die **Hilfe zur Selbsthilfe** zum tragenden Prinzip der Sozialhilfe wird (BMA 1995c, 621).

Das **Bundessozialhilfegesetz** (BSHG) regelt seit 1962 die Voraussetzungen und Leistungen der Sozialhilfe. Waren noch am Anfang des Jahrhunderts das Armenwesen und die Wohlfahrtspflege Aufgaben privater Vereinigungen und der Gemeinden, so änderte sich das als Folge der sozialen Not, die der Erste Weltkrieg verursacht hatte. Hilfe wurde bis dahin nur an Personen gewährt, die in einer Gemeinde ansässig sind, nicht aber an Ortsfremde. Jetzt wurde erkannt, daß Menschen auch ohne eigenes Verschulden in Notlagen geraten können und es nicht länger vertretbar ist, Unterstützung nur nach dem Prinzip des Orts- oder Heimatrechts zuzubilligen. Das private und kommunale Armenwesen wurde durch **staatliche Fürsorge** abgelöst. In der Weimarer Republik wurden 1924 eine Fürsorgepflichtverordnung und Reichsgrundsätze über Voraussetzung, Art und Maß öffentlicher Fürsorge erlassen. Für die Rehabilitation Körperbehinderter ist anzumerken, daß das **Körperbehindertenfürsorgegesetz** von 1957 in das neugeschaffene BSHG integriert wurde. Bei Leistungsbezug werden Körperbehinderte also Sozialhilfeempfänger. Seit seinem Erlaß 1962 hat das BSHG zahlreiche Novellierungen erfahren, wobei Kürzungen von Leistungen und eine Verschärfung der Anspruchsberechtigungen erfolgten.

Sozialhilfe ist nicht an einen bestimmten **Personenkreis** gebunden. Sie ist allein auf den **Notstand** abgestellt und tritt ein, wenn der Betroffene sich nicht aus eigener Kraft und mit eigenen Mitteln helfen kann. Grundsätzlich ist sie unabhängig davon, ob ein Hilfebedürftiger die Notlage selbst verschuldet hat oder nicht. Sozialhilfe wird als **Hilfe zum Lebensunterhalt** oder als **Hilfe in besonderen Lebenslagen** gewährt. Dabei gelten die Grundsätze der Individualisierung und des Nachrangs der Sozialhilfe.

Individualisierung meint, daß die Hilfe auf die Besonderheiten des Einzelfalls abzustellen und der besonderen Lage entsprechend zu leisten ist. Wünschen nach einer bestimmten Gestaltung der Hilfe soll entsprochen werden. Die gerade bei Körperbehinderten bedeutsame Frage, ob die Hilfe in einem Heim oder in der eigenen Wohnung zu leisten ist, wird inzwischen restriktiv beantwortet. Nur wenn mit der Erfüllung eines Wunsches nach einer bestimmten Wohn- und Lebensform keine unverhältnismäßigen Mehrkosten verbunden sind, wird ihm durch den Träger der Sozialhilfe entsprochen. **Nachrang der Sozialhilfe** (Subsidiaritätsprinzip) bedeutet, daß nur der Hilfe erhält, der sich nicht selbst helfen kann oder dem nicht andere helfen können. Verpflichtungen von Familienangehörigen oder von anderen Leistungsträgern der sozialen Sicherung – etwa der Bundesanstalt für Arbeit nach dem Arbeitsförderungsgesetz – haben Vorrang.

Der Unterschied zwischen der Hilfe zum Lebensunterhalt und der Hilfe in besonderen Lebenslagen besteht darin, daß zum Lebensunterhalt Leistungspauschalen in Form von Regelsätzen berechnet und gezahlt werden, während in besonderen Lebenslagen weitergehende Leistungen übernommen werden. **Hilfen in besonderen Lebenslagen** sind vor allem die **Krankenhilfe**, die **Eingliederungshilfe für Behinderte**, die **Blindenhilfe** und die **Hilfe zur Pflege**. Gewährt wird aber auch Hilfe zum Aufbau und zur Sicherung der Lebensgrundlage, Hilfe zur Familienplanung, Hilfe für werdende Mütter und Wöchnerinnen, Hilfe zur Weiterführung des Haushalts und Hilfe zur Überwindung besonderer sozialer Schwierigkeiten sowie die Altenhilfe.

Einen besonderen Stellenwert hat die **Eingliederungshilfe für Behinderte,** die in den §§ 39 und 40 BSHG geregelt ist. In § 40 BSHG ist ein umfassender Katalog von Maßnahmen der Hilfe für Behinderte aufgeführt; so heilpädagogische Maßnahmen für Kinder im Vorschulalter (Frühförderung), Hilfe zu einer angemessenen Schulbildung und Berufsausbildung, Hilfe zur Erlangung eines geeigneten Platzes im Arbeitsleben, Hilfe zur Beschaffung und Erhaltung einer behindertengerechten Wohnung und Hilfe zur Teilnahme am Leben in der Gemeinschaft. Die Ausübung einer Beschäftigung in einer Werkstatt für Behinderte wird ebenfalls gefördert.

Zur näheren Bestimmung des Personenkreises und der Leistungen wurde unter Bezugnahme auf § 47 BSHG eine eigene Verordnung erlassen. Diese **Eingliederungshilfe-Verordnung (EhVO)** regelt wichtige Fragen; so etwa die nach dem Personenkreis der Behinderten. Nach der EhVO Abschnitt I § 1 sind Personen **körperlich wesentlich behindert,** bei denen infolge körperlicher Regelwidrigkeit die Fähigkeit zur Eingliederung in die Gesellschaft in erheblichem Umfang beeinträchtigt ist. Diese Voraussetzungen sind erfüllt bei **Personen** 1. deren Bewegungsfähigkeit durch eine Beeinträchtigung des Stütz- und Bewegungssystems in erheblichem Umfang eingeschränkt ist, 2. mit erheblichen Spaltbildungen des Gesichts oder des Rumpfes oder mit abstoßend wirkenden Entstellungen vor allem des Gesichts, 3. deren körperliches Leistungsvermögen infolge Erkrankung, Schädigung oder Fehlfunktion eines inneren Organs oder der Haut in erheblichem Umfange eingeschränkt ist.

In der EhVO werden dann weiter Blinde und Sehbehinderte aufgeführt, außerdem Personen, die gehörlos oder denen eine sprachliche Verständigung über das Gehör nur mit Hörhilfen möglich ist (die also schwerhörig sind), sowie Personen, die nicht sprechen können, Seelentaube und Hörstumme, Personen mit erheblichen Stimmstörungen sowie Personen, die stark stammeln, stark stottern oder deren Sprache stark unartikuliert ist. Sie alle rechnen im Verständnis des BSHG zum **Personkreis** der „**körperlich wesentlich Behinderten**", wogegen sie in der Heil- und Sonderpädagogik eigene Gruppierungen darstellen und nicht Zielgruppe der Körperbehindertenpädagogik sind. Die Eingliederungs-Verordnung zum BSHG führt dann in Abschnitt II die Maßnahmen der Eingliederungshilfe im einzelnen auf; sie reichen von der Gewährung von Kuren, Hilfsmitteln, Körperersatzstücken und orthopädischen Hilfen, der Beschaffung von Kranken- und Kraftfahrzeugen bis zu heilpädagogischen Maßnahmen und zur Schulbildung, Ausbildung für einen Beruf oder für eine sonstige Tätigkeit, Fortbildung und Umschulung.

Die Sozialhilfe hat also in der **Rehabilitation** eine wesentliche Aufgabe, da sie nach § 39 Abs. 3 BSHG eine drohende Behinderung verhüten, eine vorhandene oder deren Folgen beseitigen oder mildern soll, um den nicht nur vorübergehend körperlich, geistig oder seelisch wesentlich Behinderten in die Gesellschaft einzugliedern.

Die Eingliederungshilfe erstreckt sich auch auf Kosten, die bei behinderten Kindern und Jugendlichen anfallen, um ihren sonderpädagogischen **Förderbedarf** zu befriedigen. Dabei ist der Förderort zunächst nicht maßgebend. Allerdings müssen sich die Eltern an den Kosten je nach ihrer Einkommens- und Vermögenslage beteiligen, wenn Kinder und Jugendliche in Tageseinrichtungen, Heimen oder Werkstätten für Behinderte gefördert werden. Bis zum 21. Lebensjahr werden die Kostenbeiträge jedoch nur in der Höhe erhoben, in der häusliche Aufwendungen für den Lebensunterhalt der Kinder erspart werden. Diese Regelung soll auch angewendet werden, wenn die Maßnahme der Förderung erst nach dem 21. Lebensjahr abgeschlossen ist. Die Heranziehung des Unterhaltspflichtigen bei Gewährung von Eingliederungshilfe durch den Sozialhilfeträger ist im übrigen durch eine Härtefallregelung begrenzt und nur bei bestimmten Einkommens- und Vermögensverhältnissen zu erwarten (BMA 1995c, 635).

7.1.3 Kinder- und Jugendhilfe

Das Sozialgesetzbuch (SGB I) – Allgemeiner Teil – bestimmt in seinem § 8: Junge Menschen und Personensorgeberechtigte haben im Rahmen dieses Gesetzbuches ein Recht, Leistungen der öffentlichen Jugendhilfe in Anspruch zu nehmen. Sie sollen die Entwicklung junger Menschen fördern und die Erziehung in der Familie unterstützen und ergänzen. Seit dem 1.1.1991 ist das neue **Kinder- und Jugendhilfegesetz** (KJHG) in Kraft. Es löste das Jugendwohlfahrtsgesetz (JWG) von 1961 (Neufassung 1970) ab, das noch weitgehend auf dem Reichsjugendwohlfahrtsgesetz (RJWG) von 1922 fußte, und wurde als SGB VIII – Kinder- und Jugendhilfe – in das Sozialgesetzbuch einbezogen. Das SGB VIII tangiert auch die Lebensbedingungen behinderter Kinder und Jugendlicher und sollte deshalb auch den Fachkräften der Rehabilitation für diesen Altersbereich bekannt sein. Mit Vollendung des 15. Lebensjahres erlangt ein Jugendlicher das Recht, Sozialleistungen auch selbst zu beantragen.

Die Vorgeschichte der heutigen Kinder- und Jugendhilfe ist auch eine Geschichte des Umgangs mit behinderten und chronisch kranken Kindern, denn sie waren häufig auf private und öffentliche Hilfen angewiesen, da ihre Eltern und Familien mit der Versorgung und Erziehung nicht selten überfordert waren. Das Reichsjugendwohlfahrtsgesetz war keineswegs das älteste Gesetz, das sich mit der öffentlichen Jugendhilfe befaßte. Vorausgegangen waren die Waisenfürsorge und Maßnahmen zum Arbeitsschutz für Kinder und Jugendliche. Kinderarbeit war noch im 19. Jahrhundert üblich und konnte erst allmählich eingedämmt werden. Deisenhofer (1997, XXI) hält das RJWG in dreifacher Hinsicht für bahnbrechend: „Zum ersten billigte es jedem deutschen Kind ausdrücklich ein Recht auf Erziehung zur leiblichen, seelischen und gesellschaftlichen Tüchtigkeit zu. Zum zweiten legte es das Verhältnis von Erziehungsrecht und -pflicht der Eltern, privater Jugendhilfe und dem Eingreifen der öffentlichen Hand fest: Verfassungsmäßig verankerte Rechte und Pflichten der Eltern haben Vorrang. Erfüllt aber die Familie den Erziehungsanspruch des Kindes nicht, so tritt 'unbeschadet der Mitarbeit freiwilliger Tätigkeit' die öffentliche Jugendhilfe ein. Man bezeichnet dies als den Grundsatz der Subsidiarität. Und drittens regelt das RJWG den Aufbau und die Zuständigkeit der

Jugendwohlfahrtsbehörden: Bei jedem Stadt- und Landkreis waren Jugendämter einzurichten." Das Solidarprinzip im Sinne der Leistungen einer Gemeinschaft wird durch das Subsidiaritäsprinzip ergänzt.

Das Prinzip der **Subsidiarität** (vom lateinischen Wort „subsidium" also Hilfe) gilt auch in anderen staatlichen Bereichen. Nach der katholischen Soziallehre soll es ein Strukturprinzip der Gesellschaft sein: Eine übergeordnete Gemeinschaft, in der Erziehung also der Staat, soll nur die Aufgaben an sich ziehen, die von nachgeordneten wie der Familie nicht erfüllt werden können. Also nur bei einem Versagen der Eltern kann öffentliche Jugendhilfe eingreifen. Das neue KJHG (SGB VIII) hat die ordnungs- und eingriffsrechtlichen Instrumentarien der Jugendämter reduziert und ist ein präventiv orientiertes Leistungsgesetz. Die Erziehungssituation soll dadurch verbessert werden, daß die Eltern bei der Wahrnehmung ihrer Verantwortung in der Erziehung und bei der Durchführung ihrer Aufgaben unterstützt werden.

Das SGB VIII (KJHG) setzt folgende Schwerpunkte: Die Angebote der Jugendarbeit und der **Jugendsozialarbeit** sollen verstärkt werden. Die **familienbezogene Förderung** soll verbessert und ausgeweitet werden. Eine Verbesserung soll auch bezüglich der Hilfen für **Familien in besonderen Lebenslagen** erreicht werden, wie sie bei Trennung und Scheidung, bei Alleinerziehenden sowie bei der Betreuung und Versorgung von Kindern in Notfällen auftreten. Das Angebot der Tagesbetreuung von Kindern ist auszubauen. Neben den herkömmlichen Formen der **Heimerziehung und der Pflegefamilien** wurden **ambulante und teilstationäre Erziehungshilfen** gesetzlich verankert. Die Hilfen für **junge Volljährige** wurden verbessert. Die Maßnahmen für **seelisch behinderte** oder von einer solchen Behinderung bedrohte Kinder und Jugendliche wurden vorrangig der Jugendhilfe zugeordnet.

Die vielfältigen Angebote, die nach dem neuen SGB VIII – Kinder- und Jugendhilfe – zur Förderung von Kindern in Tageseinrichtungen und in der Tagespflege möglich sind, kommen auch behinderten Kindern zugute. Dies umso mehr, als im Vorschulbereich die Bestrebungen zur gemeinsamen Förderung Behinderter und Nichtbehinderter bereits zu vielen Formen der Integration geführt haben. Auch die Heimerziehung und sonstige betreute Wohnformen sind für die Rehabilitation bei Körperbehinderung relevant.

Im vierten Abschnitt des SGB VIII – Kinder- und Jugendhilfe – werden folgende **Hilfen zur Erziehung** aufgeführt: Erziehungsberatung; Soziale Gruppenarbeit; Erziehungsbeistand, Betreuungshelfer; Sozialpädagogische Familienhilfe; Erziehung in einer Tagesgruppe; Vollzeitpflege; Heimerziehung, sonstige betreute Wohnform; Intensive sozialpädagogische Einzelbetreuung. Im zweiten und dritten Unterabschnitt folgen dann Eingliederungshilfen für **seelisch behinderte** Kinder und Jugendliche sowie Hilfen für junge Volljährige.

Behinderte Kinder und Jugendliche werden nicht nur als Waise oder wegen Erziehungsunfähigkeit ihrer Eltern in Maßnahmen der öffentlichen Erziehung genommen. Vielfach sind ihre Eltern mit der Erziehung so stark belastet, daß sie ihr Kind freiwillig in **Heime** und **Pflegefamilien** geben. Nicht selten entsteht dadurch eine Situation, daß sich Eltern nur gelegentlich um ihr behindertes Kind kümmern – etwa an seinem Geburtstag und an Weihnachten. Die **Internate** und **Wohnheime**, die Sonderschulen angeschlossen sind, betreuen und erziehen solche junge Menschen, die sie als „Sozialwaisen" bezeichnen. Gerade auch bei Formen schwerer geistiger und körperlicher Behinderung – Schwerstmehrfachbehinderung (siehe Kapitel 5) – leben Betroffene häufig in Pflege- und Betreuungseinrichtungen. Diese Einrichtungen der Heilerziehungspflege, Sozialpsychiatrie und Behindertenhilfe basieren auf teilweise komplizierten rechtlichen Grundlagen (Kienzle und Storch 1997). Für die dortigen Mitarbeiter sind grundlegende Rechtskenntnisse hilfreich.

7.1.4 Eingliederung in Beruf und Gesellschaft

Zur Eingliederung Behinderter in Arbeit, Beruf und Gesellschaft gibt es eine Fülle rechtlicher Regelungen für das gegliederte System der Rehabilitation, wie es sich in Deutschland herausgebildet hat. Um eine gewisse Einheitlichkeit, vor allem aber auch eine Übersichtlichkeit zu gewährleisten, haben sich die Träger der Rehabilitation zu einer Bundesarbeitsgemeinschaft für Rehabilitation (BAR) zusammengeschlossen. Mitglieder dieser BAR sind neben der Bundesanstalt für Arbeit, den Krankenkassen, den Rentenversicherungsträgern, den Berufsgenossenschaften und zahlreichen weiteren Kostenträgern auch die Arbeitgeberverbände und die Gewerkschaften. Die BAR sorgt auch für den Abschluß von Vereinbarungen zwischen den Trägern und die Erarbeitung gemeinsamer Grundsätze und Richtlinien für die Umsetzung gesetzlicher Leistungsregelungen. Sie gibt einen regelmäßig aktualisierten „Wegweiser" (BAR 1995) heraus, in dem eine übersichtliche und prägnante Darstellung der rechtlichen und institutionellen Möglichkeiten der Rehabilitation gegeben wird. Für Ärzte und weitere Fachkräfte der Rehabilitation gibt es einen besonderen „Wegweiser" (BAR 1994) der sich sowohl mit medizinischen Fragen der Schädigung, Diagnostik, Therapie und Nachsorge als auch mit dem Gesamtgebiet der schulisch-pädagogischen, beruflichen und sozialen Rehabilitation beschäftigt.

Die Rechtsgrundlagen der Berufseingliederung junger Körperbehinderter und chronisch Kranker basieren einerseits auf dem **Arbeitsförderungsgesetz** (AFG) von 1969, das zum 1.1.1998 wesentliche Änderungen erfährt, sowie auf dem **Berufsbildungsgesetz** (BBiG) und der **Handwerksordnung** (HwO). Neben dem AFG ist für die Rehabilitation auch das **Rehabilitationsangleichungsgesetz** (RehaAnglG) von 1974 maßgeblich, das eine Angleichung der Leistungen der verschiedenen Kostenträger der Rehabilitation zum Ziel hatte, was durch Vereinbarungen über Zuständigkeiten, Verfahren und Leistungen auch weitgehend erreicht wurde. Das RehaAnglG legt in seinem § 7 auch den Grundsatz fest: Rehabilitation hat Vorrang vor einer Rentengewährung.

Das AFG ist die rechtliche Grundlage für die Aufgabenbereiche der **Bundesanstalt für Arbeit** (BA) und ihrer nachgeordneten Dienststellen, also der Landesarbeitsämter und Arbeitsämter. Im einzelnen hat die BA folgende Aufgaben: Berufsberatung, Arbeitsvermittlung, Förderung der beruflichen Bildung, Förderung der beruflichen Rehabilitation, Leistungen zur Erhaltung und Schaffung von Arbeitsplätzen, Gewährung von Arbeitslosengeld, Arbeitslosenhilfe und Konkursausfallgeld, Arbeitsmarkt- und Berufsforschung. Das AFG ist mit seinen Regelungen zur Arbeitslosenversicherung auch Grundlage der Sozialversicherung.

Die berufliche Rehabilitation steht in Verbindung mit der Anordnung des Verwaltungsrats der Bundesanstalt für Arbeit über die Arbeits- und Berufsförderung (**A Reha**), mit der die individuelle und institutionelle Förderung geregelt wird. Danach ist die **individuelle Förderung** darauf auszurichten, körperlich, geistig oder seelisch behinderte Menschen möglichst auf Dauer in Arbeit, Beruf und Gesellschaft einzugliedern. Die **institutionelle Förderung** soll dazu beitragen, daß ein ausreichendes Angebot an Einrichtungen der beruflichen Rehabilitation zur Verfügung steht, das der Situation und Entwicklung des Arbeitsmarktes gerecht wird. Mit Mitteln der Bundesanstalt wurde deshalb ein Netz von Berufsbildungswerken, Berufsförderungswerken, Werkstätten für Behinderte und sonstigen Reha-Einrichtungen (etwa Einrichtungen der medizinisch-beruflichen Rehabilitation für Hirnverletzte) geschaffen. In der Anordnung wird auch eine Begriffsbestimmung bezüglich der Personen vorgenommen, die „behindert" sind. Zur Feststellung der Behinderung kann die BA außer auf vorliegende Gutachten auch auf Begutachtungen durch ihren Ärztlichen und Psychologischen Dienst zurückgreifen. Ist die Bundesanstalt für Arbeit für Reha-Maßnahmen zuständig, so erstellt sie für den **Rehabilitanden einen Gesamtplan**, in dem Art, Umfang, Beginn und Durchführung der Maßnahmen festzulegen sind.

Voraussetzung für berufsfördernde und ergänzende Leistungen ist, daß der Rehabilitand bereit ist, sich beruflich oder auf andere Weise einzugliedern zu lassen. Sein individuelles Leistungsvermögen muß ausreichen, um das Ziel der Maßnahme – etwa eine anerkannte Berufsausbildung – zu erreichen. Die ärztlichen und psychologischen Gutachten müssen erkennen lassen, daß die Förderung nach der beruflichen **Eignung** und **Neigung** zweckmäßig ist. Auch muß erwartet werden können, daß der Behinderte nach Abschluß der Reha-Maßnahme in der angestrebten Tätigkeit innerhalb einer angemessenen Zeit eine Beschäftigung auf dem allgemeinen Arbeitsmarkt oder in einer Werkstatt für Behinderte findet. Die Bereitschaft zur Mitwirkung an der berufsfördernden Maßnahme wird dadurch kundgetan, daß ein Antrag gestellt wird. Sie bedeutet beispielsweise, die nicht unerheblichen Belastungen im theoretischen Unterricht und der fachpraktischen Unterweisung einer Berufsausbildung auf sich zu nehmen. Andererseits übernimmt die Bundesanstalt die erheblichen Kosten für den Lebensunterhalt des Rehabilitanden und seiner Familie sowie die Kosten der Maßnahme.

Bezüglich der Erstausbildung junger Behinderter in einem **Berufsbildungswerk** orientiert sich die Förderung am sogenannten „Dualen System" mit den Lernorten Schule und Betrieb (siehe Kapitel 8.5.3). Die Rechtsgrundlagen finden sich, wie bereits erwähnt, im Berufsbildungsgesetz (BBiG) und für Ausbildungen im Handwerk zusätzlich in der Handwerksordnung (HwO). Sie enthalten auch besondere Ausbildungsregelungen für Behinderte. Nach § 48 BBiG und nach § 42 b HwO können Auszubildende mit Behinderungen in anerkannten Ausbildungsberufen auch abweichend von der Ausbildungsordnung, wie sie nach § 25 von BBiG und HwO gefordert wird, oder auch in anderen als den anerkannten Ausbildungsberufen ausgebildet werden. Diese damit möglichen Sonderausbildungsgänge auf der Helfer- und Werker-Ebene sind allerdings umstritten, weil sie keine Vollausbildung darstellen. Andererseits haben sie vielen jungen Menschen mit Behinderungen erst einen Zugang zur Berufsausbildung und damit zu einer Beschäftigung auf dem allgemeinen Arbeitsmarkt ermöglicht. Das Bundesinstitut für Berufsbildung (BIBB) in Berlin hat bereits 1978 Empfehlungen für bundeseinheitliche besondere Ausbildungsregelungen verabschiedet, um die Chancengleichheit zu verbessern. Industrie- und Handelskammern sowie die Handwerkskammern können danach entsprechende Ausbildungsordnungen erlassen. Für folgende Berufe gibt es Empfehlungen des BIBB: Metallbearbeiter, Metallfeinbearbeiter, Werkzeugmaschinenspaner (Drehen und Fräsen), Bürokraft, Holzarbeiter, Bau- und Metallmaler.

Die berufliche Umschulung und Fortbildung behinderter Erwachsener, die in der Regel bereits beruflich tätig waren, erfolgt in **Berufsförderungswerken.** Ziel ist eine Qualifizierung in zukunftsorientierten Berufen, die den individuellen Voraussetzungen und den Anforderungen am Arbeitsmarkt Rechnung trägt.

7.1.5 Schwerbehinderung

Auch die **Werkstatt für Behinderte** (WfB) ist eine Einrichtung der beruflichen Rehabilitation. Ihre gesetzliche Grundlage bilden aber das **Schwerbehindertengesetz** (SchwbG) und die dazu erlassene **Werkstättenverordnung** (SchbWV). Die WfB bietet Personen, die wegen Art und Schwere einer Behinderung nicht, noch nicht oder noch nicht wieder auf dem allgemeinen Arbeitsmarkt tätig sein können, einen Arbeitsplatz oder Gelegenheit zur Ausbübung einer geeigneten Tätigkeit. Ziel der WfB ist es, Behinderte ins Arbeitsleben einzugliedern, ihnen die Möglichkeit zu bieten, ihre Leistungsfähigkeit zu entwickeln, zu erhöhen oder wiederzugewinnen und ein dem Leistungsvermögen angemessenes Arbeitsentgelt zu erreichen. Für junge Menschen mit schweren Auswirkungen einer Körperbehinderung oder mit einer Schwerstmehrfachbehinderung bildet die WfB eine Möglichkeit der Eingliederung in das Arbeitsleben.

Das **Schwerbehindertengesetz** regelt aber weitere wichtige Bereiche. So den geschützten Personenkreis der Schwerbehinderten und Gleichgestellten, die Feststellung des Grades der Behinderung und die Ausstellung eines Schwerbehindertenausweises. Außerdem die Beschäftigungspflicht des Arbeitgebers, die Pflichtquote an Arbeitsplätzen für Schwerbehinderte, die Zahlung einer Ausgleichsabgabe für unbesetzte Pflichtplätze und deren Verwendung, die behindertengerechte Gestaltung von Arbeitsplätzen und den Kündigungsschutz für Schwerbehinderte. Die **Ausgleichsabgabe** ist von Arbeitgebern zu zahlen, die ihrer **Beschäftigungspflicht** nicht nachkommen. Arbeitgeber, die über mindestens 16 Arbeitsplätze verfügen, haben wengistens 6 Prozent davon mit Schwerbehinderten zu besetzen. Bei einem Betrieb mit 16 Beschäftigten wäre demnach ein Arbeitsplatz einem Schwerbehinderten vorbehalten. Die Ausgleichsabgabe für unbesetzte Plätze beträgt z. Zt. 200 DM monatlich. Die Mittel der Ausgleichsabgabe dürfen nur zum Zwecke der Arbeits- und Berufsförderung Schwerbehinderter verwendet werden. Sie werden von den **Hauptfürsorgestellen** verwaltet, deren Aufgaben ebenso im Schwerbehindertengesetz geregelt sind, wie die unentgeltliche Beförderung Schwerbehinderter im öffentlichen Personenverkehr.

Zur Feststellung der Behinderung haben die meisten Leistungsträger ihre eigenen ärztlichen Dienste. Grundlage dazu sind die „**Anhaltspunkte für die ärztliche Gutachtertätigkeit** im sozialen Entschädigungsrecht und nach dem Schwerbehindertengesetz", die vom Bundesministerium für Arbeit und Sozialordnung (BMA 1996) herausgegeben werden. Der **Grad der Behinderung** (GdB) soll die Schwere ausdrücken und zwar in Zehnergraden von 10 bis 100. Die Feststellung ist aber nicht bezogen auf einen konkreten Arbeitsplatz, sondern soll dem generellen Schutz von Schwerbehinderten dienen und die Wahrnehmung von Rechten und Nachteilsausgleichen erleichtern. Die Angabe eines Grads der Behinderung ist aber nicht gleichbedeutend mit dem Ausmaß einer beruflichen Einschränkung. Diese wurde lange Zeit als „Minderung der Erwerbsfähigkeit" (MdE) gekennzeichnet, was aber mißverständlich ist, weil eben auch bei einer MdE von 100 Prozent durchaus eine volle Berufstätigkeit ausgeübt werden kann. Als Beispiel läßt sich Blindheit anführen, die zu einer MdE von 100 Prozent führt, aber bei Inanspruchnahme der blindenspezifischen Hilfen (Blindenschreibmaschine, Vorlesekraft, Begleitperson) doch die Ausübung eines Berufs ermöglicht.

Eine Behinderung liegt vor bei einem GdB von mindestens 20; eine **Schwerbehinderung ab einem GdB von 50.** Wenn Behinderte mit einem GdB von weniger als 50, aber wenigstens 30 infolge ihrer Behinderung keinen Arbeitsplatz finden können, oder wenn sie ihren Arbeitsplatz zu verlieren drohen, können sie auf Antrag vom Arbeitsamt Schwerbehinderten gleichgestellt werden. Bedeutsam ist der GdB für den **Schwerbehindertenausweis,** der vom Versorgungsamt ausgestellt wir. Dort werden auch Merkzeichen eingetragen, wie aG (= außergewöhnlich gehbehindert), H (hilflos), Bl (blind), B (ständige Begleitung erforderlich). Das Verfahren zur Feststellung der Behinderung und der Weg zum Schwerbehindertenausweis sind in der Schrift der BAGH (1995, 33-36) im einzelnen beschrieben.

7.1.6 Pflege und Betreuung

Das **Pflegeversicherungsgesetz** ist als Elftes Buch des Sozialgesetzbuchs (SGB XI) in zwei Stufen in Kraft getreten. Seit dem 1.4.1995 gibt es Leistungen zur **häuslichen Pflege,** seit dem 1.7.1996 Leistungen zur **stationären Pflege.** Damit sind auch für den Bereich der Rehabilitation bei Körperbehinderung viele neue Regelungsbereiche in Kraft getreten, die erhebliche Auswirkungen auf die Lebenssituation von Menschen mit hohem Pflegebedarf haben. Hier können nur einige Hinweise auf grundsätzliche Regelungen gegeben werden.

Pflegebedürftigkeit ist im § 14 SGB XI geregelt; danach sind Personen pflegebedürftig, „die wegen einer körperlichen, geistigen oder seelischen Krankheit oder Behinderung für die gewöhnlichen und regelmäßig wiederkehrenden Verrichtungen im Ablauf des täglichen Lebens auf Dauer, voraussichtlich für mindestens 6 Monate, in erheblichem oder höherem Maße der Hilfe bedürfen". **Krankheiten und Behinderungen** sind im Sinne des Gesetzes: Verluste, Lähmungen oder andere Funktionsstörungen am Stütz- und Bewegungsapparat, Funktionsstörungen der inneren Organe oder der Sinnesorgane, Störungen des Zentralnervensystems wie Antriebs-, Gedächtnis- oder Orientierungsstörungen sowie endogene Psychosen, Neurosen oder geistige Behinderungen. Nichtmedizinische Ursachen reichen also nicht aus, um Pflegebedürftigkeit zu begründen. **Hilfe** besteht in der Unterstützung und in der teilweisen oder vollständigen Übernahme von Verrichtungen im Ablauf des täglichen Lebens oder in der Beaufsichtigung oder der Anleitung mit dem Ziel der eigenständigen Übernahme dieser Verrichtungen.

Die gewöhnlichen und regelmäßig wiederkehrenden **Verrichtungen,** bei denen der Pflegebedürftige der Hilfe bedarf, werden im Gesetz im einzelnen aufgeführt. Es sind im Bereich **Körperpflege**: das Waschen, das Duschen, das Baden, die Zahnpflege, das Kämmen, das Rasieren, die Darm- und Blasenentleerung; im Bereich **Ernährung**: das mundgerechte Zubereiten oder die Aufnahme der Nahrung; im Bereich **Mobilität**: das selbständige Aufstehen und Zubettgehen, An- und Auskleiden, Gehen, Stehen, Treppensteigen, Verlassen und Aufsuchen der Wohnung; im Bereich **hauswirtschaftlicher Versorgung**: das Einkaufen, Kochen, Reinigen und Beheizen der Wohnung, Spülen, Wechseln und Waschen der Wäsche und Kleidung.

Es werden drei **Stufen der Pflegebedürftigkeit** unterschieden: **erheblich Pflegebedürftige** (Pflegestufe I) sind Personen, die bei der Körperpflege, der Ernährung oder Mobilität für wenigstens zwei Verrichtungen aus einem oder mehreren Bereichen einmal täglich der Hilfe bedürfen und zusätzlich mehrfach in der Woche Hilfen bei der hauswirtschaftlichen Versorgung benötigen. **Schwerpflegebedürftige** (Pflegestufe II) sind Personen, die bei der Körperpflege, der Ernährung oder der Mobilität mindestens dreimal täglich zu verschiedenen Tageszeiten der Hilfe bedürfen und zusätzlich mehrfach in der Woche Hilfen bei der hauswirtschaftlichen Versorgung benötigen. **Schwerstpflegebedürftige** (Pflegestufe III) sind Personen, die bei der Körperpflege, der Ernährung oder der Mobilität täglich rund um die Uhr, auch nachts, der Hilfe bedürfen und zusätzlich mehrfach in der Woche Hilfen bei der hauswirtschaftlichen Versorgung benötigen. Bei kranken und behinderten **Kindern** ist der zusätzliche Hilfebedarf entscheidend, wie er bei Erkrankungen, nach einer intensivmedizinischen Behandlung oder nach einer Operation auftreten kann, und nicht allein der altersbedingte Bedarf. Pflegebedürftige Kinder sind zur Feststellung des Hilfebedarfs mit einem gesunden Kind gleichen Alters zu vergleichen. Bei einem Säugling oder Kleinkind ist für die Pflegeleistungen nicht der natürliche, altersbedingte Pflegeaufwand, sondern nur der darüber hinausgehende Hilfebedarf bei der Körperpflege und – ab einem gewissen Entwicklungsstand – der Mobilität maßgebend.

Nähere Bestimmungen zur Abgrenzung der Merkmale der Pflegebedürftigkeit und der Pflegestufen sind in Richtlinien der **Pflegekassen** geregelt, die bei den gesetzlichen Krankenkassen eingerichtet wurden. Wer privat krankenversichert ist, muß sich auch gegen das Risiko der Pflege privat versichern. Die **Feststellung der Pflegebedürftigkeit** erfolgt auf Antrag durch den Medizinischen Dienst der Krankenversicherung.

Die Leistungen der Pflegeversicherung und die Überschneidungen zur Hilfe zur Pflege nach dem Bundessozialhilfegesetz, die gerade für Körperbehinderte relevant sind, können hier nicht näher dargestellt werden. Es wird dazu auf einschlägige Informationsschriften und Gesetzeskommentare verwiesen. Eine übersichtliche Darstellung der Leistungen zur Pflege findet sich in der Schrift der BAGH (1995, 105-131).

Seit dem 1.1.1992 sind Entmüdigung, Vormundschaft und Pflegschaft für Volljährige abgeschafft. Es wurde die **Betreuung** eingeführt, die in einem eigenen Gesetz geregelt ist. Mit dem Betreuungsrecht (1992) sollte vor allem die Rechtsstellung psychisch Kranker und körperlich, geistig oder seelisch Behinderter verbessert werden. Für Fachkräfte der Rehabilitation im Bereich Schule und Wohnheim ergeben sich hier eine Fülle neuer Regelungen, die in der Praxis Beachtung finden sollen (BAGH 1995, 164-171, Kienzle und Storch 1997).

7.2 Nachteilsausgleich für Behinderte

Der Ausgleich behinderungesbedingter Nachteile wurde in der Vergangenheit auch als „Vergünstigung" bezeichnet, was aber sachlich falsch ist, denn es geht darum, das auszugleichen, was einem Menschen mit Behinderungen an Erschwerungen bei seinen alltäglichen Lebensvollzügen entsteht. Die Tatbestände dazu sind umstritten und die Regelungen in vielen Gesetzen und Verordnungen zu finden. Die folgende kurze Darstellung orientiert sich an der Schrift der BAGH (1995, 149-187).

7.2.1 Schutz und Hilfe im Arbeitsleben

Die Rechtsgrundlage für den Schutz bildet das Schwerbehindertengesetz und die dazu ergangenen Verordnungen. Die Überwachung der Schutzbestimmungen obliegt den **Hauptfürsorgestellen** in Zusammenarbeit mit den Arbeitsämtern. Die Schutzregelungen wie die **Beschäftigungspflicht** und Zahlung einer **Ausgleichsabgabe** sollen die Bereitstellung von Arbeitsplätzen bezwecken. Der **Kündigungsschutz** und **begleitende Hilfen** sollen einem Schwerbehinderten den Arbeitsplatz sichern. Eine **Schwerbehindertenvertretung** im Betrieb und verschiedene Sonderrechte sollen die Interessen Schwerbehinderter wahren.

Offenbarungspflicht: Behinderte und chronisch kranke Menschen müssen bei der Suche eines neuen Arbeitsplatzes auch für sich die Frage klären, inwieweit sie verpflichtet sind und ob sie es wollen, über ihre Erkrankung oder Behinderung **Auskunft** zu geben. Dabei gilt nach der Rechtsprechung, daß der Schwerbehinderte von sich aus, also ohne daß er danach gefragt wird, nicht auf eine Schwerbehinderung hinweisen muß. Er müßte es aber dann, wenn die Behinderung zur Folge hätte, daß er überhaupt unfähig ist, die Arbeit auf dem künftigen Arbeitsplatz zu verrichten. Fragt der Arbeitgeber aber danach, ob eine Schwerbehinderung oder eine Gleichstellung vorliegt, so muß die Frage wahrheitsgemäß beantwortet weden. Leugnet der Schwerbehinderte seine Behinderung, so kann der Arbeitgeber später den Vertrag anfechten und ihn als wirkungslos ansehen. Bei Fragen nach chronischen Krankheiten ist die Rechtslage komplizierter: Hier gilt die Auffassung, daß Fragen nur insoweit zulässig sind, als sie mit einem überwiegenden Interesse des Arbeitgebers gerechtfertigt werden können. Fragen nach chronischen Erkrankungen gelten als Eingriff in die Privatsphäre des Arbeitnehmers, und sind nur zulässig, wenn die Krankheit Einfluß auf die erwartete Arbeitsleistung haben kann. Liegt eine HIV-Infektion vor, so darf zwar nach der Aids-Erkrankung als solcher, nicht aber nach einer bloßen Aids-Infektion gefragt werden (BAGH 1995, 151-152).

Kündigungsschutz: Hier wird zwischen einem **allgemeinen** und einem **besonderen** Kündigungsschutz unterschieden. Den Schutz aller Arbeitnehmer vor sozial ungerechtfertigten Kündigungen regelt das Kündigungsschutzgesetz (KSchG), das für alle Betriebe und Verwaltungen mit mindestens sechs Beschäftigten gilt, soweit der jeweilige Beschäftigte dem Betrieb wenigstens sechs Monate ununterbrochen angehört hat. Eine Kündigung des Arbeitsverhältnisses kann ausgesprochen werden, wenn Gründe dazu in der Person des Arbeitnehmers oder in seinem Verhalten vorliegen, oder wenn dringende betriebliche Erfordernisse einer Weiterbeschäftigung entgegenstehen. Liegt keine entsprechende Berechtigung für eine ordentliche Kündigung vor, so ist sie **sozial unge-rechtfertigt**. Will der Arbeitgeber aus betrieblichen Erfordernissen kündigen, muß er eine soziale Auswahl treffen; d.h., er muß denjenigen oder diejenigen behalten, den oder die eine Kündigung sozial schwerer treffen würde als andere Arbeitnehmer. Ein Schwerbehinderter wäre in der Regel schwerer betroffen als nichtschwerbehinderte Arbeitnehmer. Für ihn bestehen aber zusätzlich nach dem Schwerbehindertengesetz besondere Schutzbestimmungen. So muß bei Beendigung der Arbeitsverhältnisse von Schwerbehinderten zuvor im Rahmen eines Kündigungsschutzverfahrens die Zustimmung der Hauptfürsorgestelle eingeholt werden. Das Verfahren ist kompliziert und ermöglicht auch Klagen vor einem Verwaltungsgericht und Kündigungsschutzklagen vor dem zuständigen Arbeitsgericht (siehe dazu die Erläuterungen und Abbildungen in BAGH 1995, 152-162).

Begleitende Hilfe: Sie werden nach dem Schwerbehindertengesetz von den Hauptfürsorgestellen im Zusammenwirken mit den Arbeitsämtern durchgeführt und haben den Zweck, die soziale Stellung und Wettbewerbsfähigkeit von Schwerbehinderten gegenüber Nichtbehinderten zu sichern, betriebliche Probleme zu beseitigen und durch Geldleistungen an Behinderte und Arbeitgeber den Arbeitsplatz zu verbessern und zu erhalten. Im einzelnen können das sein: Darlehen oder Zuschüsse für technische Arbeitshilfen, für behindertengerechte Fahrzeuge, für einen Führerschein, für eine behindertengerechte Unterkunft und für einen Umzug.

Zusatzurlaub und Freistellung von Mehrarbeit: Zum Nachteilsausgleich zählt ein Anspruch auf fünf Tage bezahlten Zusatzurlaub (§ 7 SchwbG). Weitergehende Regelungen in Tarifverträgen oder sonstigen Regelungen und Zusicherungen bleiben davon unberührt. Von Mehrarbeit sind Schwerbehinderte auf ihr Verlangen hin freizustellen.

7.2.2 Beförderung, Verkehr und Steuern

Die behinderungsbedingten Belastungen, die sich im Verkehr ergeben, sollen im Sinne eines Nachteilsausgleichs nach dem Schwerbehindertengesetz kompensiert werden. Den Schlüssel für ihre Inanspruchnahme bildet in der Regel der **Schwerbehindertenausweis.**

In § 59 SchwbG ist die unentgeltliche Beförderung im öffentlichen Personenverkehr festgelegt. Dabei ist aber zwischen einer **kostenlosen** Beförderung, wie sie Kriegsbeschädigten, anderen Versorgungsberechtigten sowie hilflosen und blinden Personen zugestanden wird, und einer Beförderung mit **Kostenbeteiligung** zu unterscheiden. Letztere gilt für Personen, die tatsächlich in ihrer Bewegungsfähigkeit im Straßenverkehr erheblich beeinträchtigt sind, sofern sie in ihrem Schwerbehindertenausweis das Merkzeichen „G" aufweisen. Sie müssen aber zusätzlich beim Versorgungsamt eine Wertmarke kaufen und in ein Beiblatt zum Ausweis einkleben (Kosten: für 6 Monate 60 DM bzw. für 12 Monate 120 DM). Enthält der Ausweis das Zechen „B", so wird auch eine Begleitperson unentgeltlich befördert.

Parkerleichterungen sollen es Schwerbehinderten mit einer außergewöhnlichen Gehbehinderung erleichtern, Wege, die sie nur mit großer Anstrengung zu Fuß zurücklegen können, zu verkürzen. Die entsprechenden Rechtsvorschriften finden sich in der Straßenverkehrsordnung. Dort sind auch weitere Parkerleichterungen vorgesehen: Parken in Fußgängerzonen während der Ladezeit; Parken ohne Gebühr und zeitliche Begrenzung an Parkuhren sowie auf Parkplätzen für Anwohner bis zu drei Stunden. In der **Kraftfahrzeughaftpflicht** können Schwerbehinderte Beitragsnachlässe erhalten, sofern sie von der Kraftfahrzeugsteuer befreit sind; die Nachlässe sind eine freiwillige Leistung der jeweiligen Versicherung. Das komplizierte deutsche **Steuerrecht** sieht auch vielfältige Ermäßigungen und Pauschalbeträge für Behinderte vor. Die Regelungen reichen dabei von der Einkommens- und Lohnsteuer bis zur Vermögens-, Erbschafts- und Schenkungssteuer. Sie alle sachgerecht anzuwenden, bedarf der Erkundung im konkreten Fall und der fachlichen Beratung. Die Selbsthilfegruppen, Elternvereinigungen und Behindertenverbände geben zu Steuerfragen aus der spezifischen Bedürfnislage der Behindertengruppe, die sie vertreten, Hinweise in ihren Zeitschriften und in Merkblättern. Eine übergreifende Darstellung gibt die Schrift der BAGH (1995, 177-183), in der überdies auf spezielle Literatur und Informationsbroschüren verwiesen wird.

7.2.3 Wohnen, Bauen und Kommunikation

Hier ist zunächst auf das **behindertengerechte Bauen** einzugehen, da es für eine erfolgreiche berufliche und soziale Eingliederung bedeutsam ist. Für das Bauen wurden DIN-Normen entwickelt; so liegt eine Normierung für behindertengerechte Straßen, Plätze und öffentliche Gebäude vor (DIN 18024). Für die Gestaltung von Wohnungen von Körperbehinderten und Rollstuhlfahrern sowie für Blinde und wesentlich Sehbehinderte (DIN 18025) liegen ebenfalls Normen vor. Es werden für den Bau oder Kauf von Eigenheimen und Eigentumswohnungen aus öffentlichen Mitteln Darlehen gewährt. Diese Wohnungsbaudarlehen sind an bestimmte Einkommensgrenzen gebunden. Die Behindertenverbände haben zu diesen komplizierten Fragen der Beantragung, Bewilligung und Rückzahlung sowie zum Bauen allgemein Broschüren herausgebracht. So der VdK-Landesverband Baden-Württemberg (Postfach 105042, 70044 Stuttgart) eine Schrift „Bauen für Behinderte"; darin ist auch die Planungshilfe „Behindertenfreundliche Umwelt" (DIN 18024) enthalten. **Wohngeld** erhalten nicht nur Mieter, sondern auch Eigentümer von Familienwohnhäusern und Eigentumswohnungen. Schwerbehinderten werden bei der Ermittlung des Einkommens Freibeträge zugestanden, wenn sie Leistungen nach dem Wohngeldgesetz beantragen. Vom Beauftragten der Bundesregierung für die Belange Behinderter gibt es eine Schrift „Finanzielle Förderung behinderungsgerechten Wohnens" (Stand Mai 1997), die kostenlos bezogen werden kann (Postfach 140280 (BMA), 53107 Bonn). Darin sind auch Berechnungsbeispiele für Schwerbehinderte zur Erlangung eines Mietzuschusses enthalten.

Die Befreiung von **Rundfunk- und Fernsehgebühren** steht Personen zu, die zu 80 Grad schwerbehindert und infolge ihrer Behinderung ständig zur Teilnahme an öffentlichen Veranstaltungen nicht in der Lage sind. Den Nachweis über eine Berechtigung kann ein Behinderter durch den Vermerk „RF" in seinem Schwerbehindertenausweis führen. Sie können unter diesen Voraussetzungen auch eine Ermäßigung ihrer **Telefongebühren** erhalten. Behinderte Menschen haben Anspruch auf kulturelle Anregungen und Informationen über das Zeitgeschehen. Ist ihnen die Teilnahme am Leben der Gemeinschaft nicht oder nur unzureichend möglich, so werden die **Anschaffungs- und Betriebskosten** von Rundfunk- und Fernsehgeräten im Rahmen der **Eingliederungshilfe** für Behinderte nach dem Bundessozialhilfegesetz übernommen (BAGH 1995, 186-187).

8. Aufgaben und Organisationsformen in der Rehabilitation

Eine Einführung in schul-, sozial- und berufspädagogische Aufgaben macht einen Überblick über die Organisationsformen in der Rehabilitation notwendig. Die vielfältigen Maßnahmen zur Rehabilitation bei Körperbehinderung wurden organisatorisch in Institutionen zusammengefaßt, die teilweise schon eine lange Entwicklungsgeschichte aufweisen können. Durch Fortschritte in der medizinischen Rehabilitation und sozialpolitische Entscheidungen zur Verbesserung und Ausweitung der schulischen, beruflichen und sozialen Maßnahmen, ergaben sich aber auch neue Aufgabenstellungen und Organisationsformen.

8.1 Vorschulische Förderung

War noch bis in die sechziger Jahre die vorschulische Förderung von Kindern, die Schädigungen ihres Körpers und ihrer Sinnesorgane aufweisen, eine weitgehend der Medizin überlassene Problemstellung, so wurde sie nicht zuletzt durch die Gutachten des Deutschen Bildungsrats (1973, 1974a, 1975b) zu einer interdisziplinären Aufgabenstellung. Ärzte, Therapeuten und Pädagogen sollten zusammenarbeiten, weil erkannt wurde, daß frühes Lernen nicht nur möglich, sondern auch notwendig ist, wenn sich ein Kind trotz vorhandener Schädigungen optimal entwickeln soll. Behinderte und sozial benachteiligte Kinder sollten nicht länger als „Spätentwickler" gelten oder als nur bedingt förderungsfähig angesehen werden. Die physische, intellektuelle und emotionale Entwicklung ist in den ersten Lebensjahren durch Offenheit und Prägbarkeit des Kindes gekennzeichnet. Schädigungen sollten deshalb früh erkannt werden und eine Förderung im ersten Lebensjahr oder gar schon in den ersten Lebensmonaten einsetzen. Durch Früherkennung und geeignete Maßnahmen hoffte man, einer drohenden Behinderung vorzubeugen oder einer entstehenden entgegenzuwirken. Bei cerebraler Schädigung, wie sie dem Schadensbild einer Infantilen Cerebralparese (ICP) zugrundeliegt, kann falschen Bewegungsmustern durch krankengymnastische Behandlung bereits im Säuglingsalter begegnet werden. Eltern sollten ihr schwer behindertes Kind auch nicht länger verborgen halten, weil sie in der Öffentlichkeit auf Ablehnung stoßen. Eine angemessene Förderung ist nicht zuletzt aus diesen Gründen oft unterblieben. In anderen Fällen kam es mit zunehmendem Lebensalter der Kinder zur Isolierung, so daß sie teilweise auch bereits erworbene Fähigkeiten wieder verlernten. Für die frühe **Entwicklungsförderung** mußte erst ein Problembewußtsein entstehen, wobei nicht nur die Eltern, sondern vor allem Ärzte, Lehrer und Sozialpädagogen die Vorstellung von der unveränderbaren und schicksalhaften Situation eines behinderten Kindes überwinden mußten.

Frühförderung wurde vom Deutschen Bildungsrat (1974a, 44-45) als wirksam und notwendig anerkannt. Aber wer sollte die Aufgaben der Frühförde-

168

rung wahrnehmen? Im Bereich der Schulen für Sinnesgeschädigte gab es bereits eine intensive Früherziehung; gehörlose und blinde Kinder wurden von Sonderschullehrern bereits vor Schuleintritt gezielt gefördert, um sie auf das schulische Lernen vorzubereiten. Bei körperbehinderten Kindern folgte auf die medizinische Diagnostik aber nicht immer die notwendige Therapie. Sie wurden zwar in Kliniken nach neuestem Standard operiert und mit Prothesen versorgt, aber die pädagogischen Erfordernisse der nachgehenden Hilfen wurden nicht erkannt. Eine interdisziplinäre Frühbehandlung und Frühförderung mußte das gesamte **Säuglings- und Kleinkindalter** (0 bis 6 Jahre) erfassen. Der Bildungsrat wollte ein System initiieren, das medizinische, pädagogische und soziale Aufgaben und Aktivitäten zusammenführt. Außer in der Familie kann den Lebenserwartungen eines Kleinkindes besonders im Kindergarten und in der Kindertagesstätte Rechnung getragen werden, die Raum für kindliche Aktivitäten bieten. Die Erwartungen richten sich auf eine Befriedigung emotionaler Bedürfnisse, auf motorische, sensorische und sprachliche Anregungen und auf Erfahrungs- und Einübungsmöglichkeiten.

Seit den siebziger Jahren entstand ein Netz von Frühförderdiensten; Speck (1992, 38) verweist auf die unterschiedlichen professionellen Arbeitsansätze und unterscheidet zwei Organisationssysteme: das **ärztlich-klinische System** (Kliniken, Sozialpädiatrische Zentren, Arztpraxen) und das **heilpädagogische System** (Bildungseinrichtungen für Behinderte, regionale Frühförderstellen).

Das **ärztlich-klinische System** bestand bereits, wurde aber aufgrund der Fachdiskussion und gesundheitspolitischer Entscheidungen weiter ausgebaut. Durch die Mutterschaftsvorsorge sollen frühzeitig Faktoren erkannt werden, die die Gesundheit der Mutter und des heranreifenden Kindes schädigen können. Der behandelnde Arzt stellt einen **Mutterpaß** aus, in den wichtige Daten zum Verlauf der Schwangerschaft und Geburt eingetragen werden. Mütterberatungsstellen und Gesundheitsämter beraten bei allen anstehenden Fragen. Als Pflichtleistung der Krankenkassen wurden 1971 die ärztlichen **Vorsorgeuntersuchungen** im Säuglings- und Kleinkindalter eingeführt. Der Bundesausschuß der Ärzte und Krankenkassen hat „Kinder-Richtlinien" herausgegeben, in denen das Untersuchungsprogramm beschrieben ist. Nach der Neugeborenen-Erstuntersuchung (U1) gibt es acht weitere Untersuchungstermine (von U2 zwischen 3. und 10. Lebenstag bis U9 zwischen dem 60. und 64. Lebensmonat). In ein Nachweisheft werden alle Befunde eingetragen und vom Arzt bescheinigt. Auch die ärztliche Betreuung der Schwangeren und die vorgeburtliche (pränatale) Diagnostik wurden im Blick auf mögliche Schädigungen des Kindes intensiviert. Die **pränatale Diagnostik** kann aber auch dazu führen, daß aufgrund einer embryopathischen Indikation ein Schwangerschaftsabbruch erwogen wird. Daraus ergaben sich ethische Fragen in bezug auf den vorgeburtlichen Lebensschutz und das Lebensrecht Behinderter (siehe Kapitel 2.2).

Das **heilpädagogische System** ist unterschiedlich organisiert. Die vorschulische Förderung wird sowohl als Frühförderung, die sich bei körperbehinderten Kindern von der Geburt bis zum Schuleintritt erstrecken kann, als auch als Förderung im Kindergarten (Regel-Kindergarten oder in Formen des Sonderkindergartens) durchgeführt. Da die Inanspruchnahme von Maßnahmen der Vorsorge, Früherkennung und Frühförderung freiwillig ist, hängt es von der Aufgeschlossenheit der Eltern oder Erziehungsberechtigten ab, welche Förderung ein Kind tatsächlich erfährt. In einem wissenschaftlich begleiteten Modellversuch wurde in Bayern ein **Netz von Frühförderstellen** aufgebaut (Arbeitsstelle Frühförderung 1982). Die Ergebnisse der Begleitforschung führten dazu, daß auch in den anderen Bundesländern entsprechende flächendeckende Angebote geschaffen wurden. Dabei soll es der Frühförderung nicht um das Training einzelner Funktionen und Funktionsbereiche, sondern um die ganzheitliche Entwicklung des Kindes gehen. Prinzip ist danach, die Frühförderung möglichst familiennah durchzuführen. Dem dient nicht zuletzt die **Hausfrüherziehung** durch **Pädagogen**, wie sie bereits vom Bildungsrat angeregt, dann aber im bayerischen Modellversuch eingehend entwickelt und erprobt wurde.

Zu den pädagogischen Aufgaben der Frühförderung rechnen: Mitarbeit bei der pädagogisch-psychologischen Diagnostik, Beratung und Anleitung der Eltern, Durchführung von Fördermaßnahmen. Folgende **frühpädagogischen Ziele** sind anzustreben (Speck 1977, 24-26): Dem Kind emotionale Sicherheit geben (Grundbedürfnisse akzeptieren, Existenz bejahen, Erlebenlassen von Freude und Erfolg, Mißerfolge durch persönliche Bindung abfangen). Erfahrungsspielräume verschaffen (Interaktionsanreize, Sacherfahrungen, spielendes Üben, Wahrnehmungschaos vermeiden). Das Erlernen sensomotorischer Fertigkeiten unterstützen (senso- und psychomotorische Anregungen, Begrenzung des isolierten Funktionstrainings zugunsten operationaler Sacherfahrungen). Vermitteln erster sozialer Normen (Selbsthilfe und Selbständigkeit anregen, sozial notwendige Verzichte abverlangen, Beleben und Verstärken der sozialen Kommunikation). Die Sprachbildung anregen (mit dem Kind sprechen, das eigene Handeln und das Handeln des Kindes mit Sprache begleiten, das Kind in sprachanregende Situationen bringen, für eine freundliche, motivierende Sprachatmosphäre sorgen).

Im dritten Bericht der Bundesregierung zur **Lage der Behinderten** (BMA 1994, 28-31) wird darauf verwiesen, daß die Beteiligung an den Früherkennungsuntersuchungen von 84 Prozent 1980 auf 92 Prozent 1990 (alte Bundesländer) gestiegen ist. Das bedeutet aber auch, daß immer noch nicht alle Eltern von der Notwendigkeit der Vorsorgeuntersuchungen überzeugt sind und sie für ihr Kind wahrnehmen. Die medizinische Erstbehandlung und Beratung obliegt den ca **4.800 niedergelassenen Kinderärzten**. Sie werden durch Fachkräfte in den Gesundheitsämtern und durch die Landesärzte für Behinderte unterstützt. Frühbehandlung und Frühförderung erfordern eine Zusammenarbeit der medizinischen, psychologischen, pädagogischen und sozialen Dienste, die als interdisziplinäres Angebot wohnort- und familiennah bereitgestellt werden sollen. In den alten Bundesländern leisten dies **757 Frühförderstellen** und **69 Sozialpädiatrische Zentren**. Während bei den Frühförderstellen die Hilfe durch **Pädagogen, Psychologen und Sozialarbeiter** im Vordergrund steht, konzentrieren sich die Hilfen der sozialpädiatrischen Zentren auf breitgefächerte **diagnostische** und **medizinisch-therapeutische Angebote** für Kinder mit besonders schwieriger Problematik.

Das Bundesministerium für Arbeit und Sozialordnung hat eine **Übersicht über Einrichtungen und Aufgaben der Frühförderung** herausgegeben (BMA 1995b); darin sind alle Sozialpädiatrischen Zentren und Frühförderstellen hinsichtlich ihrer Trägerschaft, ihres Einzugsbereichs und ihrer Organisationsform sowie der dort tätigen Fachkräfte und Angebote verzeichnet. Frühförderung schließt die Bereiche Früherkennung, Frühbehandlung, Früherziehung und Beratung ein und kann nur als fachübergreifende Zusammenarbeit angemessen

erfüllt werden. Medizinische, psychologische, pädagogische und soziale Maßnahmen gelten als notwendige Bestandteile eines ganzheitlichen Förderkon-
zepts, in das die Familie einzubeziehen ist. Die rehabilitativen Maßnahmen
erfordern die Aufstellung eines interdisziplinären und gemeinsam mit den
Eltern erstellten **Förderplans,** auf dessen Grundlage Diagnostik und Therapie
beim Kind sowie Beratung und Stützung der Eltern durchgeführt werden. Folgende Hilfen können im einzelnen gegeben werden: Gespräch, Vermittlung und
Kontake zur Bewältigung persönlicher und familiärer Probleme; Information
über Fördermöglichkeiten des Kindes; Anregung und Anleitung der Eltern zur
Förderung ihres Kindes und Hilfen bei der Erziehung; Beratung über rechtliche
Gegebenheiten und finanzielle Leistungen nach dem Sozialrecht. **Förderziele**
sind: Förderung von Wahrnehmung, Bewegung, Interaktion, Kommunikation
und Sprache; Vermittlung von Kompensationstechniken; Entwicklung lebens-
praktischer Fähigkeiten; Unterstützung der sozialen Entwicklung des Kindes.
Heute sind in der Frühförderung **Fachkräfte** aus folgenden Berufsgruppen
tätig: Entsprechend ausgebildete Ärzte, insbesondere Kinderärzte mit sozialpä-
diatrischer und/oder kinderneurologischer Weiterbildung, Kinder- und Jugendpsychiater, Krankengymnasten, Logopäden und Beschäftigungstherapeuten,
Heilpädagogen, Sozialpädagogen, Diplompädagogen, Erzieher, Diplompsycho-
logen, Sozialarbeiter. Erst dieses breite Spektrum an Fachkräften kann der komplexen Aufgabenstellung der Frühförderung gerecht werden.

8.2 Schulische Förderung

Kindern und Jugendlichen mit einer Körperbehinderung stehen grundsätzlich
die gleichen Bildungsgänge offen wie den nichtbehinderten Schülern. Ein nicht
unerheblicher Teil von ihnen besucht die allgemeinen Schulen (Regelschulen);
verläßliche Angaben über den prozentualen Anteil bezogen auf einzelne Bundesländer und die gesamte Bundesrepublik Deutschland fehlen nach wie vor.
Wegen der Art, der Schwere und der Auswirkungen einer Körperbehinderung
auf die personale Entwicklung ist aber für viele die Aufnahme in einer Sonderschule angezeigt. Dabei spielt auch eine Rolle, daß Familien mit körperbehinderten Kindern mit der Sicherung der medizinischen Therapien, der Pflege und
der Erziehung stark belastet sind, so daß eine spezielle Schule, die in diesen
Bereichen Hilfen anbietet, die Eltern entlasten kann. Der Anspruch, das Kind
umfassend zu fördern, führte zu einer weitreichenden Aufgabenstellung der
Pädagogik für Körperbehinderte und Kranke. Sie muß mehr anbieten als Unterricht und erreicht ihre Ziele nur in enger Kooperation mit anderen Fachdiensten. Aber auch die Organisationsformen wurden den Zielen einer ganzheitlichen Förderung angepaßt.

8.2.1 Ganztages- und Internatsschulen

Die Kultusministerkonferenz (KMK 1984) hat in einer Empfehlung für den
Unterricht in der Schule für Körperbehinderte (Sonderschule) den Schülerkreis,
die Ziele und Aufgaben, das Personal und die Organisationsformen bestimmt.
Aufgabe der Schule ist es demnach, die Schüler unter Beachtung der Lernvor-

aussetzungen zu den Abschlüssen der allgemeinen Schulen zu führen, die ihnen aufgrund ihrer Leistungsfähigkeit erreichbar sind. Bei körperbehinderten Schülern, die zugleich lernbehindert bzw. geistigbehindert sind, werden die Bildungs- und Erziehungsziele der entsprechenden Sonderschultypen zugrunde gelegt. Neben dem Sonderschullehrer sollen Erzieher, Krankengymnasten, Beschäftigungstherapeuten, Technische Lehrer, Kinderkrankenschwestern und Kinderpflegerinnen die spezifischen pädagogischen und therapeutischen Aufgaben wahrnehmen. Zu ergänzen ist, daß in den Schulen auch Motopädagogen und Bewegungserzieher, Sprachtherapeuten und Logopäden sowie Zivildienstleistende und Praktikanten pädagogischer und sozialer Berufe tätig sind.

Die Schule für Körperbehinderte soll als **Ganztageseinrichtung** und erforderlichenfalls mit einem Schülerwohnheim geführt werden; als Bezeichnung für diese beiden Organisationsformen sind **Ganztagsschule** und **Heimsonderschule** gebräuchlich. Nach der Schulstatistik der KMK (1997, 3, 5, 17) wurden 1995 in Deutschland insgesamt 19.401 Schüler in 183 schulischen Einrichtungen für Körperbehinderte unterrichtet, wobei zwischen Ganztages- und Heimschulen nicht getrennt wurde. Die Sonderschulbesuchsquote lag in bezug auf die Körperbehinderten bei 0,213 Prozent der Schüler im Alter der Vollzeitschulpflicht, ein Wert, der sich seit 1986 kaum verändert hat. Dies ist bemerkenswert, da gleichzeitig von einer vermehrten Unterrichtung Körperbehinderter in Integrationsklassen der allgemeinen Schulen auszugehen ist. Offensichtlich spielt hier die Aufnahme der Mehrfach- und Schwerstbehinderten in die Schule für Körperbehinderte eine Rolle, die die Zusammensetzung ihrer Schülerschaft wesentlich verändert hat (siehe Kapitel 5).

Als **Begründungen** für eine **Ganztagsschule** lassen sich anführen: Sie bietet neben Unterricht auch die medizinisch notwendigen Therapien und übernimmt pflegerische Aufgaben. Zur Pflege gehört auch die Bereitstellung einer geeigneten Kost; so können die Schüler nicht nur ein Mittagessen, sondern auch eine medizinisch begründete Diät erhalten. Vor allem für jüngere Kinder ist eine Zeit der Mittagsruhe vorgesehen. Neben Fachräumen für einzelne Schulfächer und Lernbereiche (Werkraum, Schulküche) und Therapieräumen (Raum für die Krankengymnastik, Snoezel-Raum) haben viele Schulen auch Sport- und Schwimmhallen, die den Bedürfnissen Körperbehinderter gerecht werden. Der Betrieb als Ganztagsschule ermöglicht überdies eine Abstimmung der außerunterrichtlichen Angebote auf die Lebenssituation der Schüler. So werden etwa die Hausaufgaben im Rahmen spezieller Lern- und Übungsstunden erledigt. In der unterrichtsfreien Zeit wird eine Freizeitgestaltung angebahnt, die auf eine selbstbestimmte und aktive Lebensführung gerichtet ist. Durch **Fahrdienste** können die Schüler täglich im regionalen Einzugsgebiet zwischen Elternhaus und Schule pendeln, wobei sich aber für einzelne Schüler Fahrzeiten für die Hin- und Rückfahrt von zwei bis drei Stunden ergeben können.

Bei den **Heim- und Internatsschulen** kommen die Schüler aus einem überregionalen Einzugsgebiet und leben in den der Schule angeschlossenen Wohnheimen. Die Mehrzahl bleibt von Montag bis Freitag (5-Tage-Internat) dort und fährt über das Wochenende und in den Schulferien nach Hause. Das Internat hat primär **familienergänzende Aufgaben**. Für einen Teil der Schüler ergibt sich aber die Situation, daß die Heimschule weitgehend zu ihrem Lebensraum wird. Nicht selten kümmern sich die Eltern und Angehörigen nur noch wenig um diese Schüler. Der Anteil der Kinder und Jugendlichen, deren Eltern nicht oder nicht ausreichend in der Lage sind, sie zu erziehen, zu versorgen und zu pflegen, beträgt an einzelnen Schulen bis zu 25 Prozent. Für diese jungen Körperbehinderten muß dann eine **familienersetzende Funktion** übernommen werden. Als **Gründe für eine Aufnahme** in eine Heim- und Internatsschule werden angeführt: In der Wohnregion fehlt eine (Ganz-)Tagesschule. Die erreichbare Tagesschule bietet den gewünschten Bildungsgang nicht an (etwa angstrebter Real- oder Gymnasialabschluß). Die tägliche Fahrt ist wegen Art und Schwere der Körperbehinderung nicht zumutbar. Die Heim- und Internatsschule verfügt über ein breiteres Angebot an medizinisch-therapeutischen Maßnahmen als die Ganztagesschule. Die Familie kann die Pflege und Erziehung nicht leisten, etwa weil die Eltern selbst krank oder berufstätig sind. In der häuslichen Umgebung bestehen keine oder nur unzureichende Möglichkeiten, zu einer der Behinderung adäquaten Selbständigkeit zu kommen.

Eine intensive Zusammenarbeit zwischen Schul- und Sozialpädagogik ist zur Verwirklichung der Förderziele notwendig. Bei aller Kritik an der Separierung der jungen Menschen in Heim- und Internatsschulen dürfen Vorteile für die Verselbständigung, die Ablösung von den Eltern und die Persönlichkeitsentwicklung nicht übersehen werden. Das **sozialpädagogische Team** (Sozialpädagogen und Erzieher) in den **Internaten** und **Wohnheimen** nimmt folgende familienergänzende Aufgaben wahr: In Absprache mit den Eltern oder Erziehungsberechtigten begleitet und betreut es die Kinder und Jugendlichen während ihres Aufenthalts. Es übernimmt auch die Erziehung mit dem Ziel, lebenspraktische Kompetenzen zu vermitteln und mit Blick auf nachschulische Lebensformen möglichst viel Selbständigkeit zu erreichen. Soweit familienersetzende Aufgaben übernommen werden müssen, geht es dabei um die gesamte Persönlichkeitsentwicklung des jungen Menschen.

Auf die Notwendigkeit einer mehrdimensionalen und schülerzentrierten Entwicklungsförderung in der Körperbehindertenschule, die eine integrierende Zusammenarbeit der beteiligten Fachkräfte notwendig macht, verweist Haupt (1979, 445). Die Persönlichkeitsdimensionen der Psychomotorik, Emotion, Sprache und Kognition können sich nur dann entwickeln, wenn ergänzend zu Erziehung und Unterricht auch geeignete Therapien zum Tragen kommen. Die **unterrichtsbegleitende Therapie** umfaßt insbesondere Beschäftigungs- und Arbeitstherapie (Ergotherapie), Sprachtherapie (Logopädie) sowie Krankengymnastik (Physiotherapie). Sie werden vorwiegend als Einzeltherapie durchgeführt, sollen aber auch in den Unterricht aufgenommen und dort weitergeführt werden. Pflege, Therapie und sonstige Unterstützungsmaßnahmen tragen zur Handlungssicherheit und Persönlichkeitsentwicklung bei und sind ein Bestandteil der schulischen Aufgabenstellung (Staatsinstitut für Schulpädagogik 1993, 92-95). Die therapeutisch handelnden Personen müssen medizinische Aspekte berücksichtigen, zugleich aber auch pädagogische Zielsetzungen verfolgen.

Zu den Aufgaben der **Beschäftigungstherapie** (Ergotherapie) in der Schule für Körperbehinderte liegt eine Untersuchung vor (Koske 1989). Danach wird vielfach bei Übungen zur Wahrnehmung und Koordination angesetzt, um kontrollierte Bewegungsabläufe zu erreichen, die für die Schreibmotorik oder das Bedienen von Hilfsmitteln (Schreibmaschine, Personalcomputer mit entsprechenden Tastaturen) notwendig sind. Beschäftigungstherapeuten übernehmen insbesondere das Selbsthilfetraining (Eß- und Toilettentraining), die Hilfsmittelversorgung (ergonomische Ausstattung des Arbeitsplatzes mit auf die Körperbe-

(handschriftliche Randnotiz: Multi-profession)

hinderung abgestimmten Stühlen und Tischen) und das funktionelle Training (Fein- und Grobmotorik) in enger Abstimmung mit der Krankengymnastik. Während die sensomotorischen Funktionen vorwiegend von der Krankengymnastik gefördert werden, stehen bei der Beschäftigungstherapie die perceptiven Funktionen im Vordergrund.

Die **Krankengymnastik** und **Bewegungsförderung** haben sowohl als Einzel- wie als Gruppenförderung Bedeutung; Aufgabe ist es, Kindern und Jugendlichen mit Bewegungsbeeinträchtungen zu entwicklungsfördernden Lagerungs-, Sitz- und Fortbewegungsmöglichkeiten sowie einem hohen Maß an Selbständigkeit zu verhelfen. Im internationalen Bereich ist die Bezeichnung Physiotherapie gebräuchlich; sie zeigt an, daß die Bewegungsförderung durch weitere Behandlungsmethoden unterstützt werden kann (Wärme- und Kältebehandlung, Bäder, Elektrotherapie). Bei cerebral bedingten Bewegungsstörungen gibt es konkurrierende Verfahren (Wechselberg 1983, 115-116). So etwa die entwicklungsneurologische Behandlung nach Bobath (Bobath und Bobath 1977) und die entwicklungskinesiologische Behandlung nach Vojta (1984).

Die **Sprachförderung und Sprachtherapie** sind eine der besonderen Aufgabenstellungen der Schule für Körperbehinderte; Kommunikation und Sprache sind bei der Mehrzahl ihrer Schüler beeinträchtigt und müssen gezielt gefördert werden (Haupt 1983). Auch hier ist eine enge Zusammenarbeit zwischen Pädagogen und Therapeuten notwendig. So wird eine Stabilisierung der Atmung, wie sie als Frühsymptom einer Dysarthrie oder Anarthrie (zentralnervös bedingte Störung der Koordination des Sprachvollzugs und der Aussprache) auftreten kann, durch eine neurophysiologische Behandlung nach Bobath unterstützt. Eine Stimulation des Mundraums zur Verbesserung der Nahrungsaufnahme (Eßtherapie), wie sie Ergotherapeuten durchführen, trägt ebenfalls zur Sprach- und Kommunikationsförderung bei. Die Möglichkeiten der nonverbalen Kommunikation bei nichtsprechenden Schülern durch Symbol-Systeme (etwa das Bliss-System) und den Einsatz technischer Kommunikationshilfen (System Hector mit synthetischer Stimme) wurden untersucht und erprobt (siehe die Beiträge in: Fröhlich 1989 sowie Kapitel 6.2.1).

Der Lehr-Lernprozeß sollte auf einem **individuellen Förderplan** basieren, der folgendes berücksichtigen muß: (1.) Eine Beschreibung der körperlichen Schädigung und ihrer möglichen Auswirkungen auf einzelne Dimensionen der Persönlichkeit (Bewegungs- und Wahrnehmungsfähigkeit; Intelligenz und Lernbereitschaft; Sprache und Sprechen; Emotionalität und Sozialverhalten). (2.) Eine Festlegung kurz- und langfristiger Ziele der Erziehung, des Schulunterrichts sowie einzelner Therapien, die sich aus der körperlichen Schädigung herleiten. (3.) Angaben dazu, welche Ziele durch welche spezifischen Maßnahmen der Therapie, der Schul- und der Sozialpädagogik erreicht werden sollen. (4.) Informationen darüber, welche Maßnahmen geplant sind, wie lange und von wem sie durchgeführt werden sollen. Damit können Doppelungen, Überschneidungen und Häufungen von Fördermaßnahmen vermieden und eine an den Zielen orientierte Koordination sichergestellt werden. (5.) Die Angabe von Kriterien, an denen gemessen werden soll, ob und welche Lern- und Rehabilitationsziele in welchem Ausmaß erreicht wurden.

Ein solcher Förderplan kann nur in **Zusammenarbeit der Fachkräfte** erarbeitet werden, die an der Erziehung, der medizinisch-therapeutischen und psychologischen Behandlung sowie am Unterricht beteiligt sind. Die Verantwortung für die Umsetzung des Förderplans, für die Überprüfung der Ziele und für notwendig werdende Korrekturen muß einer Fachkraft längerfristig übertragen werden. Neben den Schul- und Sozialpädagogen kommen dafür auch Therapeuten und Psychologen in Frage, die in den Fachdiensten an überregionalen Heimschulen tätig sind.

Erziehungs-, Bildungs- und Therapieziele sind unter Beachtung der behinderungsbedingten Einschränkungen in folgenden Bereichen anzustreben: (1.) Psychomotorik: Bewegungsförderung und Erschließung neuer Erfahrungsräume. (2.) Emotionalität und Sozialverhalten: Aufbau eines positiven Selbstwertgefühls und sozialer Beziehungen. (3.) Sprache und Kommunikation: Entwicklung sprachlicher und sozialer Kompetenzen. (4.) Kognition: Erwerb der Kulturtechniken des Lesens, Schreibens und Rechnens und darauf aufbauender Kenntnisse und Fähigkeiten. (5.) Kompetenz: Vermittlung und Aufbau von Handlungskompetenz zur Bewältigung von Lebensanforderungen. (6.) Ästhetik und Kultur: Entwicklung von Fertigkeiten und Pflege von Neigungen in der Musik, der bildenden Kunst, der Literatur und in fremden Sprachen. (7.) Freizeit und Sport: Anleitung zur sinnvollen Freizeitgestaltung, Einführung und Übungen in behinderungsadäquaten Sportarten. (8.) Arbeit, Wirtschaft, Technik: Vorbereitung auf die Berufs- und Arbeitswelt, Auseinandersetzung mit Problemen der beruflichen Eingliederung, mit Zeiten der Arbeitslosigkeit und mit den Bedingungen eines Lebens ohne Erwerbsarbeit. (9.) Ethik und Religion: Einführung in Grundfragen der Ethik und in Glaubenslehren sowie Auseinandersetzung mit religiösen und weltanschaulichen Problemen.

Sobald es vom kognitiven und sozialen Entwicklungsstand her möglich ist, sollten alle **Festlegungen im Förderplan** zusammen mit dem jungen Menschen getroffen werden. Er muß dazu motiviert werden, sich selbst Ziele zu setzen und Belastungen zu bedenken, die von ihm abverlangt werden, wenn er gesetzte Ziele erreichen will.

8.2.2 Haus- und Krankenhausunterricht

Hausunterricht erhalten körperbehinderte und kranke Kinder und Jugendliche, die zwar am Unterricht teilnehmen, aber keine Schule besuchen können. Er muß von den Eltern oder Erziehungsberechtigten unter Vorlage ärztlicher Atteste bei der Schulbehörde beantragt werden und wird von Lehrern der Schulen am Wohnort erteilt. Der Hausunterricht soll täglich nicht mehr als zwei und in der Woche zwischen sechs und zwölf Stunden betragen.

Der **Krankenhausunterricht** wird erteilt, wenn Schulpflichtige infolge einer längerfristigen Erkrankung (in der Regel wird von einer Dauer von mindestens sechs Wochen ausgegangen) zur stationären Rehabilitationsbehandlung in eine Klinik aufgenommen werden. Dabei kommen sehr unterschiedliche Krankheitsbilder in Frage: Erkrankungen des Stütz- und Bewegungsapparates (Rückenleiden) und innerer Körperorgane (Herz, Nieren, Stoffwechsel), psychiatrische Erkrankungen im Kindes- und Jugendalter (Neurosen, Suchtkrankheiten), Erkrankungen als Folge von Unfällen (Querschnittslähmungen, Hirnverletzungen).

Die **Schulen für Kranke** sind Einrichtungen des gegliederten Sonderschulwesens. Ihre Aufgabenstellungen und Organisationsformen sind regional unterschiedlich. Sie werden in den Schulgesetzen und schulrechtlichen Verordnungen der Bundesländer geregelt. Der Unterricht wird in Abstimmung mit dem behandelnden Arzt je nach Genesungszustand als Betten- oder Kleingruppenunterricht durchgeführt und orientiert sich an den Bildungsplänen der Herkunftsschule, mit der Kontakt zu halten ist. Die spezifischen Probleme von Alltag und Krankheit bei Kindern und Jugendlichen im schulpflichtigen Alter stellen an die Lehrkräfte hohe Anforderungen. Soweit sie keine sonderpädagogische Ausbildung durchlaufen haben, sind sie auf die krankenpädagogischen Aufgaben vielfach nicht vorbereitet. W. Berndt (1987) behandelt in einer Handreichung für die Praxis, die aus der Fortbildung von Lehrkräften entstanden ist, folgende Themen: pädagogische Aspekte der Krankheit, Verlaufsformen, Schule für Kranke – Ausnahmesituation und Alltag, Rolle und Aufgabe des Lehrers (zur historischen Entwicklung und dem pädagogischen Konzept der Schulen und des Hausunterrichts für Kranke siehe auch 3.4.4).

Die den **neurologischen Kliniken** angeschlossenen **schulischen Bereiche** verstehen sich alle als Durchgangsschulen. Ihr Ziel ist die Eingliederung hirnverletzter Kinder und Jugendlicher in eine Schule, die aller Voraussicht nach der jeweils individuellen Leistungsfähigkeit am besten gerecht wird. Medizin und Neuropsychologie schaffen die Voraussetzungen für die weitere schulische Förderung; ihre pädagogischen Zielsetzungen sind deshalb vor allem basal und richten sich auf die Gesamtpersönlichkeit. Die Schulbereiche verfügen über Konzeptionen, die hinsichtlich der Organisation, der Didaktik und der Methodik weitgehend übereinstimmen.

8.2.3 Integration in allgemeine Schulen

Die Unterrichtung Körperbehinderter in Klassen der allgemeinen Schulen, die auch als Regelklassen und Regelschulen bezeichnet werden, gibt es seit langem (siehe Kapitel 3.4.5). Es handelte sich dabei aber meist um eine **Einzelintegration** ohne sonderpädagogische Unterstützung, die nur möglich wurde, wenn die Eltern sie forderten und die Schule sich aufgeschlossen zeigte. Zwischen einer Förderung in Sonderschulen oder in Integrationsklassen ist hinsichtlich der Förderbedürfnisse Körperbehinderter kritisch abzuwägen (siehe Kapitel 4.4). Grundsätzlich können Körperbehinderte auch in Regelschulen gefördert werden; die schulpraktischen Erfahrungen stehen dem nicht entgegen. Allerdings müssen sowohl die Voraussetzungen auf seiten des Schülers als auch auf seiten der Schule dafür vorliegen. Durch schulrechtliche Regelungen besteht inzwischen in einzelnen Bundesländern ein grundsätzlicher Anspruch auf die Integration in Regelschulen. In Nordrhein-Westfalen gibt es eine Verordnung zur **Feststellung des sonderpädagogischen Förderbedarfs** und zur **Entscheidung über den geeigneten Förderort**. Durch dieses Verfahren soll sichergestellt werden, daß sowohl beim Schüler als auch bei der Schule die Voraussetzungen zur Integration vorliegen.

Erfolgt eine gemeinsame Beschulung, so bildet heute meist die **Integrationsklasse** den organisatorischen Rahmen. Körperbehinderte werden dort in der Regel von zwei Pädagogen zusammen mit anderen behinderten und nichtbehinderten Kindern unterrichtet. Vor allem in Hamburg wurden entsprechende Schulversuche durchgeführt und ausgewertet (Wocken und Antor 1987; Wocken, Antor und Hinz 1988; Schley, Boban und Hinz 1989; Schley und

176

Köbberling 1994), wobei aber auf die spezifischen Probleme der Integration Körperbehinderter nur wenig eingegangen wurde. Die Hamburger Integrationsklassen arbeiteten nach folgenden Prinzipien: **Offene Aufnahmetoleranz**, was bedeutet, daß grundsätzlich jedes Kind ohne Ansehen von Art und Schwere der Behinderung aufgenommen werden soll. **Zieldifferentes Lernen**, was besagt, daß Ziele, Inhalte, Methoden und Medien und die Lernkontrolle sich nach den individuellen Bedingungen des einzelnen Kindes richten. Das Prinzip der **individuelle Hilfen** schließlich will der Tatsache gerecht werden, daß die Unterstützung sich am Förderbedarf auszurichten hat. Mit den Konzepten und Bestrebungen zur Integration und ihren Konsequenzen hat sich Bleidick (1988) kritisch auseinandergesetzt.

Festzuhalten ist, daß die Integration bei Körperbehinderten zwar prinzipiell möglich, aber im Einzelfall auch nachteilig ist. Besonders bei Schülern mit Mehrfach- und Schwerstbehinderung dürfte die Integration an Grenzen stoßen und erscheint pädagogisch nicht angemessen (siehe Kapitel 5.4.6). Ein ungelöstes Problem der Beschulung in Regelschulen und Regelklassen ist die Sicherung der notwendigen Therapien (Krankengymnastik, Beschäftigungstherapie, Sprachtherapie), die insbesondere für Schüler mit cerebral bedingten Bewegungsstörungen unerläßlich sind. Die Eltern müssen meist selbst für entsprechende Maßnahmen sorgen, was eine erhebliche zeitliche Belastung bedeutet.

8.3 Sozialarbeit und Sozialpädagogik

Sozialarbeit und Sozialpädagogik lassen sich unter den Oberbegriff „Soziale Arbeit" subsumieren, da es in den Aufgabenstellungen vielfältige Überschneidungen gibt. Sie bezeichnen im wesentlichen jene personenbezogenen Dienste, die als Reaktion und Korrektiv gegenüber sozialen Problemen in den Industriegesellschaften seit dem 19. Jahrhundert entstanden sind, um „soziale Hilfe" und „Eingliederungshilfe" zu leisten (Mühlum 1996, 3). Zielgruppe der Dienste „Sozialer Arbeit" sind nicht zuletzt Menschen mit Behinderungen in Maßnahmen und Einrichtungen der Rehabilitation (Mühlum und Kemper 1990). Der Sozialarbeit kommen dabei vorwiegend sozialadministrative, der Sozialpädagogik vor allem erzieherische Aufgaben zu.

Eine spezifische Aufgabenstellung der Sozialarbeit in der Rehabilitation ist der **Sozialdienst**. Er wird auch als Sozialer Dienst und als Rehabilitationsberatung bezeichnet und soll die Rehabilitanden in allen persönlichen, familiären, organisatorischen und sozialrechtlichen Fragen, die mit der Rehabilitationsmaßnahme im Zusammenhang stehen, beraten und unterstützen. Die Berufsrolle des Rehabilitationsberaters (Reha-Berater) hat sich aus dem Tätigkeitsfeld von Sozialarbeitern in Berufsbildungs- und Berufsförderungswerken herausgebildet. Der Reha-Berater begleitet den Behinderten während der gesamten Rehabilitation, so daß ihm eine Schlüsselrolle im Rehabilitationsverlauf zukommt. Um bei der Bewältigung psychosozialer Probleme helfen zu können, bezieht er die gesamte Lebenswirklichkeit des Behinderten ein und übernimmt Aufgaben der Koordination (Mühlum und Kemper 1992, 135-143). Die Aufgabenstellung der Sozialpädagogik in der Rehabilitation kommt in den **Internaten, Wohnheimen und Wohngruppen** zum Tragen. Sozialpädagogen und Erzieher betreuen und begleiten die Rehabilitanden, bei denen von einem unterschiedlichen Bedarf an Hilfe auszugehen ist. Generell kann von einer Abnahme des zeitlichen Umfangs, der Intensität und Qualität sozialpädagogischer Aufgaben mit zunehmendem Entwicklungsstand ausgegangen werden. Dabei ist keine einfache Orientierung am chronologischen Lebensalter möglich. Vielmehr muß der jeweilige psychosoziale Zustand zum Ausgangspunkt werden. Ein in seiner Persönlichkeit gut entwickelter und selbständiger Zwölfjähriger kann weniger Hilfe benötigen als ein durch einen Autounfall querschnittsgelähmter Achtzehnjähriger, der erst wieder seine personale Identität finden muß.

Am Beispiel des Berufsbildungswerks Neuwied, in dem schwerstkörperbehinderte Jugendliche in einem Modellversuch zu Bürokaufleuten ausgebildet wurden, können die Aufgaben der Sozialarbeit und Sozialpädagogik aufgezeigt werden (Krose et al. 1995). Der **Sozialdienst** nimmt sozialadministrative, beratende und Aufgaben der Öffentlichkeitsarbeit wahr. Zu den sozialadministrativen Aufgaben gehören u.a. die Zusammenarbeit mit den Arbeitsämtern, die Aufnahmearbeit durch eine Eingliederungskommission, das Einholen von Kostenzusagen und der Kontakt zu den Kostenträgern. Die Beratungsarbeit reicht von der Beantragung finanzieller Hilfen bei Kostenträgern und Ämtern (Ausbildungsgeld, Bekleidungshilfe, Führerschein, Schwerbehindertenausweis, Gebührenbefreiung für Rundfunk und Fernsehen) bis zur Eingliederung nach Abschluß der Ausbildung. Die **sozialpädagogische Arbeit** während des Rehabilitationsprozesses umfaßt die Bereiche Einzelfall- und soziale Gruppenarbeit sowie Entlaß- und Freizeitarbeit. Die Begleitung der Persönlichkeitsentwicklung erfolgt mit Hilfe von Selbsteinschätzungsbögen, die von den Jugendlichen ausgefüllt werden, und Bögen zur Verhaltensbeobachtung durch die Sozialpädagogen und Erzieher. Aus einem Vergleich der Selbst- und Fremdeinschätzung ergeben sich Ansatzpunkte für die Einzelfallarbeit. Die soziale Gruppenarbeit wird auch zur Vorbereitung des Übergangs in Lebensformen nach Abschluß der Berufsausbildung durchgeführt. Bei der Freizeitarbeit geht es um selbstinitiierte Aktivitäten der Rehabilitanden und um Freizeitmaßnahmen innerhalb und außerhalb der Einrichtung. Durch **betreutes Einzelwohnen** und **Außenwohngruppen** wird eine Verselbständigung angestrebt.

8.4 Berufs- und Arbeitspädagogik

Die Berufs- und Arbeitspädagogik befaßt sich als Teildisziplin der Erziehungswissenschaft mit Fragen der Berufsausbildung und untersucht die komplexen Bedingungen, die zwischen Voraussetzungen und Ergebnissen beim Lernen für das Arbeits-, Berufs- und Wirtschaftsleben auftreten (Bunk 1982, 16). Die berufs- und arbeitspädagogischen Erkenntnisse und Verfahren aus dem beruflichen Schul- und Ausbildungswesen wurden auf Aufgabenstellungen in der beruflichen Rehabilitation übertragen. Sie erfolgt in betrieblicher und überbetrieblicher Form. Aufgabe ist sowohl die Ausbildung junger Menschen für eine erste Berufstätigkeit als auch die Ausbildung, Umschulung und Fortbildung Erwachsener, bei denen auf der Grundlage vorhandener beruflicher Qualifikationen und entsprechender Berufserfahrung eine Wiedereingliederung in eine erneute Berufstätigkeit angestrebt wird.

Bei der **betrieblichen Rehabilitation** reichen die Maßnahmen in Betrieben und Verwaltungen von einer Arbeitsplatzgestaltung, die der Behinderung angepaßt ist, über die Einrichtung von Leicht- und Schonarbeitsplätzen, die Umsetzung auf andere Arbeitsplätze bis zu innerbetrieblichen Qualifizierungsmaßnahmen (Tews 1988). 1992 erhielten 21.291 von 45.530 behinderten Jugendlichen eine Erstausbildung in Betrieben. Die Vorteile, sie mit Nichtbehinderten auszubilden, werden darin gesehen, daß sich dadurch für sie bessere Chancen zur dauerhaften beruflichen Eingliederung ergeben. Abhängig ist die betriebliche Ausbildung aber nicht zuletzt von den Berufsschulen, die als Teil des dualen Systems nicht immer angemessen auf die Förderbedürfnisse Behinderter eingehen (BMA 1994, 112). Die **überbetriebliche Rehabilitation** erfolgt in Einrichtungen der medizinisch-beruflichen Rehabilitation, in Berufsbildungswerken, Berufsförderungswerken und Werkstätten für Behinderte.

Die **Berufs- und Arbeitspädagogik** ist in Rehabilitationseinrichtungen auf eine enge Kooperation insbesondere mit Sozialarbeit und Sozialpädagogik angewiesen. Es genügt nicht, möglichst optimal beruflich zu qualifizieren; vielmehr ist auch für Zeiten der Sucharbeitslosigkeit und auf ein Leben ohne Erwerbsarbeit (Stadler 1992d) vorzubereiten. Im Sinne einer „Schnittpunktdidaktik" ergeben sich die Ziele und Inhalte rehabilitativer Maßnahmen nach Seyd (1992) aus der Berufs-, Sozial- und Behindertenpädagogik sowie aus der Andragogik (Erwachsenenbildung). Während die Kooperation zwischen den Berufspädagogen und Fachkräften anderer Disziplinen in den Berufsbildungs- und Berufsförderungswerken auf entsprechenden didaktischen Konzepten basiert, ergeben sich mit der (Sonder-)Berufsschule teilweise Probleme. Die Befähigung der Lehrkräfte für die Unterrichtung Behinderter in **Berufsschulen** gelten noch vielfach als unzureichend. Teilnehmer- und erfahrungsorientiertes Lernen gilt als ein wesentliches Element der Berufs- und Arbeitspädagogik in der Rehabilitation, wobei besonders auf Planspiele, Fallstudien, Simulationen und Rollenspiele zurückgegriffen wird (T. Fischer 1993).

In den Einrichtungen der medizinisch-beruflichen Rehabilitation werden folgende berufs- und arbeitspädagogischen Maßnahmen angeboten: **Arbeitstherapie** in den Bereichen Holz und Druck/Papier als vierwöchige, gruppenorientierte Trainingsmaßnahme. **Belastungs- und Arbeitserprobung,** um Patienten möglichst so zu fördern, daß sie in ihren bisherigen Arbeitsbereich zurückkehren können. **Berufliches Training** für den alten Beruf oder in eine neue Berufsausbildung. Durch **Fortbildungs- und Anpassungslehrgänge** kann eine Umschulung überflüssig werden. Didaktische Konzepte zur **Lernförderung** in der Berufsbildung Erwachsener wurden entwickelt und erprobt; Leitlinien waren dabei: Teilnehmerorientierung (Offenes Lernen und Motivationsförderung), Problem- und Prozeßorientierung. Als Lehrstrategien wurden der Projekt-, der handlungs- und der problemorientierte Unterricht erprobt (T. Fischer unter Mitarbeit von Harke 1987b).

8.5 Maßnahmen zur beruflichen und sozialen Eingliederung

In einem traditionellen Verständnis von Rehabilitation wurde davon ausgegangen, daß sich die soziale Eingliederung als Ergebnis einer beruflichen Qualifizierung und Aufnahme einer Erwerbsarbeit ohne weiteres Zutun ergibt. Durch die erschwerte Eingliederung Behinderter in den allgemeinen Arbeitsmarkt infolge anhaltender Massenarbeitslosigkeit wird aber eine gezielte Vorbereitung auf die soziale Eingliederung im Rahmen der Maßnahmen und Einrichtungen der Rehabilitation notwendig. Im folgenden soll ein **Überblick** über Maßnahmen und Organisationsformen gegeben werden. Das Rehabilitationsystem bietet im übrigen auch den Behinderten, die über die Voraussetzung zur Aufnahme eines **Studiums an Fachhochschulen und Universitäten** verfügen, Hilfen an. Ihre berufliche und soziale Eingliederung erfordert eine spezifische Studien- und Berufsberatung durch das Arbeitsamt. Dabei können auch die Fragen der Kostenübernahme und Studienförderung geklärt werden (Bundesanstalt für Arbeit 1997, 378-380).

8.5.1 Einrichtungen der medizinisch-beruflichen Rehabilitation

Die enge Verzahnung einzelner Bereiche der Rehabilitation zeigt sich besonders bei Einrichtungen, die die Lücke zwischen der medizinischen Akutbehandlung und Erstversorgung (Phase I) und der beruflichen Rehabilitation mit Ausbildung und Umschulung (Phase III) schließen sollen. Es handelt sich bei ihnen um Rehabilitationszentren für spezielle Krankheits- und Behinderungsarten. Diese sogenannten Phase II-Einrichtungen der medizinisch-beruflichen Rehabilitation (BMA 1990) sollen in einem möglichst nahtlos ineinandergreifenden Verfahren medizinische und berufsfördernde Leistungen erbringen. In 15 Einrichtungen stehen mehr als 2000 Plätze für Rehabilitationsmaßnahmen zu Verfügung. Einen Schwerpunkt bilden Einrichtungen der neurologischen Rehabilitation für Kinder, Jugendliche und Erwachsene; daneben gibt es solche für Herz- und Kreislaufkranke, Asthma-, Allergie- und Hautkranke, sowie psychisch Behinderte.

Bei Kindern und Jugendlichen mit Folgen von Erkrankungen oder Unfällen wird auch die **schulische Förderung** angeboten. Das Spektrum der Maßnahmen umfaßt neben der ärztlichen Behandlung Krankengymanstik, Bewegungserziehung, Sprachtherapie, Belastungserprobung und Arbeitstherapie. Ziel ist die Rückkehr in den Lebenszusammenhang vor der Erkrankung oder dem Unfall, also in die bisherige Schule, an den alten Arbeitsplatz und in die angestammte Lebensgemeinschaft. Vorbereitet wird aber auch eine Aufnahme in eine Schule für Behinderte, in ein Berufsbildungswerk, in ein Berufsförderungswerk oder in eine Werkstatt für Behinderte.

8.5.2 Berufsfindung, Arbeitserprobung und Berufsvorbereitung

Die Aufnahme in eine berufliche Erstausbildung, Umschulung, Fortbildung oder Anpassung setzt einen Prozeß der Beratung und Entscheidung voraus. Dabei bilden Eignung und Neigung die Grundlage; inwieweit Menschen mit Behinderungen geeignet sind, wird durch eine praktische Erprobung und fachliche Begutachtung festgestellt. Fehlen Voraussetzungen für eine Ausbildung oder Erwerbstätigkeit, so können sie in berufsvorbereitenden Lehrgängen vermittelt werden. Durchgeführt werden die Maßnahmen einer **Berufsfindung** (maximal 60 Arbeitstage) und **Arbeitserprobung** (maximal 20 Arbeitstage) in einer Einrichtung der medizinisch-beruflichen Rehabilitation, etwa nach einem Unfall mit schwerer Hirnverletzung, in Berufsbildungswerken, soweit es sich um eine Erstausbildung handelt, oder in einem Berufsförderungswerk, wenn eine Umschulung erwogen wird.

Bei der Berufswahl eines jungen Menschen soll mit einer Maßnahme der Berufsfindung erreicht werden, zu Vorschlägen für einen Ausbildungsberuf oder eine berufliche Tätigkeit zu kommen. Sie kann auch durch eine Arbeitserprobung ergänzt werden oder zu einer berufsvorbereitenden Bildungsmaßnahme in Form eines Förderlehrgangs führen.

Während einer **Berufsfindung** werden in mindestens **fünf Berufsfeldern** (Büro/Verwaltung, Metall, Elektro, Zeichnen, Farbe, Textil, Hauswirtschaft/Ernährung) praktische Erprobungen durchgeführt. Im einzelnen umfaßt eine Maßnahme: die berufspädagogische Erprobung mit einem praktischen und theoretischen Teil, die berufswahlunterstützende Gruppenarbeit, medizinische, psychologische und sozialpädagogische Begleitung und Beratung. Die **Arbeitserprobung** hat den Zweck, einen **feststehenden Berufswunsch** eines jungen Menschen weiter abzuklären. Durch die Erprobung und den Unterricht soll er selbst erfahren und einschätzen können, ob er den Anforderungen einer Ausbildung gewachsen ist. Dabei wird auch geklärt, ob der Ausbildungsplatz zusätzlicher technischer Hilfen bedarf und ob der Unterricht unterstützt werden muß. Die Ergebnisse werden zu einem **Gutachten** zusammengefaßt und bilden die Entscheidungsgrundlage für geeignete Maßnahmen.

Für junge Körperbehinderte können Berufsfindung und Arbeitserprobung Teil der **Berufsberatung** sein. Kommt sie auch nach Einschaltung des Ärztlichen und des Psychologischen Dienstes der Arbeitsämter zu keinem Eingliederungsvorschlag, so werden entprechende Maßnahmen in einem Berufsbildungswerk eingeleitet. Die Teilnahme ist freiwillig, die Kosten trägt das Arbeitsamt. Die Schulen für Körperbehinderte gewähren dazu in der Regel Unterrichtsbefreiung, so daß die Maßnahmen bereits in den Abschlußklassen durchgeführt werden können.

Berufsvorbereitende Bildungsmaßnahmen sind **Förderlehrgänge**, die nach Zielgruppen ausgestaltet werden (F1 bis F4), um dem unterschiedlichen Förderbedarf Rechnung zu tragen. Aufgabe ist die Vermittlung beruflicher Basisqualifikationen, das Aufzeigen von Berufsfeldern und die Hinführung zu Berufsbereichen, die den Neigungen und Fähigkeiten entsprechen. Zielgruppe für F1 (Dauer bis 12 Monate) sind Behinderte, für die eine Berufsausbildung in Betracht kommt, die aber wegen Lernschwierigkeiten besonders gefördert werden müssen. Die Lehrgänge F2 (Dauer bis 24 Monate) und F3 (Dauer bis 36 Monate) sind für diejenigen bestimmt, die aufgrund der Art und Schwere ihrer Behinderung keine Berufsausbildung durchlaufen können (F2), aber mit einer Beschäftigung in der Werkstatt für Behinderte unterfordert wären (F3). Die Zielgruppe für den Lehrgang F4 (Dauer bis 6 Monate) sind die Personen, die wegen der Dauer ihrer medizinischen Rehabilitation nicht mehr wettbewerbsfähig sind. In den Rehabilitationseinrichtungen stehen neben den Ärztlichen und Psychologischen Fachdiensten insbesondere Ausbilder, Lehrkräfte, Sozialpädagogen und Sozialarbeiter für die pädagogische Aufgabenstellung der Förderlehrgänge zur Verfügung (Bundesanstalt für Arbeit 1997, 33, 104, 168).

T. Fischer (1987a) gibt einen Überblick über die Rahmenbedingungen der Berufsfindung und Arbeitserprobung, über statusdiagnostische, pädagogische und lernprozeßorientierte Modelle der Facherprobung sowie über berufspädagogische Erprobungsprogramme. Er plädiert für einen **berufspädagogischen Ansatz**; die berufspraktische Erprobung dürfe nicht nur ergänzenden Charakter zu medizinischen und psychologischen Diagnoseverfahren haben. Der Arzt diagnostiziere die Behinderung, prognostiziere die gesundheitliche Entwicklung und interpretiere daraus die beruflichen Konsequenzen. Der Psychologe erfasse Fähigkeiten und schätze die zukünftigen Möglichkeiten ein. Aufgabe des Pädagogen sei es, Lernleistungen in repräsentativen Teil-Lernprozessen zu entwickeln und anhand der Lernfortschritte einzuschätzen, ob umfangreichere Anforderungen des beruflichen Lernens bewältig werden können. Die Zielsetzungen, die Aufgaben und die Arbeitsformen der Berufsfindung und Arbeitserprobung waren Gegenstand eines **Forschungs- und Entwicklungsprojekts** (Wöhrl, Klammer und Dijkstra 1987, 265). Die dabei entwickelten Konzeptionen basieren u.a. auf folgenden Grundsätzen: Selbständigkeit der Entscheidung des Teilnehmers. Systematische Förderung der Fähigkeit zu Entscheidungen im Berufswahlprozeß. Konzipierung von Verfahren zur berufswahlunterstützenden Diagnostik. Pädagogisierung der theoretischen und praktischen Erprobung.

8.5.3 Berufsausbildung insbesondere in Berufsbildungswerken

Die betriebliche Ausbildung spielt für Behinderte zwar keineswegs eine untergeordnete Rolle (BMA 1994, 112-114), für junge Menschen mit schweren Auswirkungen einer Körperbehinderung wurden aber besondere Einrichtungen notwendig. Sie erhalten ihre Ausbildung vorwiegend in Berufsbildungswerken, deren Aufgaben eingehend beschrieben wurden (Dreisbach 1986, Dieterich 1992). Ihre Konzeption knüpft an das „Duale System" der Berufsausbildung mit den Lernorten Betrieb und Schule an, faßt aber beide in einer überbetrieblichen Einrichtung zusammen.

Von den gegenwärtig 47 Berufsbildungswerken (BBW) mit etwa 14 000 Ausbildungsplätzen, davon acht in den neuen Bundesländern, gehen 18 auf die spezifischen Bedürfnisse Körperbehinderter in der beruflichen Erstausbildung besonders ein. Ziel ist ein durch die Industrie- und Handels- oder Handwerkskammern anerkannter Abschluß nach dem Berufsbildungsgesetz (BBiG) oder der Handwerksordnung (HwO) und damit die Befähigung für eine Tätigkeit auf dem allgemeinen Arbeitsmarkt. Die Ausbildung unterscheidet sich hinsichtlich der Inhalte nicht grundsätzlich von der betrieblichen Ausbildung; § 25 BBiG regelt die „geordnete und einheitliche Berufsausbildung" auch für die Berufsbildungswerke. Allerdings läßt der § 48 BBiG bzw. § 42 b HwO Sonderregelungen für „körperlich, geistig oder seelisch Behinderte" zu, soweit es „Art und Schwere der Behinderung" erfordern. Die behinderungspezifischen Regelungen sollen denen einen Abschluß ermöglichen, die keine „Vollausbildung" absolvieren können. **Lernorte** sind innerhalb des Berufsbildungswerkes einerseits die **Werkstätten oder Übungsfirmen** für kaufmännische und Büroberufe sowie andererseits die (Sonder-) **Berufsschule**.

Die Berufsbildungswerke haben eine auf einzelne Behinderungsarten und deren Auswirkungen abgestimmte Ausbildungsorganisation und danach ausgerichtete ausbildungsbegleitende Dienste, in denen die jeweils spezifischen Fachkräfte tätig sind. Im einzelnen werden folgende Aufgabenstellungen genannt: Durchführung von Maßnahmen der Berufsfindung und Arbeitserprobung;

Durchführung berufsvorbereitender Förderungsmaßnahmen – sogenannte Förderlehrgänge – für diejenigen, bei denen eine Ausbildungs- bzw. Berufsreife noch nicht gegeben ist; Vermittlung der beruflichen Kenntnisse in einer Weise, die der Behinderung und einer dadurch entstandenen Beeinträchtigung des Lernens gerecht wird; Angebot eines breiten und differenzierten Spektrums von arbeitsmarktpolitisch zweckmäßigen und entwicklungsfähigen Berufen; Gewährung besonderer Hilfen zum möglichst weitgehenden Abbau der Behinderungsauswirkungen (BMA 1995a, 9-11). Um diese Aufgaben auch unter dem Gesichtspunkt der Wirtschaftlichkeit bewältigen zu können, sollen die Berufsbildungswerke eine Mindestgröße von 300 Ausbildungsplätzen haben; die Ausbildung ist in der Regel mit einer Internatsunterbringung verbunden.

In einer Grafik (nach Bundesanstalt für Arbeit 1997, 101) sind strukturelle und inhaltliche Schwerpunkte zusammengefaßt.

Sozialer Bereich	Berufsausbildung nach dem dualen System		Begleitende Dienste
Wohnen **Internat mit Wohngruppen** und **Außenwohngruppen** betreut durch Sozialpädagogen und Erzieher	Inhalte, Methoden, Hilfen und Ausstattung behinderungsspezifisch, individuelle Förderpläne. Ausbildung in anerkannten Ausbildungsberufen (§§ 25 BBiG/HwO) und nach Ausbildungsregelungen für Behinderte (§ 48 BBiG/§ 42b HwO)		(Reha-Fachdienste) **Ärztlicher Dienst**
Freizeit **Freizeit- und Sporteinrichtungen** mit entsprechenden Angeboten für individuelle oder betreute Benutzung	**Ausbildungswerkstätten, Übungsbüros etc.** kleine Ausbildungsgruppen (durchschnittlich 8 Auszubildende)	**Berufsschulunterricht im BBW** enge Abstimmung mit den Ausbildern	**Psychologischer Dienst** **Sozialdienst**
	Berufsvorbereitende Bildungsmaßnahmen Förderlehrgänge (1 bis maximal 3 Jahre) **Berufsfindung** (bis 60 Tage) **Arbeitserprobung** (bis 20 Tage)		

(nach: Bundesanstalt für Arbeit 1997, 101)

Abb. 3: Berufsbildungswerk (BBW)

Im Mittelpunkt stehen **berufspädagogische Aufgaben**, die von Berufspädagogen (Lehrkräfte und Ausbilder) wahrgenommen werden. Die **Lehrkräfte** sollen eine Qualifikation als Berufsschullehrer im gewerblich-technischen, hauswirtschaftlichen, handwerklichen und kaufmännischen Bereich besitzen. Bei den **Ausbildern** handelt es sich um Mitarbeiter mit einschlägiger Berufsausbildung, Berufserfahrung und weiteren Qualifikationen (Meister- und analoge Prüfungen), die überdies den Befähigungsnachweis nach der Ausbilder-Eignungsverordnung (§ 21 BBiG) erbringen müssen. Die **begleitenden Fachdienste** sind je nach dem aufzunehmenden Personenkreis mit Fachkräften besetzt. Der

183

ärztlich-therapeutische Dienst kann in Einrichtungen für Körperbehinderte umfassen: Orthopäden, Jugendpsychiater, Krankengymnasten, Beschäftigungstherapeuten und Logopäden. Im psychologischen Dienst arbeiten neben Psychologen auch Psychagogen (Kinder- und Jugendpsychotherapeuten). Der Sozialdienst wird vorwiegend von Sozialarbeitern übernommen.

Der **sozialpädagogische Fachdienst** ist für die Internate mit Wohngruppen und Außerwohngruppen zuständig. In ihm arbeiten vorwiegend Erzieher (Jugend- und Heimerzieher) und Sozialpädagogen. Zu seinen Aufgaben gehört die Begleitung der Gesamtentwicklung der einzelnen Jugendlichen und Hilfestellung bei der Selbstfindung sowie die Anleitung zur selbständigen Lebens- und Freizeitgestaltung.

Die **Eingliederung von Absolventen** der Berufsbildungswerke in den Arbeitsmarkt wird regelmäßig untersucht. Stichprobenanalysen des Instituts für Arbeitsmarkt- und Berufsforschung (IAB) der Bundesanstalt für Arbeit und Befragungen der Bundesarbeitsgemeinschaft der Berufsbildungswerke zeigen, daß bis 1994 noch etwa drei Viertel der ehemaligen Rehabilitanden beruflich eingegliedert werden konnten. Analog zur ungünstigen Situation auf dem allgemeinen Arbeitsmarkt verschlechtern sich aber die Eingliederungschancen (Albrecht 1997). Nach den **Befragungsergebnissen** der Bundesarbeitsgemeinschaft der Berufsbildungswerke (1997) waren von 2016 befragten Absolventen des Abgangsjahres 1995, also ein Jahr nach erfolgreichem Abschluß ihrer Berufsausbildung, nur noch 42 Prozent in einer unbefristeten Erwerbsarbeit, 1988 waren es noch 58 Prozent gewesen; befristete Arbeit hatten 15 Prozent und in Arbeitsbeschaffungsmaßnahmen waren 4 Prozent; arbeitslos bzw. noch keine Arbeit gefunden hatten fast 25 Prozent; der Rest stand dem Arbeitsmarkt nicht zur Verfügung.

8.5.4 Beschäftigung in Werkstätten für Behinderte

Unter der heutigen Bezeichnung „Werkstatt für Behinderte" (WfB) wurden Einrichtungen für Behinderte mit unterschiedlicher Zielsetzung zusammengefaßt. Im Verständnis der „Beschützenden Werkstatt" kirchlicher und freier Träger hatte sie vor allem bewahrenden und beschäftigungstherapeutischen Charakter. Öffentliche Fördermittel konnten die Werkstätten nach dem Bundessozialhilfegesetz (BSHG) bereits seit 1961 erhalten. Durch die Neufassung des Schwerbehindertenrechts 1974 erhielten sie eine neue Konzeption und werden als **Einrichtung zur Eingliederung in das Arbeitsleben** wesentlich von der Bundesanstalt für Arbeit finanziert. Im Schwerbehindertengesetz werden Aufgaben, Zielsetzungen und aufzunehmender Personenkreis u.a. wie folgt umschrieben: Sie bietet denjenigen Behinderten, die wegen Art oder Schwere der Behinderung nicht, noch nicht oder noch nicht wieder auf dem allgemeinen Arbeitsmarkt tätig sein können, einen Arbeitsplatz oder Gelegenheit zur Ausübung einer geeigneten Tätigkeit (§ 52 SchwbG).

Die Werkstätten sollen über ein möglichst breites Angebot an Arbeitsplätzen und an Plätzen für ein Arbeitstraining verfügen und mit begleitenden Diensten ausgestattet sein. Unabhängig von der Art und Schwere der Behinderung steht sie allen Behinderten offen, sofern sie in der Lage sind, ein Mindestmaß wirtschaftlich verwertbarer Arbeitsleistung zu erbringen. Dieser Grundsatz der

„einheitlichen Werkstatt" konnte aber nichts daran ändern, daß nach wie vor etwa 80 Prozent der dort Tätigen Geistigbehinderte sind. Die ebenfalls aufgenommenen Körperbehinderten, Sinnesgeschädigten, Lernbehinderten und psychisch Behinderten sind mit dieser Gemeinsamkeit nicht immer zufrieden. Auch kommt es immer wieder zu einem Konflikt zwischen ökonomischen und sozialpädagogischen Zielsetzungen (siehe auch Kapitel 5.5.3).

Bundesweit gibt es 590 Werkstätten für Behinderte mit etwa 160.000 Plätzen (BMA 1994, 161). Seit den achtziger Jahren haben sie einen Wandel erfahren: Durch die Werkstättenverordnung von 1980 wurden ihre Aufgaben rechtlich fixiert. In der Folge kam es zu Bestrebungen, das Personal besser zu qualifizieren, sich neue Technologien nutzbar zu machen und ein eigenes Qualitätsverständnis zu entwickeln (Zink und Schubert 1994). Aufgabe der Werkstatt ist es (§ 54 SchwbG), die Leistungsfähigkeit des Behinderten zu entwickeln, zu erhöhen oder wiederzugewinnen und ein dem Leistungsvermögen angemessenes Arbeitsentgelt zu erreichen.

Organisation und Struktur der Werkstätten für Behinderte sind in einer Grafik (nach Bundesanstalt für Arbeit 1997, 410) zusammenfassend dargestellt.

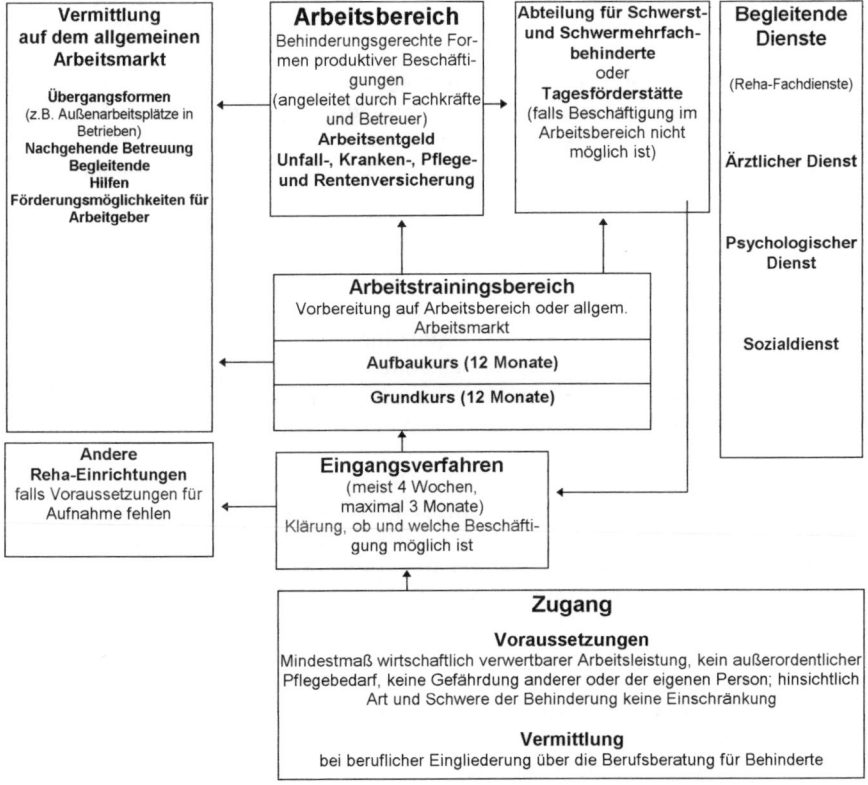

(nach Bundesanstalt für Arbeit 1997, 410)

Abb. 4: Werkstatt für Körperbehinderte (WfB)

Im **Eingangsverfahren** (Dauer in der Regel vier Wochen mit Verlängerung bis drei Monate) wird abgeklärt, ob die Werkstatt die geeignete Einrichtung zur beruflichen Eingliederung ist und inwieweit eine Beschäftigung im Arbeitsbereich oder auf dem allgemeinen Arbeitsmarkt möglich erscheint. Der **Arbeitstrainingsbereich** (Dauer zwei Jahre) gliedert sich in einen Grund- und Aufbaukurs und vermittelt Fertigkeiten zu Arbeitsabläufen. Daneben sollen aber auch das Sozial- und Arbeitsverhalten gefördert und lebenspraktische Fertigkeiten trainiert werden (Körper- und Gesundheitspflege, Verkehrserziehung, Umgang mit Geld). Im **Arbeitsbereich** erfolgt dann eine Beschäftigung auf Arbeitsplätzen (industrielle Produktion, Hauswirtschaft, Land- und Gartenbau), die den Leistungsmöglichkeiten des Behinderten entsprechen. Teilweise bieten die Werkstätten für Behinderte auch ausgelagerte Beschäftigungen an (Außenarbeitsplätze). Sie sollen ein **Überwechseln auf den allgemeinen Arbeitsmarkt** ermöglichen; die Vermittlungsquote liegt dabei bundesweit aber unter 1 Prozent (BMA 1994, 162).

Die Werkstatt soll nach betriebswirtschaftlichen Grundsätzen arbeiten und Produktionserlöse erbringen, die eine leistungsgerechte **Entlohnung** ermöglichen. Nach wie vor ist der durchschnittliche Monatslohn der behinderten Werkstattmitarbeiter aber unbefriedigend; er liegt bei etwa 250 DM, wobei zwischen den Werkstätten erhebliche Unterschiede auftreten. Die Behinderten sind allerdings inzwischen unfall-, kranken-, pflege- und rentenversichert, jedoch in der Regel nicht in die Arbeitslosenversicherung einbezogen. Die **Finanzierung der Kosten** des Eingangsverfahrens und der Arbeitstrainingsbereichs trägt in der Regel das Arbeitsamt. Für den Arbeitsbereich übernimmt der überörtliche Sozialhilfeträger die Kosten (Landeswohlfahrts- bzw. Landschaftsverband, Landessozialamt).

Die **Fachkräfte** der Arbeits- und Berufsförderung (Gruppenleiter) sind meist Facharbeiter und Meister mit Berufserfahrung, die eine sonderpädagogische Zusatzausbildung nachweisen müssen. Die **begleitenden Dienste** übernehmen die pädagogische und soziale Betreuung der Behinderten. Tätig sind hier vor allem Sozialarbeiter als Gesprächspartner für die Behinderten, ihre Eltern und Angehörigen, aber auch für die nichtbehinderten Mitarbeiter. Neben ihren administrativen Aufgaben als Teil des Sozialdienstes organisieren sie auch Sport-, Hobby- und Freizeitgruppen (Gymnastik, Schwimmen, Turnen, Fußball, Malen, Batiken, Töpfern).

8.5.5 Betreuung Schwerstbehinderter in Tagesförderstätten

In Tagesförderstätten werden Mehrfach- und Schwerstbehinderte betreut und gefördert, um ihnen eine Teilhabe am sozialen Leben der Gesellschaft zu ermöglichen. Auf ihre Aufgabenstellung wurde bereits eingegangen (Kapitel 5.5.3). Sie sind aus den Tagesstätten für Geistigbehinderte in der Zeit nach dem Zweiten Weltkrieg entstanden. Viele Schulen für Geistigbehinderte wiederum waren ursprünglich Tagesstätten, die von Elternvereinigungen eingerichtet wurden, um ihren Kindern eine außerfamiliäre Förderung zu verschaffen. Durch die Entlastung der Familie konnte auch eine Unterbringung in Betreuungs- und Pflegeeinrichtungen vermieden oder hinausgezögert werden.

Heute sind die Tagesförderstätten vielfach den Werkstätten für Behinderte angegliedert (Abteilungen für Schwerst- und Schwermehrfachbehinderte). Sie öffnen sich für den Personenkreis, bei dem außerordentlicher Pflegebedarf besteht und der das geforderte Mindestmaß an wirtschaftlich verwertbarer Arbeitsleistung nicht erbringen kann. Allerdings wird die Zuordnung in den Einrichtungen unterschiedlich gehandhabt; so finden sich in Werkstätten für Behinderte auch pädagogisch gestaltete Arbeitsplätze, an denen Schwerstbehinderte am Herstellungsprozeß von Produkten beteiligt werden, wobei es auf die erbrachte Leistung weniger ankommt als auf die Teilhabe am Arbeitsleben.

Nach ihrer Aufgabenstellung dienen die Förderstätten vor allem der **sozialen Eingliederung**. Fachkräfte sichern ihre Förderung im therapeutisch-pflegerischen, sozialen und pädagogischen Bereich (Förderpflege, Leben außerhalb der Familie, Fortführung schulischen Lernens). Die lebenspraktische Förderung dient der Entwicklung größtmöglicher Selbständigkeit bei den Alltagsverrichtungen. Beschäftigungs- und Arbeitstherapeuten trainieren mit ihnen einfache Arbeitsabläufe. Sozialpädagogen und Erzieher arbeiten nach pädagogischen Konzepten mit Einzelnen und Kleingruppen, um durch praktische Alltagsgestaltung einen Lebensinhalt zu vermitteln und eine soziale Teilhabe zu ermöglichen. Ziel kann aber auch die Vorbereitung auf einen Wechsel in den **Arbeitstrainings-** und schließlich in den **Arbeitsbereich der Werkstatt** sein.

8.5.6 Umschulung und Fortbildung in Berufsförderungswerken

Neben der betrieblichen Form der beruflichen Rehabilitation gibt es für diejenigen, die aufgrund der Art und Schwere ihrer Behinderung begleitende medizinische, psychologische und soziale Fachdienste benötigen, derzeit 28 Berufsförderungswerke mit etwa 15.000 Plätzen. Für blinde und querschnittsgelähmte Rehabilitanden stehen spezifische Einrichtungen zur Verfügung. Sie bieten ein breites Spektrum von Berufen aus dem kaufmännischen und Verwaltungsbereich, der Datenverarbeitung und Informatik, dem Maschinenbau und der Feinwerktechnik, der Elektronik, der Bautechnik, dem Sozialwesen und dem Bereich nichtärztlicher medizinischer Berufe an (BMA 1993).

In der Organisation und Struktur gibt es zwischen Berufsbildungs- und Berufsförderungwerken Gemeinsamkeiten; in der Aufgabenstellung unterscheiden sich beide Rehabilitationseinrichtungen aber. Während junge Behinderte ihre erste berufliche Ausbildung in Berufsbildungswerken durchlaufen, gibt es für diejenigen Rehabilitanden, die bereits beruflich tätig waren und aufgrund ihrer persönlichen Umstände ihren Beruf nicht mehr ausüben können, Maßnahmen der Fortbildung und Umschulung in Berufsförderungswerken. Kann nach einem Berufsunfall oder einer Erkrankung der bisherige Beruf nicht mehr ausgeübt werden, ist eine Ausbildung in einem anderen Beruf möglich.

Berufsförderungswerke (BFW) bieten als überbetriebliche Ausbildungstätten, in denen die übliche Trennung in die Ausbildungsorte Schule und Betrieb aufgehoben ist, Maßnahmen zur **Berufsfindung und Arbeitserprobung**, zur beruflichen **Rehabilitationsvorbereitung**, zur beruflichen **Fortbildung** und **Umschulung** an. Bei einer Fortbildung handelt es sich um jenen Teil der beruflichen Bildung, der auf dem früheren Beruf aufbaut. Die Umschulung hat dagegen einen neuen Beruf zum Ziel, der in Form einer Ausbildung als planmäßig organisierte Bildungsmaßnahme zu einem staatlich anerkannten Abschluß führt. Das Bildungsangebot umfaßt eine erwachsenengerechte Ausbildung in anerkannten Ausbildungsberufen (§ 25 BBiG bzw. HwO) und nach den besonderen Ausbildungsregelungen für Behinderte (§ 48 BBiG bzw. § 42b HwO) sowie in Fachschulberufen (z. B. Jugend- und Heimerzieher) und in Fachhochschulberufen (z. B. Diplom-Sozialarbeiter an der Fachhochschule beim Berufsförderungswerk Heidelberg). Neben der Umschulung auf neue Berufe gibt es auch die erwähnte Fortbildung mit dem Ziel, sich für veränderte Arbeitsanforderungen zu qualifizieren (Bundesanstalt für Arbeit 1997, 105-107). Die Wiedereingliederungsquote von Absolventen der Berufsförderungswerke ist von verschiedenen Faktoren abhängig wie Lage auf dem allgemeinen Arbeitsmarkt, Grad der Behinderung, Geschlecht, Lebensalter, Beruf und streut von 74 Prozent bei Speditionskaufleuten bis zu 94 Prozent bei staatlich geprüften Bautechnikern (Beiderwieden 1997, 83).

Konzeption, Organisation und Ergebnisse der Maßnahmen in einem Berufsförderungswerk wurden untersucht und beschrieben. Es bildet eine eigene Lebenswelt, wobei durch die Internatsunterbringung Wohn- und Lernort nahe beieinanderliegen. Die Rehabilitanden bringen ihre psychosozialen Probleme in die Einrichtung mit. Die Trennung von Familie und Freundeskreis, die Veränderung der Lebenswelt, des Alltagsrhythmus und des Freizeitverhaltens belasten Arbeit und Lernen. Durch das Zusammenleben im Berufsförderungswerk ergibt sich eine Reglementierung mit teilweise erheblicher sozialer Kontrolle. Hinzu kommen der Leistungsdruck, die Prüfungsangst und ein Erfolgszwang in der Ausbildung. Dem sucht man durch psychosoziale Beratung und Betreuung sowie pädagogische Maßnahmen Rechnung zu tragen. So erfolgt das Lernen im Theorie-Praxis-Verbund: In der kaufmännischen Ausbildung wird die Praxis in einer Übungsfirma mit Simulation der betrieblichen Abläufe hergestellt. Die theoretische Reflexion erfolgt in begleitenden Lehrveranstaltungen. Auch wird das Lernen problembezogen, partnerschaftlich und lebensweltlich gestaltet und findet einzelfallorientiert statt. Neben der individuellen Unterstützung in der Ausbildungsgruppe wird Einzelförderung erteilt, die durch Wiederholungen des Lernstoffs nötigenfalls auch am Krankenbett erfolgt (Mühlum und Kemper 1992, 117-130).

9. Übergang von der Schule in das Erwachsenenleben

Junge Menschen für die Anforderungen des Erwachsenenlebens zu befähigen, ist Aufgabe der Sozialisationsinstanzen Familie und Schule. Vielfältige Lernprozesse, die absichtlich in Gang gesetzt werden, oder sich aus dem Alltagsleben ergeben, tragen dazu bei. Liegt eine Körperbehinderung oder chronische Erkrankung vor, wird versucht, umfassend zu qualifizieren und Kompetenzen zur Bewältigung von Lebensanforderungen zu vermitteln. In Schulen, Berufsbildungswerken und Internaten für Behinderte werden rehabilitative Maßnahmen angeboten. Dabei darf die Verselbständigung und Vorbereitung auf spätere Lebens- und Wohnformen nicht zu kurz kommen, wozu ein Lernbereich Wohnen beitragen kann. In der Schule soll durch den Lernbereich Arbeitslehre eine Einführung in Arbeit, Wirtschaft und Technik erfolgen. Für die besonderen Bedürfnisse junger Körperbehinderter reicht dies aber nicht aus. Durch eine lebenskundliche Soziallehre ist auf Anforderungen vorzubereiten, die sich aus der Behinderung ergeben.

9.1 Probleme und Befunde

Junge Menschen mit Körperbehinderungen und chronischen Erkrankungen besuchen sowohl Regel- als auch Sonderschulen. Bei denen, die an den allgemeinen Grund-, Haupt-, Real- und Gesamtschulen oder an Gymnasien ihre Schulbildung erhalten, fehlt meist eine sonderpädagogische Unterstützung. Auch sie haben Probleme beim Übergang in nachschulische Einrichtungen, über die aber keine empirischen Studien bekannt sind. Vielfach kann ihnen erst bei der Berufsberatung durch das Arbeitsamt angemessen geholfen werden. Sofern Körperbehinderte Integrationsklassen an Regelschulen besuchen, verbessern sich ihre schulischen Bedingungen, da Sonderpädagogen auf ihre spezifischen Lern- und Förderbedürfnisse eingehen. Es ist davon auszugehen, daß die im folgenden aufgezeigten Probleme und Hilfen in vielen Einzelfällen auch für sie zutreffen.

Eine wachsende Zahl von körperbehinderten Schülern weist besondere Übergangsprobleme auf. Sie lassen sich zu folgenden Gruppen zusammenfassen: (1.) Schüler mit durchschnittlicher Intelligenz, aber extremer Einschränkung der Bewegungsfähigkeit. (2.) Schüler mit stark verminderter Intelligenz, aber guter Bewegungsfähigkeit. (3.) Schüler mit geistiger Behinderung und extremer Einschränkung der Bewegungsfähigkeit. (4.) Schüler mit schwersten Formen der Mehrfachbehinderung. (5.) Schüler, die infolge fortschreitender und bösartiger Erkrankungen nur eine verringerte Lebenserwartung haben (z.B. bei progressiver Muskeldystrophie vom Typ Duchenne). (6.) Schüler, die durch Unfälle aus ihrem Lebenslauf gerissen wurden (z.B. Querschnittslähmung oder Hirnverletzung). Dem erheblichen Anteil von körperbehinderten

Schulabgängern mit schlechten beruflichen Chancen steht eine kleine Gruppe gegenüber, die trotz schwerer Behinderung Bildungsabschlüsse der Realschule, des Gymnasiums und der Fachschulen erreicht. Sie benötigt ebenfalls Beratung und Begleitung beim Übergang in Ausbildung, Studium und Beruf. Spezifische Übergangsprobleme können auch bei Mädchen und bei Schulabgängern mit ausländischen Eltern auftreten.

Unter den Schülern der Schule für Körperbehinderte sind also immer noch solche, die trotz ihrer Behinderung eine anerkannte Berufsausbildung oder einen Hochschulabschluß erwerben. Bei aller Berechtigung, sich den Problemen der Schwerstbehinderten zuzuwenden, dürfen ihre Belange nicht vergessen werden.

9.1.1 Problemkatalog für Schulabgänger

Für den Übergang Schwerstkörper- und Mehrfachbehinderter aus der allgemeinbildenden Pflichtschule in das Ausbildungs- und Beschäftigungssystem läßt sich der folgende **Problemkatalog** (Stadler 1995a) zusammenstellen:

(1.) Die Auswirkungen der Behinderung, wie sie für diese jungen Menschen kennzeichnend sind, bringen es mit sich, daß **Lebens- und Entwicklungsalter** oft deutlich voneinander abweichen. Hinzu kommt, daß sie wegen funktioneller Beeinträchtigungen auch bei guten intellektuellen Leistungen ihre Fähigkeiten nur mit apparativer und personaler Hilfe nutzen können. In Büroberufen ist der Personalcomputer zwar ein optimales Hilfsmittel; sowohl bei Beeinträchtigungen der Feinmotorik als auch bei Pflegeabhängigkeit ist aber personale Unterstützung unerläßlich – etwa durch Zivildienstleistende. Die Ausbildungs- und Arbeitsplätze müssen deshalb auf die persönlichen Voraussetzungen zugeschnitten und an die motorisch-funktionelle Beeinträchtigung angepaßt werden. (2.) Die behinderungsspezifischen Probleme zeigen sich auch in der **Sozialentwicklung**. Sowohl die eigene Leistungsfähigkeit als auch ihre Chancen am Ausbildungs- und Arbeitsmarkt schätzen junge Behinderte oft falsch ein. Zu den individuellen Problemen kommen **negative Einstellungen** zu Behinderten: Ausbildungsbetriebe, bei denen sie sich bewerben, kaschieren häufig ihre Skepsis gegenüber Behinderten und ihre Zweifel an deren Leistungsvermögen, indem sie andere Ablehnungsgründe vorschieben. Eine betriebliche Ausbildung scheitert an der fehlenden Bereitschaft, sich auf die Bedürfnisse eines jungen Schwerbehinderten einzustellen. (3.) Den Lehrern fehlt es in der Regel an eigenen beruflichen Erfahrungen außerhalb von Schule und Hochschule und nicht selten wird der Lernbereich Arbeitslehre ohne fachliche Qualifizierung unterrichtet. Ihre **Beurteilungsmaßstäbe** sind für die Erfordernisse im Berufswahlprozeß zu pauschal. Vielfach werden Noten mit der Absicht erteilt, zu ermutigen und Frustrationen zu vermeiden. Für die Berufsbildungswerke gelten Schulzeugnisse hinsichtlich der tatsächlichen Kenntnisse und Fähigkeiten Behinderter nur als bedingt aussagekräftig. (4.) Die fachliche Kompetenz liegt deshalb weitgehend bei der **Berufsberatung** des Arbeitsamtes. Der Berufsberater muß sich aber auf Gutachten der Berufsfindung im Berufsbildungswerk stützen. Er orientiert sich überdies an den verfügbaren Ausbildungsplätzen und kann den Wünschen der Jugendlichen oft nicht gerecht werden. (5.) **Eltern** versuchen entweder auf eigene Faust über Verwandte und Bekannte für ihr Kind Berufswege zu öffnen, oder halten sich ganz heraus und überlassen alles der Schule und der Berufsberatung.

Mit der Schulentlassung endet aber formal die **Zuständigkeit der Schule** für den weiteren Lebensweg. Ohne Nachsorge fühlen sich viele Schulabgänger von ihren Lehrern im Stich gelassen.

Die Begleitung durch Lehrkräfte in dieser schwierigen Phase des Übergangs in nachschulische Lebensformen und Einrichtungen ist bisher nur in Modellprojekten institutionell geregelt. So wird über eine erfolgreiche Integrationsbegleitung beim Übergang ins Berufsleben im Rahmen des Projekts an der Schule für Körperbehinderte in Münster berichtet (Barlsen et al. 1995). An Schulen für Lernbehinderte in Berlin wurden in entsprechenden Projekten (Michaelis 1997, Eßer 1997) Lehrer als Begleiter und Übergangshelfer (LBÜ) eingesetzt.

9.1.2 Lebenslage und Lebenslauf

Biographische Aspekte der nachschulischen Lebenssituation von motorisch schwer beeinträchtigten Absolventen von Schulen für Körperbehinderte hat Kösler (1991) insbesondere in den Bereichen **Arbeit, Wohnen und Freizeit** untersucht. Er zeigt die objektiven Lebensumstände und deren subjektives Erleben durch die Betroffenen auf und verweist darauf, daß angesichts der schlechten Chancen zur Eingliederung auf dem allgemeinen Arbeitsmarkt eine einseitige Ausrichtung auf die berufliche Rehabilitation zu kurz greift. Vielmehr hält er die Entwicklung von Kompetenzen zur Alltagsbewältigung und begleitende Maßnahmen beim Übergang für notwendig, die dem Einzelnen ein individuell sinnstiftendes und selbstbestimmtes Leben ermöglichen.

Die **Lebenslage** der jungen Menschen und ihrer Eltern ist durch **Ungewißheit** gekennzeichnet. Nach der Pflichtschulzeit geht es nur ausnahmsweise in eine betriebliche Ausbildung, so daß Entscheidungen darüber getroffen werden müssen, welche nachschulische Rehabilitationseinrichtung zweckmäßig ist, um die Voraussetzungen für die Eingliederung zu verbessern. Die Werkstatt für Behinderte wird häufig zunächst abgelehnt. Die Aufnahme in eine andere Einrichtung ist meist mit einer Trennung vom Elternhaus verbunden. Der erlebte „Schock" nach der Geburt, der Erkrankung oder dem Unfall schien längst verarbeitet. Der bevorstehende Übergang in nachschulische Einrichtungen erfordert eine erneute Auseinandersetzung mit den Auswirkungen der Behinderung auf die Berufs- und Lebensperspektiven. Die Berufsberatung beim Arbeitsamt macht viele Beeinträchtigungen wieder bewußt und wird deshalb als belastend erlebt. Sofern sie nicht selbst behindert sind, helfen die Lebenserfahrungen der Eltern im übrigen wenig, wenn es um Überlegungen für die Zukunft ihres behinderten Kindes geht. Sie benötigen Rat und Unterstützung. Eltern, Berufsberater und Lehrer stoßen an Grenzen, weil sie meist Berufsrollen ausüben, die für junge Körperbehinderte nicht oder nur schwer erreichbar sind. Es fehlt dann an Vorstellungen, wie es sein könnte, und an eigenen Erfahrungen mit der Gestaltung sozialer Rollen, die durch eine Körperbehinderung bestimmt werden. Anders als bei Nichtbehinderten ist zu bedenken, daß als Folge einer schweren Behinderung der Beruf als Sinngebung des Lebens ausfallen kann: Zeitweise durch Krankheit und Erwerbslosigkeit oder auf Dauer durch eine Verschlechterung des behinderungsbedingten Zustands. Der schulische und nachschulische Lebenslauf junger Körperbehinderter und chronisch Kranker erweist sich als problembehaftet.

In Ergebnissen einer retrospektiven **Längsschnittuntersuchung** ehemaliger Schüler der Schule für Körperbehinderte in Münster von Barlsen et al. (1995, 47-102) wird das bestätigt. Untersucht wurden die **Lebensläufe** von Abgängern der Jahre 1983 bis 1990. Mittels halbstandardisierter Interviews wurde folgenden Problemen nachgegangen: Art und Ausmaß der Behinderung, Aspekte der sozialen Lebenssituation, schulische Laufbahn und beruflicher Werdegang. Von den 150 Abgängern konnten 112 (75 Prozent) befragt werden; ihr Durchschnittsalter lag bei 23 Jahren; es wurden 71 Männer und 41 Frauen untersucht. Die häufigste beobachtete **Schädigung** ist mit siebzig Prozent die Cerebralparese (CP); alle sonstigen Arten der Körperbehinderung traten nur bei jeweils weniger als zehn Prozent der Probanden auf. **Funktionelle Einschränkungen** liegen am häufigsten in der Beinmotorik; 84 Prozent sind im Gehen eingeschränkt; 24 Prozent können nicht gehen und sind deshalb auf einen Rollstuhl angewiesen. Der Anteil der Probanden mit **Anfallsleiden** liegt bei 16 Prozent. Auf personelle und technische Hilfe angewiesen sind 26 Prozent. Zu den **Einschränkungen der Intelligenz** wurde folgendes festgestellt: rund 38 Prozent waren nicht beeinträchtigt, 43 Prozent galten als lernbehindert, jeweils knapp 10 Prozent als geistigbehindert und als schwerstbehindert. Entsprechend zeigte die **schulische Laufbahn** folgendes: 13 Prozent erreichten die Mittlere Reife, 25 Prozent den Hauptschulabschluß, 43 Prozent einen Abschluß, der dem der Schule für Lernbehinderte, und 19 Prozent einen Abschluß, der dem der Schule für Geistigbehinderte entspricht. Zum Erwerb des Abschlusses der Realschule wechselte die Mehrzahl der ehemaligen Schüler an eine Regelschule. Ein Vergleich mit dem Leistungsniveau der Schülerschaft der Schule in Münster im Jahr 1992 ergab, daß Abschlüsse auf dem Niveau der Real- und Hauptschule kaum noch erreicht werden. Die **berufliche Eingliederung** zeigte folgende Ergebnisse: Zum Zeitpunkt der Befragung waren 38 Prozent in einer Werkstatt für Behinderte tätig, 23 Prozent arbeiteten auf dem allgemeinen Arbeitsmarkt und 21 Prozent waren in Ausbildung bzw. auf einer weiterführenden Schule. Sieben Prozent wurden in Einrichtungen für Schwerstmehrfachbehinderte betreut – also etwa in Tagesförderstätten. Ein Proband war bei seinen Eltern zu Hause. Nur sechs Prozent waren arbeitslos gemeldet. Aufschlußreich sind auch die Auswertungen zum **Leben und Wohnen**: 69 Prozent lebten bei den Eltern, 16 Prozent in einem Wohnheim und nur 9 Prozent entweder allein, in einer Wohngemeinschaft oder zusammen mit einem Partner bzw. einer eigenen Familie. Von den übrigen lagen keine Angaben vor.

Eine möglichst hochwertige berufliche Qualifikation ist zwar nach wie vor erstrebenswert, schützt aber nicht vor Erwerbslosigkeit. Die Berufseingliederung gelingt nur noch bedingt, wie aus einer empirischen Studie der Bundesanstalt für Arbeit hervorgeht. Plath et al. (1996) untersuchten den Verbleib sowie die **berufliche und soziale Integration** jugendlicher Rehabilitanden nach der Erstausbildung. Ihre Ergebnisse sind repräsentativ für 12 250 Jugendliche, die 1989/90 eine Berufsausbildung erfolgreich abgeschlossen haben. Die Befunde zeigen, daß von den ehemaligen Rehabilitanden 76 Prozent in Arbeit und 24 Prozent nicht erwerbstätig waren; von den Nichterwerbstätigen waren etwa die Hälfte arbeitslos gemeldet. Pro Absolventenjahrgang wechselt also trotz Ausbildung etwa ein Viertel in kurz- oder längerfristige **Erwerbslosigkeit**; das waren 1989/90 mehr als 3000 junge Menschen mit Behinderungen. Von besonderem Interesse ist diese Studie aber, weil sie sowohl die Absolventen der Berufsbildungswerke als auch Rehabilitanden aus der betrieblichen Ausbildung erfaßt. In bezug auf die **soziale Integration** wurde nach sozialer Anerkennung durch Arbeitskollegen, Einbindung in soziale Netze, Freizeitgestaltung, Selbständigkeit des Wohnens und Erreichen sozialer Statusfaktoren wie Familienstand, Lebenspartner, Kinder und nach der Lebenszufriedenheit gefragt. Bei der Beurteilung der überwiegend „außerbetrieblichen" sozialen Integration zeigte sich, daß hier nur 65 Prozent als integriert gelten können. Es ergibt sich folgendes Bild: Mit ihrem Leben zufrieden sind 57 Prozent, bei der Freizeitgestaltung mit gleichaltrigen Freunden und Bekannten sinkt der Anteil der Zufriedenen auf 39 Prozent. Mit ihrem selbständigen Wohnen sind nur 15 Prozent zufrieden.

Sowohl für einzelne Problemgruppen als auch für den gesamten Personenkreis junger Körperbehinderter sind demnach Qualifizierungs- und Integrationskonzepte notwendig. Sie wurden auch bereits entwickelt und erprobt; so haben Barlsen et al. (1995, 139-244) eine veränderte **Konzeption für die Oberstufe** der Schule für Körperbehinderte beschrieben, die aus folgenden Elementen besteht: förderorientierte Diagnostik, projektorientierter Unterricht, sozialpädagogische Arbeit. Sie schlagen ein **Stufenmodell** zur vorberuflichen Bildung und Integrationsbegleitung mit folgenden Bestandteilen vor: Elternberatung, therapeutische Begleitung, Kooperation mit nachschulischen Einrichtungen, Praktika, Wohntraining. Das differenziert angelegte und teilweise erprobte Modell hat den höchstmöglichen Schulabschluß und die Förderung von Schlüsselqualifikationen zum Ziel und integriert Elemente der Schul-, Berufs- und Sozialpädagogik.

9.2 Lebens- und Berufsvorbereitung

Die Übergangsphase von der Schule in nachschulische Lebensformen stellt eine pädagogische Herausforderung dar (Jacobs 1997). Der schulische **Handlungsrahmen** der Lebens- und Berufsvorbereitung ist in Abb. 5 zusammengefaßt. Die Hilfen beim Übergang stehen in einem **soziokulturellen Bezugsrahmen**, in dem die Persönlichkeit, die Behinderung, die Interaktionspartner, die Rehabilitationseinrichtungen und die Bedingungen der Berufs- und Arbeitswelt enthalten sind. Im Prozeß der schulischen Maßnahmen zur Lebens- und Berufsvorbereitung kann man einzelne **Phasen der Berufs- und Lebenshilfe** unterscheiden; so die Berufswahlvorbereitung, den Berufsfindungsprozeß, die Realisation der Berufsentscheidung, die Übergangsbetreuung und Nachsorge sowie die Entscheidungen zum Leben und Wohnen. Der Unterricht in **Arbeits- und Sozialleh-re** und die **Berufsberatung** des Arbeitsamtes vermitteln notwendige Kenntnisse und Fähigkeiten für die Teilnahme an der Berufs- und Arbeitwelt und geben Hilfen im Prozeß der Findung angemessener Lebensformen.

Analysiert man die **aktuelle Situation der Abgänger** der Schulen für Körperbehinderte, so zeigt sich folgender Trend: Etwa die Hälfte nimmt heute eine Arbeit in der Werkstatt für Behinderte auf. Eine weitere Gruppe von etwa einem Drittel wechselt in Maßnahmen der Berufsfindung und -vorbereitung. Eine Berufsausbildung können unmittelbar nach der Pflichtschulzeit nur noch wenige aufnehmen; geschätzt wird ihr Anteil auf fünf bis zehn Prozent. Die übrigen Abgänger werden in Tagesförderstätten aufgenommen, leben bei ihren Eltern und Angehörigen oder müssen bereits als junge Erwachsene in Betreu-

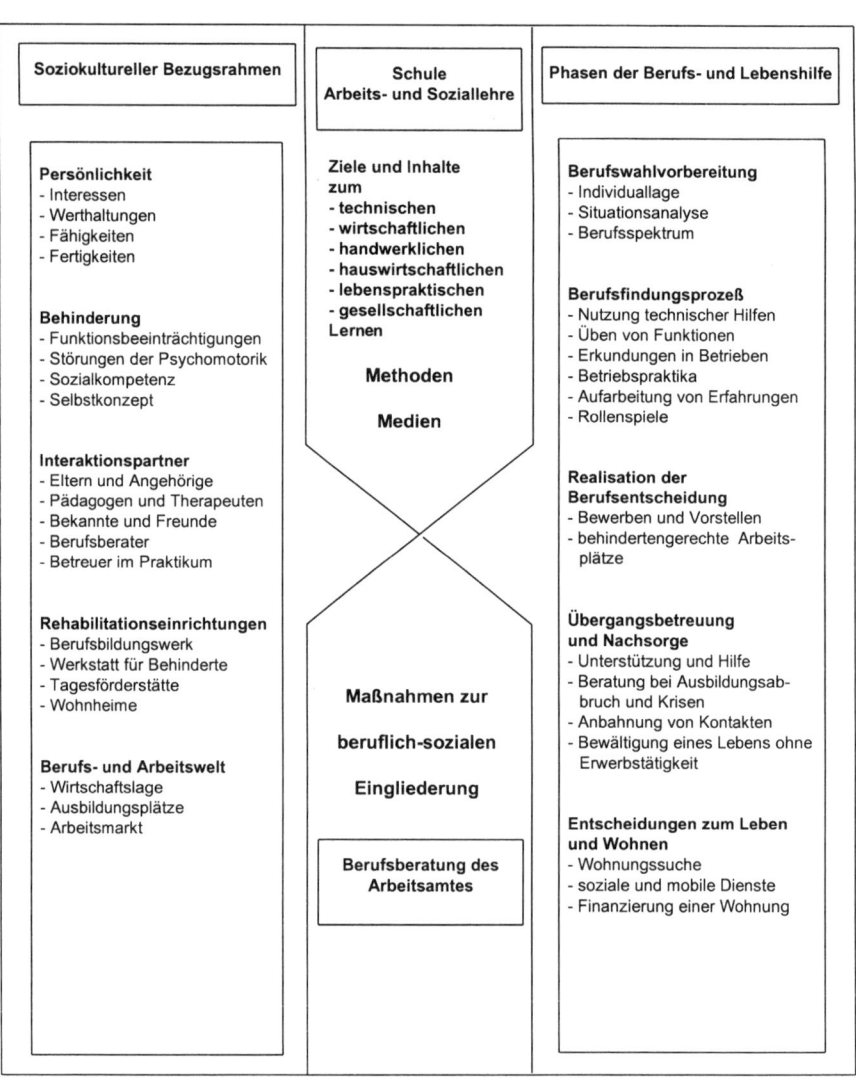

Abb. 5: Handlungsrahmen der Lebens- und Berufsvorbereitung

ungs- und Pflegeeinrichtungen; ihr Anteil liegt ebenfalls bei fünf bis zehn Prozent.

Die Berufs- und Lebensperspektiven der Mehrzahl der Schulabgänger sind unübersichtlich, da sie sowohl von Auswirkungen der Behinderung als auch von den strukturellen Bedingungen der Berufs- und Arbeitswelt abhängen. Drei zentrale Orte künftiger Lebenswelten lassen sich unterschieden: **Erwerbsarbeitsplatz, Werkstatt für Behinderte** und **Tagesförderstätte**. Der Weg dorthin ist durch unterschiedliche Bedingungen und Situationen geprägt. Er mündet in

Formen des **Lebens und Wohnens,** die von persönlichen Wünschen und Kompetenzen, aber auch vom Stand der beruflichen und sozialen Eingliederung abhängen.

Eine idealtypische Darstellung der **Lebenssituationen und Lebenswege** junger Körperbehinderter wurde in Abb.6 vorgenommen. Für diejenigen, die Chancen auf eine Berufsausbildung und Erwerbsarbeit haben, werden drei **Schwellen** erkennbar: Von der allgemeinbildenden Schule in Einrichtungen der Berufsvorbereitung, von dort in eine Berufsausbildung und dann eine weitere Schwelle bei der Erlangung eines Erwerbsarbeitsplatzes. Für die übrigen ist der Lebensweg oft durch enttäuschte Erwartungen gekennzeichnet, da die Beschäftigung in der Werkstatt für Behinderte oder die Betreuung in der Tagesförderstätte nicht als erstrebenswert gelten.

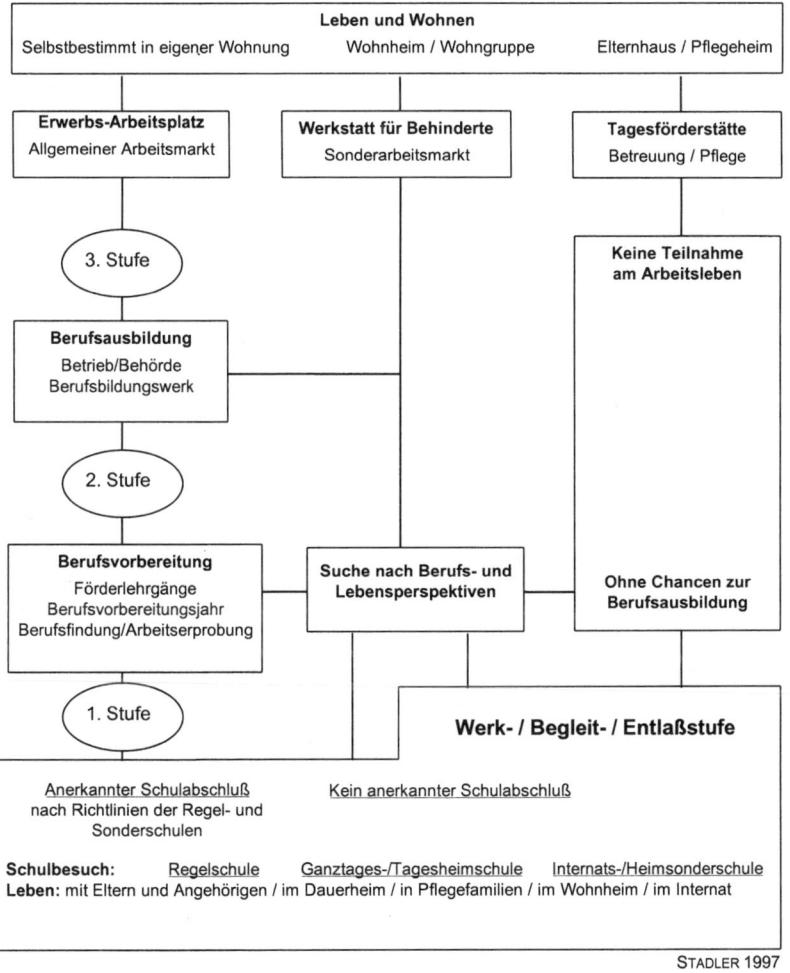

STADLER 1997

Abb. 6: Idealtypische Darstellung von Lebenswegen junger Körperbehinderter

Die Hilfen zur beruflichen Eingliederung durch die Schule – etwa durch **Arbeitsplatz- und Betriebserkundungen** sowie durch **Betriebspraktika** mit körperbehinderten Jugendlichen – wurden von Bordel (1987, 47-173) auf der Grundlage eines Forschungs- und Entwicklungsprojekts beschrieben und die praktischen Erfahrungen kritisch erörtert. Die verschiedenen Aspekte der beruflichen Integration Körperbehindertet hat Wilken (1993) aufgezeigt, wobei er auch auf die pädagogische Herausforderung durch eine veränderte Schülerschaft an Schulen für Körperbehinderte eingeht.

Die **Werk-, Begleit- oder Entlaßstufe** ist für diejenigen Schüler ein Angebot, deren Pflichtschulzeit auf eigenen Wunsch verlängert werden kann, um ihnen zur selbständigen Lebensführung weitere Fähigkeiten zu vermitteln und den Übergang zu erleichtern. Sie wird in den einzelnen Schulen für Körperbehinderte unterschiedlich gestaltet und dient keineswegs ausschließlich der Vorbereitung auf die Werkstatt für Behinderte. Über die Konzeption für eine Werkstufe als wirklichkeitsnahen Lernbereich am Ende der Pflichtschulzeit und über schulpraktische Erfahrungen berichtet Kösler (1989).

9.2.1 Berufswahlprozeß und Berufsberatung

Die **Schule** sieht sich wachsenden Ansprüchen ausgesetzt: Sie soll nicht nur zu einer gesundheits- und umweltbewußten Lebensführung erziehen, sondern auch vor Drogenmißbrauch bewahren und zur Akzeptanz gegenüber anderen Kultur- und Lebensformen hinführen. Programmatische Aussagen wie „Fordern statt Verwöhnen" stehen im Widerspruch zu Forderungen nach Verminderung des schulischen Leistungsdrucks. Trotz all dieser divergierenden Erwartungen bleibt Schule die zentrale **Zuweisungsinstanz für Berufs- und Lebenschancen.** Der Drang nach beruflich verwertbarer Bildung ist ungebrochen. Der junge Mensch soll Kompetenzen und Schlüsselqualifikationen erwerben, um die veränderten Anforderungen in der Produktion und in Dienstleistungsberufen zu meistern. Eine abgeschlossene **Berufsausbildung** gilt immer noch als **Königsweg der Rehabilitation** Behinderter.

Die **vorberufliche Bildung** für Körperbehinderte grenzt sich von der Berufsgrundbildung und beruflichen Voll- und Teilausbildung in anerkannten Ausbildungsberufen (siehe 8.5) dadurch ab, daß sie zwar auf die Berufs- und Arbeitswelt ausgerichtet, aber eben noch nicht eigentlich „beruflich" ist. **Berufsvorbereitende Maßnahmen** (Berufsfindung, Arbeitserprobung und Förderlehrgänge) haben eine andere Akzentsetzung: Dabei geht es um das Nachholen von Grundlagenwissen und um die Entscheidung für ein Berufsfeld und einen bestimmten Beruf. Die **schulische Vorbereitung** ist dagegen eher auf eine technische Elementarbildung und eine allgemeine Wirtschaftskunde ausgerichtet. Daneben wird erwartet, daß die Schüler mit dem Wesen der beruflichen Arbeit vertraut werden, um eine begründete Berufswahl zu treffen.

Die Berufswahlvorbereitung wird im **Berufswahlprozeß** zur übergreifenden Aufgabenstellung von **Berufsberatung** durch das Arbeitsamt und **Berufsorientierung** durch die Schule. Die Berufsberater des Arbeitsamts beginnen in den Klassen des vorletzten Schuljahres, bei Bedarf aber auch früher, mit den **Schulbesprechungen.** Es werden erste Informationen zu Fragen der Wahl eines Berufes, zu den Ausbildungswegen und Fördermöglichkeiten gegeben. Der Berufswahlunterricht kann in Kooperation von Lehrer und Berufsberater durchgeführt werden. Zur Verfügung stehen ein **Medienangebot** zur Selbstinformation und unterrichtlichen Nutzung sowie Angebote der **Berufsinformationszentren** (BIZ). Die Berufsberatung bietet auch Seminare an, in denen durch Rollenspiele realistische Situationen eingeübt werden können; Themen sind: Richtig entscheiden – aber wie? Mädchen stellen Weichen für die Zukunft. Richtig bewerben – aber wie? Ergänzt wird diese Berufsorientierung durch individuelle **Betriebskontakte und Berufserkundungen** sowie durch Elternveranstaltungen und Vorträge von Vertretern von Betrieben und Rehabilitationseinrichtungen über berufskundliche und berufswahlrelevante Themen. Von der Schule wird erwartet, daß sie für eine Berufsausübung und Beschäftigung bedeutsame Verhaltensweisen bei den Schülern anstrebt wie Zuverlässigkeit, Genauigkeit und Verantwortungsbereitschaft. Diese Erwartung gilt unabhängig von Art und Schwere der Behinderung (Bundesanstalt für Arbeit 1992, 1997; Stadler 1997b).

9.2.2 Lebensweltbezogene Arbeits- und Soziallehre

Die Ansätze zu einer Arbeitslehre für Körperbehinderte waren stark an den Konzeptionen für die Hauptschulen und damit primär am „Normalintelligenten" orientiert, der zwar körperbehindert ist, aber doch beruflich eingegliedert werden kann. Ein Neuansatz muß von den Leistungsschwächeren und von den Überlegungen zu einer handlungsorientierten und kooperativen Didaktik ausgehen: Nur was handelnd erfahren werden kann, bringt tiefergehende Einsichten in Lebenszusammenhänge. Die Ziele und Inhalte müssen zusammen mit den Schülern – also kooperativ – bestimmt werden.

In den einzelnen Bereichen der Lebenswelt eines jungen Körperbehinderten vollzieht sich seine alltägliche Daseinsgestaltung. Sie sind jeweils der Ort, an dem er allein oder mit seinen sozialen Bezugspersonen handelt, und werden zum Schnittpunkt zwischen Individuum und Gesellschaft, an dem die sozialen Verhältnisse unmittelbar erlebt werden. Die **künftigen Lebenswelten** konstituieren sich einerseits aus den Erwartungen, Motiven, Fähigkeiten und konkreten Tätigkeiten, die dafür aufgebracht werden, und andererseits aus den Erwartungen und Hilfen, die andere dem jungen Menschen entgegenbringen. Sie sind als etwas Dynamisches zu verstehen: Zunächst wird die Lebenswelt durch die Familie oder das Heim und später durch die Schule bestimmt. In der nachschulischen Zeit entstehen Probleme und Verunsicherungen, da vielfach erst nach dem Durchlaufen mehrerer Maßnahmen (Berufsvorbereitungs- oder Berufsgrundbildungjahr, Förderlehrgänge) der angestrebte Ort (Ausbildung im Betrieb oder im Berufsbildungswerk) gefunden wird.

Eine Betrachtung, die von den Lebensproblemen ausgeht, legt es nahe, einen übergreifenden **Lernbereich Arbeits- und Soziallehre** zu konstituieren. Der Bildungsauftrag der **Soziallehre** gründet auf menschlicher Individualität und Sozialität. Sie kann gerade Körperbehinderten mit schwersten und mehrfachen Auswirkungen ihrer Behinderung gerecht werden, da sie Hilfe zur Verselbständigung und Selbstverwirklichung geben will, und soll auf eine Wirklichkeits- und Daseinsbewältigung vorbereiten, die sich an den Auswirkungen einer Behinderung orientiert.

Im Streit um die Arbeitslehre im Unterricht der Schule für Körperbehinderte wurden seit den siebziger Jahren der **berufspädagogische** und der **politökonomische Ansatz** diskutiert (Stadler 1992b). Beide Ansätze berücksichtigen aber die individuellen Voraussetzungen nur unzureichend und beachten die soziokulturellen Bedingungen zu wenig, unter denen der Einstieg junger Körperbehinderter in das Arbeitsleben erfolgt. Auch hat sich die Zusammensetzung der Schülerschaft an Schulen für Körperbehinderte in Richtung auf Schwerst- und Mehrfachbehinderte geändert. Als notwendig erscheint deshalb ein **lebensweltbezogener Ansatz**.

Zwei Grundformen künftiger Lebenswelten lassen sich unterscheiden: Erstens eine **selbstbestimmte Lebensführung** mit oder ohne Erwerbsarbeit auch bei schwersten Auswirkungen einer Behinderung. Zweitens ein **beschützter Lebensraum** in Betreuungs- und Wohngruppen als Folge extremer Beeinträchtigungen in mehreren Persönlichkeitsbereichen. Die zu erwartende Lebenswelt sollte mit den Schülern selbst, aber auch mit den Fachkräften, die sie in Pädagogik und Therapie fördern, und mit den Eltern erörtert werden. In Abb. 7 sind typische Bereiche der **Lebenswelt junger Körperbehinderter** dargestellt.

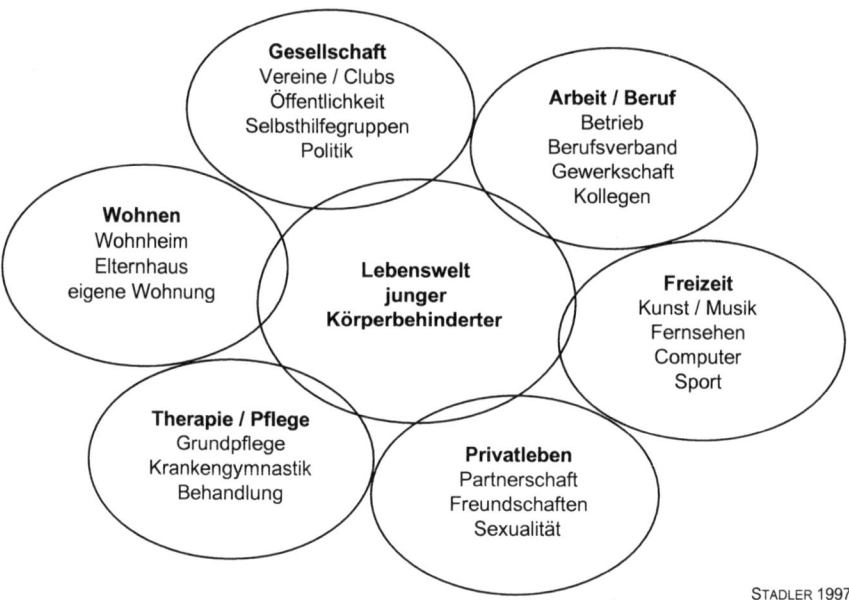

STADLER 1997

Abb. 7: Bereiche der Lebenswelt junger Körperbehinderter

Unerläßlich ist es, auf das „Private" als Teil der Lebenswelt einzugehen: Freundschaft, Partnerschaft, Sexualität, Wohnen und Freizeit sind dabei Schlüsselthemen. Der Aufbau und die Pflege eines Freundeskreises, die Mitgliedschaft und aktive Mitarbeit in Selbsthilfegruppen und Vereinen erfordern Aktivität und soziales Handeln.

9.2.3 Lebenspraktische Befähigung

Mangelnde lebenspraktische Kompetenzen können auch auf Bedingungen der Sozialisation zurückgeführt werden. Durch übermäßige Versorgung und Betreuung entwickeln Kinder und Jugendliche mit Körperbehinderungen Formen der Abhängigkeit und Passivität. Sie sind oft auch dort unselbständig, wo sie aufgrund ihres Alters und der nicht geschädigten Körper- und Sinnesfunktionen durchaus selbständig handeln und sich selbst helfen könnten. Diese Rückstände wirken sich auf viele Anforderungsbereiche aus. Während nun aber im Schulunterricht auf Entwicklungsdefizite didaktisch und methodisch eingegangen wird, kommt die Befähigung zur Bewältigung von Alltagsanforderungen oft zu kurz. Junge Körperbehinderte versagen nicht selten in wichtigen Lebensvollzügen und rechtfertigen sich bei Vorhaltungen mit dem Hinweis auf die Auswirkungen ihrer Behinderung sowie mit mangelnder Erfahrung und fehlender Anleitung.

Zur **lebenspraktischen Befähigung** wurden auch bereits curriculare Überlegungen angestellt (Stadler 1989a, 1992c, 1992e). Konzepte der Erziehung zur Selbständigkeit sowie zur Handlungs- und Geschäftsfähigkeit beinhalten Ziele und Themen, die sich zu einem Katalog der Anforderungsbereiche zusammenfassen lassen. Eine Grundlage dazu bilden **Lernziele für das Haushalten**: Die Fähigkeit zur Planung, Analyse und Durchführung von hauswirtschaftlichen Arbeitsprozessen wie Verarbeitung von Lebensmitteln und Zubereitung von Speisen, Verarbeitung von Textilien und Gestaltung einer Wohnung. Die Einsicht in die Organisation und wirtschaftliche Führung eines privaten Haushalts. Die Kenntnis von Problemen der Versorgung und Entsorgung eines privaten Haushalts. Ein Grundwissen über ernährungsphysiologische Zusammenhänge.

Mit dem folgenden Anforderungskatalog wird keine vollständige Auflistung angestrebt; er kann nur Stichworte zu den einzelnen Bereichen liefern. Je nach Bedürfnis- und Interessenlage sind Themen auszuwählen und entsprechend zu ergänzen. Schul- und Sozialpädagogen (Lehrer und Erzieher) müssen didaktische Entscheidungen bei der Vorbereitung und Durchführung von Lerneinheiten im Unterricht und in der sozialen Gruppenarbeit treffen. Für Fachkräfte der Pflege und der Hauswirtschaft ergeben sich beim Anleiten in Alltagsverrichtungen analoge Aufgabenstellungen.

Katalog der Bereiche und Themen einer lebenspraktischen Befähigung:
1. **Körperhygiene, Pflege, Kosmetik**: Waschen, Baden, Duschen, Kämmen, Zähneputzen, Hautpflege, Inanspruchnahme von Pflegeleistungen bei bestimmten Krankheits- und Schadensbildern. 2. **Kleidung, Wäsche, Hilfsmittel**: Kauf und Pflege von Wäsche, Auswahl, Anpassung und Nutzung von Geräten und Hilfsmitteln. 3. **Hauswirtschaft und Wohnen**: Einkaufen, Kochen, Einrichten, Gestalten, Reinigen der Wohnung, Wohnungssuche, Wohnstandard, Mietvertrag, Mietrecht. 4. **Einkünfte und Finanzen**: Ausbildungsvergütung, Lohn, Rente, Sozialhilfe, Führung eines Haushaltsbuchs, Preisvergleiche, Rücklagen, Sparformen, Bankgeschäfte, bargeldloser Zahlungsverkehr, Kreditkarten, Einrichtung eines Girokontos. 5. **Steuer und Versicherung**: Nachteilsausgleiche nach dem Behindertenrecht, Ermäßigungen bei Steuern und Versicherungen, Arten von Versicherungen (Haftpflicht-, Sach-, Lebensversicherungen), zu versichernde Risiken, Preisvergleich bei den Prämien. 6. **Verkehr und Fahrdienste**: Freifahrten im öffentlichen Personenverkehr, Nutzung der Verkehrsmittel, Er-

werb des Führerscheins, Kauf eines eigenen Fahrzeugs, Fahrdienste für Behinderte. 7. **Ambulante Dienste und Sozialstationen:** Individualhilfen für Schwerbehinderte, Mahlzeitendienste, mobile Pflegedienste, Hilfen zur Haushaltsführung und Wohnungsreinigung. 8. **Gesundheit und Lebensberatung:** Rauchen, Alkohol, Rauschgifte, Arzneimittelmißbrauch, Aids, gesunde Lebensführung, Hilfe durch Beratungsdienste (Telefonseelsorge, Drogenberatung, Sexualberatung) und Selbsthilfegruppen. 9. *Freizeitgestaltung und Sport:* Erlernen von Spielen (Brett-, Karten- und Geschicklichkeitsspiel), Mitgliedschaft in Clubs und Vereinen, Nutzung von Sportangeboten, Leistungssport, Sportgruppen für Behinderte und Nichtbehinderte, Kurzreisen, Bildungs- und Erholungsreisen. 10. **Information und Unterhaltung:** Lesen (Tages- und Wochenzeitungen, Illustrierten, Sachbücher, Belletristik), Radiohören und Fernsehen (Vorinformation in der Programmvorschau, Auswahl und Begrenzung), Disco, Theater, Konzert. 11. **Feste und Feiern:** Gestaltung eines Partyprogramms, Arrangieren eigener Feste zu Geburtstagen, Namenstagen, Mitgestalten von Festen anderer, Abfassen von Einladungskarten. 12. **Hobbies und Heimwerken:** Technische Hobbies (Reparatur von Kraftfahrzeugen, Nutzung von Personalcomputern und Datennetzen), künstlerische Hobbies (Musizieren, Malen, Zeichnen, Fotografieren), längerfristig angelegte Hobbies (Briefmarkensammeln, Modellbau, Tier- und Pflanzenzucht), Bau von Regalen und Kleinmöbeln. 13. **Umgang mit Ämtern und Betrieben:** Planspiele zum Bewerben und Vorstellen, Üben im Telefonieren und Ausfüllen von Formularen, Üben der Inanspruchnahme fremder Hilfe. 14. **Erproben neuer Lebensformen:** Probewohnen, Leben in Außenwohngruppen, Gründung von Wohngemeinschaften, Alleinleben, Leben in Dorfgemeinschaften.

9.2.4 Lebensvorbereitung und Lebenskunde

Absolventen der Schule für Körperbehinderte und anderer Sonderschultypen, die noch nicht berufsreif sind oder weder auf dem freien Ausbildungsmarkt noch in einem Berufsbildungswerk einen Ausbildungplatz erlangt haben, werden in ein **Berufsvorbereitungjahr** oder ein **Berufsgrundbildungsjahr** aufgenommen. Beide stellen eine schulische Berufsvorbereitung dar; ihre jeweilige Form ist in den Schulgesetzen und Lehrplänen der Bundesländer geregelt, so daß bei der Ausgestaltung und bei den Bezeichnungen keine Einheitlichkeit besteht. Das Berufsvorbereitungsjahr vermittelt fachpraktische und fachtheoretische Grundqualifikationen, schafft Einblicke in verschiedene Berufsfelder und ermöglicht das Nachholen von Schulkenntnissen bis hin zum Hauptschulabschluß. Der erfolgreiche Abschluß eines Berufsgrundbildungsjahres wird auf die Berufsausbildung angerechnet (Bundesanstalt für Arbeit 1997, 108, 119).

An der Schule für Körperbehinderte in Neckargemünd bei Heidelberg besteht das Berufsvorbereitungjahr (BVJ) seit dem Schuljahr 1983/84 und wurde inzwischen um ein **Berufs- und Lebensvorbereitungsjahr** (BLVJ) erweitert. Dies war notwendig geworden, weil sich bei vielen Teilnehmern abzeichnete, daß eine Eingliederung in das Erwerbsleben nicht gelingen wird. In die didaktische Konzeption (Nagel 1984) wurde deshalb auch die **Lebenskunde** einbezogen. Ausgangspunkt waren Auffälligkeiten und **Störungen im Sozialverhalten** junger Körperbehinderter wie Alkoholmißbrauch, Suizidalität, Resignation, Passivität,

Konfliktvermeidung und Aggressivität gegen sich selbst, andere Personen oder gegen Sachen. In der Umbruchphase der Ablösung von der Familie und infolge der unklaren Zukunftsperspektiven muß ein neues Lebenskonzept entwickelt werden. Das Verhaltensrepertoire und die Lebenspläne stammen noch aus der Kindheit, Konzepte für das Erwachsenenleben sind nur unzureichend entwickelt. **Ziele der Lebenskunde** sind deshalb u.a.: Planungsverhalten praktizieren und selbstverantwortlich handeln können; Konsequenzen des eigenen Handelns einschätzen können; sich Sinnfragen stellen können; Abhängigkeiten akzeptieren und Hilfen annehmen können. Der Unterricht in **Lebenskunde** folgt den Grundsätzen: Gleichgerichtetheit von Inhalt und Prozeß; Ganzheitlichkeit des Lernens; Anknüpfen an die Betroffenheit des Schülers; Verständigung zwischen Lehrer und Schüler über die jeweiligen Interessen am Lerngegenstand. Das Gelingen des lebenskundlichen Lernprozesses hängt von einer respektierenden Grundhaltung des Lehrers ab.

Das **Berufs- und Lebensvorbereitungsjahr** (BLVJ) kann auch auf zwei Jahre ausgedehnt werden. Es soll Grundlagen dafür schaffen, auch mit einer schweren Behinderung ein selbstbestimmtes Leben zu führen und Antworten auf Fragen nach dem Lebenssinn und der Lebensgestaltung zu finden. Die jungen Menschen, die seine Angebote zur Förderung sozialer Kompetenzen und zur Entwicklung der Persönlichkeit wahrnehmen, können sich damit auch auf ein Leben ohne Erwerbsarbeit vorbereiten.

9.3 Krise der Arbeitsgesellschaft

Der Übergang junger Menschen mit Körperbehinderung in das Erwachsenenleben ist besonders erschwert, weil von einer Krise der Arbeitsgesellschaft auszugehen ist. Sie hat selbst für diejenigen keinen Platz mehr, die sich anerkannte Berufsabschlüsse oft mit vielen Anstrengungen und umfangreichen Hilfen durch Fachkräfte der Rehabilitation verschaffen. Die Perspektiven wurden vor dem Hintergrund der Entwicklungen auf dem Arbeitsmarkt eingehend diskutiert (Stadler 1995b, Seyd 1997).

Gekennzeichnet ist die Krise durch folgende Gegebenheiten: Die vorhandene Arbeit kann von immer weniger Menschen geleistet werden. Freisetzung von Arbeitnehmern, Abbau von Arbeitsplätzen und Verlagerung in Billiglohnländer, der Einsatz von Robotern und Mikroprozessoren kennzeichnen die Arbeitswelt. Die Lebensperspektiven junger Menschen werden dadurch unübersichtlich: Die herkömmliche Arbeitsorientierung, die Formen der Berufsausübung, ja die gesamte Lebensplanung und Sinngebung werden in Frage gestellt. Die Teilhabe am Leben der Gesellschaft über Erwerbsarbeit ist nicht mehr selbstverständlich. Die überkommene Lebensform der Arbeitsgesellschaft wird aufgelöst durch Individualisierung und Flexibilisierung der Arbeitszeiten, durch beschleunigte Anwendung neuer Technologien, durch weitere Rationalisierung und Automatisierung von Arbeitsprozessen in Industrie, Handwerk, Banken, Verwaltungen und selbst im Dienstleistungsbereich. Dem Menschen wird die Arbeit nicht mehr nur erleichtert, sondern vielfach ganz abgenommen.

Die Arbeitsgesellschaft kommt in eine widersprüchlichen Lage: Sie kann das Gegenmodell eines Lebens ohne Arbeit nicht wollen, da es, von allen praktiziert, ihr Ende bedeuten würde. Sie ist aber andererseits unfähig, genügend

Arbeitsplätze für alle Arbeitswilligen zu schaffen. Dies ginge nur über eine massive Ausweitung der Teilzeitarbeit mit entsprechend verminderten Einkommen. Die Mehrheit der Bevölkerung ist jedoch auf bezahlte Erwerbsarbeit in gewohntem Umfang angewiesen, wenn sie ihre Lebensgewohnheiten und den erreichten Lebensstandard beibehalten will. Es stellen sich aber nicht nur Fragen nach den Ursachen der Krise der Arbeitsgesellschaft, sondern auch nach den Rahmenbedingungen in Gesellschaft und Wirtschaft mit denen in Zukunft zu rechnen ist, wenn auf die beruflich-soziale Eingliederung vorbereitet werden soll. Dabei ist sowohl von Interesse, wie sich der Arbeitsmarkt entwickelt, als auch die Einschätzung Behinderter selbst, was ihre Teilnahme am Arbeitsleben betrifft (Stadler 1995b). Zu fragen ist insbesondere, wie Arbeit verstanden wird und welche Konsequenzen die Pädagogik aus den Veränderungen in der Arbeitswelt zu ziehen hat.

9.3.1 Bedeutung und Verständnis von Arbeit

Arbeit kann verstanden werden als Einsatz körperlicher, geistiger und seelischer Kräfte des Menschen zur Befriedigung materieller und ideeller Bedürfnisse. Das Wort Arbeit kommt aus dem Mittelhochdeutschen und bedeutet ursprünglich Mühsal und Not. Das heutige Verständnis von Arbeit beinhaltet ein bewußtes, zielgerichtetes Handeln des Menschen zum Zwecke der Existenzsicherung; Arbeit wird geleistet, um Geld zu verdienen, das dann wiederum zum Kauf von Waren und Dienstleistungen eingesetzt wird. Unter Arbeit wird also vor allem die Erwerbsarbeit verstanden. Wer am Arbeits- und Wirtschaftsleben teilnimmt, sucht seinen Lebensunterhalt und den seiner Angehörigen aus eigener Kraft zu sichern. Je höher das erzielte Einkommen für die geleistete Arbeit, desto höher der Lebensstandard.

Für viele Menschen ist Arbeit nicht nur Quelle zur Befriedigung einzelner Bedürfnisse, sondern wesentlich Sinngebung ihres Lebens. Arbeit stellt aber auch einen individuellen Beitrag zum Wirtschaftsleben dar und bringt das Gefühl mit sich, ein nützliches Glied der Gesellschaft zu sein; sie eröffnet damit die Teilhabe am gesellschaftlichen Leben. Die unterschiedlichen Formen der Arbeit werden weniger beachtet: Neben der Erwerbsarbeit gibt es die Reproduktions- und Eigenarbeit für den privaten Lebensbereich und Formen der ehrenamtlichen Arbeit in Selbsthilfegruppen, Kirchengemeinden, Vereinen, Gewerkschaften und politischen Parteien. Schließlich strukturiert Arbeit den Alltag in zeitlicher und räumlicher Hinsicht: Der Wechsel zwischen Arbeit und Freizeit, das arbeitsfreie Wochenende und der Urlaub schaffen eine Zeitstruktur. Die Trennung von Wohnen und Arbeiten bringt unterschiedliche Lebensschwerpunkte mit sich, die je eigene Erfahrungen und Begegnungen ermöglichen

Als weitere Charakteristika von Arbeit lassen sich anführen: Durch Arbeit wird die Handlungskompetenz ausgeweitet und Fähigkeiten werden weiterentwickelt. Werden Arbeitsaufgaben bewältigt, so wird das Selbstwertgefühl gestärkt und somit auch Einfluß auf die Persönlichkeitsentwicklung genommen. Teilnahme am Arbeitsleben bietet die Chance zur Ausweitung sozialer Kontakte und ist ein Lernfeld für den situationsadäquaten Umgang zwischen Menschen.

Unter psychologischem Aspekt ist Arbeit eine Form menschlichen Verhaltens und zeigt sich in Handlungsergebnissen. Als Lohnarbeit gewinnt sie instrumentellen Charakter und kann auch zur Entfremdung zwischen dem Menschen und dem Produkt seiner Arbeit führen. Leistungen werden durch Arbeitsaufgaben ausgelöst und gesteuert; der Mensch braucht Herausforderungen: Wo keine Aufgabe ist, kann keine Leistung wachsen. Arbeit wäre insoweit Aktivität im Rahmen einer Aufgabenstellung. Jeder Mensch, der aktiv ist und Aufgaben zu meistern versucht, leistet nach diesem Verständnis eine Form von Arbeit. Eine solche Betrachtung ermöglicht es auch, für jeden Menschen ihm gemäße Aufgaben zu stellen und ihn zu Leistungen herauszufordern. Auf seinem jeweiligen Entwicklungs- und Leistungsniveau könnte demnach jeder Mensch Arbeit leisten.

In einer so starken Ausweitung des Arbeitsbegriffs liegt aber auch eine Gefahr: Das Anliegen der Teilhabe Behinderter am Arbeitsleben kann Schaden nehmen, wenn ihre tatsächliche Betätigung nicht mehr mit dem vorherrschenden Arbeitsbegriff übereinstimmt. Arbeit muß zwar auch für Schwerstbehinderte zugänglich sein, aber nur grundsätzlich und damit nicht für jeden schwerstbehinderten Menschen. In folgender Aussage wird dies deutlich: „Insbesondere im Hinblick auf Schwer- und Mehrfachbehinderte muß eindeutig festgestellt werden, daß es Personen gibt, denen aus Gründen der Humanität Arbeit nicht zugemutet werden darf" (Trost und Schüller 1992, 16).

9.3.2 Pädagogische Konsequenzen

Wegen des ständigen Wandels in der Arbeitsgesellschaft können die Lebensorientierungen der Eltern für deren Kinder nur noch bedingt beispielgebend sein; für Teile der nachwachsenden Generation sind die herkömmlichen Sozialisationsziele unrealistisch. Wenn Eltern und Erzieher auch keine schlüssigen Antworten auf Fragen nach den Berufs- und Lebensperspektiven geben können, so müssen sie doch das Gespräch mit den jungen Menschen suchen.

Dabei können Lebensmodelle für diejenigen gesucht werden, die ihre materielle Existenz nicht über Erwerbsarbeit sichern können. Alternative Lebensformen wurden bereits im Blick auf junge Menschen mit Schwierigkeiten bei der Eingliederung und biographischen Brüchen aufgezeigt (Krafeld 1989). Wenn es auch schwerfällt, sich mit entsprechenden Modellen und dem dazu korrespondierenden Menschenbild zu identifizieren, so sollte man sie doch kennen und sich mit ihnen auseinandersetzen (Stadler 1995b).

Verfechter solcher Gegenmodelle gehen von einem anderen Sozialtypus aus: Der Mensch ohne Erwerbsarbeit soll ein Bedürfnis nach Kommunikation und Selbstverwirklichung haben, intensive zwischenmenschliche Kontakte pflegen, zur Alltagssolidarität fähig sein und eine Lebensweise jenseits der Zwänge der Arbeits- und Konkurrenzgesellschaft praktizieren. Nicht gesteigerter Edelkonsum soll bei ihm dominieren, sondern Genuß dessen, was überhaupt verfügbar ist. Er soll aus wenig viel machen, bescheiden leben und kreativ das Vorhandene nutzen. Diese Lebensweisen können dann als psychosozialer Schutzwall dienen, um das Ausgeschlossensein von Erwerbsarbeit auszuhalten. Dabei soll dieser Sozialtypus aber immer offen sein, um sich zu beteiligen, wenn sich bezahlte Arbeit bietet. Vermieden werden soll, daß ein Mensch krankmachend abhängig von Erwerbsarbeit und Konsum wird. Die Chancen einer neuen „Tätigkeitsgesellschaft", die bereits konkret beschrieben wurde (Glaser 1988), sollten aufgegriffen werden. Sozialisationsziel ist dann: aktiv leben und das eigene Leben gestalten. Phasen des Ausschlusses von Erwerbsarbeit sollen ohne Beschädigungen ausgehalten werden.

Für die nachwachsenden Generationen bedeutet das, daß es nicht mehr reicht zu lernen, wie mit Erwerbstätigkeit ein zufriedenstellendes Leben gestaltet werden kann. Vielmehr müssen Erziehung und Bildung so angeleget sein, daß auch dann eine befriedigende Lebensführung gelingt, wenn man zeitweilig oder längerfristig erwerbslos ist. Eltern und Pädagogen sind sich dieser Umbruchsituation zwar bewußt, sperren sich aber noch gegen die eingetretenen Veränderungen und halten an herkömmlichen Denkmustern fest; dafür stehen Aussagen wie: Wer arbeiten will, findet auch Arbeit! Eine gute Schul- und Berufsausbildung sichert Berufs- und Lebenserfolg! Es findet eine Orientierung am traditionellen Konzept von „Erfolg" statt. Als Folge davon fällt es oft schwer, realistische Lebensperpektiven für junge Menschen mit Behinderungen zu entwickeln und unkonventionelle Lebensentwürfe zu akzeptieren.

Eine auf Demokratie basierende Staats- und Gesellschaftsordnung dürfte es aber auf Dauer schlecht ertragen, wenn die Partizipation an Formen der Arbeit und Muße sehr ungleich verteilt ist. Anzustreben ist für möglichst jeden Menschen ein Wechsel zwischen notwendiger Erwerbsarbeit in einer arbeitsteiligen Wirtschaft, privater und gesellschaftlicher Eigenarbeit im Haushalt und im Gemeinwesen einerseits und Muße zur Erholung, Entspannung und zu schöpferischem Tun andererseits. Wäre ein solcher Wechsel gegeben, so hätten alle Mitglieder der Gesellschaft Chancen zu sinnstiftender Tätigkeit. Es ist offensichtlich, daß ein solcher Zustand nicht gegeben ist. Ohne Annäherung der Wertigkeiten von bezahlter Erwerbsarbeit und unbezahlter Eigenarbeit und ohne eine gerechte Verteilung der vorhandenen Arbeitsplätze wird die Krise der Arbeitsgesellschaft nicht zu überwinden sein.

9.4 Teilnahme am Erwachsenenleben

Die Massenarbeitslosigkeit zeigt, daß ein Leben ohne Erwerbsarbeit nicht nur für Behinderte längst Realität ist. Die anhaltend schlechte Arbeitsmarktlage darf aber nicht dazu führen, auf die **berufliche Qualifizierung** Behinderter zu verzichten, weil Probleme bei ihrer Eingliederung zu erwarten sind. Vielmehr muß gelten: (1.) Die Basisaussage der pädagogischen Anthropologie, wonach jedes Kind erziehungsbedürftig ist, ist dahingehend zu erweitern, daß jeder Jugendliche einer Einführung in die Berufs- und Arbeitswelt bedarf, die in einer **Berufsausbildung** münden soll, wann immer die individuellen Voraussetzungen das zulassen. (2.) Das Grundrecht auf freie Berufswahl (Art. 12 Grundgesetz) muß in Verbindung mit dem **Verbot der Benachteiligung** beim Vorliegen einer Behinderung (Art. 3 Grundgesetz) eine Berufsausbildung auch dann ermöglichen, wenn später eine Vermittlung auf dem allgemeinen Arbeitsmarkt unsicher ist. (3.) Die Hoffnungen und Erwartungen in bezug auf das Erwachsenenleben sollten nicht einengend auf „bezahlte Erwerbsarbeit" gelenkt werden. Private und gesellschaftliche **Eigenarbeit** sind aufzuwerten. (4.) Erziehung und Bildung in Elternhaus, Schule und Internat/Heim müssen darauf gerichtet sein, eine humane und subjektiv befriedigende Lebensführung auch ohne Teilnahme am Erwerbsleben zu ermöglichen. Formen der **gesellschaftlichen** Arbeit in Selbsthilfegruppen und Projekten für das Gemeinwesen sind verstärkt zu entwickeln und zu erproben.

9.4.1 Leben ohne Erwerbsarbeit

Die Thesen kreisen um Leitfragen, die im Zusammenhang mit der Massenarbeitslosigkeit und der Krise der Arbeitsgesellschaft vielfach gestellt und erörtert wurden (Glaser 1988): Wieviel Arbeit braucht der Mensch? Brauchen alle Menschen Arbeit? Ist Arbeit ein Bedürfnis des Menschen? Was geschieht, wenn dieses Lebensbedürfnis nicht befriedigt wird? Gibt es ein Recht auf Arbeit?

Arbeit war und ist für viele Arbeitende sicher weniger Lebensbedürfnis und mehr notwendige Last und Plackerei, die durch Zwang, Disziplin und Unterordnung gekennzeichnet ist. Der Arbeitslast steht der Bereich der Freizeit, des Konsums und der Unterhaltung gegenüber. Wird Arbeit nur als Last erlebt, so kann der Wunsch entstehen, den Belastungen des Arbeitsleben auszuweichen. Freiheit von der Mühsal der Erwerbsarbeit wird dann etwas Erstrebenswertes. Arbeit hat aber auch eine demokratische Komponente: Jeder Arbeitsfähige soll zur Sicherung der eigenen materiellen Existenz beitragen und durch seine Arbeitsleistung denen helfen, die wegen ihres Lebensalters (Kinder und Alte) oder ihres körperlichen und geistigen Zustands (Kranke und Behinderte) selbst nicht arbeiten können.

Eine realistische Vorbereitung auf das Erwachsenenleben muß der beherrschenden Stellung von Beruf und Arbeit Rechnung tragen, die trotz hoher Arbeitslosigkeit fortbesteht. Zu vermeiden sind aber einseitige Thematisierungen: Erwerbsarbeit, Eigenarbeit und Muße im Sinne freier Zeit zur Besinnung auf das eigene Selbst und zur aktiven und passiven Teilnahme an der Kultur sind als einander gleichwertig zu behandeln. Sowohl Erwerbs- als auch Eigenarbeit kann in der Muße ein Gegengewicht finden; sie verhindert, daß der Mensch auf ein funktionierendes Glied im Arbeitsprozeß reduziert wird. Sie kann aber auch einer Freizeitgesellschaft entgegenwirken, in der eine neue Form der Entfremdung des Menschen durch die Medien der Unterhaltungsindustrie zu beobachten ist.

Für Körperbehinderte setzt ein Leben ohne Erwerbsarbeit einerseits eine materielle Absicherung durch Leistungen der Sozialhilfe, der Renten- und Pflegeversicherung sowie andererseits den Willen und die Bereitschaft voraus, sein Leben aktiv zu gestalten. Die individuelle Form und Sinngebung ist dabei so differenziert, daß dazu kaum allgemeine Aussagen gemacht werden können. Notwendig erscheint aber eine Rückbindung an Selbsthilfegruppen und Vereinigungen, in denen Menschen mit ähnlichen Lebensbedingungen zusammenwirken. Je aufgeschlossener und vielseitiger die Persönlichkeit ist, desto besser dürfte eine solche Lebensform gelingen. Außenwohngruppen und Wohngemeinschaften, in denen bereits im Rahmen der Schul- und Berufsausbildung über Formen eines Lebens ohne Erwerbsarbeit nachgedacht wurde, können als Vorbereitung dienen. Im Ernstfall ist dann aber der Kontakt und die Unterstützung durch Beratungsstellen hilfreich, wie sie als „Zentren für selbstbestimmtes Leben" inzwischen bestehen (Butzke und Müller-Breckwoldt 1995, 120-123).

9.4.2 Ausbildungsprojekt für Schwerstkörperbehinderte

Eine Leben ohne Erwerbsarbeit kann auch durch eine fehlende berufliche Qualifikation bedingt sein. Nach wie vor werden die Eingliederungschancen durch eine Berufsausbildung verbessert. Am Berufsbildungswerk in Neuwied wurde deshalb ein Projekt zur Ausbildung Schwerstkörperbehinderter zu Bürokaufleuten durchgeführt (Krose et al. 1995, Stadler 1997a). Allgemeine **Projektzielsetzungen** waren: Jungen Menschen, die wegen der Schwere ihrer Körperbehinderung bis dahin nicht ausgebildet wurden, obwohl sie intellektuell dazu in der Lage waren, sollte Zugang zur beruflichen Rehabilitation eröffnet, eine qualifizierte Ausbildung angeboten und die Integration sowohl in die Berufswelt als auch in soziale Lebensbereiche ermöglicht werden.

Die acht Auszubildenden hatten schwerste und mehrfache **körperliche Behinderungen**, fünf von ihnen waren rollstuhlabhängig. Gemeinsames Merkmal war die Bewegungseinschränkung; die Beeinträchtigungen der motorischen Funktionen konnten aber durch **Hilfsmittel** (Rollstuhl, angepaßte Büroausstattung, Kleinfeldtastaturen und ergonomisch angepaßte Ansteuerungen für EDV-Geräte etc.) und **personale Unterstützung** (Zivildienstleistende) kompensiert werden. Alle Auszubildenden besaßen den Hauptschulabschluß bzw. höherwertige **Schulabschlüsse** (Mittlere Reife, Fach- und Fachhochschulreife). Sie waren Ergebnis nicht immer gewollter, aber als „Warte- und Parkschleifen" nach der Pflichtschulzeit absolvierter Bildungsmaßnahmen.

Die **Schwere der Behinderung** läßt sich an Herrn E. erkennen; er wurde 1971 geboren und leidet unter spinaler Muskelatrophie mit progressivem Verlauf (Muskelabbau vom Typ Werdnig-Hoffmann). Die Muskelerkrankung führte zu Deformationen der Wirbelsäule und zu Kontrakturen an den Gliedmaßen. Eine Kopfkontrolle ist nur bedingt möglich, die Atemfunktion ist herabgesetzt. Die Krankheit wurde bereits im ersten Lebenshalbjahr erkannt und setzt sich schubweise fort; es besteht volle Pflegeabhängigkeit. Regelmäßige krankengymnastische Behandlung ist erforderlich. Da selbst ein Elektrorollstuhl ungeeignet war, wurde für Herrn E. ein Sessel so ausgerüstet, daß er darin sitzen und seine begrenzte Feinmotorik nutzen kann.

Eine Rehabilitandin mußte wegen ihrer fortschreitenden Erkrankung (Multiple Sklerose) die Ausbildung abbrechen; sieben Auszubildende bestanden die Abschlußpürfung für Bürokaufleute vor der Industrie- und Handelskammer Koblenz nach § 25 des Berufsbildungsgesetzes. Alle wurden sowohl auf die Probleme der beruflichen als auch auf die soziale Eingliederung vorbereitet. Da unmittelbar nach Abschluß der Ausbildung kein Rehabilitand eine Stelle auf dem Arbeitsmarkt bekam, wurde zunächst ein Leben ohne Erwerbsarbeit Realität. Einige, darunter auch Herr E., der das beste Prüfungsergebnis erreicht hatte, fanden aber schließlich einen Arbeitsplatz in einer neugegründeten Intergrationsfirma, auf die noch eingegangen wird. Das Projekt zeigte einerseits, daß eine Berufsausbildung auch bei schwerster Körperbehinderung möglich ist, sofern entsprechende Rahmenbedingungen geschaffen werden. Andererseits wurde aber erneut deutlich, daß trotz anerkannter Ausbildung die Eingliederung auf dem allgemeinen Arbeitsmarkt derzeit schwierig ist.

9.4.3 Selbsthilfefirmen und unterstützte Beschäftigung

Die Teilnahme am Arbeitsleben erfolgt in folgenden Formen: Erwerbsarbeit auf dem allgemeinen Arbeitsmarkt, Beschäftigung in der Werkstatt für Behinderte, in Selbsthilfefirmen und in unterstützter Beschäftigung in Betrieben des allgemeinen Arbeitsmarkts.

Unter dem Titel „Arbeit ist möglich!" beschreibt Lelgemann (1996) Arbeitshilfen und Arbeitsplätze für Menschen mit schweren und mehrfachen Behinderungen. Das ist hilfreich, weil bei jungen Körperbehinderten, ihren Eltern und Lehrern ein Bedarf an Informationen über alternative Beschäftigungsmöglichkeiten besteht. Auch bei lern- und körperbehinderten jungen Erwachsenen mit eheblichen Auswirkungen ihrer Behinderung bleibt nicht allein die Werkstatt für Behinderte, wenn eine geeignete Beschäftigung gesucht wird. Krispin (1997) ist den auftretenden Schwierigkeiten nachgegangen und hat sowohl die Bedingungen in Werkstätten als auch die Möglichkeiten der unterstützten Beschäftigung auf dem allgemeinen Arbeitsmarkt analysiert.

Gute Chancen zur Eingliedung junger Körperbehinderter bieten die **Selbsthilfefirmen**. Aus der Vielzahl der bestehenden Einrichtungen soll hier nur auf zwei hingewiesen werden: Das **Stammhaus** in Köln-Weiden: Es wurde 1987 gegründet, bietet Qualifizierungsangebote und tariflich bezahlte Arbeitsplätze (u.a. in Bereichen wie Handwerk, Büro, Datenverarbeitung, Lagerhaltung, Hauswirtschaft, Gartenbau) sowie Wohn- und Lebensmöglichkeiten für Schwerstkörperbehinderte. Das Werkstatthaus mit dem **Stadthaushotel** in Hamburg-Altona: Es wurde von Eltern gegründet und 1993 eröffnet. Für acht Behinderte bietet es Arbeitsplätze mit tariflicher Bezahlung (Butzke und Müller-Breckwoldt 1995, 190-193).

Ein weiteres Modell ist die **Integrationsfirma** Neuwied; sie wurde 1994 gegründet, um Schwerstkörperbehinderten einen Arbeitsplatz anbieten zu können, die trotz erfolgreicher Ausbildung zu Bürokaufleuten nicht vermittelt weden konnten. Konzeption und Realisierung gehen auf eine Initiative des Berufsbildungswerks Neuwied zurück. Die Finanzierung und die Auswahl der Mitarbeiter sowie erste Erfahrungen mit dieser Form der Teilnahme am Arbeitsleben wurden von Evers und Krose (1997) beschrieben. Kerngedanke dieser Form der Selbsthilfefirmen ist dabei, Körperbehinderte an Betriebe „zu verleihen", damit sie dort als Fachkräfte im Rahmen ihrer behinderungsbedingten Möglichkeiten beschäftigt werden. Sie arbeiten also ähnlich wie Leih-Firmen, die Arbeitskräfte auf Zeit zur Verfügung stellen. Der Betrieb zahlt an die Integrationsfirma den Lohn für die tatsächlich erbrachte Leistung; aus Mitteln der Hauptfürsorgestellen wird der Lohn aufgestockt, so daß ein Erwerbseinkommen erzielt wird.

Die **unterstützte Beschäftigung** bietet eine weitere Möglichkeit zur Teilnahme am Arbeitsleben (Hohmeier und Barlsen 1997). Dabei geht es um die Erwerbsarbeit in regulären Betrieben zu tariflichen Bedingungen, die durch Mitarbeiter von **Fachdiensten** zur Berufseingliederung unterstützt wird. In entsprechende Maßnahmen sind auch die nichtbehinderten Mitarbeiter im Betrieb einbezogen, da vielfach nur dadurch der Behinderte einen Arbeitsplatz einnehmen und längerfristig behalten kann. In Programmen der unterstützten Beschäftigung werden insbesondere Geistigbehinderte, aber auch Lern- und Körperbehinderte gefördert (Krispin 1997). Es gibt zu dieser neuen Form der Beschäftigung ein „Handbuch zur Arbeitsweise von Integrationsfachdiensten für Menschen mit geistiger Behinderung" (Horizon-Arbeitsgruppe 1995), in dem umfassend über laufende Projekte und Erfahrungen berichtet wird.

9.5 Selbstbestimmt Leben und Wohnen

Das selbstbestimmte Leben und Wohnen Behinderter ist ein Maßstab für ihre soziale Eingliederung, die immer noch eine weitgehend ungelöste Aufgabe darstellt (Stadler 1987c). Wilken (1992) hat die Gefährdungen und Ausgrenzungen analysiert, aber auch lebensbedeutsame Handlungsfelder aus dem Alltag und der Freizeit aufgezeigt, in denen im Sinne einer offensiven Rehabilitationspädagogik selbstbestimmtes Leben unterstützt und praktiziert werden kann. Selbstbestimmung setzt vielfältige Kompetenzen voraus, die während der Sozialisation im Kindes- und Jugendalter erworben werden. Liegen Beeinträchtigungen als Folge einer Behinderung vor, so können unzureichende oder fehlende Kompetenzen auch durch Rehabilitationsmaßnahmen vermittelt werden. Entsprechende Konzepte für das Training von Interaktionskompetenz und zur Erschließung von Lernfeldern zum Kompetenzlernen liegen vor (Stadler 1987b). Die Bedeutung entsprechender Maßnahmen der Vorbereitung in Schule und Internat ist durch die Zunahme der Probleme bei der Eingliederung noch gewachsen.

Betrachtet man die soziale Eingliederung als das übergeordnete Ziele aller Maßnahmen der Rehabilitation, so erhalten die Prozesse der schulischen und beruflichen Bildung Behinderter eine dienende Funktion: Sie sollen dazu qualifizieren, zum aktiven Mitglied in der Gesellschaft, in der Wirtschaft und im Staat zu werden. Im Bundessozialhilfegesetz (§ 39 BSHG) ist das Ziel der Eingliederungshilfe unmißverständlich umschrieben: Nicht nur die Ausübung eines Berufs oder einer sonstigen angemessenen Tätigkeit ist Ziel, sondern auch die Teilnahme am Leben der Gemeinschaft.

9.5.1 Maßnahmen zur Verselbständigung

Der Prozeß der Verselbständigung ist mühsam und langwierig sowohl für den Heranwachsenden als auch für seine Bezugspersonen. Im Blick auf konkrete Maßnahmen muß differenziert werden: Kinder, die von Geburt an behindert sind oder ihre Behinderung im frühen Kindesalter erworben haben, müssen anders gefördert werden als Jugendliche und Erwachsene, bei denen die Behinderung eine Folge von Krankheiten oder Unfällen ist. Bei den Kindern bestimmt die Behinderung den gesamten Sozialisationsprozeß; sie lernen, ihr Leben trotz vielfältiger Erschwerungen zu meistern. Bei Jugendlichen oder Erwachsenen bricht die Behinderung oft unvermittelt in den Lebenslauf ein; es kommt zu Identitätskrisen und es müssen neue Lebensperspektiven gesucht werden.

Für alle aber gilt, daß sie gerade auch zur sozialen Eingliederung ein hohes Maß an Selbständigkeit benötigen, das vielfach ohne gezielte Hilfe nicht erreicht wird. Der **Prozeß der Verselbständigung** muß früh einsetzen; alles was Kinder selbst tun können, sollten sie auch tun dürfen. Sie sollten immer wieder zu selbständigem Handeln herausgefordert werden. Der Gefahr der **Unterforderung** und **Überbehütung** kann begegnet werden, indem Eltern und Erzieher sich bewußt machen, daß das selbständige Handeln des Kindes wertvoller ist als die eigene Hilfeleistung. Die Selbständigkeit und Selbstbestimmung muß gewollt und gefördert werden. Damit junge Körperbehinderte sich durch Erfahrungen Handlungswissen aneignen, sollten sie möglichst früh an hauswirtschaftlichen

Arbeiten beteiligt werden und für einen eigenen Wohn-und Lebensbereich Verantwortung übernehmen. Dabei muß aber auch beachtet werden, daß selbstbestimmtes Leben und Wohnen nicht heißt, alles selbst zu tun und selbst zu können, sondern vielmehr beinhaltet, Handlungspläne zu entwerfen, Hilfen anderer in Anspruch zu nehmen und Verantwortung zu tragen.

Für körperbehinderte Kinder und Jugendliche, die während ihrer Schul- und Berufsausbildung in **Heimen und Internaten** leben, bieten sich dort Möglichkeiten der Vorbereitung auf selbstbestimmtes Leben und Wohnen im Erwachsenenalter. Voraussetzung dazu ist aber eine Gestaltung des Wohn- und Gruppenlebens mit dem Ziel, den Alltag selbständig zu bewältigen. Mit der unterschiedlichen Aufgabenstellung der Heim- und Internatserziehung für Körperbehinderte hat sich Koch (1983) auseinandergesetzt. Er weist darauf hin, daß Aufgabe für die Mehrzahl der Kinder und Jugendlichen nicht der Ersatz, sondern die Ergänzung der Familie ist. Bei Jugendlichen und jungen Erwachsen hat das Internat aber auch eine besondere Funktion bei der Ablösung vom Elternhaus und beim Selbständig- und Erwachsenwerden.

Die **Alltagsprobleme in der Internats- und Heimerziehung** wurden im übrigen eingehend analysiert und für die dort tätigen Sozialpädagogen (Jugend- und Heimerzieher) Konzepte für die systematische Bearbeitung und das Bewältigen von Konflikten aufgezeigt (Becker und Stadler 1982). Das **Berufsfeld** ist typisch für die Notwendigkeit der Kooperation von Fachkräften aus verschiedenen Berufsgruppen; insbesondere (Sonder-) Schul-, Sozial- und Berufspädagogen müssen hier bei der Förderung junger Körperbehinderter zusammenwirken. Eine Analyse der Berufsrolle des Sozialpädagogen (Jugend- und Heimerziehers) macht die zahlreichen Rollenpartner deutlich (siehe Abb. 8), von denen divergierende Erwartungen ausgehen (Stadler 1996a).

Die Wohn- und Lebensformen in den Heimen und Internaten der **Rehabilitationseinrichtungen für Körperbehinderte** wurden spätestens seit den achtziger Jahren dahingehend kritisiert, daß es an der Verselbständigung mangele. Beklagt wurden Unselbständgkeit, Abhängigkeit, Bequemlichkeit und Desinteresse an Gruppenaktivitäten. Anstelle eigenverantwortlichen Handelns zeigte sich bei vielen Jugendlichen eine ausgeprägte Anspruchshaltung. Der Umgang mit Geld ließ ebenso zu wünschen übrig wie die Beteiligung an hauswirtschaftlichen Arbeiten oder die regelmäßige Einnahme von Medikamenten, die bei bestimmten chronischen Erkrankungen unerläßlich ist. Die **Elternbeiräte** befaßten sich mit den Unzulänglichkeiten und artikulierten die Erwartungen der Eltern hinsichtlich einer Erziehung zur Selbständigkeit. In **Absolventenbefragungen** beklagten die jungen Erwachsenen dann selbst die unzureichende Vorbereitung im lebenspraktischen Bereich. Schließlich wurde aus den Erfahrungen der sozialpädagogischen Fachkräfte sowie aus der Kritik von Eltern und Absolventen Konsequenzen gezogen. Entwickelt wurde ein gestuftes System der Verselbständigung in den Gruppen der Heime und Internate. Durch **Gruppen mit Vollversorgung, Teil-Selbstversorgung und Teil-Selbstverwaltung** wird auf ein möglichst hohes Maß an Unabhängigkeit hingearbeitet. Erreicht werden soll aber auch die Bereitschaft, hauswirtschaftliche Arbeiten zu übernehmen und sich an der Pflege zu beteiligen, soweit es die Behinderung zuläßt. Wenn vorhanden, wechseln die Jugendlichen dann auch in **Außenwohngruppen**, die sich selbst versorgen und ihre Angelegenheiten selbst regeln. Die Sozialpädagogen beschränken sich auf beratende und begleitende Funktionen (Stadler 1987b, 221-228).

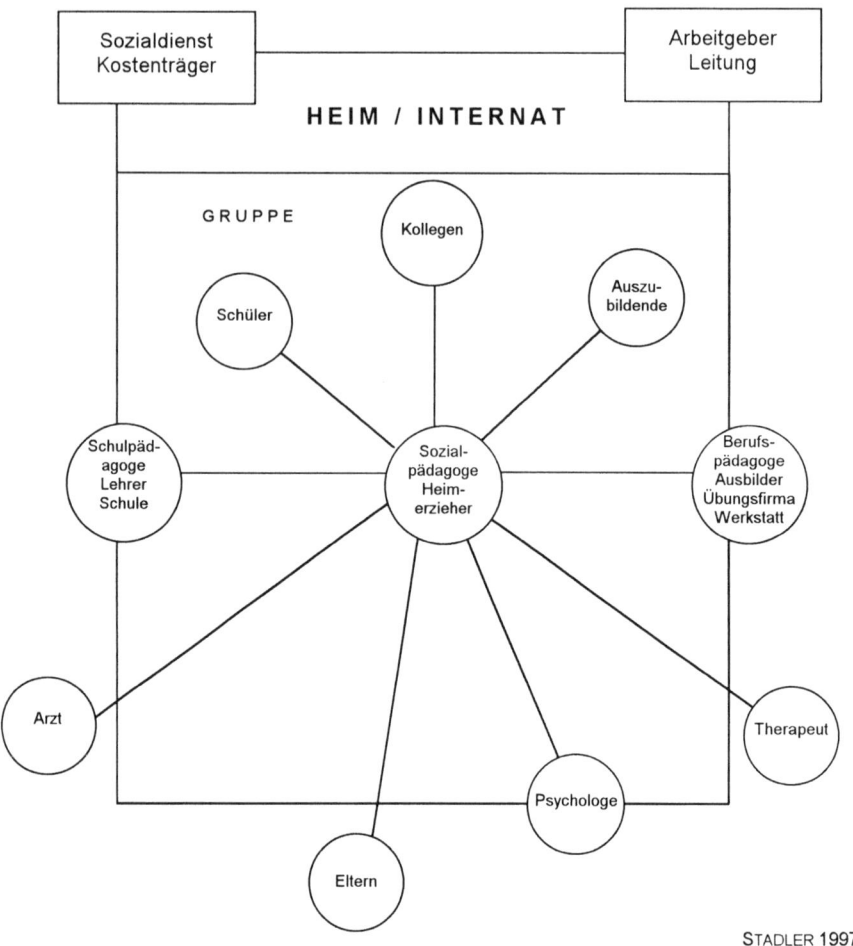

Abb. 8: Rollenpartner des Sozialpädagogen in Heimen und Internaten

Den jungen Menschen, die weder im Elternhaus noch in Rehabilitationseinrichtungen ausreichende Fähigkeiten zum Wohnen erwerben konnten, bieten
Wohntrainingsgruppen eine gezielte Einübung an; zu den Inhalten gehören vor
allem die private Haushaltsführung und hauswirtschaftliche Arbeiten. Durch
Probewohnen soll das Notwendige handelnd gelernt und in **Trainingswohnun-
gen** die Versorgung möglichst selbständig organisiert und praktiziert werden.

In Abb. 9 wurden – ausgehend vom Leben mit Eltern und Angehörigen, in
einer Pflegefamilie oder im Heim – die möglichen Stationen der Verselbständigung dargestellt; dabei wird auch auf das Probewohnen und die Wohntrainingsgruppen sowie auf das Leben in Wohngemeinschaften und Wohngruppen
hingewiesen und ein Überblick über die **Wohnmöglichkeiten für Körperbehinderte** im Erwachsenenalter gegeben.

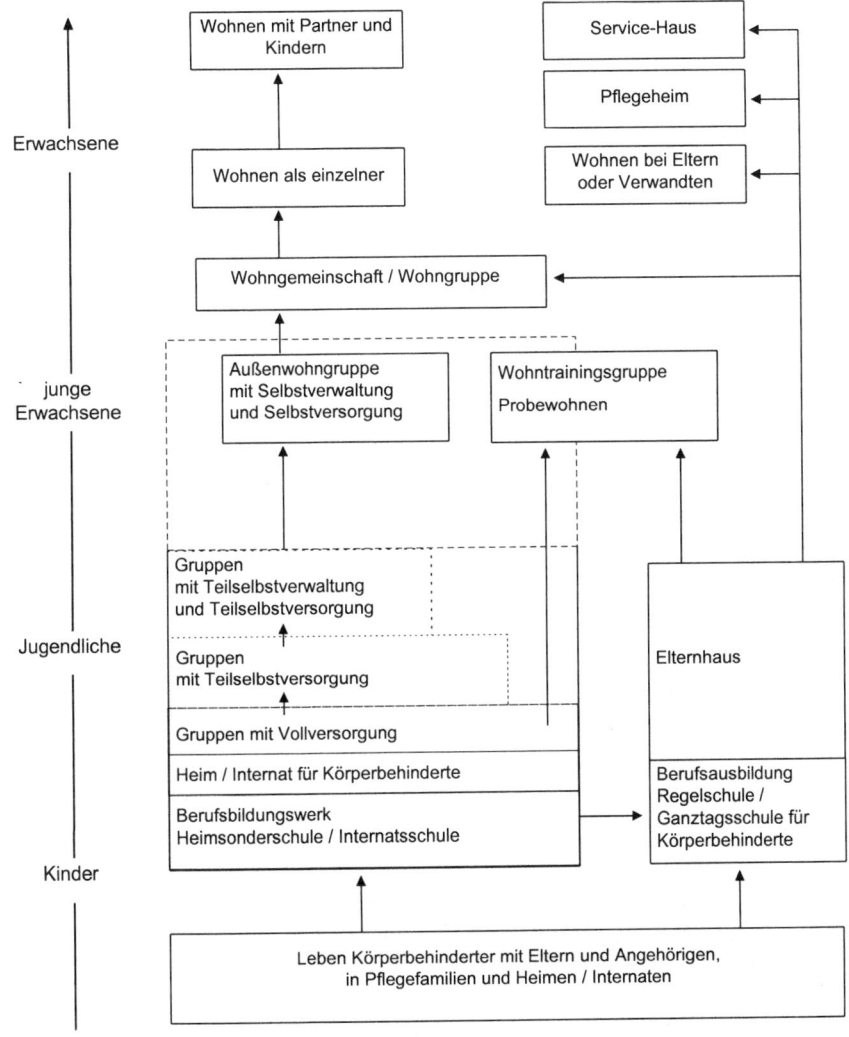

Erwachsene

junge Erwachsene

Jugendliche

Kinder

Wohnen mit Partner und Kindern

Service-Haus

Pflegeheim

Wohnen bei Eltern oder Verwandten

Wohnen als einzelner

Wohngemeinschaft / Wohngruppe

Außenwohngruppe mit Selbstverwaltung und Selbstversorgung

Wohntrainingsgruppe
Probewohnen

Gruppen mit Teilselbstverwaltung und Teilselbstversorgung

Gruppen mit Teilselbstversorgung

Elternhaus

Gruppen mit Vollversorgung

Heim / Internat für Körperbehinderte

Berufsbildungswerk Heimsonderschule / Internatsschule

Berufsausbildung Regelschule / Ganztagsschule für Körperbehinderte

Leben Körperbehinderter mit Eltern und Angehörigen, in Pflegefamilien und Heimen / Internaten

STADLER 1997

Abb. 9: Verständigung und Wohnmöglichkeiten für Körperbehinderte

9.5.2 Lebens- und Wohnformen

Zum Wohnen Behinderter und zur Lebenssituation von Menschen mit Behinderung in privaten Haushalten gibt es inzwischen Untersuchungen (Bundesminister für Jugend, Familie, Frauen und Gesundheit 1990, Ministerium für Arbeit, Gesundheit und Soziales des Landes Nordrhein-Westfalen 1993, Windisch und Kniel 1993, Bundesministerium für Gesundheit 1996), aus denen die allgemeinen Bedarfe, aber auch die Wünsche und Erwartungen der Betroffenen hervorgehen. Wie zufrieden ein Mensch mit seinem Leben ist, hängt wesentlich von den Bedingungen seines Wohnens ab. Die **Wohnqualität** wird zum Prüfstein für die **Lebenszufriedenheit**. Unter pädagogischem Aspekt ist Wohnen etwas spezifisch Menschliches, das gelernt werden muß. Deshalb ist ein Ziel der Sozialisation im Kindes- und Jugendalter, durch Verfügen über eigenen Wohnraum unabhängig zu werden. Jeder Mensch muß die ihm gemäße Wohn- und Lebensform finden; die Erwartungen, Wünsche und Einstellungen zum Wohnen im Erwachsenenalter sind auch Ergebnis der Erziehung.

Je nach Art und Umfang der Körperbehinderung haben betroffene Menschen **Wohnbedürfnisse**, die entsprechende Anpassungen der Wohnumwelt notwendig machen. Eine Orientierung an den üblichen Wohnstandards ist nur bedingt möglich, so daß junge Körperbehinderte durch Erziehungs- und Lernprozesse befähigt werden müssen, ihre Bedürfnisse zu erkennen, sie zu artikulieren und sich Kenntnisse und Fähigkeiten anzueignen, mit deren Hilfe sie befriedigt werden können.

Wird ein Erwachsener körperbehindert, so hat er schon **Wohnerfahrungen**. Er will auch als Körperbehinderter möglichst so leben und wohnen, wie er es vor seiner Erkrankung oder seinem Unfall praktizierte. Auch er muß viel Neues lernen, um seine veränderten Wohnbedürfnisse zu befriedigen, aber es gelingt ihm meist leichter, die Wohnumwelt behindertengerecht zu gestalten. Bei körperbehinderten Kindern und Jugendlichen ist die Ausgangssituation anders: Für sie besteht die Gefahr, daß ihre Bedürfnisse nicht erkannt und ihre **Wohnerwartungen** den Bedingungen angepaßt werden, die in ihrer Familie herrschen. In der Regel sind die Familienwohnungen aber nicht behindertengerecht und Eltern verfügen nicht über Wohnkonzepte, die der Behinderung ihres Kindes entsprechen. Wohnen wird hier zum **Lernziel**, dem in Ganztages- und Internatsschulen Rechnung getragen werden kann.

Ungünstig ist die Ausgangslage für körperbehinderte Kinder, die in Heimen aufwachsen oder lange Zeit in Internaten leben. Auch wenn sich die **Heim- und Internatserziehung** bemüht, durch familienähnliche Gruppen eine Annäherung an privates Wohnen zu erreichen, so bleiben doch viele Besonderheiten des Wohnens und Lebens bestehen. Noch nachteiliger ist es für diejenigen, die nie privates und selbstbestimmtes Wohnen erlebt haben, weil sie in Pflege- und Betreuungseinrichtungen aufgewachsen sind.

Im **Lernbereich Wohnen** lassen sich vier Schwerpunkte unterscheiden: (1.) Ein kognitiver Bereich: Es müssen Kenntnisse und Fähigkeiten zum Planen, Finanzieren und Bauen erworben werden, die einem behindertengerechten Wohnen entsprechen. (2.) Ein ästhetisch-kultureller Bereich: Heranwachsende Körperbehinderte müssen eigene Wünsche, Einstellungen und Erwartungen herausbilden, wie sie sich ihre spätere Wohnform vorstellen, wie sie ihre Wohnumwelt gestalten und ihre Wohnung einrichten wollen. (3.) Ein psycho-motorischer Bereich: Es müssen instrumentelle Handlungskompetenzen aufgebaut werden, um die lebenspraktischen Anforderungen des selbstbestimmten Wohnens zu bewältigen. (4.) Ein sozial-kommunikativer Bereich: Es müssen soziale Handlungskompetenzen aufgebaut werden, um den Anforderungen bei der Inanspruchnahme von Hilfen zur Pflege und Haushaltsführung gerecht zu werden.

Durch ein Lernprojekt **Wohnungssuche** (Stadler 1987b, 190-210) kann im Schulunterricht oder als soziale Gruppenarbeit in den Internaten vom Abfassen einer Zeitungsanzeige bis zum Abschluß eines Mietvertrags sowohl Sachwissen als auch Kompetenz erworben werden. Es dient der Vorbereitung auf selbstbestimmtes Wohnen und Leben. Die **Wohnformen** sind dann letztlich von persönlichen Entscheidungen abhängig: Für den einen ist das Wohnen mit Lebens- und Ehepartner sowie Kindern, für den anderen das Alleinwohnen erstrebenswert. Die Angebote von Servicehäusern und Betreuungs- und Pflegeeinrichtungen können für den einen eine ungewollte Wohnform werden, es gibt aber sicher auch Menschen, die die Vollversorgung für sich als Vorteil sehen und gerne nutzen. Grob läßt sich zwischen eher fremdbestimmten und weitgehend selbstbestimmten Formen des Wohnens und Lebens unterscheiden. Neben der individuellen Situation aufgrund der Körperbehinderung dürften auch hier das entwickelte Anspruchsniveau und persönliche Neigungen entscheidend sein. Ziel aller Maßnahmen ist eine **Normalisierung** im Sinne eines Lebens Körperbehinderter, das sich von den Formen des Lebens und Wohnens, die in der Gesellschaft vorherrschen, nur insoweit abhebt, als es durch die Behinderung bedingt ist.

9.6 Abschließende Überlegungen

Die Krise am Ausbildungs- und Arbeitsmarkt ist nicht auf Behinderte begrenzt, sondern erfaßt die gesamte junge Generation. Analysen und Lösungsansätze sollten deshalb nicht isoliert erörtert werden. Die berufsfixierte Normalbiographie mit kalkulierbarem Übergang von Schule und Ausbildung in eine dauerhafte Erwerbsarbeit ist für viele junge Menschen nicht mehr erreichbar. Mit längeren Phasen der Arbeitslosigkeit, mit häufigen Arbeitsplatzwechseln und mit einem längerfristigen oder gar andauernden Leben ohne Erwerbsarbeit müssen insbesondere Körperbehinderte mit schweren Auswirkungen ihrer Behinderung rechnen. Der Gesetzgeber und die staatlichen Behörden, insbesondere die Bundesanstalt für Arbeit, aber auch die Tarifpartner (Arbeitgeber und Gewerkschaften) müssen ihre Verantwortung erkennen und Lösungen suchen. Eine Ausgrenzung großer Teile der nachwachsenden Generation von Erwerbsarbeit und eigenem Einkommen ist unsozial und letztlich inhuman. Die aufwendigen Hilfen zur beruflichen Eingliederung und der dafür mobilisierte Apparat der Bundesanstalt für Arbeit machen nur Sinn, wenn für junge Behinderte auch reale Chancen auf einen Ausbildungs- und Arbeitsplatz geschaffen werden. Die Instrumente eines subventionierten Abeitsmarktes können durch Gründung von Selbsthilfefirmen und unterstützte Beschäftigung für Behinderte verstärkt genutzt werden. Schul-, Sozial- und Berufspädagogen müssen als Begleiter den schwieriger werdenden Übergang von der Schule in das Erwachsenenleben unterstützen. Es gilt, sich den Problemen der jungen Generation zu stellen und zu ihrer beruflich-sozialen Integration beizutragen.

10. Literaturverzeichnis

Adler, A.: Studie über Minderwertigkeit von Organen. 2. Aufl. München 1927, Nachdruck Frankfurt 1977

Albrecht, H.-J.: Die Eingliederung von Absolventen der Berufsbildungswerke in den Arbeitsmarkt – Ergebnisse einer Längsschnittuntersuchung. In: Ellger-Rüttgardt und Blumenthal 1997, 55-70

Anstötz, Ch.: Ethik und Behinderung. Ein Beitrag zur Ethik in der Sonderpädagogik aus empirisch-rationaler Perspektive. Berlin 1990

Antor, G. und Bleidick, U.: Recht auf Leben – Recht auf Bildung. Aktuelle Fragen der Behindertenpädagogik. Mit Beiträgen von U. Haeberlin, R. Seifert, O. Speck und A. Stracke-Mertes. Heidelberg 1995

Apel, K.-O., Böhler, D., Berlich, A. und Plumpe, G. (Hrsg.): Praktische Philosophie/ Ethik. Bd. 1. Frankfurt 1980

Arbeitsgemeinschaft der Verbraucherverbände e.V. (Hrsg.): Hilfsmittel-Beratung für Behinderte. Wer bietet Beratung? Bonn 1993

Arbeitsstelle Frühförderung, Institut für Sonderpädagogik an der Universität München: Pädagogische Frühförderung behinderter und von Behinderung bedrohter Kinder. Projektabschlußbericht. (Eigenverlag) München 1982

Arnusch, G. und Pivit, C.: Was ist Unterstützte Kommunikation? Eine Einführung. In: ISAAC-Deutschland – Gesellschaft für Unterstützte Kommunikation (Hrsg.): „Edi, mein Assistent" und andere Beiträge zur Unterstützten Kommunikation. Düsseldorf 1996, 9-48

Aschersleben, K.: Einführung in die Unterrichtsmethodik. Stuttgart 1974, 5. Aufl. 1991

Bach, H.: Grundbegriffe der Behindertenpädagogik (1985). In: Bleidick (1985a), 3-24

Bach, H.: Zum Begriff „Schwerste Behinderung" (1991). In: Fröhlich 1991b, 3-14

Bachmann, W.: Das unselige Erbe des Christentums: Die Wechselbälge. Selbstverlag des Instituts für Heil- und Sonderpädagogik der Universität Giessen 1985

BAGH – Bundesarbeitsgemeinschaft Hilfe für Behinderte (Hrsg.): Die Rechte behinderter Menschen und ihrer Angehörigen. Düsseldorf 24. Aufl 1995

Balzer, B. und Rolli, S.: Sozialtherapie mit Eltern Behinderter. Orientierungen für eine Konzeption im Rahmen eines psychohygienischen Gemeindeprogramms. Weinheim 1975

BAR – Bundesarbeitsgemeinschaft für Rehabilitation (Hrsg.): Rehabilitation Behinderter – Schädigung, Diagnostik, Therapie, Nachsorge. Wegweiser für Ärzte und weitere Fachkräfte der Rehabilitation. Köln 1984, 2. Aufl. 1994

BAR – Bundesarbeitsgemeinschaft für Rehabilitation (Hrsg.): Wegweiser – Eingliederung Behinderter in Arbeit, Beruf und Gesellschaft. 9. Aufl. 1995

Barlsen, J., Bungart, J., Cardenas, B. und Klinkenbusch, A.: Vorbereitung des Übergangs körperbehinderter Jugendlicher von der Schule ins Arbeitsleben. Forschungsbericht Nr. 248, herausgg. vom Bundesministerium für Arbeit und Sozialordnung. Bonn 1995

Becker, G.E. und Stadler, H.: Alltagsprobleme in der Heimerziehung. Bad Heilbrunn 1982

Becker, K.-P. und Autorenkollektiv: Rehabilitationspädagogik. Berlin (Ost) 1979, 2. Aufl. 1984

Begemann, E.: Zur Aufgabe einer Didaktik für körperbehinderte Kinder und Jugendliche. In: Z.f. Heilpädagogik 20 (1969) 273-286

Begemann, E.: Gundprobleme eines Bildungsplans der Schule für Körperbehinderte. In: Wolfgart und Begemann 1971, 182-215

Begemann, E., Fröhlich, A. und Penner, H.: Förderung von schwerstkörperbehinderten Kindern in der Primarstufe. Mainz 1979

Beiderwieden, K.: Berufliche Wiedereingliederung von ehemaligen Rehabilitanden und Rehabilitandinnen – Empirische Ergebnisse der Nachbefragungen der Arbeitsgemeinschaft Deutscher Berufsförderungswerke. In: Ellger-Rüttgardt und Blumenthal 1997, 71-92

Belardi, N. et al.: Pädagogik. Sozialpädagogische Arbeitsfelder. Soziale Arbeit Bd. 1. Frankfurt 1980

Bergmann, H.: Die Bildungschancen des jungen Patienten. Beiträge zum Thema Krankenhausschule. Rheinstetten 1980

Berndt, H.: Didaktik der Körperbehindertenschule. In: Heese und Wegener 1969, Bd. 1, 600-609

Berndt, H. und Autorenkolletiv: Rehabilitationspädagogik für Körperbehinderte. Berlin (Ost) 1986

Berndt, R.: Handübungen bei körperbehinderten Kindern. In: Heese und Wegener 1969, Bd. 2, 1798-1802

Berndt, W.: Alltag und Krankheit. Gedanken zur Praxis der Schule für Kranke (Sonderschule). Soest 1987

Beschel, E.: Würtz, Hans. In: Heese und Wegener 1969, 3834-3835

Beyreuther, E.: Geschichte des Pietismus. Stuttgart 1978

Biesalski, K.: Was ist ein Krüppel? Z. f. Krüppelfürsorge 1 (1909) 11-17

Biesalski, K.: Grundriß der Krüppelfürsorge. Leipzig 1926

Bittner, G. und Thalhammer, M. (Hrsg.): „Das Ich ist vor allem ein körperliches ...“ Zum Selbstwerden des körperbehinderten Kindes. Würzburg 1989

Bläsig, W.: Körperbehinderten- und Krankenhausschulen. In: Lesemann 1966, 102-128

Bläsig, W.: Die Rehabilitation der Körperbehinderten. München 1967

Bläsig, W.: Aufgaben der Körperbehindertenpädagogik. In: Heese und Wegener Bd. 2. Berlin 1969, 1777-1780

Bläsig, W.: Berufsfindung und berufliche Eingliederung körperbehinderter Jugendlicher. Berlin 1979, 2. Aufl. 1980

Bläsig, W: In der Behinderung lebendig. Hannover 1987

Bläsig, W., Jansen, G.W. und Schmidt, M.H. (Hrsg.): Die Körperbehindertenschule. Eine Darlegung der gegenwärtigen didaktischen und methodischen Konzeption. Berlin 1972

Bleidick, U.: Pädagogik der Behinderten – Grundzüge einer Theorie der Erziehung behinderter Kinder und Jugendlicher. Berlin 1972, 3. Aufl. 1978

Bleidick, U. (Hrsg.): Theorie der Behindertenpädagogik. Handbuch der Sonderpädagogik. Bd. 1. Berlin 1985a

Bleidick, U.: Wissenschaftssystematik der Behindertenpädagogik. (1985b) In: Bleidick 1985a, 48-86

Bleidick, U.: Betrifft Integration: behinderte Schüler in allgemeinen Schulen. Konzepte der Integration: Darstellung und Ideologiekritik. Berlin 1988

Bleidick, U.: Die Behinderung im Menschenbild und hinderliche Menschenbilder in der Erziehung von Behinderten. In: Z.f. Heilpädagogik 41 (1990) 514-534

Bleidick, U. und Hagemeister, U.: Allgemeine Theorie der Behindertenpädagogik. Einführung in die Behindertenpädagogik Bd. 1. Stuttgart 1977, 5. Aufl. 1995

BMA – Bundesministerium für Arbeit und Sozialordnung (Hrsg.): Einrichtungen der medizinisch-beruflichen Rehabilitation. Bonn 1990

BMA – Bundesministerium für Arbeit und Sozialordnung (Hrsg.): Berufsförderungswerke. Einrichtungen zur beruflichen Eingliederung erwachsener Behinderter. Bonn 1993

BMA – Bundesministerium für Arbeit und Sozialordnung (Hrsg.): Dritter Bericht der Bundesregierung über die Lage der Behinderten und die Entwicklung der Rehabilitation. Bonn 1994

BMA – Bundesministerium für Arbeit und Sozialordnung (Hrsg.): Berufsbildungswerke. Einrichtungen zur beruflichen Rehabilitation junger Menschen mit Behinderung – Erstausbildung. Bonn 1995a

BMA – Bundesministerium für Arbeit und Sozialordnung (Hrsg.): Einrichtungen und Stellen der Frühförderung in der Bundesrepublik Deutschland. Bonn 3. Aufl. 1995b

BMA – Bundesminister für Arbeit und Sozialordnung (Hrsg.): Übersicht über das Sozialrecht. Bonn 3. Aufl. Bonn 1995c

BMA – Bundesministerium für Arbeit und Sozialordnung (Hrsg.): Anhaltspunkte für die ärztliche Gutachtertätigkeit im sozialen Entschädigungsrecht und nach dem Schwerbehindertengesetz. Bonn 1996

BMA – Bundesminister für Arbeit und Sozialordnung (Hrsg.): Ratgeber für Behinderte. Bonn 1997

Bobath, B. und Bobath, K.: Die motorische Entwicklung bei Zerebralparesen. Stuttgart 1977

Bordel, R.: Berufliche Eingliederungshilfen in der Schule. Arbeitsplatz- und Betriebserkundungen sowie Betriebspraktika mit körperbehinderten Jugendlichen – Versuche und Erfahrungen. In: Bordel, Nagel und Stadler 1987, 47-173

Bordel, R., Nagel, N. und Stadler, H.: Schule – und wie weiter? Hilfen zur beruflichen und sozialen Eingliederung junger Körperbehinderter. Heidelberg 1987

Braun, U.: Unterstützte Kommunikation – ein Weg aus der Isolation nichtsprechender Menschen. In: Landesinstitut für Schule und Weiterbildung (Hrsg.): Kommunikationsförderung nichtsprechender oder schwerverständlicher Kinder. Dokumentation einer Fachtagung. Soest 1996

Bredenkamp, R. (Hrsg.): Handbuch psychologischer und pädagogischer Tests. Göttingen 1975, Erster Ergänzungsband Göttingen 1983

Breitinger, M. und Fischer, D.: Intensivbehinderte lernen leben. Würzburg 1980

Brezinka, W.: Erziehungsziele, Erziehungsmittel, Erziehungserfolg. München 1976

Briefs, P.J.: Körperbehindertenfürsorge im Geiste der Caritas. Bigge 1955

Brönnecke, D.: Die spezielle Förderung schwerstbehinderter Kinder im Rahmen der Schule für Körperbehinderte. In: VDS Hamburg 1990, 120-130

Brühl, A.: Mein Recht auf Sozialhilfe. Beck-Rechtsberater im dtv. München 13. Aufl. Stand 1.9.1996

Bundesanstalt für Arbeit (Hrsg.): Handbuch zur Berufswahlvorbereitung. Ausgabe 1992. Mannheim 1992

Bundesanstalt für Arbeit (Hrsg.): Berufliche Rehabilitation junger Menschen. Handbuch für Schule, Berufsberatung und Ausbildung. Ausgabe 1997. Hochheim am Main 1997

Bundesarbeitsgemeinschaft der Berufsbildungswerke: Nachbefragungsergebnisse für 1996. Unveröffentlichter Bericht von 1997

Bundesarbeitsgemeinschaft der überörtlichen Träger der Sozialhilfe: Förderungs- und Beschäftigungsmöglichkeiten für Schwerstbehinderte. In: Bundesarbeitsgemeinschaft der Werkstätten für Behinderte e.V.: Berichte, Informationen, Meinungen. Heft 1/1990, 11-14

Bundesminister für Jugend, Familie, Frauen und Gesundheit (Hrsg.): Wohnen Behinderter – Literaturstudie (von B. Pieda und S. Schulz) und Berichtsband. Stuttgart 1990

Bundesministerium für Gesundheit (Hrsg.): Lebenssituation von Menschen mit Behinderung in privaten Haushalten. Bericht zu einer bundesweiten Untersuchung im Forschungsprojekt „Möglichkeiten und Grenzen einer selbständigen Lebensführung". Baden-Baden 1996

Bundesverband für spastisch Gelähmte und andere Körperbehinderte e.V. (Hrsg.): Eingriffe – Angriffe. Über die Bedrohung menschlichen Lebens durch medizintechnische und gesellschaftliche Entwicklungen. Düsseldorf (Eigenverlag) 1992a

Bundesverband für spastisch Gelähmte und andere Körperbehinderte e.V.: Werkstatt für Behinderte mit besonderem Auftrag. Düsseldorf (Eigenverlag) 1992b

Bundschuh, K.: Das Diagnose-Förder-Modell als Element einer Heilpädagogik der neunziger Jahre. In: Die neue Sonderschule 42 (1997) 3, 179-191

Bunk, G.P.: Einführung in die Arbeits-, Berufs- und Wirtschaftspädagogik. Heidelberg 1982

Buß, F.J. von: System der gesammten Armenpflege nach den Werken des R. von Gerando und nach eigenen Ansichten. Bd. 1-3 1843-46, ohne Angabe des Verlagsorts, Bd. 3, 1846

Butzke, F. und Bordel, R. (Hrsg.): Leben ohne Beruf? Alternative Lebensgestaltung Behinderter ohne berufliche Perspektive. Heidelberg 1989

Butzke, F. und Müller-Breckwoldt, H. (Hrsg.): Aus Pfaden werden Wege. Hilfen für Menschen mit Behinderungen und ihre Angehörigen zur Verbesserung der Chancen auf dem Arbeitsmarkt und in der Gesellschaft. Bericht über die Fachtagung „Schule und wie weiter" im Rehabilitationszentrum Neckargemünd (Eigenverlag) 1995

Cloerkes, G.: Einstellung und Verhalten gegenüber Behinderten. Eine kritische Bestandsaufnahme internationaler Forschung. Berlin 1979, 3. erw. Aufl. 1985

Cloerkes, G.: Soziologie der Behinderten. Eine Einführung. Unter Mitwirkung von R. Markowetz. Heidelberg 1997

Comenius, J.A.: Didactica magna oder Große Unterrichtslehre. Übersetzt und bearbeitet von W. Altemöller. Paderborn 1905

Dank, S.: Individuelle Förderung Schwerstbehinderter. Konkrete Beispiele, Programme, Übertragungsmöglichkeiten. Dortmund 1987, 3. Aufl. 1990

Dank, S.: Schulische Arbeit mit schwer- und schwerstbehinderten Kindern und Jugendlichen. In: Mitteilungsblatt des Verbandes Deutscher Sonderschulen (VDS), Landesverband Nordrhein-Westfalen Heft März 1991, 1-16

Deisenhofer, A. und U.: Einführung. In: Jugendrecht. Beck-Texte im dtv 21. Aufl. München 1997, XI-XXXV

Deutsche Vereinigung zur Bekämpfung des Krüppeltums (Hrsg.): Jahrbuch der Fürsorge für Körperbehinderte 1956 (Selbstverlag)

Deutscher Bildungsrat – Empfehlungen der Bildungskommission: Strukturplan für das Bildungswesen. Stuttgart 1970

Deutscher Bildungsrat – Gutachten und Studien der Bildungskommission – Sonderpädagogik 1: Behindertenstatistik, Früherkennung, Frühförderung. Stuttgart 1973

Deutscher Bildungsrat – Empfehlungen der Bildungskommssion: Zur pädagogischen Förderung behinderter und von Behinderung bedrohter Kinder und Jugendlicher. Stuttgart 1974a

Deutscher Bildungsrat – Gutachten und Studien der Bildungskommission – Sonderpädagogik 4: Verhaltensgestörte, Sprachbehinderte, Körperbehinderte. Stuttgart 1974b

Deutscher Bildungsrat – Gutachten und Studien der Bildungskommission – Sonderpädagogik 5: Blinde, Sehbehinderte, Mehfachbehinderte. Stuttgart 1975a

Deutscher Bildungsrat – Gutachten und Studien der Bildungskommission – Sonderpädagogik 6: Sozialpädiatrische Zentren für behinderte und entwicklungsgefährdete Kinder. Stuttgart 1975b

Dichanz, H. et al.: Medien im Unterrichtsprozeß. Grundlagen, Problem, Perspektiven. München 1974

Dieterich, M: Berufliche Vorbereitung und Berufsbildung (Berufsbildungswerke). In: Mühlum und Oppl 1992, 121-138

Döring, K.W.: Lehr- und Lernmittel: Medien des Unterrichts. Zur Geschichte und Didaktik der materialen unterrichtlichen Hilfsmittel. Weinheim 1969, 2. Aufl. 1973

Dreisbach, D.: Berufsbildungswerke. Sozialer Lernort für Behinderte. Freiburg i.B. 1986

Dumke, D. (Hrsg.): Integrativer Unterricht. Gemeinsames Lernen von Behinderten und Nichtbehinderten. Weinheim 1991, 2. Aufl. 1993

Dumke, D. und Schäfer, G.: Entwicklung behinderter und nichtbehinderter Schüler in Integrationsklassen. Einstellungen, soziale Beziehungen, Persönlichkeitsmerkmale und Schulleistungen. Weinheim 1993

Eckmann, Th.: Selbstsein unter seinesgleichen? Indentitätsförderung Körperbehinderter an der Schule für Körperbehinderte. Berlin 1985

Ellger-Rüttgardt, S.: Zur Funktion historischen Denkens für das Selbstverständnis der Behindertenpädagogik. In: Sonderpädagogik 16 (1986) 49-61

Ellger-Rüttgardt, S. und Blumenthal, W. (Hrsg.): Über die große Schwelle – Junge Menschen mit Behinderungen auf dem Weg von der Schule in Arbeit und Gesellschaft. Ulm 1997

Eßer, R.: „Alltagsbegleitung" – für Berlin ein neues Modell der nachgehenden Betreuung. In: Ellger-Rüttgardt und Blumenthal 1997, 153-163

Evers, M. und Krose, M.: Die Beschäftigung schwerstkörperbehinderter Menschen in einer Integrationsfirma. In: Ellger-Rüttgardt und Blumenthal 1997, 327-335

Fengler, J. und Jansen G. (Hrsg.): Handbuch Heilpädagogische Psychologie. Stuttgart 1987, 2. Auflage 1994

Feuser, G., Oskamp, U. und Rumpler, F. (Hrsg.): Förderung und schulische Erziehung schwerstbehinderter Kinder und Jugendlicher. Bericht zum Symposium 1982 in Würzburg. Stuttgart 1983

Fischer, D.: Die schulische Förderung schwerstbehinderter Kinder und Jugendlicher. (1991) In: Fröhlich 1991b, 270-281

Fischer, T.: Berufsfindung und Arbeitserprobung. Berufliche Rehabilitation Behinderter. Dortmund 1986, 2.Aufl. 1987a

Fischer, T. unter Mitarbeit von Harke, D.: Didaktische Konzepte der Lernförderung bei Lernproblemen in der Berufsbildung Erwachsener. Materialien und Praxiserfahrungen. Herausgg. vom Bundesinstitut für Berufsbildung. Berlin 1987b

Fischer, T.: Methodisch-didaktische Konzepte in der beruflichen Rehabilitation Erwachsener in Einrichtungen der Phase II. In: Die Rehabilitation 32 (1993) 162-170

Fornefeld, B.: Das schwerstbehinderte Kind und seine Erziehung: Beiträge zu einer Theorie der Erziehung. Heidelberg 1995

Forschungsgemeinschaft „Das körperbehinderte Kind" e.V. (Hrsg.): Frühförderung körperbehinderter Kinder – Forschungsergebnisse und Zielsetzungen. Heidelberg 1976

Forschungsgemeinschaft „Das körperbehinderte Kind" e.V. (Hrsg.): Entwicklung und Förderung Körperbehinderter. Heidelberg 1986

Franzkowiak, T. und Frey, H.: BLISS – Eine lebendige Sprache! In: ISAAC-Deutschland – Gesellschaft für Unterstützte Kommunikation (Hrsg.): „Edi, mein Assistent" und andere Beiträge zur Unterstützten Kommunikation. Düsseldorf 1996, 239-249

Frey, H.: Die Bliss-Symbol-Kommunikationsmethode. Eine Einführung. Mönchengladbach o. J.

Fröhlich, A.: Zur Anthropologie Körperbehinderter: Schwerstbehinderung als humane Existenz. In: Fröhlich, A. (Hrsg.): Dokumentation zur Situation Schwerstbehinderter. Sonderheft der Zeitschrift für Heilerziehung und Rehabilitationshilfen. Staufen/Breisgau 1978, 110-156

Fröhlich, A.D.: Die Mütter schwerstbehinderter Kinder. Heidelberg 1986

Fröhlich, A.D. (Hrsg.): Erfahrungen mit der Beschulung Schwerstbehinderter. In: Senator für Schulwesen, Berufsausbildung und Sport (Hrsg.): Sonderpädagogik heute – Bewährtes und Neues. (Eigenverlag) Berlin 1987, 165-185

Fröhlich, A. (Hrsg.): Kommunikation und Sprache körperbehinderter Kinder. Dortmund 1989

Fröhlich, A.: Basale Stimulation. Düsseldorf 1991a

Fröhlich, A. (Hrsg.): Pädagogik bei schwerster Behinderung. Handbuch der Sonderpädagogik Bd. 12. Berlin 1991b

Fromm, B. und Wellmitz, B.: Alternative Kommunikationssysteme. In: Wellmitz und von Pawel 1993, 135-142

Fürst, A.: Schulentlassung in ein Leben ohne Aufgabe? Probleme der Eingliederung Schwer- und Schwerstkörperbehinderter mit unterschiedlichen geistigen Vorausset- zungen in die Werkstatt für Behinderte. In: Z.f. Heilpädagogik 37 (1986) 198-202

Gagné, R.M.: Die Bedingungen menschlichen Lernens. Aus dem Amerikanischen über- setzt von H. Skowronek. Hannover 1969, 3. Aufl 1973

Garbe, H.: Blindenbildungswesen. In: Lesemann 1966, 1-18

Gillmann, J.: Die Entwicklung der Waisen- und Armenkindererziehung in Baden. Dis- sertation Freiburg i.B. 1926

Girod, C.: Geschichte der Embryologie. In: Toellner, R. (Hrsg.): Illustrierte Geschichte der Medizin. Bd. 4. Salzburg 1990, 1895-1928

Glaser, H.: Das Verschwinden der Arbeit. Auf dem Weg zu einer Tätigkeitsgesellschaft. Düsseldorf 1988

Grissemann, H.: Förderdiagnostik von Lernstörungen. In: Rett, A. (Hrsg.): Rehabilita- tion. Bd. 37, Bern 1990

Gröschke, D.: Praktische Ethik der Heilpädagogik. Individual- und sozialethische Refle- xionen zu Grundfragen der Behindertenhilfe. Bad Heilbrunn 1993

Hackenberg, W.: Die psycho-soziale Situation von Geschwistern behinderter Kinder. Heidelberg 1983

Haeberlin, U.: Allgemeine Heilpädagogik – mit Ergänzungen von J.-L. Lambert. Bern 1985a

Haeberlin, U.: Das Menschenbild für die Heilpädagogik. Bern 1985b

Haeberlin, U.: Heilpädagogik als wertgeleitete Wissenschaft. Eine propädeutische Ein- führung in Grundfragen einer Pädagogik für Benachteiligte und Ausgegrenzte. Bern 1996

Haeberlin, U.: Heil- und Sonderpädagogik im Widerspruch zwischen ethischer Verant- wortung und gesellschaftlicher Tradition. In: Die neue Sonderschule 42 (1997) 1, 5-16

Hahn, M.: Bedarf es einer besonderen Didaktik für die Sonderschule für Körperbehin- derte? In: Wolfgart und Begemann 1971, 163-180.

Haisch, W.: Betreuung heute für Schwerstbehinderte. Ein Forschungbericht. Herausgg. vom Bayerischen Staatsministerium für Arbeit und Sozialordnung. München 1990

Hartmann, N. (Hrsg.): Beiträge zur Pädagogik der Mehrfachbehinderten. Band 1: Rheinstetten 1972, Band 2: Rheinstetten 1973

Hartmann, N. (Hrsg.): Beiträge zur Pädagogik der Schwerstbehinderten. Heidelberg 1983

Haupt, U.: Schulische Förderung Körperbehinderter. In: Handbuch der Behinderten- pädagogik. Herausgg. von H. Dennerlein und K.Schramm. Bd. 2. München 1979, 440-448

Haupt, U.: Förderung schwerstbehinderter Kinder. In: Informationen Bildung und Wis- senschaft Ausgabe 7-8 / 1982a, 139-141

Haupt, U.: Veränderungen in der Schülerschaft der Körperbehindertenschulen – Not- wendigkeit der Entwicklung von neuen Konzepten. In: Sonderpädagogik 12 (1982b) 97-102, 174-180

Haupt, U.: Sprachheilbehandlung. (1983) In: Haupt und Jansen 1983a, 290-297

Haupt, U.: Eltern berichten über Erfahrungen mit der Schule ihrer körperbehinderten Kinder. In: Z. f. Heilpädagogik 48 (1997), 152-156

Haupt, U. und Fröhlich, A.: Entwicklungsförderung schwerstbehinderter Kinder. Be- richt über einen Schulversuch. Teil I. Mainz 1982

Haupt, U. und Fröhlich, A.: Integriertes Lernen mit schwerstbehinderten Kindern. Be- richt über einen Schulversuch. Teil II. Mainz 1983

Haupt, U. und Gärtner-Heßdörfer, U.: Integration körperbehinderter Schüler in das Gymnasium. Bericht über einen Schulversuch. Mainz 1986

Haupt, U. und Jansen, G.W. (Hrsg.): Pädagogik der Körperbehinderten. Handbuch der Sonderpädagogik Bd. 8. Berlin 1983a

Haupt, U. und Jansen, G. W.: Modelle der integrativen Erziehung und Unterrichtung von körperbehinderten und nichtbehinderten Kindern und Jugendlichen. (1983b) In: Haupt und Jansen 1983a, 83- 102

Heberer, G., Schwidetzky, I. und Walter H.: Anthropologie. Das Fischer Lexikon. Frankfurt 1959, Neuausgabe 1973

Hedderich, I.: Schulische Situatuation und kommunikative Förderung Schwerstkörperbehinderter. Berlin 1991

Heese, G. und Wegener, H. (Hrsg.): Enzyklopädisches Handbuch der Sonderpädagogik und ihrer Grenzgebiete. Drei Bände, Berlin 1969

Heimann, P.: Didaktik 1965. In: Heimann et al. 1970, 7-12

Heimann, P., Otto, G. und Schulz, W. (Hrsg.): Unterricht – Analyse und Planung. Hannover 1965, 5. Aufl. 1970

Hensle, U.: Einführung in die Arbeit mit Behinderten. Heidelberg 1979, 4. Aufl 1988

Hinz, A.: Kinder mit schwersten Behinderungen in Integrationsklassen. Theoretische Überlegungen und erste praktische Erfahrungen in Hamburg. In: Geistige Behinderung 30 (1991) 130-145

Hinz, A. und Wölfert-Ahrens, E.: Offene Formen der Förderung. (1991) In: Fröhlich 1991b, 282- 295

Hinz, A. et al.: Schwerstbehinderte Kinder in Integrationsklassen – eine Herausforderung. Bericht von einer Fachtagung der Bundesvereinigung Lebenshilfe für das geistigbehinderte Kind. Marburg 1992

Hohmeier, J. und Barlsen, J.: Ort und Funktion der „unterstützten Beschäftigung" im System der beruflichen Eingliederung von Menschen mit Behinderungen. Die Rehabilitation 36 (1997) 244-249

Horizon-Arbeitsgruppe: Unterstützte Beschäftigung. Handbuch zur Arbeitsweise von Integrationsfachdiensten für Menschen mit geistiger Behinderung. Gelsenkirchen (Eigenverlag) 1995

Horstmann, T.: Frühförderung bei Kindern mit cerebralen Bewegungsstörungen unter sonderpädagogischem Aspekt. Heidelberg 1982

ICIDH International Classification of Impairments, Disabilities and Handicaps. Ins Deutsche übersetzt von R.-G. Matthesius. Teil 1: Die ICIDH – Bedeutung und Perspektiven. Teil 2: Internationale Klassifikation der Schädigungen, Fähigkeitsstörungen und Beeinträchtigungen. Ein Handbuch zur Klassifikation der Folgeerscheinungen der Erkrankung. Berlin 1995

Jacobs, K.: Die Übergangsphase Schule/Arbeitswelt als pädagogische Herausforderung für die Schule für Lernhilfe – Gedanken zu ihrer didaktisch-methodischen Ausgestaltung im Hinblick auf eine existenzsichernde berufliche Eingliederung. In: Ellger-Rüttgardt und Blumenthal 1997, 95-112

Jacobsen, U. und Kalbe, U. (Hrsg.): Hilfsmittel für behinderte Kinder. Ein Ratgeber für Ärzte und Therapeuten. Stuttgart 1984

Jansen, G.W.: Die Einstellung der Gesellschaft zu Körperbehinderten. Neuburgweier 1972

Jansen, G., Kunert, S. und Sevenig, H.: Aspekte der Persönlichkeitserziehung bei körperbehinderten Kindern. (1983) In: Haupt und Jansen 1983a, 27-51

Jantzen, W.: Sozialisation und Behinderung. Studien zu sozialwissenschaftlichen Grundfragen der Behindertenpädagogik. Gießen 1974

Jantzen, W.: Sozialgeschichte des Behindertenbetreuungswesens. München 1982

Jantzen, W.: Materialistische Theorie der Behindertenpädagogik (1985). In: Bleidick 1985a, 322-342

Jantzen, W.: Allgemeine Behindertenpädagogik. Bd. 1 Sozialwissenschaftliche und psychologische Grundlagen. Ein Lehrbuch. Weinheim 1987

Jantzen, W.: Das Ganze muß verändert werden. Zum Verhältnis von Behinderung, Ethik und Gewalt. Berlin 1993

Jetter, K.H.: Bezugspunkte einer handlungsorientierten Didaktik der Schule für Körperbehinderte. In: Jetter, Kh. und Schönberger, F. (Hrsg.): Verhaltensstörung als Handlungsveränderung. Bern 1979, 41-54

Jochheim, K.-A. und Scholz, J.F.: Rehabilitation. 3 Bände. Bd. I: Gesetzliche Grundlagen, Methoden und Maßnahmen. Unter Mitwirkung von M. Hofrichter, K. Jung und E. Lungfiel. Stuttgart 1975

Jochheim, K.A. und R.-G. Matthesius: Zum Konzept der ICIDH und zum Stand ihrer internationalen Diskussion. In: ICIDH 1995, 5-12

Kalbe, U.: Entstehung von schwersten Behinderungen, ihre Auswirkungen auf das Leben Betroffener und ärztliche Aufgaben. (1991) In: Fröhlich 1991b, 411-416

Kalbe, U.: Hilfsmittelversorgung bei Menschen mit Körperbehinderungen. Leitlinien zur Indikation, Auswahl und Anpassung. Stuttgart 1995

Kallenbach, K. (Hrsg.): Väter behinderter Kinder. Geschichten aus dem Alltag. Reinbek 1994

Kallenbach, K.: Väter schwerstbehinderter Kinder. Unter Mitarbeit von R. Brüdern. Münster 1997

Kandel, E.R., Schwartz, J.H. und Jessel, T.M. (Hrsg.): Neurowissenschaften. Eine Einführung. Aus dem Englischen übersetzt von S. Benner et al.. Heidelberg. 1995

Kienzle, T. und Storch, S.: Das Recht in der Heilerziehungspflege. Rechtliche Grundlagen für die Behindertenhilfe, Sozialpsychiatrie, Altenpflege Stuttgart 1997

Kiphard, E.J.: Motopädagogik. Psychomotorische Entwicklungsförderung Bd. 1. Dortmund 1980

Kiphard, E.J.: Mototherapie Teil I und Teil II. Psychomotorische Entwicklungsförderung Bd. 2 und 3. Dortmund 1983

Klafki, W.: Didaktische Analyse als Kern der Unterrichtsvorbereitung. In: Auswahl Reihe A. Grundlegende Aufsätze aus der Zeitschrift die „Deutsche Schule". Hannover (1964) 1, 5-34.

Klafki, W.: Neue Studien zur Bildungstheorie und Didaktik. Zeitgemäße Allgemeinbildung und kritisch-konstruktive Didaktik. Weinheim 1985, 5. Aufl 1996

Klee, E.: Behinderten-Report. Frankfurt 1974; aktualisierte Ausgabe 1981

Klee, E.: „Euthanasie" im NS-Staat. Die „Vernichtung lebensunwerten Lebens". Frankfurt 1983

Klee, E.: Irrsinn Ost – Irrsinn West. Psychiatrie in Deutschland. Frankfurt 1993

Klink, J.-G. (Hrsg.): Zur Geschichte der Sonderschule. Bad Heilbrunn 1966

KMK – Kultusministerkonferenz: Gutachten zur Ordnung des Sonderschulwesens. Herausgegeben vom Sekretariat der Ständigen Konferenz der Kultusminister der Länder in der Bundesrepublik Deutschland. Bonn 1960

KMK – Kultusministerkonferenz: Empfehlung zur Ordnung des Sonderschulwesens. Bonn 1972

KMK – Kultusministerkonferenz: Empfehlungen für den Unterricht in der Schule für Körperbehinderte. Beschluß vom 6.9.1983. Neuwied 1984

KMK – Kultusministerkonferenz: Empfehlungen zur sonderpädagogischen Förderung in den Schulen der Bundesrepublik Deutschland. Bonn 1994

KMK – Kultusministerkonferenz – Statistische Veröffentlichungen: Die Sonderschulen in der bundeseinheitlichen Schulstatistik 1986 bis 1995. Bonn 1997

Knappek, R.: Schreibschule für körperbehinderte Kinder. In: Heese und Wegener 1969, Bd. 2, 1802-1806

Kniel, A. und Kniel, C.: Behinderte Kinder in Regelkindergärten. München 1984

Kniel, A. und Kniel, C.: Behinderte Kinder und Kindergartenwahl. Eine Untersuchung zu den Entscheidungsgründen der Eltern. München 1986

Kobi, E.E.: Modelle und Pradigmen in der heilpädagogischen Theoriebildung. In: Bürli, A. (Hrsg.): Sonderpädagogische Theoriebildung – Vergleichende Sonderpädagogik. Luzern 1977, 11-24

Koch, H.: Internat. In: Haupt und Jansen 1983a, 182-194

Koch, U., Lucius-Hoene, G. und Stegie, R. (Hrsg.): Handbuch der Rehabilitationspsychologie. Berlin 1988

Koske, C.: Beschäftigungstherapie und Unterricht in den Schulen für Körperbehinderte. Versuch einer Annäherung. Idstein 1989

Kösler, E.: WST – K- Werkstufe für Körperbehinderte. Konzeptionelle Überlegungen zu einem wiklichkeitsnahen Lernbereich am Ende der Schulzeit. In: Butzke und Bordel 1989, 389-405

Kösler, E.: Rehabilitiert ... und dann? Aspekte der nachschulischen Lebenssituation von motorisch schwer beeinträchtigten Menschen. Augsburg 1991

Krafeld. F. J.: Anders leben lernen. Von berufsfixierten zu ganzheitlichen Lebensorientierungen. Weinheim 1989

Krey, V.: Strafrecht Besonderer Teil. Bd. 1 Besonderer Teil ohne Vermögensdelikte. Stuttgart 10. Aufl. 1996

Krispin, J.: Die Werkstatt für Behinderte und alternative Beschäftigungsmöglichkeiten für Menschen mit einer Behinderung – speziell aufgezeigt an der Gruppe der lern- und körperbehinderten jungen Erwachsenen. Aachen 1997

Kron, F.: Grundwissen Didaktik. München 1993

Krose, G., Leifeld, P., Stadler, H. und Bange, R.: Berufliche Erstausbildung schwerstkörperbehinderter Jugendlicher im Berufsbildungswerk Heinrich-Haus Neuwied. Forschungsbericht Nr. 254, herausgg. vom Bundesministerium für Arbeit und Sozialordnung. Bonn 1995

Kuhse, H. und Singer, P.: Muß dieses Kind am Leben bleiben? Das Problem schwerstgeschädigter Neugeborener. Erlangen 1993

Kultusminister NRW (Nordrhein-Westfalen): Aufnahme Schwerstbehinderter in Sonderschulen. Runderlaß vom 12.7.1978. Veröffentlicht im Gemeins. Amtsblatt des Landes NRW Düsseldorf 1978

Kultusminister NRW (Nordrhein-Westfalen): Richtlinien und Hinweise für den Unterricht. Förderung schwerstbehinderter Schüler. Runderlaß vom 25.2.1985

Kultusminister NRW (Nordrhein-Westfalen): Verordnung über die Feststellung des sonderpädagogischen Förderbedarfs und die Entscheidung über den schulischen Förderort (VO-SF) vom 22.5.1995. Veröffentlicht im Gemeins. Amtsblatt des Landes NRW Düsseldorf 1995

Kunert, S.: Prinzipien der Unterrichts- und Erziehungsarbeit bei Körperbehinderten. In: Bläsig, Jansen und Schmidt 1972, 43-57

Kunert, S.: Verhaltensstörungen und psychagogische Maßnahmen bei körperbehinderten Kindern. Neuburgweier 1973, 2. Aufl. 1974

Kunert, S. und Schmidt, M.: Die psychische Situation körperbehinderter Kinder. Ratingen 1971

Küppers, H.-J.: Technische Hilfen für Behinderte und ihre psychologischen Auswirkungen. In: Koch et al. 1988, 155-167

Kurz von, J. N.: Über den Zustand und Nutzen einer Unterrichts-, Erziehungs- und Beschäftigungsanstalt für krüppelhafte Kinder. In: Klink 1966, 18-22

Landesinstitut für Schule und Weiterbildung (Hrsg.): Kommunikationsförderung nichtsprechender oder schwerverständlicher Kinder. Soest 1996

Lebenshilfe für Geistigebehinderte (Hrsg.): Familienentlastende Dienste. Marburg 1983

Lelgemann, R.: Arbeit ist möglich! Arbeitshilfen und Arbeitsplätze für Menschen mit schweren und mehrfachen Behinderungen. Düsseldorf 1996

Lenzen, D. und Mollenhauer, K. (Hrsg.): Theorien und Grundbegriffe der Erziehung und Bildung. Enzyklopädie Erziehungswissenschaft Band 1. Stuttgart 1983

Lesemann, G. (Hrsg.): Beiträge zur Geschichte und Entwicklung des deutschen Sonderschulwesens. Berlin 1966

Lesemann, G.: Wege, Wandlungen, Begegnungen in der Pädagogik, Sonder- und Sozialpädagogik. Rückschau, Analysen, Ausblicke, dargestellt an Abschnitten aus meinem Leben. Berlin 1969

Leyendecker, C.: Lernverhalten behinderter Kinder. Eine vergleichende experimentelle Untersuchung zum Lernverhalten bei Kindern mit cerebralen Bewegungsstörungen. Heidelberg 1977, 2. Aufl. 1982

Leyendecker, C.: Erfahrung und Theorie in der Sonderpädagogik Körperbehinderter – ein Diskurs zum Theorie-Praxis-Bezug. In: Die Rehabilitation 22 (1983) 100-109

Leyendecker, C.: Zutrauen und Verantwortung: Ein praxisnaher Essay und empirischer Aufweis der Prinzipien „Hoffnung" (Bloch) und „Verantwortung" (Jonas) in der Pädagogik Körperbehinderter. In: Z.f. Heilpädagogik 43 (1992) 656-666

Leyendecker, C.: Psychologie der Körperbehinderten. In: Fengler und Jansen 1994, 153-188

Leyendecker, C. und Neumann, K.: Besonderheiten der Entwicklung von Wahrnehmung, Lernen, Gedächtnis und Intelligenz bei Körperbehinderten. (1983) In: Haupt und Jansen 1983a, 410-438

Leyendecker, C., Seifert, R. und Stadler, H.: Dortmunder Stellungnahme zu Fragen von Ethik und Behinderung. In: Z.f. Heilpädagogik 42 (1991) 270-272

Leyendecker, C. und Horstmann, T. (Hrsg.): Frühförderung und Frühbehandlung. Wissenschaftliche Grundlagen, praxisorientierte Ansätze und Perspektiven interdisziplinärer Zusammenarbeit. Heidelberg 1996

Marsand, O.: Eine Kommunikationsmethode. In: Die Sonderschule 38 (1993) 2, 99-106

Merkens, L.: Fürsorge und Erziehung bei Körperbehinderten. Eine historische Grundlegung zur Körperbehindertenpädagogik bis 1920. Berlin 1981

Merkens, L.: Einführung in die historische Entwicklung der Behindertenpädagogik unter integrativen Aspekten. München 1988

Michaelis, E.: Lehrer/innen als Begleiter und Übergangshelfer im Prozeß der beruflichen Eingliederung lernbeeinträchtigter Jugendlicher. Darstellung der Berliner LBÜ-Maßnahme. In: Ellger-Rüttgardt und Blumenthal 1997, 137-151

Ministerium für Arbeit, Gesundheit und Soziales des Landes Nordrhein-Westfalen (Hrsg.): Behinderte Menschen in Nordrhein-Westfalen. Düsseldorf 1993

Möckel, A.: Geschichte der Heilpädagogik. Stuttgart 1988

Molitor, B.: Soziallehre – katholische. In: Simmel, O. und Stählin, R. (Hrsg.): Christliche Religion. Das Fischer Lexikon. Frankfurt 1961, 291-295

Mühl, H.: Zur geschichtlichen Entwicklung der Förderung schwerstbehinderter Menschen (1991). In: Fröhlich 1991b, 126-138

Mühl, H.: Einführung in die Geistigbehindertenpädagogik. Stuttgart 1984, 3. Aufl. 1994

Mühlum, A.: Sozialpädagogik und Sozalarbeit. Ein Vergleich. Frankfurt 1982, 2. Aufl. 1996

Mühlum, A. und Kemper, E.: Sozialarbeit in der Rehabilitation. In: Speck, O. und Martin, K.-R. (Hrsg.): Sonderpädagogik und Sozialarbeit. Handbuch der Sonderpädagogik Bd. 10. Berlin 1990, 3-27

Mühlum, A. und Kemper, E.: Rehabilitation in Berufsförderungswerken. Konzeption, Organisation, Ergebnisse. Freiburg i.B. 1992

Mühlum, A. und Oppl, H. (Hrsg.): Handbuch der Rehabilitation. Rehabilitation im Lebenslauf und wissenschaftliche Grundlagen der Rehabilitation. Neuwied 1992

Nagel, N.: Lebenskunde im Berufsvorbereitungsjahr (BVJ). (Eigenverlag der Stiftung Rehabilitation) Heidelberg 1984

Neubert, D. und Cloerkes, G.: Behinderung und Behinderte in verschiedenen Kulturen. Eine vergleichende Analyse ethnologischer Studien. Heidelberg 1987

Oskamp, U.: Effektivität technischer Kommunikationshilfen für zerebral bewegungsgestörte Schüler mit schweren Dysarthrien. Ein Beitrag zur Körperbehindertenpädagogik. Dissertation (Pädagogischen Hochschule Dortmund) 1977

Oskamp, U.: Reformpädagogische Ansätze in der frühen Körperbehindertenpädagogik aus der „Zeitschrift für Krüppelfürsorge" 1909-1929. In: Die Rehabilitation 17 (1978) 179-187

Oskamp, U.: Zum gegenwärtigen Stand der Förderung Schwerstbehinderter in Sonder-
schulen. In: Forschungsgemeinschaft 1986, 175-189
Oskamp, U.: Wie geht es weiter mit der Schule für Körperbehinderte? In: Das Band 24
(1993) 29-32
Pawel von, B.: Körperbehindertenpädagogik. Stuttgart 1984
Pawel von, B.: Kinder und Jugendliche mit schwersten Mehrfachbehinderungen. In:
Wellmitz und von Pawel 1993, 168-17
Pechstein, J.: Sozialpädiatrische Zentren für behinderte und entwicklungsgefährdete
Kinder. (1975) In: Deutscher Bildungsrat Stuttgart 1975b
Perl, O.: Krüppeltum und Gesellschaft im Wandel der Zeit. Gotha 1926. Nachdruck in:
Heiden, H.G., Simon G. und Wilken, U.: Otto Perl und die Entwicklung von Selbst-
bestimmung und Selbstkontrolle der Körperbehinderten-Selbsthilfe-Bewegung.
Krautheim 1993
Petermann, F., Noeker, M. und U. Bode: Psychologie chronischer Krankheiten im Kin-
des- und Jugendalter. München 1987
Peterßen, W.H.: Handbuch Unterrichtsplanung: Grundfragen, Modelle, Stufen, Dimen-
sionen. München 1982, 5.Aufl. 1992
Pfluger-Jakob, M. und Pflaum, E.: Psychologische Diagnostik in der Rehabilitation. In:
Koch, Lucius-Hoene und Stegie 1988, 250-280
Pieda, B. und Schulz, S.: Wohnen Behinderter – Literaturstudie –. Stuttgart 1990
Plath, H.-E., König, P. und Jungkunst, M.: Verbleib sowie berufliche und soziale Inte-
gration jugendlicher Rehabilitanden nach der beruflichen Erstausbildung. In: Mit-
teilungen zur Arbeitsmarkt- und Berufsforschung Heft 2, 1996, 247-278
Pohl, M.: Zum Problem einer schulischen Integration von Körperbehinderten. Eine Lite-
raturanalyse. Rheinstetten 1977
Pschyrembel Klinisches Wörterbuch. 255. Aufl. Berlin 1986
Rehn, E.: Geschwister zerebralparetischer Kinder. Frankfurt 1991
Reichmann-Rohr, E.: Gustav Lesemann – Ein deutscher Sonderpädagoge. Ein trauriges
Lehrstück in Sachen Aussonderungstätigkeit und pädagogischer Moral. In: Behin-
dertenpädagogik 30 (1991) 98-137
Reinhold, E.: Schule im Krankenhaus. Konzeption und Legitimation einer besonderen
pädagogischen Betreuung erkrankter Schulkinder in stationärer Behandlung. Berlin
1981
Rheinweiler, R. und Schönberger, F. (Hrsg.): Die Rolle der Eltern in der Rehabilitation
körperbehinderter Kinder und Jugendlicher. Rheinstetten 1979
Ricken, M.: Die Einflüsse von Konrad Biesalski und Hans Würtz auf die Pädagogik der
Körperbehinderten. Schriftliche Hausarbeit im Rahmen der Ersten Staatsprüfung für
das Lehramt Sonderpädagogik (unveröffentlicht). Universität Dortmund 1996
Rohrmann, E.: Gemeinwesenorientierte Arbeit mit Menschen, die wir geistig behindert
nennen. Auftrag und Aufhebung der Idiotenpädagogik Edouard Séguins. In: Z.f.
Heilpädagogik 47 (1996) 442-449
Ross, A.O.: Das Sonderkind. Problemkinder in ihrer Umgebung. Stuttgart 1967
Rousseau, J.J.: Emile oder Über die Erziehung. Deutsche Übersetzung in der Herausga-
be von M. Rang. Stuttgart 1983
Schäffer, F.: Arbeit – Spaß – Training. Ein Lebens- und Arbeitskonzept für Schwerst-
mehrfachbehinderte und ihre Bezugspersonen. Neuwied 1994
Scherpner, H.: Geschichte der Jugendfürsorge. Göttingen 1966
Schindele, R.: Didaktik des Unterrichts bei Sehgeschädigten. In: Rath, W. und Hudel-
meyer, D. (Hrsg.): Pädagogik der Blinden und Sehbehinderten. Berlin 1985, 91-123
Schley, W., Boban, I. und Hinz, A. (Hrsg.): Integrationsklassen in Hamburger Gesamtschu-
len. Erste Schritte zur Integrationspädagogik in der Sekundarstufe. Hamburg 1989
Schley, W. und Köbberling, A.: Integration in der Sekundarstufe. Erfahrungsschritte,
Problemfelder und Entwicklungsrichtungen in Hamburger Schulen mit Integrationsklassen. Hamburg 1994

Schlüter, W.: Darf Krüppelpädagogik Pädagogik sein? In: Z.f. Krüppelfüsorge 15 (1922) Heft 1

Schmeichel, M. und Schmeichel, B.: Hilfe für körperbehinderte Kinder. Stuttgart 1978

Schmeichel, M.: Geschichtliche Determinanten für heutige Ansätze. (1983) In: Haupt und Jansen 1983a, 4-14

Schmidt, A. und Seifert, R.: Die nachschulische Rehabilitation Schwerstbehinderter im Blickpunkt sonderpädagogischen Interesses. In: Z.f. Heilpädagogik 37 (1986) 737-744

Schönberger, F.: Teamprobleme bei der Förderung zerebral bewegungsgestörter Kinder und Jugendlicher. In: Heese, G. und Reinartz, A. (Hrsg.): Aktuelle Beiträge zur Körperbehindertenpädagogik. Berlin 1974a, 7-20

Schönberger, F.: Körperbehinderungen – Ein Gutachten zur schulischen Situation körperbehinderter Kinder und Jugendlicher in der Bundesrepublik Deutschland. In: Deutscher Bildungsrat Stuttgart 1974b, 199-279

Schönberger, F.: Neue didaktische Konzeptionen in der Körperbehindertenpädagik. (1983) In: Haupt und Jansen 1983a, 52-75

Schönberger, F.: Kooperative Didaktik – Unterrichtslehre einer handlungsorientierten Sonderpädagogik. In: Schönberger, F: Kooperative Didaktik mit Beiträgen von K. Jetter, H. Moser, K. Schittko. Stadthagen 1984, 83-171

Schröder, S.: Historische Skizzen zur Betreuung schwerst- und mehrfachgeschädigter geistigbehinderter Menschen. In: Hartmann 1983, 17-61

Schulte-Sasse, H.: Computer in der Kommunikation mit BLISS. Vorstellung aktueller BLISS-Programme. In: Das Band 25 (1994) 24-27

Schulz, W.: Die lehrtheoretische Didaktik. Westermanns Päd. Beiträge 32 (1980) 80-85

Schumann, P.: Geschichte des Taubstummenwesens vom deutschen Standpunkt aus dargestellt. Frankfurt a.M. 1940

Schuntermann, M.F.: Die internationale Klassifikation der Impairments, Disabilities und Handicaps ICIDH – Ergebnisse und Probleme. In: Die Rehabilitation 35 (1996) 6-13

Seidler, E.: Historische Elemente des Umgangs mit Behinderung. In: Koch, Lucius-Hoene und Stegie 1988, 3-19

Seifert, K.H. und Stangl, W.: Einstellungen zu Körperbehinderten und ihrer beruflich-sozialen Integration. Bern 1981

Sevenig, H.: Zur Frage der Förderbarkeit von Kindern und Jugendlichen mit schwersten cerebralen Bewegungsstörungen und Anarthrie. Bonn 1995

Seyd, W.: Didaktische Grundfragen beruflicher Rehabilitation. In: Mühlum und Oppl 1992, 539-567

Seyd, W.: Zielperspektiven beruflicher Bildung vor dem Hintergrund aktueller Entwicklungen auf dem Arbeitsmarkt. In: Ellger-Rüttgardt und Blumenthal 1997, 13-27

Seywald, A.: Anstoßnahme an sichtbar Behinderten. Heidelberg 1980

Sierck, U.: Arbeit ist die beste Medizin. Zur Geschichte der Rehabilitationspolitik. Hamburg 1992

Singer, P.: Praktische Ethik. Stuttgart 1984

Solarová, S.: Mehrfachbehinderte – Ursachen , Erscheinungsformen und Auswirkungen. (1975) In: Deutscher Bildungsrat 1975a, 225-272

Solarová, S. (Hrsg.): Geschichte der Sonderpädagogik. Stuttgart 1983

Sowa, M. und Metzler, H.N. (Hrsg.): Der therapeutisch richtige Umgang mit behinderten Menschen. Grundlagen und praktische Hinweise. Dortmund 1989.

Speck, O.: Frühförderung entwicklungsgefährdeter Kinder. Der pädagogische Beitrag zu einer interdisziplinären Aufgabe. München 1977

Speck, O.: System Heilpädagogik. Eine ökologisch reflexive Grundlegung. München 1987

Speck, O.: Rehabilitation durch Frühförderung. In: Mühlum und Oppl 1992, 33-40

Staatsinstitut für Schulpädagogik und Bildungsforschung München: Die Schule für Körperbehinderte. Leitgedanken zu Erziehung, Unterricht und Förderung. München 1993

Staatsinstitut für Schulpädagogik und Bildungsforschung (Hrsg.): Beratungssystem ELEKOK. Konzeption zur Weiterentwicklung elektronischer Hilfen für Schüler mit Körperbehinderung. München 1995

Stadler, H.: Zum pädagogischen Selbstverständnis von Sonderschullehrern. Rheinstetten 1975, 2.Aufl. 1976

Stadler, H.: Vom Heim zur Wohnung. Junge Körperbehinderte auf dem Weg zu selbstbestimmtem Leben. In: Z.f. Heilpädagogik 36 (1985) 1-11

Stadler, H.: Rehabilitationspädagogik für Körperbehinderte in der DDR. Kritische Rezension zu: Helmut Berndt und Autorenkollektiv: Rehabilitationspädagogik für Körperbehinderte. Z.f. Heilpädagogik 38 (1987a) 205-215

Stadler, H.: Selbstbestimmtes Leben und Wohnen. (1987b) In: Bordel, Nagel und Stadler 1987, 175-251

Stadler, H.: Soziale Eingliederung als ungelöste Aufgabe. (1987c) In: Bordel, Nagel, Stadler 1987, 33-46

Stadler, H.: Lebenspraktische Befähigung für Körperbehinderte mit Lernbehinderungen. (1989a) In: Butzke und Bordel 1989, 227-285

Stadler, H.: Didaktisches Arbeitshandbuch für den Unterricht und die Unterweisung von Schädel-Hirn-Traumatikern. Forschungsbericht Nr. 196, herausgg. vom Bundsministerium für Arbeit und Sozialordnung. Bonn 1989b

Stadler, H.: Didaktische Probleme des Unterrichts und der Unterweisung bei Schädel-Hirn-Traumatikern. Die Rehabilitation 29 (1990) 192-200

Stadler, H.: Ethik und Behinderung – Eine krititische Rezension. In: Die Rehabilitation 30 (1991) 95-97

Stadler, H.: Behinderung – Negativ-Variante des „Normalen" – oder? Anmerkungen zum Problem der Defizitorientierung in der Rehabilitation und zu ethischen Grundfragen. In: Die Rehabilitation 31 (1992a) 178-181

Stadler, H.: Didaktik und Methodik der Arbeitslehre für Körperbehinderte – Möglichkeiten und Grenzen der vorberuflichen Bildung durch die Schule. In: Z.f. Heilpädagogik 43 (1992b), 793-802

Stadler, H.: Lebenspraktische Befähigung körperbehinderter Schüler mit schwersten Auswirkungen der Behinderung. In: Die Rehabilitation 31 (1992c), 107-114

Stadler, H.: Ein Leben ohne Erwerbsarbeit als behindertenpädagogisches Problem. (1992d) In: Mühlum und Oppl 1992, 161-186

Stadler, H.: Lebensbewältigung im Alltag – Hilfen zur beruflich-sozialen Eingliederung junger Körperbehinderter. (1992e) In: Mühlum und Oppl 1992, 139-160

Stadler, H.: Ethische Grundfragen in der Rehabilitation. In: Die Rehabilitation 32 (1993), 93-98

Stadler, H.: Schule – und wie weiter? Zur beruflichen Integration schwerkörperbehinderter Jugendlicher – Versuch einer Standortbestimmung. In: Die Rehabilitation 34 (1995a), 81-90

Stadler. H.: Zur beruflichen Rehabilitation Schwerstkörperbehinderter. In: Z.f. Heilpädagogik 46 (1995b), 316-322

Stadler, H.: Berufsfeldanalyse Heimerziehung. In: Cyprian, G. et al. (Hrsg.): Soziologie für Erziehungs- und Sozialberufe. München 10. Aufl. 1996a, 181-202

Stadler, H.: Menschenwürde und Behinderung (1996b). In: Zwierlein 1996, 165-174

Stadler, H.: Pädagogische Aufgaben in der Rehabilitation Hirngeschädigter. Die Rehabilitation 35 (1996c) 109-118

Stadler, H.: Berufsausbildung und beruflich-soziale Eingliederung Schwerstkörperbehinderter -Erkennntisse aus einem Projekt am Berufsbildungswerk Neuwied. (1997a) In: Ellger-Rüttgardt und Blumenthal 1997, 283-298

Stadler, H.: Körperbehinderungen.(1997b) In: Bundesanstalt für Arbeit, 1997, 229-248

226

Stadler, H.: Die Rehabilitation junger Menschen mit Hirnverletzungen aus pädagogischer Sicht. Berufliche Rehabilitation 11 (1997c) 234-248

Stadler, H. Lernen – Neulernen nach Hirnverletzungen. Die neue Sonderschule 42 (1997d) 360-375

Straßmeier, W.: Frühe Förderung schwerstbehinderter Kleinkinder (1991). In: Fröhlich 1991b, 261-269

Tews, H. P.: Berufliche Rehabilitation. In: Koch, Lucius-Hoene und Stegie. 1988, 186-211

Thomann, K.-D.: Das behinderte Kind. „Krüppelfürsorge" und Orthopädie in Deutschland 1886-1920. Stuttgart 1995

Trost, R. und Schüller, S.: Beschäftigung von Menschen mit geistiger Behinderung auf dem allgemeinen Arbeitsmarkt. Forschungsbericht hrsg. vom Landeswohlfahrtsverband Baden, Karlsruhe 1992

VDS – Verband Deutscher Sonderschulen: Richtlinien für den Unterricht und die Erziehung in den heilpädagogischen Sonderschulen – Die Schule für körperbehinderte Kinder – Die Krankenhausschule. In: Jahrbuch der Fürsorge für Körperbehinderte 1956. Herausgg. von der Deutschen Vereinigung zur Bekämpfung des Krüppeltums e. V. Heidelberg 1956, 175-179

VDS Hamburg – Verband Deutscher Sonderschulen – Landesverband Hamburg (Hrsg.): Entwicklungsförderung schwerstbehinderter Kinder und Jugendlicher. Hamburg 1990

VDS NW – Verband Deutscher Sonderschulen – Landesverband Nordrhein-Westfalen – Referat Körperbehindertenpädagogik: Empfehlungen für die Leistungsbeurteilung von Schülerinnen und Schülern, die an Schulen für Körperbehinderte unterrichtet werden. Mitteilungen des VDS NW Heft 4, 1995, 41-52

VDS NW – Verband Deutscher Sonderschulen – Landesverband Nordrhein-Westfalen: Hinweise und Empfehlungen des VDS für Pädagogen zur pädagogischen Begutachtung von Kindern mit sonderpädagogischem Förderbedarf. Mitteilungen des VDS NW Heft 1, 1997, Innenteil II

Vojta, V.: Die zerebralen Bewegungsstörungen im Kindesalter. Stutgart 1974, 4. Aufl 1984

Walther; E.: Geschichte des Taubstummen-Bildungswesens. Bielefeld und Leipzig 1882

Wanecek, O.: Geschichte der Blindenpädagogik. Berlin 1969

Wechselberg, K.: Früherkennung und Frühbehandlung. (1983) In: Haupt und Jansen 1983a, 105-117

Wechselberg, K.: Früherkennung und Frühbehandlung zerebraler Bewegungsstörungen im Kindesalter. Heidelberg 1988

Wehr-Herbst, E.: Die heutige Schülerschaft in den Schulen für Körperbehinderte – Eine bundesweite Erhebung unter besonderer Berücksichtigung der schwermehrfachbehinderten Kinder und Jugendlichen. In: Z.f. Heilpädagogik 48 (1997) 316-322

Weid-Goldschmidt, B.: Jetzt haben wir Sebastians Stunde. Förderung der Kommunikationsfähigkeit der sprechenden und „nichtsprechenden" Partner im Klassenverband. In: ISAAC-Deutschland – Gesellschaft für Unterstützte Kommunikation (Hrsg.): „Edi, mein Assistent" und andere Beiträge zur Unterstützten Kommunikation. Düsseldorf 1996, 189-207

Wellmitz, B.: Begriff und Gegenstand, historische Ansätze und Problembereiche der Körperbehindertenpädagogik. (1993a). In: Wellmitz und von Pawel 1993, 19-27

Wellmitz, B.: Unterricht und Erziehung in Körperbehindertenschulen (1993b). In: Wellmitz und von Pawel 1993, 156-167

Wellmitz, B. und von Pawel, B. (Hrsg.): Körperbehinderung. Berlin 1993

Wellmitz, G.: Technische Hilfen für Körperbehinderte. In: Wellmitz und von Pawel 1993, 234-239

Wienhus, J.: Die Schule für Kranke, ihre Aufgabe in der pädagogischen und psychosozialen Betreuung kranker Kinder. Rheinstetten 1979

Wilken, E.: Integration körperbehinderter Kinder in Regelschulen. In: Wellmitz und von Pawel, 1993, 149-155

Wilken, U.: Körperbehindertenpädagogik. In: Solarová 1983, 212-259

Wilken, U.: Selbstbestimmt leben – Handlungsfelder einer offensiven Behindertenpädagogik. Hildesheim 1992

Wilken, U.: Berufliche Integration Körperbehinderter. In: Wellmitz und von Pawel 1993, 177-181

Windisch, M. und Kniel, A.: Lebensbedingungen behinderter Erwachsener. Eine Studie zu Hilfebedarf, sozialer Unterstützung und Integration. Weinheim 1993

Wocken, H. und Antor, G. (Hrsg.): Integrationsklassen in Hamburg. Erfahrungen, Untersuchungen, Anregungen. Oberbiel 1987

Wocken, H., Antor, G. und Hinz, A. (Hrsg.): Integrationsklassen in Hamburger Grundschulen. Bilanz eines Modellversuchs. Hamburg 1988

Wöhrl, H.G.: Berufsgruppen in der Rehabilitation: Funktionen und Kooperationsmodelle. In: Koch, Lucius-Hoene und Stegie 1988, 212- 249

Wöhrl, H.G., Klammer, W. und Dijkstra, J: Berufsfindung und Arbeitserprobung als berufswahl-unterstützende und eignungsdiagnostische Maßnahmen für behinderte Jugendliche. Forschungsbericht Nr. 187, herausgg. vom Bundesminister für Arbeit und Sozialordnung. Bonn 1987

Wolber, K.: Rechtsgrundlagen der Rehabilitation. In: Mühlum und Oppl 1992, 471-491

Wolfgart, H: Versuch eines erziehungswissenschftlichen Ansatzes der Körperbehindertenpädagogik. In: Z.f. Heilpädagogik 18 (1967), 50-62

Wolfgart, H.: Grundaspekte einer Didaktik der Schule für Körperbehinderte. In: Kluge, K.-J. (Hrsg.): Einführung in die Sonderschuldidaktik. Darmstadt 1976

Wolfgart, H. und E. Begemann (Hrsg.): Das körperbehinderte Kind im Erziehungsfeld der Schule. Berlin 1971

Wolfgart, H. und Luig, Th.: Soziale Dienste für Körperbehinderte in Schule und Beruf. Bonn 1976

Würtz, H.: Die Selbsttätigkeit als Prinzip der Krüppelerziehung. In: Z.f. Krüppelfürsorge 6 (1913) 182-199

Würtz, H.: Das Seelenleben des Krüppels. Krüppelseelenkundliche Erziehung und das Gesetz betr. öffentliche Krüpplefürsorge. Leipzig 1921a

Würtz, H.: Sondererziehungszwang oder Sondererziehungspflicht. In: Z.f. Krüppelfürsorge. 14 (1921b) 19-20

Würtz, H.: Wandlung durch Wandern als krüppelpädagogische Aufgaben. In: Z.f. Krüppelfürsorge 23 (1930) 10-31

Würtz, H.: Zerbrecht die Krücken. Krüppel-Probleme der Menschheit. Schicksalsstiefkinder aller Zeiten und Völker in Wort und Bild. Leipzig 1932

Zeile, E. (Hrsg.): Ich habe ein behindertes Kind. Mütter und Väter berichten. München 1988

Zink, K.J. und Schubert, H.-J. (Hrsg,): Werkstätten für Behinderte im Wandel. Organisatorische, personelle und technische Veränderungen in Behindertenwerkstätten. Neuwied 1994

Zwierlein, E. (Hrsg.): Handbuch Integration und Ausgrenzung. Behinderte Menschen in der Gesellschaft. Neuwied 1996

11. Gesetzestexte und Informationsschriften

11.1 Gesetzestexte

Arbeitsförderungsgesetz. Beck-Texte im dtv Bd. 5037. München 27. Aufl. 1997

Betreuungsrecht. Textausgabe und Einführung. Beck-Texte im dtv Bd. 5570. München 1992

Bundessozialhilfegesetz. Textausgabe und Einführung. Stand 30. 9. 1996. (Enthält u.a. auch die Eingliederungshilfeverordnung für Behinderte). Beck-Texte im dtv Bd. 5567. München 7. Aufl. 1997

Gesetz zur Ordnung des Handwerks (Handwerksordnung) und ergänzende Vorschriften. Bearb. F. Klein, 23. Aufl. Düsseldorf 1997

Jugendrecht. (Enthält eine Einführung von A. Deisenhofer sowie das Sozialgesetzbuch (SGB) – Allgemeiner Teil – und insbesondere das Achte Buch (SGB VIII) – Kinder- und Jugendhilfe – und Auszüge aus dem Berufsbildungsgesetz) Beck-Texte im dtv Bd. 5008. München 21. Aufl. 1997

Schwerbehindertengesetz, SchwbG – BVG – Bundesversorgungsgesetz. Beck-Texte im dtv Bd. 5035. München 20. Aufl. 1997

Sozialgesetzbuch (SGB), Reichsversicherungsordnung (RVO). Mit den besonderern Bestimmungen für das Beitrittsgebiet. Beck-Texte im dtv Bd. 5024. München 23. Aufl. 1997

11.2 Informationschriften

Arbeitsgemeinschaft der Verbraucherverbände e.V. (Hrsg.): Hilfsmittel-Beratung für Behinderte. Wer bietet Beratung? Bonn 1993. Bezugsquelle: Regionale Verbraucherverbände

BAGH – Bundesarbeitgemeinschaft Hilfe für Behinderte (Hrsg.): Die Rechte behinderter Menschen und ihrer Angehörigen. 25. Aufl. 1997, Bezugsquelle: BAGH, Kirchfeldstraße 149, 40215 Düsseldorf

BAGH – Bundesarbeitgemeinschaft Hilfe für Behinderte (Hrsg.): Kommunikation zwischen Partnern. Schriftenreihe zu einzelnen Personengruppen wie Querschnittsgelähmte, Rheumakranke, Diabetiker, Muskelkranke usw.; Gesamtverzeichnis und Bezugsquelle: BAGH, Kirchfeldstraße 149, 40215 Düsseldorf

BAR – Bundesarbeitsgemeinschaft für Rehabilitation (Hrsg.): Arbeitshilfen für die Rehabilitation einzelner Personengruppen wie Schädel-hirnverletzte Kinder und Jugendlicher, Psychisch Kranke , Schlaganfallpatienten usw.; Gesamtverzeichnis und Bezugsquelle: BAR Walter-Kolb-Str. 9-11, 60594 Frankfurt am Main

BAR – Bundesarbeitsgemeinschaft für Rehabilitation (Hrsg.): Wegweiser – Eingliederung Behinderter in Arbeit, Beruf und Gesellschaft. 9. Aufl. 1995, Bezugsquelle: BAR Walter-Kolb-Str. 9-11, 60594 Frankfurt am Main

BMA – Bundesminister für Arbeit und Sozialordnung (Hrsg.): Übersicht über das Sozialrecht. 3. Aufl. Bonn 1995. Bezugsquelle (auch für weitere Informationsschriften): BMA, Referat Öffentlichkeitsarbeit Postfach, 53107 Bonn

BMA – Bundesminister für Arbeit und Sozialordnung (Hrsg.): Ratgeber für Behinderte. Bonn 1997

Bundesanstalt für Arbeitsschutz: Gestaltung von Arbeitsplätzen für Behinderte. Bezugsquelle: BA für Arbeitsschutz, Vogelpothsweg 50-52, 44149 Dortmund

Der Beauftragte der Bundesregierung für die Belange der Behinderten: Finanzielle Förderung behinderungsgerechten Wohnens. Ausgabe Mai 1997. Bezugsquelle: BMA Postfach 140280, 53107 Bonn

Institut der deutschen Wirtschaft: REHADAT, Informationssystem zur beruflichen Rehabilitation. Köln. Die Datenbank enthält u.a. auch technische Hilfen. Bezugsquelle: Institut der deutschen Wirtschaft Postfach 510669, 50942 Köln

Landschaftsverband Rheinland – Hauptfürsorgestelle – Technischer Beratungsdienst: Beispiele für Behindertenarbeitsplätze. Bezugsquelle: LV Rheinland, Mindener Str. 2, 50679 Köln

Landschaftsverband Westfalen-Lippe – Hauptfürsorgestelle – Technischer Beratungsdienst: Arbeitsplätze für Behinderte. Bezugsquelle: LV Westfalen-Lippe, 48133 Münster

Lehrmittelhaus Riedel: Der Riedel – Behindertenförderung: Schwerstbehindertenförderung, Basale Stimulation, Snoezeltherapie, Früherziehung. Bezugsquelle: Riedel GmbH Unter den Linden 15, 72762 Reutlingen

Technische Hilfen für Behinderte. Informationssammlung mit Abbildungen und Kurzbeschreibungen. Bezugsquelle: SRH-Gruppe Postfach, 69123 Heidelberg

Verband der Kriegs- und Wehrdienstopfer, Behinderten und Sozialrentner Deutschlands (VdK) – Landesverband Baden-Württemberg (Hrsg.): Bauen für Behinderte. Bezugsquelle: VdK Postfach 105042, 70044 Stuttgart